高等院校国际经济与贸易系列规划教材

International Electronic Business

国际电子商务教程

（第2版）

杨坚争 杨立钒 著

電子工業出版社
Publishing House of Electronics Industry
北京·BEIJING

内容简介

本书是全面论述国际电子商务的著作。作者从国际贸易和电子商务的基本理论出发，对国际贸易与电子商务、国际电子商务概述、国际电子商务发展策略、国际电子商务技术基础、国际电子商务市场调研与信息检索、国际市场的网络开拓、国际电子支付、电子数据交换（EDI）、电子通关、国际电子商务物流、国际电子商务法律规范等问题进行了深入的探讨。本书观点新颖，材料翔实，力求在阐述国际电子商务理论体系的同时，对实际应用和操作技巧给予读者具体的指导。

图书在版编目（CIP）数据

国际电子商务教程 / 杨坚争，杨立钒著. —2 版. —北京：电子工业出版社，2013.1
高等院校国际经济与贸易系列规划教材
ISBN 978-7-121-18879-4

Ⅰ. ①国… Ⅱ. ①杨… ②杨… Ⅲ. ①国际贸易－电子商务－高等学校－教材 Ⅳ. ①F740.4-39

中国版本图书馆 CIP 数据核字(2012)第 265825 号

责任编辑：杨洪军
印　　刷：北京七彩京通数码快印有限公司
装　　订：北京七彩京通数码快印有限公司
出版发行：电子工业出版社
　　　　　北京市海淀区万寿路 173 信箱　邮编 100036
开　　本：787×980　1/16　印张：21　字数：459 千字
版　　次：2009 年 1 月第 1 版
　　　　　2013 年 1 月第 2 版
印　　次：2017 年 1 月第 4 次印刷
定　　价：39.00 元

凡所购买电子工业出版社图书有缺损问题，请向购买书店调换。若书店售缺，请与本社发行部联系，联系及邮购电话：（010）88254888，88258888。
质量投诉请发邮件至 zlts@phei.com.cn，盗版侵权举报请发邮件至 dbqq@phei.com.cn。
本书咨询联系方式：（010）88254199，sjb@phei.com.cn。

高等院校国际经济与贸易系列规划教材

编委会名单

总　　序

随着对外开放的扩大，中国经济参与世界经济的程度不断提高，与世界经济的联系日益紧密。作为与世界经济联系重要渠道之一的对外贸易，内容不断丰富，形式日趋多样化。科学技术的飞速进步，一方面，大大拓展了国际贸易的领域，增添了新的国际贸易内容；另一方面，新科技成果运用到国际贸易业务中来，大大提高了国际贸易的效率，便利了国际贸易的运营。中国社会主义市场经济体制建设目标的确立，使我国对外贸易经营管理体制发生了根本性转变，一大批各种性质的企业获得对外贸易经营权，涌入对外贸易领域。所有这些都促进了对外贸易人才的培养和国际贸易学科的建设，同时也对国际贸易人才培养，对从事国际贸易人才的基本素质和知识结构，进而对国际贸易学科的建设提出了新的要求。

对外贸易事业的发展，国际贸易人才需求的增加，促进了高等院校国际贸易学科的发展。改革开放以来，大专院校加强了国际贸易学科建设，众多高校设立了国际经济与贸易专业。据不完全统计，目前，设有国际经济与贸易专业的高等院校约 380 所，高等职业学校约 490 所。这些国际经济与贸易专业的设立，大批国际贸易专门人才的培养，满足了我国对外贸易事业发展对专业人才的基本需求，为我国对外贸易事业发展提供了人才保障。与此同时，各大专院校在培养对外贸易人才的过程中，十分重视国际贸易学科体系的建设，开辟了许多新的学科领域，引进和开创了许多新的课程和教材，为完善国际贸易学科体系、保障人才知识结构更新、适应我国对外贸易事业发展需要做出了贡献。各相关出版社也配合出版了不少好的教材和书籍。

然而，国际贸易学科建设任重而道远，需要不断根据变化了的形势和新的业务领域补充新的内容，开辟新的领域；需要数代学者的不懈努力；需要不断地继承与发展，推陈出新。为此，电子工业出版社在广泛深入调查研究的基础上，从当前国际贸易事业发展对人才知识结构的要求出发，根据学科发展和教学实际需要，从偏重国际贸易运作实务角度，策划了一套教材。首批推出 14 本。本套教材的主要特点是：尽可能全面反映国际贸易实务以及学科的发展，注重知识的创新性和前瞻性，吸取目前学科应用领域的最新知识；注重实务性，突出可操作性，兼顾学科理论体系的完整性。

本套教材的所有参编人员均来自教学第一线，有多年的实际教学经验。具体书目的确定和编写体例均经过全体参编人员的集体讨论，切合学科发展和教学的实际需要。因此，本套教材的体例设计基本一致，同时，为了便于教学，我们还增设了一些学习导航、引导案例和前沿话题之类的栏目，以帮助教师使用，便于学生记忆，拓展学生视野。此外，本套教材还配有教学资料包，包括教学 PPT、复习题和答案、模拟训练题和答案，以及一些相关的资料，使用者可以随时从网上下载。

教材市场上国际贸易类教材很多，林林总总，各有千秋。编出既有特色、又符合广大教师和学生需要的教材，实属一件不太容易的事情。电子工业出版社和本套教材的编委会组织编写和出版这套教材，主要目的是想在国际贸易教材建设中探索一条自己的道路，为国际贸易学科建设贡献自己的力量。但鉴于国际贸易学科的开放性，以及国际贸易理论、实践和业务内容的不断发展，囿于编者和组织者的学识和水平，本套教材肯定会有一些不尽如人意的地方。希望各高等院校国际经济与贸易及相关专业的师生在实际使用中提出宝贵意见和建议，并及时向出版社反馈。我们将认真组织修订，不断提高教材质量，努力完善国际贸易教材体系。

潘祥银

对外经济贸易大学教授

中国国际贸易促进委员会北京分会副会长

第2版前言

2012年，面对世界性的经济衰退，我国经济下行压力不断加大，受国际市场疲软的影响，对外贸易增速下滑。电子商务和国际电子商务的发展引起政府和社会的高度重视，电子商务取得重大进展。

2012年7月9日，国务院印发了《"十二五"国家战略性新兴产业发展规划的通知》[①]，明确提出：战略性新兴产业是以重大技术突破和重大发展需求为基础，对经济社会全局和长远发展具有重大引领带动作用，知识技术密集、物质资源消耗少、成长潜力大、综合效益好的产业。《通知》将节能环保、新一代信息技术、生物、高端装备制造、新能源、新材料、新能源汽车7个产业列为战略性新兴产业。在新一代信息技术中，形成具有世界先进水平的电子商务信息服务体系成为国家2020年的战略目标；推进国家电子商务示范城市创建工作，支持第三方电子商务交易与服务平台建设，健全电子商务支撑体系，完善电子商务基础设施成为国家重大行动。

2011年，我国电子商务交易额突破5万亿元，达到5.88万亿元，同比增长29.2%，已经相当于当年国内生产总值的12.5%。大中型工业企业电子商务交易额2010年达到1.42万亿元，较2009年增长8.1%；2011年预计达到1.69万亿元，同比增长19.1%。网络零售市场交易规模达到7 825.6亿元，同比增长53.7%，占社会消费品零售总额（18.12万亿元）的比重达到4.32%。[②]

我国国际电子商务也取得了长足的发展：

（1）2011年，外贸电商交易规模达到40.6%的增长率，表现出企稳向好的势头。[③] 外贸B2B平台已经成为众多企业开展外贸交易的工具，通过互联网寻找新客户已经成为被众多外贸企业所接受的销售模式。

（2）我国从事外贸业务的电子商务网站发展迅速。阿里国际业务、中国诚商网、敦煌

---

① 国务院. 关于印发"十二五"国家战略性新兴产业发展规划的通知[EB/OL]. (2012-07-09)[2012-08-20]. http://www.gov.cn/zwgk/2012-07/20/content_2187770.htm.

② 商务部. 中国电子商务报告(2010-2011)[M]. 北京：清华大学出版社，2012.

③ 商务部. 中国电子商务报告(2010-2011)[M]. 北京：清华大学出版社，2012.

网、中国制造网等一大批外贸电子商务网站成为我国国际电子商务的主要力量。

（3）从2012年8月1日起，海关总署无纸化通关试点在北京、天津、上海等12个城市全面铺开。2012年8月1日0时01分44秒，华为技术有限公司委托深圳市华商联物流报关有限公司向海关发送电子报关单数据；0时02分11秒；深圳海关隶属皇岗海关审结放行。27秒！全国海关首票通关作业无纸化报关单审结放行，这标志着深圳海关通关作业无纸化改革试点成功启动。① 海关总署初步计划用三年左右的时间在全国海关全面推开通关作业无纸化改革，到2015年，在全国海关对全部进出口货物实行通关作业无纸化。②

（4）电子商务零售在海外代购领域也获得很大发展。监测数据显示，2010年中国海外代购市场交易规模达120亿元，2011年达到265亿元，较2011年涨幅120.83%。③ 同时涌现出易趣、帮购中国、淘宝全球购等一大批优秀的海外代购网站，代购商品主要集中在化妆品、箱包、服装、手表等产品领域。

为进一步提高我国国际电子商务的应用水平，2012年5月，商务部发布了《关于利用电子商务平台开展对外贸易的若干意见》，强调加强对利用电子商务平台开展对外贸易的支持，包括积极引导企业利用电子商务平台拓展进出口业务；支持成熟的B2B和B2C电子商务平台提供对外贸易服务。④ 2012年7月28日发布的上海市人大常委会办公厅公告《上海市推进国际贸易中心建设条例（草案）》提出，“支持企业发展自营、第三方、专业服务电子商务平台，培育发展大型电子商务平台，鼓励中小企业运用大型电子商务平台开拓境内外市场，鼓励企业改造提升贸易方式”，“支持跨境电子商务发展”。⑤ 在各级政府的高度重视下，我国国际电子商务的发展必将迎来新的高潮。

在国际上，从2010年起，联合国国际贸易法委员会已经开始起草“跨境电子商务交易网上争议解决：程序规则（ODR）”，希望能够通过网上争议的法律解决促进跨境电子商务交易的发展。截至2012年年底，起草小组已经召开了六次专门会议讨论该文件的起草。

电子商务和国际电子商务的实践与发展，促使我们更深入地研究这一新事物。四年前，当我们将国际电子商务作为一个新的课题纳入研究范围时，国际电子商务还刚刚被人们所认识，开设这门课程的学校也比较少。而四年后的今天，国际电子商务已经发展到一定规模，并已经被人们逐渐熟悉，对开设该门课程的需求在不断增加。2010年，笔者承担了国家自然科学基金项目《世界市场的虚拟化与我国国际电子商务发展策略研究》，在整个研究

① 聂莉雅，徐达崴. 27秒：全国海关首票通关作业无纸化报关单审结放行[EB/OL]. (2012-08-02)[2012-08-20]. http://shenzhen.customs.gov.cn/publish/portal109/tab37316/info382593.htm.

② 海关总署. 关于在全国海关试点开展通关作业无纸化改革工作[EB/OL].（2012-07-31）[2012-08-20]. http://www.customs.gov.cn/publish/portal0/tab399/info382886.htm.

③ 中国电子商务研究中心. 2010年度中国电子商务市场数据监测报告[R]. 2011-01-25.

④ 商务部. 商务部关于利用电子商务平台开展对外贸易的若干意见[EB/OL].（2012-05-31）[2012-08-20]. http://www.mofcom.gov.cn/aarticle/b/g/201205/20120508155609.html.

⑤ 上海市人大常委会办公厅. 上海市推进国际贸易中心建设条例（草案）[N]. 解放日报，2012-07-28（9）.

中，对国际电子商务有了更深刻的理解。作为电子商务的教育工作者，我们感觉有义务尽快将最新的国际电子商务的研究成果和实践经验介绍给我们的学生。为了适应国际电子商务教学的需要，本书第2版书名改为《国际电子商务教程》，并在每章后增加了复习题。

本次再版，我们根据国家自然科学基金的最新研究成果，对以下章节做了较多的修改：

（1）第1、2、3章，更新了国际贸易和国际电子商务发展的最新数据，改写了国际电子商务发展的思路与措施。

（2）新增了第6章，主要介绍利用网络开拓国际市场的具体途径。

（3）在其他章节中，补充了最新数据并修改了有关内容。

在本书的撰写工作中，杨立钒承担了第6章的撰写和第1、2、3章的修改；郭杰承担了第7、8章的修改，杨坚争承担了其他章节的修改。李朝平、王小东、朱一丹、桑叶、杨纳川、顾骏涛、李子、郑碧霞、于露、刘涵、唐华明等老师和学生参加了有关资料的收集、编写和配套资料包的制作。国家自然科学基金项目（70973079）、上海市教育委员会重点学科建设项目（S30504）和上海市第三期教育高地（电子商务）给予了资助。在此，谨向本书的合作者、出版的资助者和资料的提供者表示真诚的谢意，也希望广大读者对本次再版提出宝贵意见。

杨坚争

2012年12月20日

E-mail：cnyanglifan@163.com

第1版前言

早期的电子商务是从国际贸易领域起步的。但因特网普及后，人们的注意力转向生产领域和流通领域，国际贸易领域的电子商务应用似乎没有得到更多的关注。

这种状况引起原国务院信息化工作办公室的高度重视。为了推动电子商务在国际贸易领域的应用，2006年，原国务院信息化工作办公室设立了软科学研究项目《国际电子商务策略研究》（编号：JJXXH—2006-06）。作为负责人，我参与了该项目的全部研究过程。

研究表明，进入21世纪，电子商务已经成为知识经济的标志性内容和迅速成长的朝阳产业，它对一个国家产业结构的调整，对刺激经济需求、创造新的就业机会都产生了巨大的影响。另一方面，经济全球化已经成为世界经济发展的大趋势，每个国家都面临着直接在国际市场竞争中求得自身生存与发展的挑战，为适应经济结构调整和产业结构优化的要求，各国政府都需要认真考虑自己的经济发展战略，重新设计适应信息社会发展的各项政策。当前，国际上电子商务仍处于发展初期，技术和应用模式尚待成熟。抓住这一有利时机，全力推进电子商务的发展，努力实现电子商务技术和应用上的跨越，在国际竞争中占据有利地位，是一项带有战略性和全局性的重大课题。

在“十一五”期间，我国国际电子商务技术应在全国商检、海关、贸促会、税收等涉及出口的各管理部门普遍应用，大部分企业使用电子通关，传统行业和中小企业广泛运用网络营销手段，形成电子商务、现代物流和电子政务有机结合的运作体系；电子交易在整个国家国际贸易总交易额的比例接近发达国家水平，形成国际电子商务完善的标准体系和可靠的网络信用体系。

通过对国际电子商务的应用环境分析、发展策略比较研究、法律法规比较研究，项目成果从经济全球化和国家国际电子商务战略的高度提出了我国国际电子商务策略制定的着眼点和基本思路，进而提出了国际电子商务的总体策略、突破口的选择和有关的具体措施。

2007年10月召开的中国共产党第十七次代表大会明确提出了“工业化、信息化、城镇化、市场化、国际化”的战略目标[①]，大力推进信息化与工业化的融合成为我国科学发展

① 胡锦涛. 高举中国特色社会主义伟大旗帜，为夺取全面建设小康社会新胜利而奋斗[EB/OL].（2007-10-15）[2008-09-15]. http://news.xinhuanet.com/newscenter/2007-10/24/content_6938568.htm.

的重大举措。电子商务作为信息化的重要组成部分又迎来了新的发展机遇期。

对一个企业来说，产、供、销是企业最重要的三项业务环节。在这三个环节中，除生产信息化外，供应信息化与销售信息化都与电子商务密切相关。如果一个企业涉及国际贸易业务，那么，国际电子商务将在该企业进出口信息化中发挥重要作用。

在信息化与工业化融合的过程中，电子商务是一个不可或缺的通道和桥梁。由于有了电子商务，信息技术才在工业品市场上找到了用武之地；也正是有了电子商务，供应和销售——工业活动三个主要环节中的两个环节，才有了进入虚拟市场、全面实现信息化的可能。在国际贸易领域，同样需要国际电子商务发挥作用，推动企业走向世界。

全球经济的发展，人类需求层次的提高，一方面，使得国家贸易取得了长足的发展，贸易量快速增长，贸易商品种类极大丰富；另一方面，也使国际贸易的结构产生了巨大的变化，传统的初级产品、原料等贸易品种正逐步让位于高附加值、精密加工的产品。国际贸易的变化发展对进出口程序、支付方式、物流模式等都提出了新的要求，对贸易的效率化和便利化的需求越来越迫切。

本书适应国际贸易发展的新形势，从国际贸易与电子商务结合的角度对国际电子商务这一新兴领域进行了深入研究，形成了全新的国际电子商务的研究框架。全书共10章，包括国际贸易与电子商务、国际电子商务概述、国际电子商务发展策略、国际电子商务技术基础、国际电子商务市场调研与信息检索、国际电子支付、电子数据交换（EDI）、电子通关、国际电子商务物流、国际电子商务的法律规范。

创新贯穿于本书形成的全过程。本书对国际电子商务领域中大量新问题进行了系统的探索性研究。第1章重点讨论了电子商务与国际贸易的关系；第2章提出了国际电子商务的概念、分类和特点；第3章客观分析了我国国际电子商务发展的环境，提出了我国国际电子商务发展的策略；第4章研究了从事电子商务活动所必须掌握的网络技术基础；第5章重点研究了国际电子商务市场调研的方法；第6章探讨了国际电子商务条件下的电子信用证和关税电子支付问题；第7章介绍了EDI的概念、工作环境、工作原理等；第8章对电子通关的实践进行了全面的理论总结；第9章对电子商务物流的概念、模式和技术进行了专门的研究；第10章对国际电子商务中的数据电文、电子合同、电子通信、网络环境下的国际贸易术语等法律问题进行了深入研究。

本书的完成，第一，感谢原国务院信息化工作办公室赵小凡司长、董宝青副司长，是他们的多次指导，使本书的撰写有一个清晰的框架；第二，感谢对外经济贸易大学王健教授，在与他的密切合作中，笔者才完成了国际电子商务的基本理论研究；第三，感谢国际电子商务活动中的实践者，是他们的大量实践活动，为本书的撰写奠定了实际基础；第四，感谢国内外国际贸易和电子商务领域大量资料的提供者，这些资料帮助笔者形成了对国际电子商务的全面认识。

在本书的撰写工作中，时启亮、方澜、葛泽惠、李周平、王秋华、王谊芳、梁圣义、杨立钒、郭杰、程子杨、王卫、樊嘉迪、罗锐佳、秦宇、秦亮、杨晓琳等老师和学生参加了有关资料的收集和配套资料包的制作，在此，谨向本书的合作者表示真诚的谢意。

国际电子商务的研究刚刚起步，笔者对其中问题的认识还很肤浅，恳请相关领域的专家学者和实际工作者给予批评指正，以便在再版时予以更正。

杨坚争

2008年6月30日

E-mail：cnyangjz@163.com

目　　录

第1章 国际贸易与电子商务

01

国际贸易是一国国民经济的有机组成部分，是国民经济整体中不可缺少的重要环节。在国民经济中占有重要地位。电子商务的出现，使得国际贸易的交易方式发生了根本性的变化。它冲破了国家和地区间设置的各种障碍，大大提高了国际贸易的便利化程度，促进了世界经济贸易的大发展。本章在介绍国际贸易基本概念和我国对外贸易发展状况的基础上，重点讨论了电子商务与国际贸易的关系。

1.1 国际贸易的概念与分类

1.1.1 国际贸易与对外贸易

国际贸易（International Trade）也称“世界贸易”，是指不同国家和地区之间所进行的商品、技术和服务的交换活动。国际贸易是各国之间分工的表现形式，反映了世界各国或地区在经济上的相互依赖与联系。它由各国（地区）的对外贸易构成，是世界各国对外贸易的总和。

对外贸易（Foreign Trade）也称“国外贸易”或“进出口贸易”，是指一个国家（地区）与另一个国家（地区）之间的商品、技术和服务的交换。这种贸易由进口和出口两个部分组成。对运进商品或劳务的国家（地区）来说，就是进口；对运出商品或劳务的国家（地区）来说，就是出口。

国际贸易是从世界范围内考察国家（地区）之间的交换活动的，而对外贸易是从一个国家的角度研究的。这两者之间是一般和个别的关系。从一个国家的角度看，国际贸易就是对外贸易。因此，提到对外贸易时要指明特定的国家，如中国的对外贸易。某些岛国（如英国、日本等）也称对外贸易为海外贸易。

1.1.2 国际贸易的衡量

国际贸易常常使用贸易额和贸易量加以衡量。贸易额是以金额表示的贸易总值，也称为贸易值。贸易额分为对外贸易额和国际贸易额。贸易量是剔除了价格变动影响之后的贸易额，贸易量使得不同时期的贸易规模可以进行比较。

1．对外贸易额

对外贸易额（Value of Foreign Trade）是一个国家在一定时期内的进口总额与出口总额之和，是以货币表示的贸易金额。一定时期内一国从国外进口的商品的全部价值，称为进口贸易总额或进口总额；一定时期内一国向国外出口的商品的全部价值，称为出口贸易总额或出口总额。两者相加为进出口贸易总额或进出口总额，这是反映一个国家对外贸易规模的重要指标，一般用本国货币表示，也有用国际上习惯使用的货币表示。联合国编制和发表的世界各国对外贸易值的统计资料，是以美元表示的。

一国的对外贸易包括了货物贸易和服务贸易两部分，因此，一国的对外贸易额包括了进出口货物贸易额和进出口服务贸易额。同时，由于一国的对外贸易包括了出口和进口，因此，统计一国的对外贸易额时应把一国的出口额和进口额相加。

2．国际贸易额

把世界上所有国家的进口总额或出口总额用同一种货币换算后加在一起，就得到世界进口总额或世界出口总额。但对国际贸易而言，一国的出口就是另一国的进口，因此，在统计国际贸易额时为避免重复计算，通常只把各国的出口额或进口额相加。而习惯上，在统计国际贸易额时是把各国的出口额相加的。由于各国一般都是按离岸价格（Free On Board，FOB，即起运港船上交货价，只计成本，不包括运费和保险费）计算出口额，按到岸价格（Cost Insurance and Freight，CIF，包括成本、保险费和运费）计算进口额。因此世界出口总额略小于世界进口总额。所以，国际贸易额（Value of International Trade）是指一定时期内世界各国用 FOB 价格计算的出口贸易额之和。但无论是对外贸易额还是国际贸易额，都是以各个时期的现行价格计算的。

3．贸易量

贸易量（Quantum of Trade）是为了准确反映国际贸易或一国对外贸易的实际数量而确立的一个指标，它剔除了价格变动影响。在计算时，是以固定年份为基期而确定的价格指数去除报告期的贸易额，得到的就是相当于按不变价格计算（剔除价格变动的影响）的贸易额，该数值就叫报告期的贸易量（见式 1-1）。

$$\text{贸易量}=\frac{\text{贸易额}}{\text{价格指数}} \quad (1\text{-}1)$$

贸易量可分为国际贸易量和对外贸易量，以及出口贸易量和进口贸易量（见式 1-2 至式 1-6）。

$$\text{国际贸易量}=\frac{\text{世界出口贸易额}}{\text{世界出口价格指数}} \quad (1\text{-}2)$$

$$\text{对外贸易量}=\frac{\text{进出口贸易额}}{\text{进出口价格指数}} \quad (1\text{-}3)$$

$$出口贸易量=\frac{出口贸易额}{出口价格指数} \tag{1-4}$$

$$进口贸易量=\frac{进口贸易额}{进口价格指数} \tag{1-5}$$

$$价格指数=\frac{报告期价格}{基数价格}\times 100\% \tag{1-6}$$

4．对外贸易差额

对外贸易差额（Balance of Foreign Trade）是指一国在一定时期内（如一年、半年、一季、一月）出口总额和进口总额之间的差额。当出口总额大于进口总额时，其差额称为“贸易顺差”，也可称为“出超”；当进口总额大于出口总额时，称为“贸易逆差”，也可称为“入超”；当出口总额等于进口总额时，称为“贸易平衡”。通常，贸易顺差以正数表示，贸易逆差以负数表示。

1.1.3　国际贸易的分类

国际贸易涉及商品、技术、服务三大领域，目前国际上按照五个标准分类。

1．按商品形式不同，分为有形贸易与无形贸易

有形贸易（Visible Trade）是指实体商品的进出口贸易。由于实体商品是可以看得见的有形实物，故商品的进出口被称为有形进出口，即有形贸易。国际贸易中的有形商品种类繁多，为便于统计，1938 年，国际联盟公布了《国际贸易统计基本商品名称表》；联合国于 1950 年起草了《国际贸易标准分类》（原本），并分别在 1960 年、1985 年和 2006 年进行了修订。

在 2008 年的联合国《国际贸易标准分类》（修订 4）中[①]，把国际贸易商品分为 9 个部门、67 类、262 组、1023 个分组和 2970 个基本目（见表 1-1）。

表 1-1　联合国对国际贸易商品的主要分类

序号	类　别	序号	类　别
0	食物和活动物	5	未列名化学品及有关产品
1	饮料及烟类	6	主要按原料分类的制成品
2	非食用原料（不包括燃料）	7	机械及运输设备
3	矿物燃料、润滑油及有关原料	8	杂项制品
4	动植物油、脂和蜡	9	《国际贸易标准分类》未另分类的其他商品和交易

① UN Department of Economic and Social Affairs Statistics Division. Standard International Trade Classification (SITC) Revision 4[R/OL](2006)[2012-11-20]. http://unstats.un.org/unsd/publication/SeriesM/SeriesM_34rev4E.pdf.

在国际贸易中，一般把 0 到 4 类商品称为初级产品，把 5 到 8 类商品称为制成品。

无形贸易（Invisible Trade）是“有形贸易”的对称，是指技术贸易、服务贸易或其他非实物商品的进出口而发生的收入与支出，主要包括：

（1）技术产品，如专利（发明、实用新型、外观设计）、方法、配方等；

（2）服务产品，如提供运输、保险、金融、旅游、信息咨询等；

（3）和商品进出口有关的一切从属费用的收支，如运输费、保险费、商品加工费、装卸费等；

（4）和商品进出口无关的其他收支，如国际旅游费用、外交人员费用、侨民汇款、使用专利特许权的费用、国外投资汇回的股息和红利、公司或个人在国外服务的收支等。

以上各项中的收入，称为“无形出口”；以上各项中的支出，称为“无形进口”。

有形贸易因要结关，故其金额显示在一国的海关统计上；无形贸易不经过海关办理手续，其金额不反映在海关统计上，但显示在一国的国际收支表上。

2．按贸易对象移动方向不同，分为进口、出口与过境贸易

进口贸易是从外国向本国输入商品，出口贸易是从本国向外国输出商品。

过境贸易（Transit Trade）是指甲国向乙国运送商品，由于地理位置的原因，必须通过第三国。过境贸易可分为直接过境贸易和间接过境贸易两种。直接过境贸易是外国商品纯系转运性质经过本国，并不存放在本国海关仓库，在海关监督下，从一个港口通过国内航线装运到另一个港口再输出国外；或在同一港口内从这艘船装到另一艘船；或在同一车站从这列火车转装到另一列火车后离开国境。间接过境贸易是外国商品运到国境后，先存放在海关保税仓库，以后未经加工改制，又从海关保税仓库提出，再运出国境。根据专门贸易体系，这种商品移动作为过境贸易处理不计入对外贸易额内。

3．按贸易参与国数量不同，分为双边贸易与多边贸易

双边贸易是两个国家之间通过协议，在双边结算的基础上进行贸易。双边贸易原则上应保持两国贸易平衡，一方以出口额支付购买对方的商品、技术。

多边贸易是三个以上国家之间通过协议（多边谈判形成多边协议）在多边结算基础上进行的买卖贸易。参与国多边结算可以相互冲销，从而实现多边贸易平衡。

4．按是否有第三国参加，分为直接贸易、间接贸易与转口贸易

直接贸易发生在生产国与消费国之间，消费国直接向生产国购买商品的行为（生产国为直接出口国，消费国为进口国）。

间接贸易是指除生产国和消费国之外有第三国参加，生产国通过第三国把商品卖给消费国的行为。

转口贸易是货物消费国和货物生产国通过第三国进行的贸易活动，这是一种间接贸易方式，第三国充当中间商。中间商（第三国或地区）向生产国购买商品，再把所购买的商品卖给消费国，从中获取转口利润。

5．按贸易方式不同，分为协定贸易、易货贸易、补偿贸易、租赁贸易与寄售贸易

协定贸易是根据缔约国之间签订的贸易协定进行的贸易，可分为双边贸易协定和多边贸易协定，政府间的贸易协定及民间团体签署的贸易协定。

易货贸易是指双方协定价格后在短时期内完成的货物和劳务的直接交换，不涉及货币交换。易货贸易通常由双方参与，且常常是一次性的贸易行为。

补偿贸易是指国外厂商提供或利用国外进出口信贷进口生产技术和设备，由东道国企业进行生产，以返销其产品的方式分期偿还对方技术、设备价款或信贷本息的贸易方式。

租赁贸易是指采取以商品为媒介的信贷形式，双方按协议（契约），出租方把商品租给承租方，在一定时期内使用，收取一定租金的贸易方式。租赁贸易分为金融租赁、维修租赁、经营租赁三种形式。

寄售贸易是国际上习惯采用的一种方法。寄售双方属于委托关系，而不是买卖关系。寄售人把货物运交代销人暂不收取货款，由代销人按照代销协议规定的条件，在当地市场上代理销售后，再结算货款的业务。

1.2　我国对外贸易的发展

1.2.1　改革开放以来我国对外贸易的发展

改革开放以来我国对外贸易保持了快速增长的状态，进出口商品结构进一步优化，对国民经济实现平稳较快增长发挥了重要作用。

1988 年，我国外贸进出口总额首次突破 1 000 亿美元大关，达到 1 027.9 亿美元；之后，经过 6 年的发展，于 1994 年迈上 2 000 亿美元的台阶；1997 年外贸总值突破 3 000 亿美元，并首次跻身世界 10 大贸易国行列。

2001 年我国加入世贸组织以后，对外贸易更焕发出勃勃生机，每年都以 20%以上的速度递增。这段时间是改革开放以来发展最为迅速的时期，取得了举世瞩目的成绩。2004 年对外贸易进出口规模突破 1 万亿美元，成为世界第三大贸易国；2006 年对外贸易进出口高达 1.76 万亿美元，稳居世界第三大贸易国，并进一步缩小与第二大贸易国的差距；加入世贸组织 5 年间合计进出口总值已超过从改革开放到加入世贸组织之前 23 年的总和；2006 年外汇储备突破 1 万亿美元，达到 10 663 亿美元。

由于国内外环境总体仍比较有利，2007 年我国对外贸易保持了平稳较快发展的状况。全年外贸进出口总值首次超过 2 万亿美元，达到 21 738 亿美元，比 2006 年增长 23.5%，增长速度连续 6 年保持在 20%以上，继续稳居世界第 3 位，出口名列世界第 2 位。

2008 年，全球金融市场剧烈动荡，世界经济增长明显放缓，发展中国家经济普遍遇到较大困难，国际市场需求大幅萎缩。2008 年，我国进出口增速比 2007 年回落 5.7 个百分点。

2010 年，我国进出口额达到 2.97 万亿美元，比“十五”末翻了一番，年均增长 15.9%，世界排名由第3位升至第2位。出口占全球份额由7.3%升至10.4%，世界排名由第3位升至第1位；进口占全球份额由6.1%升至9.1%，世界排名由第3位升至第2位。

2011年，我国外贸总体保持稳定平衡发展。全年进出口总额3.64万亿美元，增长22.5%。其中，出口1.9万亿美元，增长20.3%；进口1.74万亿美元，增长24.9%。受全球经济复苏放缓影响，全年进出口增速高开低走态势较为明显。其中，进口增速由1月的51.6%震荡回落到12月的11.8%，出口增速由1月的37.6%回落到12月的13.4%。

表1-2显示了我国近年来进出口增长情况。

表1-2　我国近年来进出口增长情况①　　单位：亿美元

年　份	进出口		出　口		进　口		出口与进口差额
	金　额	增速（%）	金　额	增速（%）	金　额	增速（%）	
2003	8 509.9	37.1	4 382.3	34.6	4 127.6	39.8	254.7
2004	11 545.5	35.7	5 933.3	35.4	5 612.3	36.0	321.0
2005	14 219.1	23.2	7 619.5	28.4	6 599.5	17.6	1 020.0
2006	17 604.0	23.8	9 689.4	27.2	7 914.6	19.9	1 774.8
2007	21 738.3	23.5	12 180.2	25.7	9 558.2	20.8	2 622.0
2008	25 616.3	17.8	14 285.5	17.2	11 330.9	18.5	2 954.6
2009	22 072.2	15.3	12 016.6	14.8	10 055.6	16.4	1 961
2010	29 727.6	34.7	15 779.3	31.3	13 948.3	38.7	1 831
2011	36 420.6	22.5	18 986.0	20.3	17 434.6	24.9	1 551.4

1.2.2　我国出口高速增长的主要原因

我国对外贸易出口高速增长，主要有以下几个原因：

（1）出口商品结构的持续升级。随着时间的推移，中国企业逐渐适应了国际市场，它们生产和出口的产品的质量不断提高，全新类型的产品不断涌现。研究过去的14年中我国和孟加拉国出口到美国的HS产品种类②，可以发现从1992年到2005年，中国和孟加拉国的出口产品种类都翻了一番（孟加拉国从1992年的581种增加到2005年的1 058种，中国则从6 602种增加到12 698种）。然而孟加拉国的“新”种类当中有不少和原有种类相似，并且几乎所有新增品种都属于大的纺织品门类。与之相反，中国的新品种则属于新的门类和分支。这样，中国就得以进入全新的市场。从2011年出口商品结构看，消费类产品出口增长仍然较快，传统劳动密集型产品附加值不断提高，通信设备、医疗器械等产品出口快

① 根据商务部综合《中国对外贸易形势报告》披露的数据整理而成。

② HS是英文为Harmonized Commodity Description And Coding System，简称HS，翻译为“协调商品名称和编码制度”，简称“协调制度”。

速增长，“两高一资”产品出口大幅下降。我国出口的主要商品已经实现了由初级产品向工业制成品的转变，机电产品和高新技术产品在进出口贸易中所占的比重不断增长，逐渐赶上和超过资本密集型产品。

（2）外国直接投资增加强劲。中国加入 WTO 后，对外国直接投资更具吸引力。2004 年 1—12 月，全国新批设立外商投资企业 43 664 家，同比增长 6.29%；实际使用外资金额 606.30 亿美元，同比增长 13.32%。2011 年 1—12 月，全国新批设立外商投资企业 27 712 家，同比增长 1.12%；实际使用外资金额 1160.11 亿美元，同比增长 9.72%。[①] 图 1-1 显示了我国加入 WTO 后实际使用外资的增长情况。

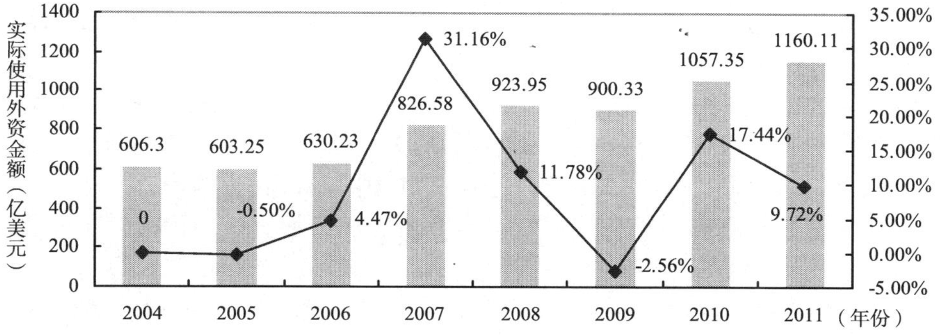

图 1-1　我国加入 WTO 后实际使用外资的增长情况[②]

（3）我国企业已具有相对较强的国际竞争力。经过半个多世纪特别是改革开放 30 多年的发展，我国已经形成了具有一定技术水平、比较完整的制造业体系。外贸制度的改革更从根本上改变了我国进出口市场的格局。在国际产业转移的影响下，我国制造业形成了层次高端化、产业链整体化、企业组团化的新态势，各行业都涌现出一批技术装备先进、产品设计独特、市场适应能力强的企业。通过转型升级战略、科技创新战略、国际化经营战略、人才强企战略、和谐发展战略的落实，我国企业的国际竞争力大大增强，直接推动了我国出口规模的不断扩大。

1.2.3　我国对外贸易面临的新问题

“十一五”期间，我国外贸积极转变发展方式，有效应对国际金融危机挑战，取得了巨大发展成就。2010 年，我国进出口额比“十五”末翻了一番，世界排名由第 3 位升至第 2 位，其中出口第 1 位、进口第 2 位。“十一五”期间，我国出口商品结构持续优化，贸易便

① 商务部外国投资管理司. 2011 年 1—12 月全国吸收外商直接投资情况[EB/OL]. (2012-01-19)[2012-08-20]. http://www.mofcom.gov.cn/aarticle/tongjiziliao/v/201201/20120107940573.html.

② 根据商务部外国投资管理司《全国吸收外商直接投资快讯》披露的资料整理而成。

利化程度进一步提高，贸易平衡状况明显改善，市场多元化取得新进展，民营企业经营活力进一步释放，外贸体制机制不断完善。我国外贸发展为促进国民经济平稳较快发展做出了重要贡献。

进入 2012 年，我国外贸发展面临的挑战和困难继续加大，制约因素错综复杂：

（1）外需持续疲软。世界经济增长动力不足，国际市场需求严重萎缩。我国出口在手订单与 2011 年同期相比仍有较大差距，短单、小单比重偏高。此外，国内投资消费需求放缓，加工贸易增长明显减速，也会在一定程度上影响扩大进口。

（2）企业成本上升。首先是用工成本上升，过去 3 年城镇职工平均工资上涨 33%，最低工资标准上调 20%以上，企业“五险一金”支出也相应增加。其次是原材料价格上涨，过去 2 年工业生产者购进价格指数累计上涨 19.6%。再次是中小微企业贷款难的问题仍很突出。目前，出口企业对外提价困难，利润空间受到压缩，经营压力加大。

（3）贸易环境趋紧。中国已连续 17 年成为全球遭遇贸易摩擦最多的国家，摩擦形式不断翻新，涉及产业不断扩大，发起国别不断增加，体制机制性问题逐渐增多。新贸易摩擦案件的预警信息不断，严重影响国外进口商和中国出口企业的信心。欧美金融市场功能尚未完全恢复，银行借贷能力受限，进口商资金压力增大，中国出口企业收汇风险上升。

面对我国外贸发展面临的严峻形势，建设国际商务平台，培育一批技术强、服务优、信誉好的重点外贸电子商务平台，提高企业利用电子商务开展对外贸易的能力已经是一项刻不容缓的重要工作。

1.3 电子商务在我国对外贸易中的应用

1.3.1 我国电子商务发展的基本状况

经过十余年的努力，我国发展电子商务的基础环境逐步完善。截至 2012 年 6 月底，中国网民数达到 5.38 亿人，因特网普及率攀升至 39.9%。手机网民规模达到 3.88 亿人。商务类应用呈现平稳上升的态势。

2010 年，中国电子商务市场交易额达 4.55 万亿元，同比增长 23.7%。2011 年，中国电子商务交易额继续创出新高，交易总额突破 5 万亿元，达到 5.88 万亿元，同比增长 29.2%，已经相当于当年国内生产总值的 12.5%。图 1-2 显示了中国电子商务交易额近年来持续增长的强劲势头。

在电子商务全部交易额中，中国大中型工业企业电子商务交易额 2010 年达到 1.42 万亿元人民币，较 2009 年的 1.31 万亿元同比增长 8.1%，整体保持稳定的发展态势。2011 年达到 1.69 万亿元，同比增长 19.1%。

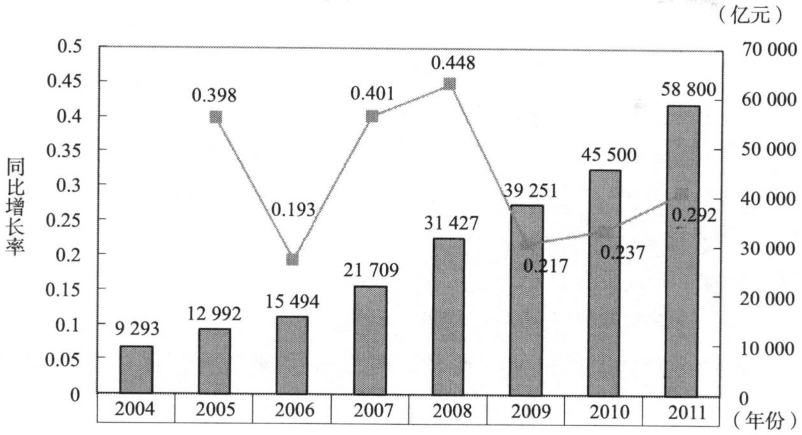

图 1-2　中国电子商务交易额增长态势①

2010 年，中小企业电子商务交易额达到 2.53 万亿元，较 2009 年的 1.99 万亿元增长 27.1%；2011 年达到 3.21 万亿元，同比增长 26.9%。

网络零售呈现出爆发式增长的态势。2010 年中国网络零售市场交易规模达 5 091.04 亿元，较 2009 年的 2 586 亿元增长 96.7%；2011 年中国网络零售市场交易规模达 7 825.6 亿元，同比增长 53.7%。2010 年中国网络零售市场交易额占社会消费品零售总额（15.45 万亿元）的比重增至 3.30%，2011 年占社会消费品零售总额（18.12 万亿元）的比重达到 4.32%。

1.3.2　电子商务在出口通关中的应用

我国海关通关作业先后经历了纸质报关（1995 年前）、电子和纸质报关（1995 年后）、分类通关（2009 年后），再到 2012 年 8 月 1 日的通关作业无纸化改革。

1995 年以前，我国海关一直实行纸质报关。从 20 世纪 90 年代初开始电子数据交换（Electronic Data Interchange，EDI）的研究与推广工作。1992 年，EDI 通关系统工程正式立项。1994 年，先后在首都机场海关和上海浦东外高桥保税区海关进行 EDI 通关系统的试点应用工作。1995 年，海关推出 H883 通关作业系统，开始在全国实行报关单电子申报，同时企业需要准备纸质报关单及随附单证，在现场作业环节向海关提交。在电子和纸质报关基础上，海关于 2009 年启动了分类通关改革。通过对企业进行分类，综合分析其他各项通关要素，海关对货物分别采用“低风险快速放行”、“低风险单证审核”、“高风险重点审核”三种作业模式。除流通环节中的监管外，海关还在事前加强前置性分析，事后加强后续稽查，化解通关风险。分类通关实现了对 74.4%货物低风险快速放行，缩短了通关时间，降

① 商务部．中国电子商务报告[M]．北京：清华大学出版社，2012．

低了企业成本，同时优化了海关人力资源配置，更多力量重拾到监管一线，取得了“关企共赢”的预期效果。

到 2012 年，中国电子口岸专网已覆盖全国所有省会城市和计划单列市，骨干网络可用率达到 99.94%，同城及异地容灾设施建设取得阶段性成果，中国电子口岸安全认证体系获得国家电子政务电子认证服务资质，信息安全防护、管理、客服、运维体系进一步完善，核心系统可用率达到 99.93%。中国电子口岸平台已实现与 13 个国家主要口岸管理部门、15 家商业银行，以及中国香港工贸署、中国澳门经济局和欧盟委员会税收与关税联盟总司联网，开发联网应用项目 23 个，累计入网企业 66.4 万余家，日均处理单证 130 多万笔，基本实现了大通关关键环节的联网核查和网上办事。电子口岸在为政府部门之间信息共享、提高效率、加强监管和为企业提供贸易便利、加快通关速度、降低贸易成本等方面发挥着日益重要的作用。

进入 21 世纪，各省（区、市）逐步签署了《地方电子口岸建设合作备忘录》，构建了地方政府牵头、相关口岸管理部门共同参与的地方电子口岸建设机制，地方电子口岸建设全面展开。各地区结合实际，已建设 35 个地方电子口岸平台，开发应用了舱单申报、船勤申报、海铁多式联运、网上订舱、堆场联网、物流综合信息查询等 600 余个具有地方特点的综合服务项目，初步形成了沿海、沿边地区以实体平台建设为主、内陆地区以虚拟平台为主的建设格局，地方电子口岸已成为地方唯一的大通关统一信息平台。上海“世博物流信息综合管理系统”、天津“一次录入、分别报检、报关系统”、浙江“义乌小商品市场综合管理系统”，以及“检验检疫口岸电子快速查验系统”等一批以口岸通关服务为主、集相关物流商务服务为一体的“一站式”大通关综合应用项目的试行，有效改善了口岸通关软环境，提高了通关效率，降低了贸易成本，提升了企业国际竞争力。

截至“十一五”末，在中央层面，电子口岸委成员单位扩大到 15 个部门，形成共同管理、协商决策的国家电子口岸建设领导体制和工作机制。成员单位以需求为导向，以“电子底账+联网核查”为手段，合作开发应用了一批跨部门联网应用项目，有效保障了国家有关政策实施。口岸管理部门在收结汇管理、进出口货物检验检疫、税收入库等方面的依法行政和联合执法能力不断提升，在出口退税、加工贸易联网监管、海关税费及保证金台账支付等方面的综合服务能力明显增强，国家对外汇资金跨境流动、跨境贸易人民币结算等方面的监测预警和宏观调控能力得到强化，同时促进了内地与香港、澳门更紧密经贸关系的发展，加强了中欧贸易供应链安全及跨国执法信息共享机制建设。

根据我国海关总署发布的《关于在全国海关试点开展通关作业无纸化改革工作》的规范性文件，从 2012 年 8 月 1 日起，通关作业无纸化改革将在北京、天津、上海、南京、宁波、杭州、福州、青岛、广州、深圳、拱北、黄埔 12 个海关的部分业务范围内启动试点，选择部分 AA 类、A 类企业开展试点，如上海海关就选择了包括宝钢、巴斯夫在内的 6 家 AA 类企业在海运进出口业务范围内进行通关作业无纸化试点。试点过程中，海关将实时跟踪分析评估试点情况，研究改革中出现的新问题，完善解决方案。海关初步计划用三年左右的时间在全国海关全面推开通关作业无纸化改革，到 2015 年，在全国海关对全部进出口货物实行通关作业无纸化。[①]

1.3.3　外贸电子商务网站的发展

我国从事外贸业务的电子商务网站近年来发展迅速。

阿里国际业务（www.alibaba.com）2012 年成为阿里巴巴集团七大事业群之一。原阿里巴巴国际站信息平台和全球速卖通平台整合升级，组成阿里国际业务，旨在打造以英语为基础、任何两国之间的跨界贸易和购买平台，帮助全球中小企业拓展海外市场。截至 2012 年第一季度，阿里国际业务注册用户数为 2 730 万名，企业商铺数量为 240 万个，服务覆盖超过 240 个国家和地区。

商务部中国国际电子商务中心运营的诚商网（www.trade2cn.com）以“政府支持、资源共享、专业服务、企业受益”的电子商务平台发展模式，有效促进了外贸电子商务的发展。截至 2011 年年底，该网站已有 38 个国内区域电子商务平台和 9 个国际电子商务平台的“云计算”模式开通并上线运营，服务范围覆盖中国内地、中国香港及巴西、哥伦比亚、韩国、斯里兰卡、马来西亚、越南、新加坡、法国、埃及等国家和地区。截至 2011 年 9 月，中国诚商网已经拥有国内外注册用户 1 200 余万；涉及 200 余个国家的贸易信息和商业数据，70 余个国家和地区的实时交易数据；每日全球采购信息更新数量约为 300 条，全球供应信息更新数量为 2 000 余条，29 个中国主要进出口行业数据年更新量为 300 余万条。

敦煌网（www.DHgate.com）是一个聚集中国众多中小供应商的产品，为国外众多的中小采购商有效提供采购服务的全天候国际网上批发交易平台。该网站充分考虑了国际贸易的特殊性，全新融合了新兴的电子商务和传统的国际贸易，为国际贸易的操作提供专业有效的信息流、安全可靠的资金流、快捷简便的物流等服务。该网站已经实现 100 多万家国内供应商在线，2 500 万种商品上架，遍布全球 224 个国家和地区的 400 万买家在线采购，每小时有 10 万买家实时在线采购，每 6 秒产生一张订单的规模。即使在国际贸易环境复杂多变的 2012 年，该网站仍然保持了持续盈利的状态。

中国制造网（Made-in-China.com）是一个荟萃中国产品信息，面向全球提供中国产品的电子商务服务商，已稳定运营十多年，成为数百万用户信赖的综合性电子商务网站。2011 年，该网站与江苏省经信委共同组织实施了“百千万电子商务应用促进计划”，在江苏省举办 200 场免费电子商务专项培训，并设立江苏省中小企业电子商务专区以促进省内中小企

---

① 海关总署．关于在全国海关试点开展通关作业无纸化改革工作[EB/OL]. (2012-07-31)[2012-08-20]. http://www.customs.gov.cn/publish/portal0/tab399/info382886.htm.

业尽快加入使用电子商务的行列。

2012 年 5 月，商务部发布了《关于利用电子商务平台开展对外贸易的若干意见》，强调加强对利用电子商务平台开展对外贸易的支持，包括积极引导企业利用电子商务平台拓展进出口业务；支持成熟的 B2B 和 B2C 电子商务平台提供对外贸易服务。利用重点平台帮助会员企业做强做大外贸业务。对创新型、品牌产品和中西部企业开展对外贸易，鼓励重点平台减免其注册或服务费用。同时，积极推动利用电子商务平台解决开展对外贸易过程中的通关、退税、融资、信保等政策性问题。[①]

1.3.4 外贸企业电子商务的应用

我国开展国际贸易类的企业除直接从事进出口的贸易企业（含生产型出口企业）外，还有服务贸易类的企业，如物流货代企业、银行保险企业、船主承运企业等。一般的一单出口贸易业务的完成，其主要流程从获取贸易机会信息起，经历合同制定签订、确定付款方式、商品采购订货、外汇许可证审批、委托货运代理、办理货物保险、商品报检报验、报关结关、装货运输、银行收款、收汇核销、出口退税等诸多环节，其中还涉及诸多政府主管部门审批管理的环节。每一个环节的业务电子化水平都对企业的电子商务作业产生影响。

商务部 2010—2011 年度《中国电子商务发展报告》显示，2011 年我国电子商务交易总额 5.88 万亿元人民币，同比增长 29.2%；其中，外贸电商交易规模达到 40.6%的增长率，表现出企稳向好的势头。当前，我国中小企业占企业总数的 96%，发展第三方网络平台对于跨国电子商务活动至关重要。

根据外贸电子商务 B2B 平台的使用调查，[②] 外贸 B2B 平台作为客户开发手段，普及率较高。59%的受访者选择了使用 B2B 平台寻找新客户。通过互联网寻找新客户已经成为被众多外贸企业所接受的销售模式，观念上是被认可的，普及率较高。

作为最主要的客户开发手段，线上方式优势明显。外贸企业开发客户的主要手段，展会占到 26.2%，外贸 B2B 平台占 23.4%，利用企业网站占 19.1%，其他方式占 31.3%，各有效途径分布较为均匀，其他方式（如老客户推荐、媒体广告投放、黄页等）也占到一定比例。

在使用外贸 B2B 平台的企业用户中，每年用于网上推广的花费在 10 万元以上的用户占 9.9%，在 3 万～10 万元的占 29.8%，在 1 万～3 万元的占 27.2%，在 1 万元以下的占 33.1%。使用最高级别会员的用户占 37.7%，使用银牌会员的用户占 23.2%，使用免费会员的占 39.1%。

---

① 商务部．商务部关于利用电子商务平台开展对外贸易的若干意见[EB/OL]．(2012-05-31) [2012-08-20]． http://www.mofcom.gov.cn/aarticle/b/g/201205/20120508155609.html．

② 李冠艺．外贸 B2B 平台使用总体情况[J]．进出口经理人，2010(7): 48-49．

从外贸 B2B 平台询盘的有效性看，认为询盘有效性非常满意的企业占到 2.6%，认为满意的企业占到 11.3%，认为基本满意的企业占到 66.9%，认为不满意的企业占到 19.2%。需要注意的是，对询盘有效性不满意的用户数，要远高于满意的用户数。使用外贸 B2B 平台的企业用户中，每周收到 10 个以内询盘的用户数占 39.7%，每周收到 10 ~ 49 个询盘的用户数占 47.7%，每周收到 50 ~ 100 个询盘的用户数占 7.9%，每周收到 100 个以上询盘的用户数占 4.6%。询盘主要来源，33.1%的用户认为询盘主要来自推广类产品，21.9%用户认为来自最新供求，17.9%的用户认为主要来自普通产品，只有 5.3%用户认为主要来自公司介绍页。

在使用外贸 B2B 平台的用户中，仅有 23.8%的用户购买了另外的付费广告位或推广位，76.2%的用户没有购买外贸 B2B 平台上付费广告位或推广位。认为广告位的效果非常明显的占 8.3%，认为广告位的效果明显的占 41.7%，认为效果一般的占 47.2%。总体来看，97.2%的曾经购买过外贸 B2B 平台付费广告位的用户认为广告是有效果的。

45.3%的企业用户未来会考虑使用阿里巴巴（alibaba.com），32%的企业用户未来会考虑使用中国制造网（made-in-china.com），23.4%的企业用户未来会考虑使用环球资源（globalsources.com），15.2%的企业用户未来会考虑使用 Tradekey（tradekey.com）。

2012 年 7 月 28 日公布的上海市人大常委会办公厅公告《上海市推进国际贸易中心建设条例（草案）》明确提出，“支持企业发展自营、第三方、专业服务电子商务平台，培育发展大型电子商务平台，鼓励中小企业运用大型电子商务平台开拓境内外市场，鼓励企业改造提升贸易方式”。“支持跨境电子商务发展”。① 在强有力的政策支持下，我国外贸企业的电子商务应用将会迎来新的高潮。

1.3.5　电子商务在外贸其他领域中的应用

1．外贸会展电子商务

在非大众消费品企业中，展会是企业一个非常重要的营销工具，特别是一些做外贸的企业，每年的广交会和一些行业展会是企业拓展业务的绝佳渠道。

但是，随着“展会营销”热潮的兴起，展会的成本在不断增加，参加一次展会少则几万元，多则几十万元。在国际贸易环境恶化，外需持续严重疲软的情况下，参展这一传统的行销方式受到了严峻挑战。在这种背景下，会展电子商务作为一种新的营销手段，为企业拓展海外市场开辟了一条新的出路。传统线下的实体交易会受时间、场地、费用等多种因素限制，而网上交易会永远在线，不受时空限制。尤其对于中小企业来说，利用网下的和网上的交易会，可以得到丰富的全球客户资源，用最经济的手段，找到最合适的贸易伙伴。

第 111 届广交会期间，“在线广交会”网站累计访问量达 1.31 亿次，实现意向成交 9 630

① 上海市人大常委会办公厅．上海市推进国际贸易中心建设条例（草案）[N]．解放日报，2012-07-28（9）．

万美元；现场接待海外客商 21 000 余人次，精准匹配 9 500 多次，促成合作意向共计 270 余次，意向成交 40 502 万美元；线上、线下累计意向成交额首次突破 5 亿美元，标志着中国诚商网线上、线下相结合的贸易服务迈上了一个新的台阶。

由中国诚商网主办的诚商进出口交易会（成交会）涉及交通运输、建材、电子、能源、纺织服装、食品、家居用品等各大行业。截至 2010 年 8 月，中国诚商网已经成功举办了 126 场中国诚商进出口交易会，参会采购商 5 451 家，中国供应商 56 453 家，意向成交额高达 133 亿美元。合作伙伴遍及亚洲、欧洲、北美、拉美及阿拉伯国家和地区。服务语言包括英语、韩语、日语、西班牙语、法语、阿拉伯语。通过网上和网下的洽谈和撮合，有效推动了外贸的进出口。

2．网络海外代购

近年来，随着人民币持续升值的带动，海外代购业务作为一种新型消费模式在国内蓬勃兴起。私人代购大量涌现，国内各大电子商务平台也纷纷将“海外代购”作为重点业务来发展。伴随着代购行业的日趋成熟，与其相关的法规实际上也在不断完善。2010 年海外代购的市场交易规模达到了 120 亿元，2011 年达到 265 亿元，较 2010 年增长 120.83%。[①]

网络海外代购一般是指为购买者提供代理购买海外产品并从中赚取代理费等相关费用的服务。在模式上，网络海外代购包括 B2C 和 C2C 两种服务方式，即商家直接搭建的专业 B2C 代购网站（如金蚂蚁商城、亦得代购网）和依附于大型购物网站的私人代购 C2C 网店（如淘宝网的海外代购店我爱淘美衣、索菲亚）。

网络海外代购突破了产品和服务的国境屏障（国境限制、语言障碍、国际物流等方面的壁垒），促进了自由贸易。海外代购也丰富了国内百姓的消费选择。消费者通过网络海外代购市场，足不出户，就能买到本地没有、新款限量的外国商品。但网络海外代购也带来一定的负面影响。例如，造成国家税收损失，对本土产业形成巨大的价格竞争压力，可能引发多种金融风险。

2010 年 9 月 1 日，海关总署发布的《关于调整进出境个人邮递物品管理措施有关事宜》生效。有关措施包括：外国邮寄进境的个人物品免征额度从原来的 500 元调整为 50 元；对部分产品的邮寄进口税率有所上调；个人邮寄进出境物品超出规定限值的，应办理退运手续或者按照货物规定办理通关手续等。

新规定对部分经营者存在较大影响。对于采用从境外邮寄商品的网络代购商而言，新规定大幅提高了代购的成本，引发了网上外购商品的涨价。另外，新规定限制了不规范的个人海外代购的规模化发展，不仅能堵住海外代购关税流失的缺口，还对国内产品在渠道和价格方面给予保护。

① 中国电子商务研究中心．2011 年度中国 B2C 电子商务市场调查报告[R/OL]. (2012-06-07)[2012-11-20]. http://b2b.toocle.com/detail--6041566.html.

1.4　电子商务与国际贸易的关系

1.4.1　电子商务与国际贸易相互影响

国际电子商务的研究取决于对电子商务与国际贸易相互关系的理解和认识。

电子商务是经济全球化的技术基础，它冲破了国家和地区间设置的各种障碍，使国际贸易走向无国界贸易，引起了世界经济贸易的巨大变革。

（1）国际电子商务使国际贸易市场交易方式发生了重大变化，出现了“虚拟市场”。电子商务通过网上“虚拟”的信息交换，开辟了一个崭新的开放、多维、立体的市场空间，突破了传统市场必须以一定的地域存在为前提的条件，全球以信息网络为纽带连成一个统一的“大市场”，促进了世界经济全球市场化的形成。信息流动带来的资本、商品、技术等生产要素的全球加速流动，促进了全球“网络经济”的迅速发展。在这种网络贸易的环境下各国间的经贸联系与合作得以大大加强。

（2）国际电子商务使国际贸易经营主体发生了重大变化，出现了“虚拟公司”。现代信息通信技术通过单个公司在各自的专业领域拥有的核心技术，把众多公司相互连接为公司群体网络，完成一个公司不能承担的市场功能，可以更加有效地向市场提供商品和服务。这种新型的企业组织形式，在资本关系上不具有强制各个公司发生联系的权力，而是由于承担了一定的信息收集处理和传递功能似乎具有某种实体性。跨国公司战略联盟便是这种“虚拟公司”的主要表现形式，通过开放系统的动态网络组合寻找资源和联盟，实现“虚拟经营”以适应瞬息万变的经济竞争环境和消费需求向个性化、多样化方向发展的趋势，给跨国公司带来分工合作、优势互补、资源互用、利益共享的好处。

（3）国际电子商务使国际贸易经营管理方式发生了重大变化。国际电子商务提供的交互式网络运行机制，为国际贸易提供了一种信息较为完备的市场环境，通过国际贸易这一世界经济运行的纽带达到跨国界资源和生产要素的最优配置，使市场机制在全球范围内充分有效地发挥作用。这种贸易方式突破了传统贸易以单向物流为主的运作格局，实现了“四流一体”，即以物流为依托，资金流为形式，信息流为核心，商流为主体的全新经营管理模式，这种经营方式通过信息网络提供全方位、多层次、多角度的互动式的商贸服务。生产者与用户及消费者通过网络，使及时供货制度和“零库存”生产得以实现，商品流动更加顺畅，信息网络成为最大的中间商，国际贸易中由进出口商作为国家间商品买卖媒介的传统方式受到挑战，由信息不对称形成的委托—代理关系与方式发生动摇，贸易中间商、代理商和专业进出口公司的地位相对减弱，引发了国际贸易中间组织结构的革命。

（4）国际电子商务使海关业务流程发生了重大变化。通过国际电子商务技术的应用，海关自身内部的业务管理和与外部的互联互通不断加强，在优化口岸环境和加快通关速度方面取得了积极进展。以中国海关为例，通过与商务、质检、外汇、税务等 15 个政府部门，以及 20 多万个企业，10 多家银行的相互联网和数据共享，中国海关建立了中国电子口岸，为政府部门联合监管提供了数据和网络支持，同时大大方便了企业在网上办理各种进出口手续。出口通关作业无纸化的改革，将纸质单证升级为电子数据进行通关，实现了通关作业全程无纸化。对企业来说，简化了通关流程，提高了通关效率，降低了通关成本，促进了贸易便利化；对海关来说，进一步推进了通关单证审核依据由纸质单证为主向电子数据为主的转变，工作效率大大提高。

1.4.2 电子商务在国际贸易中的发展历程

从图 1-3 可以看出，电子商务在国际贸易中的发展历程大致可以分为三个阶段。

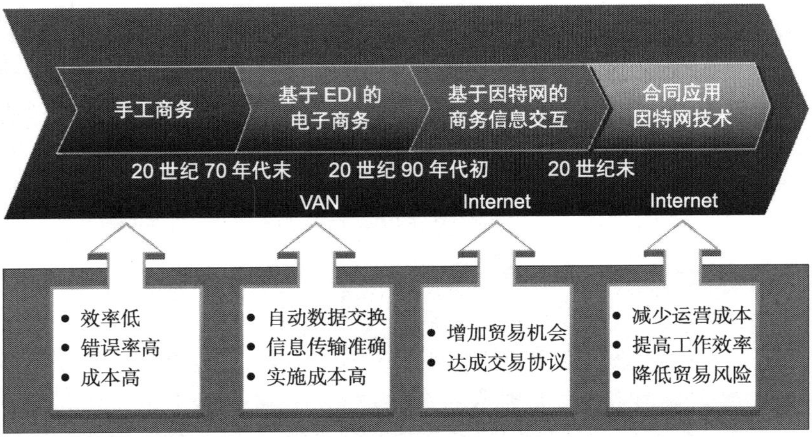

图 1-3　电子商务在国际贸易中的发展历程

第一阶段，国际贸易由手工商务逐步过渡到 EDI 商务。20 世纪 70 年代，EDI 技术的开发引起许多国家的注意。70 年代末和 80 年代初，美国、英国和西欧一些发达国家逐步开始采用 EDI 技术进行贸易，形成涌动全球的“无纸贸易”热潮。到 1992 年年底，全世界 EDI 用户大约有 13 万，市场业务约 20 亿美元。

第二阶段，因特网（Internet）[①] 技术开始应用到国际贸易，贸易信息广泛采用因特网技术。20 世纪 90 年代以后，随着网络、通信和信息技术突破性的进展，因特网在全球爆炸性增长并迅速普及，使得国际贸易持续适应不断增长的供货能力、客户需求和全球竞争。在这一新趋势下，一种基于因特网、以交易双方为主体、以银行电子支付和结算为手段、以客户数据为依托的全新国际贸易模式出现并发展起来。

① 根据国家标准有关规定，“Internet” 应译为 “因特网”（参见 GB/T 18304—2001 信息技术因特网中文规范电子邮件传送格式）。由于历史原因，在原有的文件和参考资料中大量存在 “互联网”。本书基本上采用 “因特网” 的提法，但在原有文件的引用中，仍保留了 “互联网” 的提法。

第三阶段，在国际合同中广泛推行电子通信方式。2005 年 12 月 9 日，联合国第 60 届会议通过了《联合国国际合同使用电子通信公约》，对营业地位于不同国家的当事人之间订立或履行合同使用电子通信做出了具体规定，旨在对国际合同使用电子通信的情形中增强法律确定性和商业可预见性。截至 2012 年 8 月，全世界共有 18 个国家签署了这个公约。① 与此同时，各国政府也相继推出各种鼓励政策，继续支持国际电子商务的发展。国际电子商务步入了合同订立或履行的电子通信阶段。

复习题

1．简述我国对外贸易面临的新问题。
2．试述电子商务在我国出口通关中的应用。
3．试述外贸电子商务网站的发展。
4．试述外贸企业电子商务的应用。
5．试论述电子商务与国际贸易的关系。

参考文献

[1] 商务部．对外贸易发展“十二五”规划 [R/OL]. [2012-08-20]. http://www.mofcom.gov.cn/aarticle/b/e/201204/20120408091457.html?2204411551=689055778.
[2] 中国互联网络信息中心．中国互联网络发展状况统计报告（1997 年 10 月—2012 年 7 月）[R/OL].（1997—2012）[2012-08-20]. http://www.cnnic.net.cn/hlwfzyj/hlwxzbg/.
[3] 国务院．国务院办公厅关于印发电子口岸发展“十二五”规划的通知 [EB/OL]. (2011-08-06)[2012-08-20]. http://www.gov.cn/zwgk/2012-08/06/content_2198897.htm.
[4] 安徽省商务厅．后危机时代国际产业转移的主要变化 [EB/OL]. (2011-06-28)[2012-08-20]. http://anhui.mofcom.gov.cn/aarticle/sjgongzuody/201111/20111107843327.html/.
[5] 杨坚争．电子商务基础与应用（第八版）[M]．西安：西安电子科技大学出版社，2008．
[6] 陈同仇．国际贸易（第二版）[M]．北京：对外经济贸易大学出版社，2005．
[7] 何元贵．新编国际贸易[M]．北京：清华大学出版社，2007．
[8] 田昊炜，田明华，邱洋，等．网络海外代购对我国的影响和对策[J]．北方经贸，2012（2）：56-60．

① 截至 2012 年 8 月，全世界共有 19 个国家签署了这个公约，它们是中非共和国、中国、哥伦比亚、伊朗（伊斯兰共和国）、黎巴嫩、马达加斯加、黑山、巴拿马、巴拉圭、菲律宾、俄罗斯联邦、沙特阿拉伯、塞内加尔、塞拉利昂、新加坡、斯里兰卡、韩国、洪都拉斯、多米尼加。联合国贸易法委员会．各公约和示范法的现状[EB/OL]. (2009-05-14)[2010-01-20]. http://www.uncitral.org/uncitral/en/uncitral_texts/electronic_commerce/2005Convention_status.html.

第 2 章 国际电子商务概述

02

电子商务诞生之后，给国际贸易带来新的发展机遇和挑战。作为电子商务的一个重要分支，国际电子商务与一般电子商务既有共性，也有其特殊性。本章首先介绍了电子商务的概念及其在现代经济发展中的作用，进而分析了电子商务条件下的市场博弈情况，确定了国际电子商务研究的领域，并在此基础上重点研究了国际电子商务的概念、分类和特点。

2.1 电子商务的概念与作用

2.1.1 电子商务的概念

最近几年，“电子商务”在社会经济生活中高频率出现，成为家喻户晓的新名词。国内、国外都试图对电子商务的概念做出确切的表述，但终究没有形成完全一致的看法。目前，比较为大家所接受的有联合国国际贸易法委员会和经济合作与发展组织提出的概念。

1. 联合国国际贸易法委员会（UNCITRAL）关于电子商务概念的表述

为了适应使用计算机技术或其他现代技术进行交易的当事方之间通信手段发生的重大变化，1996 年 12 月 16 日联合国国际贸易法委员会通过了《电子商业示范法》[①]。但《电子商业示范法》并未给出明确的“电子商业”的定义[②]，只是强调这种电子商业交易手段的特殊性，即在商业交易中使用了数据电文作为交易信息的载体。

《电子商业示范法》对“电子商业”中的“商业”一词做广义解释：“使其包括不论是契约型或非契约型的一切商务性质的关系所引起的种种事项。商务性质的关系包括但不限

---

① United Nations Commission On International Trade Law（UNCITRAL）. UNCITRAL Model Law on Electronic Commerce with Guide to Enactment 1996[S], 51/162 Model Law on Electronic Commerce adopted by the United Nations Commission on International Trade Law, 85 th plenary meeting, 1996-12-16.

②《电子商业示范法》中文版使用了“电子商业”，而不是“电子商务”，实际上这里只是一个习惯译法问题。在中文中，商业一词传统上仅指贸易活动，但是，商业也可以泛指任何营利性活动；在这个意义上商业可以等同于“商务”、“营业”。因此作者认为，这三个词基本上表达一个意思，即从事营利性事业。所以电子商务、电子商业是可以通用的。

于下列交易：供应或交换货物或服务的任何贸易交易；分销协议；商务代表或代理；客账代理；租赁；工厂建造；咨询；工程设计；许可贸易；投资；融资；银行业务；保险；开发协议或特许；合营或其他形式的工业或商务合作；空中、海上、铁路或公路的客、货运输。”

《电子商业示范法》第 2 条对数据电文做了明确的定义：“‘数据电文’系指经由电子手段、光学手段或类似手段生成、储存或传递的信息，这些手段包括但不限于电子数据交换（EDI）、电子邮件、电报、电传或传真。”

联合国贸易法委员会认为，在“电子商业”的标题下，可能广泛涉及数据电文在贸易方面的各种用途。“电子商业”概念所包括的通信手段有以下各种以使用电子技术为基础的传递方式：以电子数据交换进行的通信，狭义界定为电子计算机之间以标准格式进行的数据传递；利用公开标准或专有标准进行的电文传递；通过电子手段例如通过互联网络进行的自由格式的文本的传递。电子商业的一个显著特点是它包括了可编程序电文，通过计算机程序制作是此种电文与传统书面文件之间的根本差别。①

2．经济合作与发展组织关于电子商务概念的理解

经济合作与发展组织（OECD）曾对电子商务的定义做过深入研究，其研究报告《电子商务的定义与统计》② 指出，狭义的电子商务定义主要包括利用计算机网络技术进行的商品交易，而广义的电子商务将定义的范围扩大到服务领域。公共统计部门为了数据收集的需要和便利，常常将电子商务局限于某一领域，例如因特网商务。而国家政策部门为了扩大影响，其电子商务的定义几乎涵盖了经济生活的各个方面，将电子政务归于电子商务之中就是一个典型。

所以，OECD 认为，类似于其他横向活动一样，很难对电子商务给出一个精确的定义。作为一个通用的定义，“电子商务”应当包括两个方面：一是交易活动或形式；二是能够使交易活动进行的通信设施。交易活动或形式所涵盖的范围可以是广义的，也可以是狭义的：前者包括大部分不同层次的商务活动，如工程设计、商务、交通、市场、广告、信息服务、结算、政府采购、保健、教育等；后者仅仅包括通过电子化实现的零售或配送等。通信设施可以再分为两个部分：应用软件与网络。所有软件（如网络软件、EDI 软件等）应可以在所有可能的通信网络（如开放的、封闭的、私人的或非私人的网络）上运行。

理解技术与商务过程的相互关系是理解电子商务定义的关键。电子商务的定义应当反映现代经济活动转变的状态，反映信息技术在商务活动中的应用，否则，就不能区别存在

① 这是极具远见性的表述。移动通信技术在商务活动中的应用，开辟了移动电子商务新形式，从而大大拓展了电子商务的应用领域。

② Organization for Economic Co-operation and Development（OECD）. Defining and Measuring E-Commerce: A Status Report[R]. DSTI/ICCP/IIS（99）4/FINAL. 1999-10-08.

多年的利用传真或电话进行的电子交易；电子商务的定义也不能局限于信息软件和通信技术，它应当反映信息软件和通信技术在全部商业过程价值链中的应用。

2004 年，OECD 从业务流程的角度对电子商务进行了再次定义：电子商务是以计算机网络为媒介的自动商务流程，既包括企业内部（intra）流程，也包括企业外部（inter）流程。电子商务的处理过程需要整合各项任务并且逾越单独的和个人的应用。

3. 本书对电子商务的定义

笔者认为，虽然电子商务所涵盖的内容非常复杂，但仍然需要有一个比较简明的概念以利于电子商务的推广。本研究对电子商务的概念做如下表述：

电子商务系指交易当事人或参与人利用现代信息技术和计算机网络（主要是因特网）所进行的各类商业活动，包括货物贸易、服务贸易和知识产权贸易。

对电子商务的理解，应从“现代信息技术”和“商务”两个方面考虑。一方面，“电子商务”概念所包括的“现代信息技术”应涵盖各种以电子技术为基础的通信方式；另一方面，对“商务”一词应作广义解释，使其包括不论是契约型或非契约型的一切商务性质的关系所引起的种种事项。如果将“现代信息技术”看做一个子集，“商务”看做另一子集，电子商务所覆盖的范围应当是这两个子集所形成的交集，即“电子商务”标题之下可能广泛涉及的因特网、内部网和电子数据交换在贸易方面的各种用途（见图 2-1）。

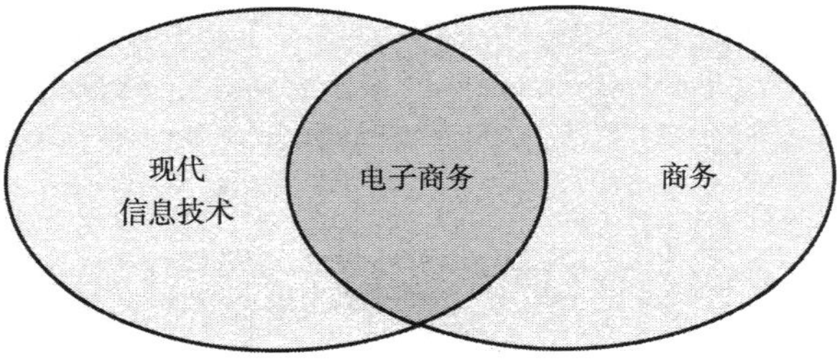

图 2-1　电子商务是“现代信息技术”和“商务”两个子集的交集

电子商务与传统商务并不是截然分开的，两者有着密切的联系。根据产品、过程和参与者的虚拟化程度，可以设计一个三维坐标图（见图 2-2）。在图 2-2 中，产品为纵坐标，过程为横坐标，参与者为水平坐标，箭头的指向表示虚拟程度的高低，即离原点越远，产品、过程和参与者的虚拟化程度越高。据此，我们可以将坐标图显示的空间划为八个部分。左下方带有阴影的方格表示的商务形式为传统商务，此种形式的商务的三种要素都是物质形态的；而右上方阴影表示的方格则代表纯粹的电子商务，其中包括的三个要素都是数字化的；而所有其他方格所包含的三个要素则兼有实物性和虚拟性，即它们所包含的三种要素中至少有一个变量是非数字形式的。这些方格表示不完全的电子商务。从左下方到右上方，数字化程度逐渐加强，传统商务逐步向纯粹的电子商务过渡。

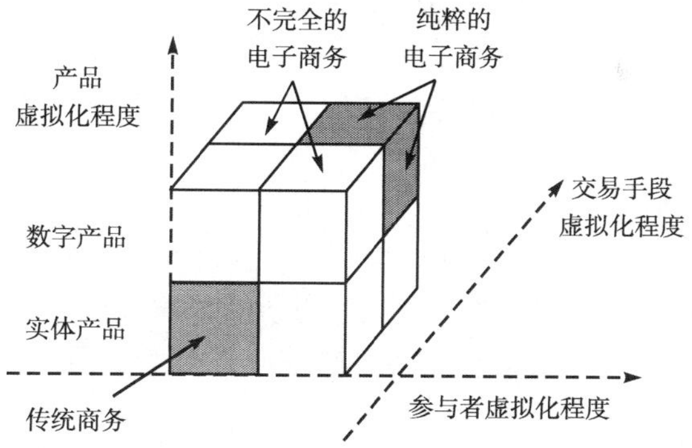

图 2-2　电子商务与传统商务的关系[①]

电子商务不等于商务电子化。真正的电子商务绝不仅仅是企业前台的商务电子化，更重要的是包括后台在内的整个运作体系的全面信息化，以及企业整体经营流程的优化和重组。也就是说，建立在企业全面信息化基础上，通过电子手段对企业的生产、销售、库存、服务以及人才资源等环节实行全方位控制的电子商务才是真正意义上的电子商务。

仅从汉字的意思上看，电子商务是指利用电子工具进行商务交换的活动过程。但是，电子商务不仅仅局限在贸易、销售和支付等流通领域内，上面提到的电子数据交换在海关业务中的应用，就不是一种商业活动，而是一种行政业务活动。同样，税务部门通过电子商务来实现其税收的活动，也是一种行政活动。此外，属于生产领域的直接投资中的货币资本可以通过电子商务实现转移。再有，电子商务是交换具有使用价值和价值的信息的活动过程，这种活动可能表现出生产、流通和消费三位一体的特征，即一方在生产信息的同时，另一方在消费信息。从这个意义上说，它也属于消费领域。发送私人电子邮件和网上采购等就是电子商务在消费领域应用的典型例子。

2.1.2　电子商务在现代经济发展中的作用

不会有人怀疑，电子商务是信息时代的产物。信息技术的广泛应用，几乎使再生产的各个过程都发生了深刻的变革。换一种角度看，电子商务起源于经济全球化的发展阶段，兴起于经济全球化的加速阶段，而且正是由于它的兴起而促进了经济全球化的加速。因而可以说，电子商务是经济全球化发展的产物，又是经济全球化的加速器。

1. 电子商务在再生产中的地位和作用

电子商务在再生产过程中处于一种很特殊的地位，这种特殊地位一是由其本质决定的，二是信息时代所要求的。因为，电子商务的本质是进行商务或事务活动的全过程，这个过

① Choi.et.al. The Economics of Electronic Commerce[M]. Indianapolis: Macmillan Technical Publications, 1997: 18.

程不仅包括流通过程，还扩展至流通过程的两头，即生产过程和消费过程。此外，在信息时代，以信息产业为主的高新技术产业以及以此为基础的服务业将蓬勃发展，并将在世界经济中占主导地位。而服务业的特点之一就是生产、流通和消费是同时进行的。换句话说，电子商务的兴起预示着传统经济的结束和一个新的经济（可能叫网络经济，也可能叫知识经济或其他名称）的来临。由于目前电子商务应用面最广的仍然是商务活动，说它处于流通领域地位也是可以的。并且，它也确实具有与这种流通领域地位相称的桥梁和纽带的作用。但更重要的作用是，它是传统经济通往知识经济的桥梁。

电子商务对于社会生产力的推动作用突出表现在三个方面：

（1）大幅度降低信息成本，提高信息使用效率。作为一个极为重要的商务信息载体和运送平台，电子商务降低了信息来源成本；突破了行业和产品物理特性的限制，使交易范围急剧放大；弥补了信息的不对称性，实现了交易信息互换和交易行为的虚拟市场化。从目前市场情况看，电子商城、网上书店和网上拍卖等交易行为，无不体现与传统交易相比的信息成本优势。信息成本的低廉形成了对电子商务生存的最有力的支撑。

（2）大量减少中间环节，降低销售成本和购买成本。电子商务为买卖双方在网上直接交易提供了现实可能性，减少了许多中间环节，使得零库存生产成为可能。在批发领域，电子商务可以在很大程度上取代了传统商业在商品流通渠道中的批发职能，使批发商的作用大大削弱。除了农业生产资料要面对众多零星的农户以外，大多数生产消费者都有可能直接上网采购生产资料。而对于普通消费者，则可以通过网络购买降低购物成本。

（3）有利于形成高效流通、交换体制。电子商务构成了虚拟社会中的整个商品交易的庞大网络，实体社会中商品的盲目实物移动转变为有目标的实物移动。借助电子商务的信息沟通和需求预测，企业可以组织有效生产，形成高效流通、交换体制。政府则可以通过电子商务，将市场、企业和个人连接起来，方便地进行宏观调控和微观调控。

2. 电子商务在转变经济发展方式中的作用

面对全球需求结构的重大变化和国际市场环境的不断恶化，转变经济发展方式已经成为我国经济发展的必然要求。发展战略性新兴产业已经成为世界主要国家抢占新一轮经济和科技发展制高点的重大战略。

《国务院关于加快培育和发展战略性新兴产业的决定》（国发［2010］32号）对战略性新兴产业做出了明确的定义：战略性新兴产业是以重大技术突破和重大发展需求为基础，对经济社会全局和长远发展具有重大引领带动作用，知识技术密集、物质资源消耗少、成长潜力大、综合效益好的产业。

电子商务是完全符合上述定义的一个产业。

（1）电子商务是以重大技术突破和重大发展需求为基础的新兴行业。因特网技术的开发是20世纪影响力最大的技术突破。但在其开发的前30年，一直被禁锢在军事和研究领域，没有在社会上得到很好的推广。20世纪90年代，商业机构跻身于因特网世界，立即发现它的巨大潜力，并在短短的 20 年间形成了巨大的社会需求。电子商务正是以现代网络信息技术为基础发展起来的一个新兴行业。

（2）电子商务对经济社会全局和长远发展具有重大引领带动作用。实体市场与虚拟市场两者并行的局面造就了 21 世纪世界市场的新格局。电子商务正在对经济社会的全局和长远发展产生了巨大的引领作用。2010 年平息的腾讯和 360 公司的争端竟然波及 10 多亿网络用户，不仅影响到虚拟经济的秩序，甚至影响到整个社会的稳定。2011 年淘宝网的涨租事件，引起几千万中小卖家的强烈不满，一度引起部分地区的骚动。应当能说，这些电子商务事件所产生的影响力远远超过了其他战略性新兴产业。

（3）电子商务是知识技术密集、物质资源消耗少的产业。商业活动最显著的特点就是追求高效率和低成本。20 年的实践证明，最先进的信息网络技术都是首先在电子商务领域找到最好的用武之地。电子商务已经成为先进技术的聚集地和协同枢纽。特别是在交易安全领域，电子商务对技术的要求是最高的。正是因为先进技术的广泛应用，使得电子商务的交易成本远远低于传统的实体市场交易成本，从而将贝塔斯曼从中国“挤”了出去，将最后一家传统书店从十里南京路“挤”了出去。可以预见，未来还有更多的传统产业将步传统书店的后尘。

（4）电子商务是成长潜力大、综合效益好的产业。相对于其他产业，电子商务的发展速度令人吃惊，成长潜力非常巨大。淘宝网、京东商城、一号店、快钱等电子商务网站的成长历程清楚地说明了这一点。电子商务的发展同时带来了良好的社会效益。2010 年中国邮政 1/3 的包裹量来自电子商务；截至 2011 年年底，淘宝网提供了 270.8 万个直接且充分就业机会；2010 年，北京市通过发展电子商务已实现创业、就业超过 10 万人，间接就业 300 万人。在高校，电子商务成为大学生创业的首选。在农村，越来越多的农民成为新一代网商。淘宝网每 10 个网商中就有 1 个是农民网商。

2012 年 7 月 9 日，《国务院关于印发“十二五”国家战略性新兴产业发展规划的通知》将电子商务列为战略性新兴产业，要求积极培育电子商务服务等新兴服务业态，“支持第三方电子商务交易与服务平台建设，健全电子商务支撑体系，完善电子商务基础设施”，[①] 从而有力地促进了电子商务的快速健康发展。

3. 电子商务与经济全球化

经济全球化加速发展的根本原因在于科学技术进步，其中信息技术革命对经济全球化产生三方面的影响，而这三方面的影响都与电子商务有关。

（1）电子商务是信息技术革命的产物，而以电子商务为重要组成部分的信息产业的产值在世界经济中的比重迅速增加，为经济全球化加速发展提供了物质基础。

---

① 国务院. 国务院关于印发“十二五”国家战略性新兴产业发展规划的通知[EB/OL]. (2012-07-09)[2012-08-20]. http://www.gov.cn/zwgk/2012-07/20/content_2187770.htm.

（2）信息技术革命扩大了世界市场的范围。传统的世界市场仅仅包括实体市场，不包括虚拟市场。而电子商务使虚拟市场的活动成为现实，为货物、服务和包括技术、资本在内的生产要素的跨国自由流动增添了一条新的快速流通渠道，从而为经济全球化加速发展提供了技术基础。

（3）信息技术革命为高新技术产业的发展带来了勃勃生机。各个国家或地区都在努力开发与生产高新技术产品，国际竞争更加激烈。但任何一国或地区都不可能也没必要独立完成所有高新技术产品的开发和生产。通过国际交流与合作，优化资源配置各类资源，高新技术产品的开发与生产才能达到更高的水平。电子商务为进一步加强各国或地区之间的经济技术联系，增进国际交流与合作提供了便利快捷的信息服务。

4．电子商务与贸易全球化

电子商务在国际贸易中有着越来越重要的地位，它从三个方面推动贸易全球化的发展。

（1）作为一种服务业，电子商务已经成为国际服务贸易的重要内容之一。伴随经济全球化的深入发展和产业结构的深刻调整，新兴服务业和服务贸易成为推动世界经济和贸易增长的重要动力。2011年，我国服务业占国民经济的比重达到43.1%，吸纳就业人口约2.7亿；服务贸易总额突破4 000亿美元，居世界第四位；服务业吸收外资552亿美元，首度超过制造业成为利用外资最多的领域。[①] 电子商务作为一种新型服务业，随着因特网技术的不断开发，已经形成了以网络交易为代表，包括即时通信、搜索引擎、网络游戏、网络广告、交易安全等多种形式的电子商务服务群，在国际服务贸易中的作用越来越突出。

（2）作为一种高新技术的应用，电子商务是减少由各国或地区之间设置的某些非关税壁垒所带来的不利影响和促进贸易自由化的有效手段。例如，利用电子商务的信息双向沟通、交易手段灵活和达成交易迅速等特点，可以争取时间申领全球配额或进口许可证。此外，目前各国或地区对电子商务的活动尚未出台新的管制手段。但是，各国或地区同时也普遍缺乏行之有效的管理措施，给少数利用电子商务从事非法活动的人带来可乘之机。

（3）作为一种新的贸易方式，电子商务不仅已经成为国际贸易实务过程中不可分割的一部分，而且，它为国际贸易实务带来极大的便利，同时也为微观经济主体内部进行网络化管理起了促进作用。这些具体表现在：第一，各国或地区政府要求采用电子商务方式报关，否则采用人工报关将会延长放行时间，有可能坐失贸易良机；第二，通过国际互联网或专门的网络，使业务人员坐在办公桌旁就能寻觅到商业机会，并且有利于建立起更多的贸易伙伴关系；第三，简化了国际贸易程序，缩短了国际贸易成交过程，从而节省了人力、物力和财力。

---

① 新华社．温家宝出席中国国际服务贸易交易会开幕式并演讲[EB/OL]. (2012-05-28)[2012-08-20]. http://www.gov.cn/ldhd/2012-05/28/content_2147092.htm.

5．电子商务与金融全球化

国际金融市场上利率和汇率的频繁变动使国际金融对电子商务的依赖性越来越大。这种依赖性表现为：

（1）电子商务促使金融市场全球化。电子商务将世界各时区的金融市场联结起来，使金融交易一天 24 小时连续运行成为可能。

（2）电子商务为国际支付提供现代化的支付手段。电子商务使国际结算速度加快，结算费用降低。

（3）电子商务为证券和股票跨国交易提供即时信息。电子商务减少了因利率或汇率变动风险所造成的经济损失，并促使国际资本流量和流通速度大大增加。

（4）电子商务为国际融资提供方便。电子商务使吸引外资的方式和来源多元化，从而降低金融风险。

6．电子商务与生产全球化

电子商务的兴起，与跨国公司的经济活动密不可分，更明确地说，电子商务是生产全球化的重要组成部分。

（1）电子商务使跨国公司的组织结构发生变化。随着信息技术的发展，微观经济主体的结构也在发生变化，从事信息技术产业的跨国公司发展较快，其中不少跨国公司建立了自己的电子商务服务公司。可见，电子商务本身是生产全球化的重要组成部分。

（2）电子商务使跨国公司的资金投向发生变化。跨国公司在海外的投资越来越重视信息技术产业，通过跨国经营方式向海外电子商务服务公司投资的金额日益增加。

（3）电子商务广泛应用在跨国公司的经营管理上。电子商务远距离传输信息的作用，使跨国公司接收信息的时间更短，渠道更多，范围更广，成本更低，从而使跨国公司低成本全球扩张成为可能。实际上，电子商务成为跨国公司实施其全球化经营战略的一种重要工具。

综上所述，电子商务是经济全球化的产物，反过来又成为经济全球化的加速器。不过，电子商务产生前后的经济全球化的层次不同。电子商务产生于传统经济时代的经济全球化，而目前电子商务正将经济全球化推向一个新的经济时代——网络经济时代。

2.2 电子商务条件下的市场博弈

2.2.1 商品交易流程的变化

一宗传统的商品交易是由多个环节组成的复杂系统，包括市场准备、商品展示、沟通谈判、合同签署、支付、配送、售后服务等环节，如图 2-3 所示。而整个交易过程又可以分为交易前、交易中和交易后三个阶段。

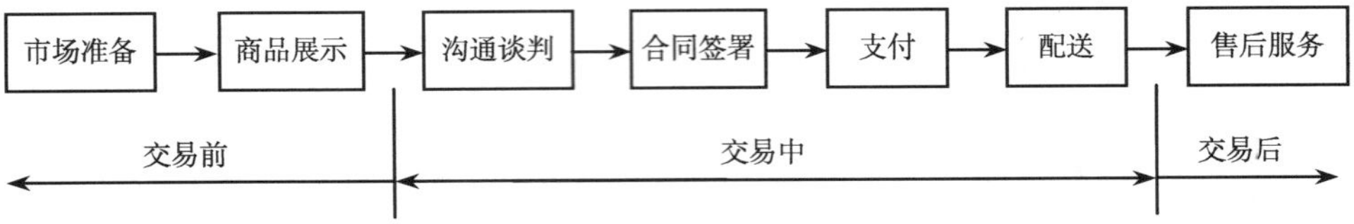

图 2-3　传统商品交易的不同环节

在国际贸易的交易前、交易中和交易后三个阶段中，由于信息技术的采用，三个阶段的交易活动都有了相应的信息技术手段替代传统手段（见图 2-4）。

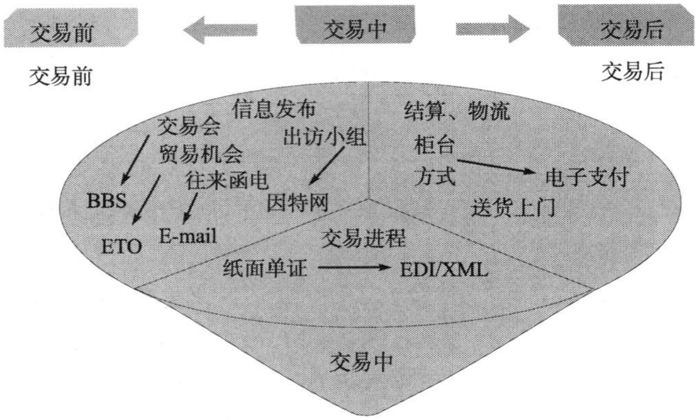

图 2-4　国际贸易中的三个不同阶段和相关环节

图 2-3 和图 2-4 的流程可以简化为具有一般性质的三个阶段，即合同签署阶段、款项支付阶段、商品送达阶段（见图 2-5）。

图 2-5　具有一般性质的商品交易的三个阶段

上述三个阶段可以说明如下：

（1）合同签署阶段。这一阶段包括买卖双方在合同签署过程中所做的各项工作。买卖双方在市场准备和商品展示的基础上，就购买事宜进行沟通，并就所有交易细节进行谈判，将双方磋商的结果以口头形式或以书面形式（以合同形式）确定下来。

（2）款项支付阶段。买卖双方在签订合同后，开始履行合同。买方要按照合同的要求，筹集款项并进行支付。比较常见的是现金支付，也有以货易货的形式。

（3）商品送达阶段。商品送达是传统商品交易的最后一个阶段。卖方收到买方的货款后，备货、组货，将商品包装、起运、发货。卖方要跟踪发出的货物，并提供售后的服务。

2.2.2　电子商务条件下交易商品的变化

在电子商务条件下，电子邮件、网络软件、网络游戏、电子支付等一大批新产品得以开发和实现，使得产品的形式发生了巨大变化。没有实体形式的产品交易出现了，并且带动了一大批新型产业的兴起。

计算机信息技术的应用，使现代商品交易中的产品分化为两大类：实物产品和信息产品（见图 2-6）。

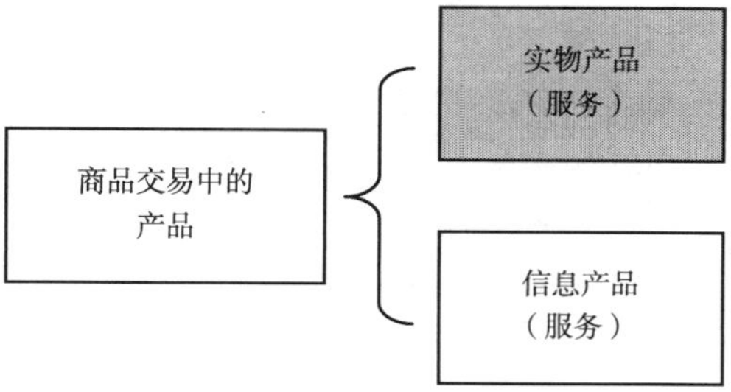

图 2-6　现代商品交易中产品或服务的分化

实物产品是指提供给市场的，能够满足消费者或用户某一需求或欲望的任何有形物品。

实物产品一般包括核心产品和形式产品。核心产品是指向顾客提供的产品的基本效用或利益；形式产品是指核心产品借以实现的形式或目标市场对某一需求的特定满足形式，包括品质、式样、特征、商标及包装。

在信息技术的影响下，电子邮件、网络软件、网络游戏、电子支付等一大批信息产品或在线服务得以开发和实现，使得产品的形式发生了巨大变化。

信息产品是利用信息技术，通过数字计算加工手段而生成的能够满足消费者或用户某一需求或欲望的任何无形物品。这类产品信息量大、传输快捷、容易保存、便于复制，主要分布在信息交互、娱乐、上层建筑等领域。

在现代社会中，实物产品和信息产品的关系越来越紧密。例如对于一台大型压缩机，在计算机上可以生成将来实际产品的三维图像，该图像包含所有的外部造型和内部结构特征，从而在进行实际生产之前，就可以对产品功能进行模拟和仿真。对于企业而言，把平面图纸转换成三维信息产品是非常重要的，直观的视觉是人类最合适的观察事物的方式，从而使整个产品的开发少走了很多弯路。

与此相类似，服务产品也分化为实物服务和信息服务。

需要注意的是，目前，某些实物产品正在演化为信息产品，如纸质机票演变为电子机票，这是现代贸易中出现的新情况。

2.2.3　实体市场与虚拟市场

商品交易市场中产品的分化，使商品交易市场演变为两个截然不同的分市场：实体市场和虚拟市场。在纯粹的实体市场上，交易各方采用传统交易手段进行交易；而纯粹的虚拟市场上，交易各方采用电子商务手段进行交易。在实体市场和虚拟市场之间有一个过渡，存在着不同手段交叉使用的交易市场。

由于电子商务手段的出现，实体产品和信息产品中都有一部分产品开始使用电子商务手段进行交易。当我们排除了使用传统手段交易的实物产品和信息产品后，我们就可以清晰地分辨出使用电子商务手段交易的实物产品和信息产品，包括国内市场和国际市场。这就是电子商务市场的两个主要部分（见图 2-7）。

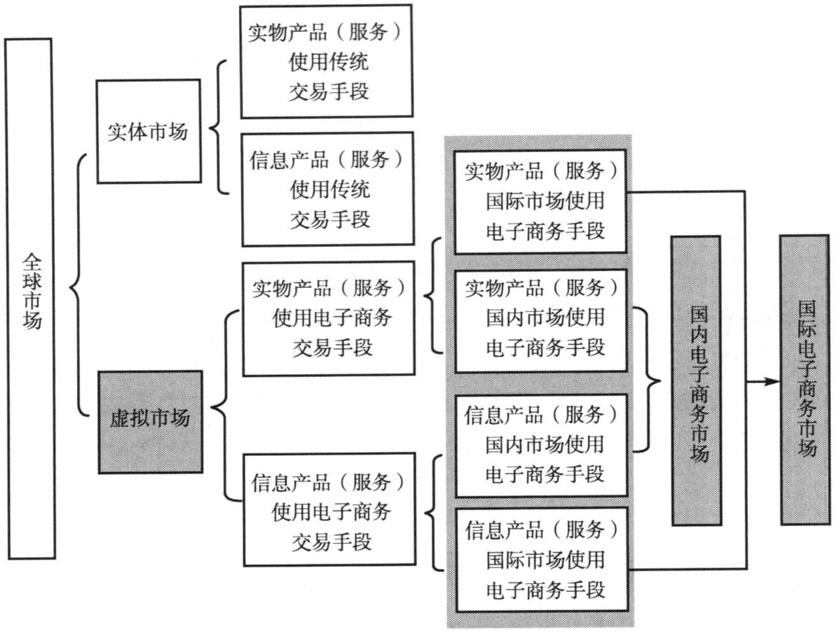

图 2-7　电子商务的市场分布

在国内市场和国际市场上，都存在实物产品和信息产品，也都存在实体市场和虚拟市场。图 2-8 显示了国内市场与国际市场在新的产品条件下的对应关系。

虚拟市场是一种完全不同于实体市场的市场形式。与实体市场相互形成对应，在虚拟市场中也有独立的主体、客体和交易模式。虚拟市场的主体是网民，截至 2012 年 6 月底，中国网民数达到 5.38 亿人，因特网普及率攀升至 39.9%，[①] 形成了巨大的虚拟产品消费群体。虚拟市场的客体是实体产品和信息产品，其交易模式，可以是 B2B、B2C，也可以是 B2G、G2C 等。

---

① 中国互联网络信息中心．第 30 次中国互联网络发展状况统计报告[R/OL]. (2012-07-19)[2012-08-20]. http://www.cnnic.cn/dtygg/dtgg/201207/W020120719405405832029.pdf.

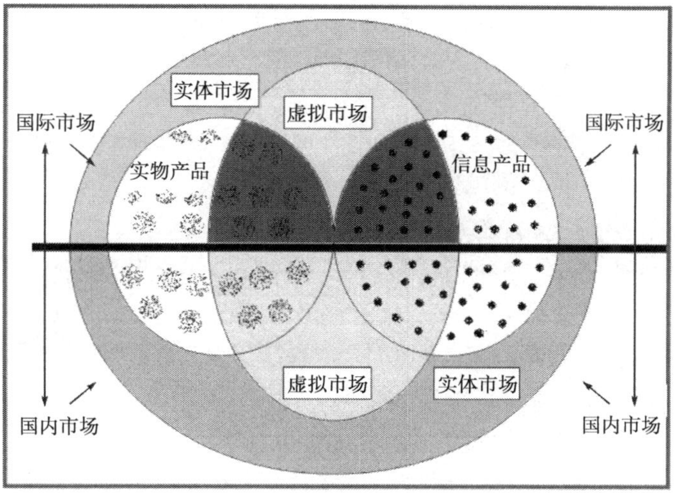

图 2-8 国际电子商务的市场分布

注：中间深色部分为国际电子商务涉及的领域。

虚拟市场和实体市场既有区别，又相互关联。在商品交易的三个阶段，合同签署、款项支付和商品送达中，除实体物品的配送外，实体市场越来越多地采用虚拟市场的交易方法。在许多情况下，实体市场的交易手段已经被虚拟市场的交易手段所替代。

2.2.4 电子商务条件下的市场博弈

1. 经济全球化的大趋势

从实体市场的发展过程考察，资本主义经历了生产机械化、电气化和自动化的发展。同时，也促进了经济的社会化和世界化。

由于资本主义需要无限扩大的市场，所以，整个近代史从一开始就是一个资本主义世界化的历史。马克思、恩格斯和列宁都曾对资本主义世界化做出过精辟的论述。《共产党宣言》深刻指出："不断扩大产品销路的需要，驱使资产阶级奔走于全球各地。它必须到处落户，到处创业，到处建立联系"。"资产阶级，由于开拓了世界市场，使一切国家的生产和消费都成为世界性的了"。[①]世界经济活动超越了民族界限，各个国家在经济上互为条件，个别国家的经济发展依赖于全球经济的发展的状况，导致最大的资本主义列强对世界市场的瓜分和对世界领土的分割。

第二次世界大战后，世界经济全球化程度不断提高。随着更高级的生产方式（计算机网络技术）的出现，20 世纪末，虚拟市场开始形成，经济全球化跳出了实体市场的范围，

① 中共中央马克思恩格斯列宁斯大林著作编译局. 马克思恩格斯选集（第 1 卷）[M] // 马克思，恩格斯. 共产党宣言. 北京：人民出版社，1995:276.

将活动领域扩大到虚拟市场，使全球经济真正成为不可分割的一个整体。就这一趋势而言，世界实体市场的经济全球化不过是人类经济全球化进程中的一个初级阶段，更高级的阶段则在于世界虚拟市场的经济全球化。

20世纪，全球经济一体化使各国市场融合成为了一个世界性的大市场。电子商务的出现，使这一市场的各类参与者更加紧密地结合起来。

2. 虚拟市场对传统市场的冲击

从市场运作层面来考察，虚拟经济的出现使市场竞争空前加剧。新兴的高科技企业，在其上市前，都经历了一个十分艰苦的风险创业过程。有的靠“创意”正确而创业成功；更有大量的则因“创意”失误，而遭到失败。“虚拟经济”下的竞争，实际上从“创意”开始，就进入了“你死我活”的大浪淘沙过程。

从技术本身的特性来说，因特网是无国界的。以因特网为技术基础的电子商务大大加剧了国际竞争的强度。速度、产品和服务质量成为电子商务公司生存的关键。一个公司虚拟市场上的产品和服务若被其他公司性能更好的产品和服务所取代，则它立即面临“死亡”的威胁。在“虚拟经济”下，企业间的并购、重组异常激烈。企业间的竞争方式，不仅是打价格战，而更重要的是打创新战、速度战、质量战、服务战。

19世纪，实体市场的发展使资本主义列强瓜分了世界市场。21世纪，虚拟市场的出现使世界经济的格局面临着又一次的洗牌。世界各国，特别是发展中国家，如何加速自己国家“虚拟经济”的发展，如何在新的国际竞争环境下维护自己的经济利益，成为本国经济发展中必须解决的重大课题。

今天，我国已经具备了参与虚拟市场重新洗牌的能力。把握时机，努力实现电子商务技术和应用上的跨越，在国际竞争中占据有利地位，是一项带有战略性和全局性的重大课题。

对企业来说，在时间和外部环境确定的情况下，可以将世界贸易总量看做一个定值。虚拟市场交易不仅涉及信息产品，也吸引了部分实物产品的交易。而这一部分在虚拟市场上成交的实物交易额，恰恰是实体市场上流失的那部分交易额。一个企业如果仅仅固守在实体市场上进行交易，其总交易额必然减少（见图2-9）。2004年北京黄金假日旅行社控诉携程计算机技术（上海）有限公司北京分公司不正当竞争纠纷案的败诉。[①] 2006年环球、百代、华纳、索尼等在内的全球七大著名唱片公司对百度的诉讼请求被驳回。[②] 2008年6

① 2004年原告黄金假日公司起诉称，携程公司北京分公司不具有任何旅游业务和民航客运代理业务经营资质，却不断通过“携程旅行网”发布广告及散发“会员手册”的方式，大规模地对消费者进行虚假的欺骗性宣传，使消费者误认为“携程”是一个有合法经营资质的旅游企业而通过其预订酒店、机票以及旅游。法院认定，黄金假日公司以同业竞争者的身份对携程公司提起的不正当竞争诉讼，缺乏事实依据与法律依据，不予支持。详细情况参见北京市第二中级人民法院2004年12月15日判决，（2004）二中民初字第9366号。

② 2006年七家唱片公司，包括华纳唱片、百代唱片、环球唱片、索尼BMG等唱片业巨头，起诉北京百

月，全球传媒大鳄贝塔斯曼宣布关闭在中国 18 个城市的 36 家门店。[①] 2011 年第一季度，进入中国市场 5 年的全球最大家电零售商百思买宣布关闭在中国内地的 9 家门店，[②] 美国玩具制造商美泰公司的芭比上海旗舰店关闭，[③] 法资建材分销企业——美颂巴黎宣布退出中国。[④] 2012 年 3 月，上海书店淮海路店宣布关闭。[⑤]

门户网站广告量的大幅度上升等现象都反映了虚拟市场在整个市场中比重上升的趋势。

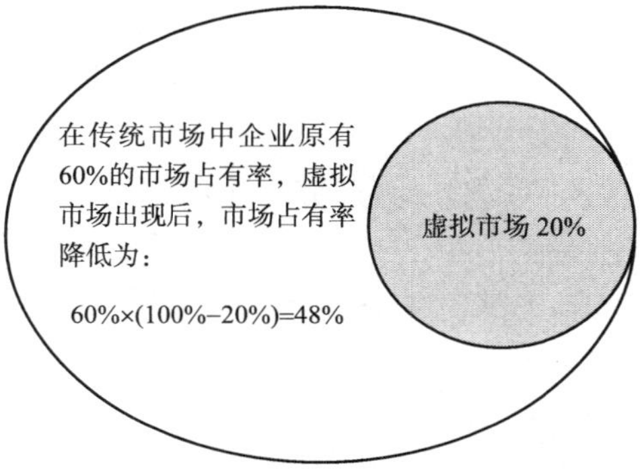

图 2-9　虚拟市场的出现对传统市场的冲击

3．虚拟市场竞争的国际比较

在经济全球化和信息化背景下的国际虚拟市场的竞争中，美国无疑处于极其有利的地位。因特网是美国首先建设的；英特尔、惠普、戴尔和苹果等具有世界影响的计算机大公司在美国；微软是在世界上具有统治地位的美国软件公司；世界上约有 85%的计算机是遵照英特尔标准制造的；因特网上 80%的信息来自美国，而世界范围内 80%的数据处理是在美国进行的。

认真分析美国虚拟经济发展的优势，我们还可以发现许多深层次的原因：

第一，实施既有竞争又有规制的市场经济制度。美国是全世界第一个发布《全球电子商务政策框架》的国家。在这一框架中，美国政府提出了"发挥私人企业的主导作用"、"政府应当避免对电子商务的过分干预"、政府应该"支持及发展一个可预知的、最低要求的、

度网讯科技有限公司的在线播放和下载服务侵犯了原告作为录音制作者所拥有的信息网络传播权，造成了重大经济损失，请求法院判令被告停止侵害、消除影响、公开赔礼道歉。2006 年 11 月 17 日，北京市第一中级人民法院以这七大唱片公司的起诉缺乏法律依据为由，驳回了原告的诉讼请求。

① 陈熙涵．贝塔斯曼将关闭在华卅六家门店[N]．文汇报，2008-06-17-(9).

② 徐晶卉．百思买昨晚黯然谢幕[N]．文汇报，2011-03-25-(3).

③ 任翀．国际大牌面临"本土化"困境？[N]．解放日报，2011-03-09-(9).

④ 任翀．美颂巴黎停业 后续服务含糊[N]．解放日报，2011-03-11-(9).

⑤ 许光耀．又一家书店"消失"[N]．解放日报，2012-02-15-(11).

协调、简单、合法的商业环境”等重要理念。明确了在虚拟市场中既要提倡竞争、保护竞争，也要规范竞争，使得竞争公平、有序、良性。给企业提供一个公平竞争的环境，让企业在这一环境中实现有序竞争和良性竞争是美国提高电子商务企业竞争力和保持较高竞争力的重要基础条件。

第二，鼓励电子商务企业跨国发展。美国不仅鼓励生产实体产品或提供实体服务的企业走出国门，而且鼓励从事虚拟产品（服务）企业向世界发展。从事 C2C 交易的 eBay 公司在我国兼并易趣网、亚马逊公司在全球开设网上书店，都反映了美国电子商务企业向外扩张的战略。增强电子商务企业国际竞争力已经成为美国增强整个国家竞争优势的重要战略环节。在虚拟经济全球化的大背景下，美国按照价值链和产业链的要求，抢占价值链和产业链的两端，控制核心技术和高附加值环节，而将低端的计算机组装能力向外转移，发展海外生产基地。同时，通过建立面向全球开发和配置资源的高效网络控制体制，形成以美国为核心的全球性生产体系，以此更大规模地占领国际市场和强化本国的国家竞争优势。

第三，在国际市场上形成一批有竞争力的产业集群。这些产业集群既可以是制造业，也可以是服务业。为了支撑这些产业集群，美国安排了许多优惠政策。从 20 世纪 80 年代开始，美国的信息服务业保持着两位数的增长率，成为美国增长最快的产业之一。美国政府也对增强本国信息服务业的国际竞争力予以特别的关注，在 GATT 以及后来的 WTO 等的多边谈判中，美国一直为本国信息服务业突破各种限制进行不懈的努力。计算机与信息服务中最大的门类是计算机专业服务，它还可以进一步分为计算机系统集成、用户专用程序设计和专业咨询与培训，美国在这三方面的努力使这一产业集群的实力在世界名列前茅。

4．电子商务条件下的市场博弈

从博弈论的角度看，博弈是竞争双方的抗争。竞争对手已经转移了战场，没有了竞争对手，传统企业若固守原有的阵地已经毫无意义。

在虚拟市场上，与美国这样一头“大猪”竞争是有很大难度的。[①] 在博弈双方力量不对等的情况下，力量弱的一方的正确策略是采用跟随策略，采用“大猪”研制出来的电子商务新技术，“学习”大猪摸索出来的电子商务商业模式，从学习中获得利益。

从另一方面讲，世界虚拟市场非常之大，远非美国这样一头“大猪”能够吃下去的。

---

① 智猪博弈讲的是猪圈里有两头猪：一头大猪，一头小猪。猪圈的一边有个踏板，每踩一下踏板，在远离踏板的猪圈的另一边的投食口就会落下少量的食物。如果有一只猪去踩踏板，另一只猪就有机会抢先吃到另一边落下的食物。当小猪踩动踏板时，大猪会在小猪跑到食槽之前刚好吃光所有的食物；若大猪踩动了踏板，则还有机会在小猪吃完落下的食物之前跑到食槽，争吃到另一半残羹。那么，两头猪各会采取什么策略？答案是：小猪将选择“搭便车”策略，也就是舒服地等在食槽边，因为对小猪而言，无论大猪是否踩踏板，不去踩踏板总比踩踏板好。而大猪明知小猪不会去踩踏板，但它踩踏板总比不踩强，所以只好亲历亲为。在智猪博弈中，大猪没有占优策略，而小猪有占优策略，它的最佳选择就是耐心等待大猪去踩踏板，才能获得最佳结果。

因此，在不同的地域、不同的领域，中国完全可以采用“斗鸡博弈”的思路，[①] 在新兴的虚拟市场上抢先占领份额，迫使其他国家放弃对该领域的觊觎。

2.3 国际电子商务的概念与分类

2.3.1 国际电子商务的概念

根据前面的分析，我们可以给出国际电子商务的定义：国际电子商务是指交易当事人或参与人利用现代信息技术和计算机网络在全球范围内所进行的各类商业活动，包括货物贸易、服务贸易和知识产权贸易。国际电子商务的主要研究范围包括虚拟产品（服务）市场中的国际市场部分和实体产品（服务）市场中的国际市场采用电子商务交易手段的部分。

根据电子商务与国际贸易的关系和电子商务条件下商品交易的变化，我们可以看到，国际电子商务的研究将侧重于三个基本点：一是从国际贸易的交易流程入手，研究利用电子商务手段提高贸易效率的途径和方法问题；二是研究企业如何进入国际市场的问题，即企业如何利用电子商务手段开拓国际市场的问题；三是探讨国际电子商务的法律规范问题。

2.3.2 国际电子商务的分类

1．按照交易对象分类

（1）企业与消费者之间的电子商务，即B2C（Business to Consumer）电子商务。它类似于联机服务中进行的商品买卖，是利用计算机网络使消费者直接参与经济活动的高级形式。这种形式随着网络的普及迅速地发展，现已形成大量的网络商业中心，提供各种商品和服务。在国际贸易中，这种交易涉及海关和外汇问题。

（2）企业与企业之间的电子商务，即B2B（Business to Business）电子商务。B2B包括特定企业间的电子商务和非特定企业间的电子商务。特定企业间的电子商务是在过去一直有交易关系或者今后一定要继续进行交易的企业间，为了相同的经济利益，共同进行的设计、开发或全面进行市场及库存管理而进行的商务交易。企业可以使用网络向供应商订货、接收发票和付款。非特定企业间的电子商务是在开放的网络中对每笔交易寻找最佳伙伴，与伙伴进行从订购到结算的全部交易行为。这里，虽说是非特定企业，但由于加入该网络的只限于需要这些商品的企业，因此可以设想是限于某一行业的企业。不过，它不以持续交易为前提，不同于特定企业间的电子商务。B2B在这方面已经有了多年运作历史，使用得也很好，特别是通过专用网络或增值网络上运行的电子数据交换（EDI）。

（3）企业与政府之间的电子商务，即B2G（Business to Government）电子商务。这种

---

① 斗鸡博弈讲的是两只公鸡面对面争斗，继续斗下去，两败俱伤，一方退却便意味着认输。在这样的博弈中，要想取胜，就要在气势上压倒对方，至少要显示出破釜沉舟、背水一战的决心，以迫使对方退却。但到最后的关键时刻，必有一方要退下来，除非真正抱定鱼死网破的决心。

商务活动覆盖企业与政府组织间的各项事务。政府采购清单可以通过因特网发布，公司可以以电子化方式回应。同样，在公司税的征收上，政府也可以通过电子交换方式来完成。在国际贸易中，企业与政府之间突出表现在进出口的管制方面。

通过上述三种电子商务的基本形式，可以派生出若干种派生形式，如 C2B（Consumer to Business）、C2C（Consumer to Consumer）、G2B（Government to Business）等。这些形式的运作过程与 B2C 和 B2B 电子商务基本类似，所以，本书将侧重点放在 B2C 和 B2B 电子商务的研究上，而对其他内容不做重点介绍。

B2C、B2B 和 B2G 三者的关系可以用图 2-10 表示。

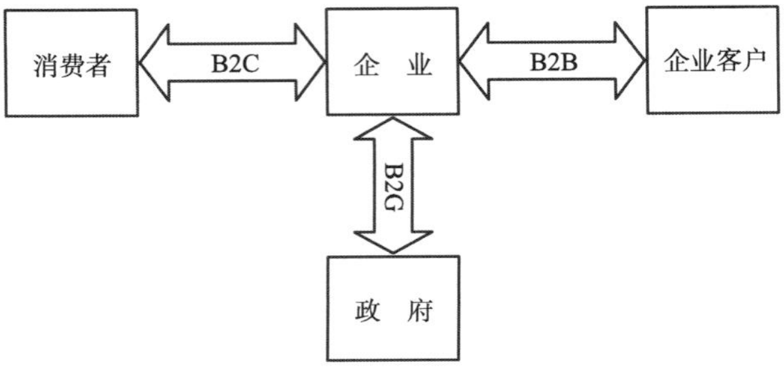

图 2-10　B2C、B2B 和 B2G 三者的关系

2．按照贸易属性分类

从贸易属性来看，国际经贸领域中的电子商务可分为两个领域。

（1）实物产品的电子商务。实物产品的电子商务是指通过电子的方式来处理洽谈、订货、开发票、收款等与有形商品贸易相关的活动。实物产品本身需要利用传统渠道（如邮政服务和商业快递）送货或实地交割（如房地产产品）。实物产品的电子商务一般是间接贸易。

（2）信息产品的电子商务。信息产品的电子商务是指通过电子方式进行计算机软件的买卖、娱乐内容的联机订购、电子交付，也包括金融产品、旅游产品的网上交易，或全球规模的信息服务等。无形产品和服务可以通过因特网进行直接贸易，也可以某种间接方式完成交易过程。

3．按照使用网络类型分类

根据使用网络类型的不同，电子商务目前主要有四种形式：EDI 商务、因特网商务、内联网商务、移动电子商务。

EDI 商务，按照国际标准组织的定义，是“将商务或行政事务按照一个公认的标准，形成结构化的事务处理或文档数据格式，从计算机到计算机的电子传输方法”。简单地说，EDI 就是按照商定的协议，将商业文件标准化和格式化，并通过计算机网络，在贸易伙伴的计算机网络系统之间进行数据交换和自动处理。

EDI 主要应用于企业与企业、企业与批发商、批发商与零售商之间的批发业务。相对于传统的订货和付款方式，EDI 大大节约了时间和费用。相对于因特网，EDI 较好地解决了安全保障问题。这是因为，使用者均有较可靠的信用保证，并有严格的登记手续和准入制度，加之多级权限的安全防范措施，从而实现了包括付款在内的全部交易工作计算机化。

但是，由于 EDI 必须租用 EDI 网络上的专线，即通过购买增值网（Value Added Net-Works，VAN）服务才能实现，费用较高，也由于需要有专业的 EDI 操作人员，需要贸易伙伴，近年来，随着计算机大幅度降价、互联网络的迅速普及，基于因特网、使用可扩展标识语言（Extensible Mark Language，XML）的 EDI，即 Web-EDI，或称 Open-EDI 正在逐步取代传统的 EDI。而在 EDI 基础上发展起来的 eBXML，已经成为新世纪电子商务推广的重点。

因特网（Internet）商务是现代商务的新形式。它以计算机、通信、多媒体、数据库技术为基础，通过互联网络，在网上实现营销、购物服务。它突破了传统商业生产、批发、零售及进、销、存、调的流转程序与营销模式，真正实现了少投入、低成本、零库存、高效率，避免了商品的无效搬运，从而实现了社会资源的高效运转和最大节余。消费者可以不受时间、空间、厂商的限制，广泛浏览，充分比较，模拟使用，力求以最低的价格获得最为满意的商品和服务。

内联网（Intranet）商务是利用企业内部网络开展的商务活动。内联网是 Intra-business 内联网的缩写，是指运用 Internet 技术，在企业内部所建立的网络系统。内联网只有企业内部的人员可以使用，信息存取只限于企业内部，并在安全的控制下连上内联网。一般内联网多设有防火墙程序，以避免未经授权的人进入。由于建立成本较低，所以内联网目前发展迅速。企业开展内联网商务，一方面可以节省许多文件往来时间，方便沟通管理并降低管理成本，另一方面可通过网络与客户提供双向沟通，适时提供产品与服务的特色，并且提升服务品质。

EDI 商务、因特网商务和内联网商务的关系可以用图 2-11 表示。

移动（Mobile）电子商务是近两年产生的电子商务的一个新的分支。移动电子商务利用移动网络的无线连通性，允许各种非 PC 设备（如手机、PDA、车载计算机、便携式计算机）在电子商务服务器上检索数据，开展交易。目前，移动电子商务已经成为电子商务的新亮点。

4．按照贸易形式分类

按照贸易形式的不同，国际电子商务可以分为无纸贸易、网络平台贸易、网上会展等。

无纸贸易一般可理解为在贸易产业链的交易过程中，利用信息技术，通过网络环境和标准规范将贸易相关方的商业行为和政府职能的实现结合起来，从而改善政府贸易管理部门、企业及增值服务提供商之间的信息交换和流程优化，实现商品和服务贸易等活动过程的无纸化。

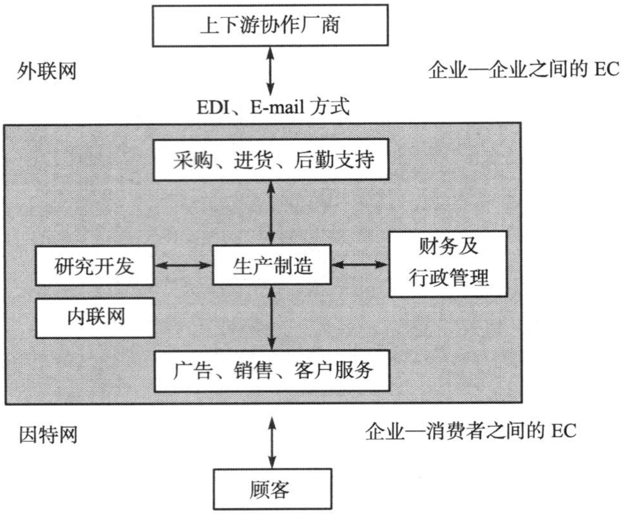

图 2-11　EDI 商务、因特网商务和内联网商务的关系

网络平台贸易是指利用为各类网络交易（包括 B2B、B2C 和 C2C 交易）提供网络空间以及技术和交易服务的计算机网络系统进行的贸易活动。例如，易趣 C2C 平台上可以进行支付活动的国际贸易，阿里巴巴 B2B 平台上主要进行信息交流的国际贸易。

网上会展是指利用网络开展的贸易展览会。这类展览会通常作为传统的实体交易会的一种补充。例如，网上广交会就是中国广州出口商品交易会的一个电子商务平台，常年为中国企业与国际买家提供更方便的信息交流渠道，创造更多的贸易合作机会。

5. 按照应用模式分类

应用模式指的是国际电子商务从商业模式、技术方案、组织管理等方面考察业务流程的优化程度、内容的创新、服务的创新、组织模式的创新，以及不同的应用模式的运行是否有效，与经济和社会发展水平的适应程度等。

国际电子商务的实施从某种意义上是围绕着企业销售领域的应用展开的。这种应用涉及国际贸易链上的多个领域，如成交环节、货物的交付环节、支付环节、行政审批环节、货物通关环节等。其应用模式多种多样，从各个角度都可以对无纸贸易的应用模式进行探讨。

目前，我国国际电子商务的应用模式可以做以下分类。

（1）从交易内容看，应用模式可以被划分为以货物买卖为主的应用模式和以服务贸易为主的应用模式。前者侧重货物所有权转让的交易情况，其无纸贸易的应用涉及传统的贸易链上的各个环节，如交付货物、支付货款、行政审批、货物通过等。后者则侧重以服务为主要内容的应用。与传统的货物买卖不同，服务主导的应用模式更多偏重服务的提供。而实际上，有关国际电子商务的许多创新都集中在服务贸易上，因为网络不能代替实际交付，但是可以将服务的方式、服务的内容等各方面得以提升，甚至改变传统的服务内容和服务方式。经济体的服务贸易越发达，则以服务为导向的应用越成熟和普及，伴随而来的是有关的创新也越多。

（2）从技术实现角度看，应用模式可以被划分为专网应用模式、开放因特网应用模式及移动商务模式。专网应用模式是无纸贸易最早的应用模式。无论是发达国家（如美国、日本）的无纸贸易，还是新兴发展的亚太经济合作组织经济体国家（如新加坡、韩国），无纸贸易的实施都经历了专网应用模式。专网应用模式商业数据传输的实现主要靠对应性极强的封闭型 EDI 技术，网络的基础设施相对也比较封闭。专网应用模式可以避免许多协调成本，具有较强的安全性，但实施成本非常大。这包括建立标准和大量的网络基础设施。而后来发展起来的开放因特网应用模式则摆脱了原来的封闭孤岛型的信息交换体系。从高成本的专网模式走向了开放的低成本因特网应用模式。而移动商务模式则是在开放模式的基础上向微型化、方便化发展的新方向。企业销售人员流动性已经不能再阻碍无纸贸易的应用。

（3）从应用领域看，应用模式可以被划分为行政应用模式、海关通关模式及跨境交易模式等。有些经济体的无纸贸易偏向于行政应用模式，如新加坡和韩国；有些经济体的无纸贸易应用偏向于海关通关模式，如中国香港等。另外，许多经济体（包括中国等）都在探讨跨境交易模式。因为无纸贸易的发展最终要建立起全球跨境的交易体系和交易平台，无缝地实现商业单证和商业信息在跨境范围内的有效传输。在发达经济体内，一般跨境的贸易单证的传输主要靠行业和大型跨国公司的内部网络服务体系。通常，跨国公司凭借着其特有的优势地位，让许多中小企业依附于其贸易链网络。目前，跨境交易的实现主要靠各国的网络增值服务商所提供的服务来实现。但是，这需要各经济体的政府能够彼此合作，因为，这种跨境的应用需要标准、利益等方面的有效协调才能实现。

2.3.3 国际电子商务的特点

国际电子商务突出表现出以下五个特点。

（1）国际电子商务的开展必然涉及报关活动。这是国际电子商务区别于一般电子商务的明显特征。海关是一个国家主权的象征，主要从事征收关税和取缔违法物品和行为的活动。随着市场的全球化，要求海关能够提供高效迅速的报关作业，建立综合报关信息系统和改进海关作业程序是实现这一目标的有效方法。

（2）在国际电子商务中涉及大量的贸易合同和单证。这些贸易合同和单证涉及运输、报关、保险、结算等多个方面。

（3）国际电子商务中的结算支付方式比一般电子商务的结算支付方式更复杂。一般电子支付包括接触式与非接触式的各种各样的信用卡以及在因特网上流通的“电子钱包”。而国际电子商务中的结算支付则需要使用电开信用证、电子信用证等。

（4）国际电子商务主要是 B2B 类型的商务。国际贸易的交易行为和过程本身并不直接针对市场上的消费者，所以，国际电子商务多是企业间的 B2B 形式。

（5）国际电子商务的风险不仅存在于交易过程中，而且与国际形势，与各国的贸易政策、市场管理方式都有密切的关系。

复习题

1．简述电子商务在现代经济发展中的作用。
2．试论述实体市场与虚拟市场的产生与发展趋势。
3．什么是国际电子商务？它有什么特点？
4．简述国际电子商务的分类。

参考文献

[1] 杨坚争．电子商务基础与应用（第八版）[M]．西安：西安电子科技大学出版社，2012．
[2] 杨坚争．电子商务条件下的国际市场博弈[J]．世界经济研究，2007(2)．
[3] 陈同仇．国际贸易（第二版）[M]．北京：对外经济贸易大学出版社，2005．
[4] 罗明．国际电子商务发展要素整合研究[J]．东方企业文化，2007(05):118-119．
[5] 高元毅．电子商务环境下国际贸易方式的变革[J]．辽宁经济，2007(04):66．
[6] 张鹏．国际电子商务发展环境分析[J]．市场周刊：新物流，2007(02):50-51．
[7] 王鹏，王慧．国际电子商务在国际贸易中的优势分析[J]．商场现代化，2006(11X):136．

第3章 国际电子商务发展策略

03

20 世纪 90 年代以来，中国作为贸易大国，在国际贸易中发挥着越来越重要的作用。但贸易大国并不等于贸易强国。必须清醒地看到，与发达国家相比，我国国际电子商务的应用水平还比较低，现已成为制约中国对外贸易进一步发展的瓶颈因素。而要破除这些因素必须采取科学的国际电子商务发展策略。本章讨论了国际电子商务发展策略研究的重要性和国际电子商务的发展环境，对我国国际电子商务发展的政策需求、总体策略和切入点进行了深入的研究。

3.1 国际电子商务发展策略研究的重要性

对我国对外贸易发展的现状和电子商务的应用情况的考察，结合国际电子商务的基本理论，我们可以发现，国际电子商务策略的研究已经迫在眉睫。

（1）结构性矛盾的存在，国内市场供过于求矛盾的加剧，需要不断开拓国际市场，推进国际电子商务有利于促进我国产业结构调整，推动经济增长方式由粗放型向集约型转变，提高国民经济运行质量和效率，形成国民经济发展的新动力，实现经济社会的全面协调可持续发展。

（2）我国外贸规模的扩大和外贸依存度的上升表明我国经济对国际市场的依赖程度在提高，经济增长受国际市场贸易的影响增大。利用国际电子商务手段，捕捉贸易机会，应对经济全球化挑战，才能把握发展的主动权，提高我国国际竞争力，提升我国经济的国际地位。

（3）我国中小企业在拓展国际市场，实施“走出去”战略，迫切需要寻找国外市场，也需要有政府的协助。我国尚没有出台国际电子商务的发展策略，也没有对中小企业提供全面的、系统的帮助。加强这方面的研究，将有利于解决中小企业在投资、人才等方面存在的问题，促进中小企业应用国际电子商务，提高商务效率，降低交易成本，推进中小企业信息化。

（4）世界海关组织已经公布了《全球贸易安全与便利标准框架》，亚太经济合作组织建立了电子商务工商联盟，全面推广无纸贸易。加入世界贸易组织后的中国，需要加快融入国际社会，迫切需要简化海关手续，推进贸易便利化，全面实施无纸贸易，寻求便利贸易与有效监管之间的平衡。国际电子商务策略的研究对于这一领域的发展，对于电子政务、国际贸易、电子商务三者的融合具有非常重要的作用。

（5）国际贸易市场交易方式发生了重大变化，出现了“虚拟市场”。电子商务通过网上“虚拟”的信息交换，开辟了一个崭新的开放、多维、立体的市场空间，突破了传统市场必须以一定的地域存在为前提的条件，全球以信息网络为纽带连成一个统一的“大市场”，促进了世界经济全球市场化的形成。信息流动带来的资本、商品、技术等生产要素的全球加速流动，促进了全球“网络经济”的迅速发展。在这种网络贸易的环境下各国间的经贸联系与合作得以大大加强，实体市场上的部分交易正在转到虚拟市场上来。在时间、外部环境确定的情况下，世界贸易总量是一个定值。虚拟市场交易不仅涉及信息产品，也吸引了部分实物产品的交易。而这一部分在虚拟市场上成交的实物交易额，恰恰是实体市场上流失的那部分交易额。一个企业如果仅仅固守实体市场的进行交易，其总交易额必然减少。所以，从整个国家的角度考虑，需要加强国际电子商务策略的研究，以引导企业在虚拟市场上占据有利地位。

3.2 国际电子商务的应用环境分析

国际电子商务在总体上具有开放性、创新性和易变性。这些特点使其受到诸多环境因素的制约。国际电子商务的发展战略，必须建立在科学分析电子商务发展环境的基础上。这种分析一般包括社会政治环境分析、资源环境分析、市场环境分析、安全环境分析、企业内部条件分析等。搞清楚国际电子商务发展的有利因素和不利因素，才能为电子商务的战略决策提供科学依据。

3.2.1 政策法规环境：受到国际组织和各国政府的高度重视

政策法规环境是国际电子商务赖以生存和发展的基础性应用环境。随着电子商务的日益普及，国际组织和许多国家相继出台了一系列法律、法规、条约，用以营造良好的国际电子商务发展环境。

1. 国际组织

国际组织十分重视国际电子商务的政策法规环境建设。1981 年欧盟推出第一套网络贸易数据标准，即《贸易数据交换指导原则》（GTDI）。1984 年，联合国国际贸易法委员会（UNCITRAL）提交了《自动数据处理的法律问题》的报告，建议审视有关计算机记录和系统的法律要求，从而揭开了电子商务国际立法的序幕。1990 年 3 月，联合国正式推出了 UN/EDIFACT 标准，并被国际标准化组织正式接受为国际标准 ISO 9735。UN/EDIFACT 标准的推出统一了世界贸易数据交换中的标准，使得利用电子技术在全球范围内开展商务活动有了可能。此后，联合国又先后制定了《联合国行政商业运输电子数据交换规则》、《电子数据交换处理统一规则》（UNCID）等文件。1993年10月，联合国国际贸易法委员会电子交换工作组第26届会议全面审议了《电子数据交换及贸易数据通讯有关手段法律方面的统一规则草案》，形成了国际EDI法律基础。

1996年联合国贸易法委员会通过了《电子商业示范法》①，这是世界上第一部关于电子商务的法律框架。在以后的10年里，联合国又公布了两个重要的电子商务文件。一个是2001年3月23日联合国国际贸易法委员会通过的《电子签字示范法》②，这是联合国国际贸易法委员会继《电子商务示范法》之后，又一部专门针对电子商务的示范法。《电子签字示范法》对电子签字的适用范围、定义、签字技术的平等对待、电子签字的要求、签字人的行为、验证服务提供商的行为、电子签字的可信赖性、依赖方的行为、对外国证书和电子签字的承认等问题做了详细的规定，为各国电子签字的立法奠定了很好的基础。另一个是2005年11月通过的《联合国国际合同使用电子通信公约》。公约的宗旨是在对国际合同使用电子通信的情形中增强法律确定性和商业可预见性，包括如何确定一方当事人在电子环境中的所在地，电子通信的收发时间和地点，使用自动信息系统订立合同，确立电子通信和纸面文件（包括“原始”纸面文件）以及电子认证方法和手写签名功能上等同所使用的标准等。

2001年11月，联合国贸易和发展会议首次公布了由联合国秘书长安南亲自作序的《2001年电子商务和发展报告》。③ 这一长达40万字的报告，在充分考察电子商务发展过程的基础上，深入分析了电子商务对发展中国家的影响，构造了电子商务发展环境模式和实践方法，并对电子商务在发展中国家的应用进行了经验总结。应当说，在电子商务发展的关键时刻，这一报告对于世界各国坚持国际电子商务的发展方向起到了极为重要的作用。之后，在2002年、2003年和2004年，联合国都发布了《电子商务和发展报告》。2005年以后，这一报告更名为《信息经济报告》，每年发布一次。这些报告对于推动世界电子商务的发展起到了很好的宣传、引导作用。

---

① 1996年12月16日，联合国正式颁布了《贸易法委员会电子商业示范法及其颁布指南》（UNCITRAL Model Law on Electronic Commerce with Guide to Enactment 1996）。当时“电子商业”的叫法比较流行，故该文件的中文版翻译为《电子商业示范法》。以后人们接受了“电子商务”的说法，较多人重新翻译为《电子商务示范法》，为了避免混淆，本书仍沿用《电子商业示范法》。

② United Nations Commission. UNCITRAL Model Law on Electronic Signatures With Guide to Enactment 2001[S]. A/CN.9/WG.IV/WP.88, United Nations Commission on International Trade Law Working Group on Electronic Commerce, Thirty-eighth session New York, 12 - 23 March 2001.

③ United Nations Conference on Trade and Development. E-commerce and Development Report 2001[R/OL]. (2001-11-20) [2008-08-20]. United Nations Conference on Trade and Development Net: http://r0.unctad.org/ecommerce/docs/edr01_en.htm.

从2011年起，联合国国际贸易法委员会开始起草“跨境电子商务交易网上争议解决：程序规则（ODR）”。该程序规则针对国际电子商务交易中大量存在的低价值跨境争议的现状，旨在涉及一种公平和有效的网上争议解决制度，为快捷、简易和低费解决中低价值跨境争议提供一个实际渠道。

其他国际组织也积极参与电子商务立法和国家之间电子商务共同原则的探索和制定。国际商会、经济合作与发展组织、欧盟、亚太经济合作组织等是这方面工作的积极推动者。

国际商会已于1997年11月6日通过的《国际数字保证商务通则》（GUIDEC），试图平衡不同法律体系，为电子商务提供指导性政策，并统一有关术语。2002年，国际商会在《ICC跟单信用证统一惯例》（UCP500）的基础上制定了《跟单信用证统一惯例关于电子交单的附则》（eUCP），并于当年4月1日生效。2002年7月该会发布了《电子商务行动计划》，这已经是该计划的第三次修订。

1998年10月，经济合作与发展组织（OECD）公布了三个重要文件，即《OECD电子商务行动计划》、《有关国际组织和地区组织的报告：电子商务的活动和计划》、《工商界全球商务行动计划》，作为OECD发展电子商务的指导性文件。

欧洲联盟（欧盟）于1997年提出《关于电子商务的欧洲建议》，1998年又发表了《欧盟电子签字法律框架指南》和《欧盟关于处理个人数据及其自由流动中保护个人的指令》（或称《欧盟隐私保护指令》），1999年发布了《数字签名统一规则草案》。这些地区性组织通过制定电子商务政策，努力协调内部关系，并积极将其影响扩展到全球。2000年，欧盟将电子商务立法作为它启动欧洲网络经济发展的重要环节，计划完成电子商务的立法，包括对版权的规定、远程金融服务的规定、电子银行的规定、电子商务的规定等。此外，在布鲁塞尔-罗马条约中还要讨论合同法、网上争端解决办法等立法程序。

世界贸易组织（WTO）建立后，立即开展信息技术的谈判，并于1997年达成三个协议，为电子商务和信息技术的稳步有序发展奠定了基础。这三个协议是：《全球基础电信协议》、《信息技术协议》、《开放全球金融服务市场协议》。

2001年10月亚太经济合作组织（APEC）会议发布的《领导人宣言》，明确提出“在APEC区域内对电子交易暂不征收关税的承诺”①。在这次会议上，APEC电子商务工商联盟被批准成立。该联盟多次组织电子商务工商联盟论坛、无纸贸易高级论坛等会议，着力推动电子商务在APEC国家的推广。

东南亚国家联盟（东盟）是发展中国家启动协调成员国电子商务立法框架的首个区域组织。到2008年年底，所有东盟成员国将颁布相互一致的国家电子商务立法。在这方面，东盟委托有关机构承办一个项目，即东盟电子商务，协助其10个成员国发展并实施总体

① APEC会议. 领导人宣言——迎接新世纪的新挑战[EB/OL]. (2001-10-21) [2008-09-15]. http://www.people.com.cn/GB/jinji/31/ 179/20011021/586747.html.

协调一致的电子商务立法基础构建。

该区域和次区域内的发展中国家也正在考虑为电子商务制定一种协调一致的法律框架，使所在区域具有竞争力，并有助于推动电子商务和经济增长。电子商务法律框架的协调一致有望通过便利的跨界电子商务和跨界电子签名的相互承认扩大内部或外部的消费者市场和商家市场。

此外，为了适应无纸贸易应用和发展，国际社会还先后制定了《计算机记录法律价值的报告》、《电子资金传输示范法》、《联合国行政、商业、运输电子资料交换规则》、《电讯贸易资料交换实施统一规则》和《国际数字保证商务通则》等。

2．各国政府

世界各国政府对于营造电子商务发展的社会政治环境非常重视。据不完全统计，目前已经有多达60余个国家和地区通过了有关电子商务方面的政策文件和立法。表3-1列出了部分国家和地区有关电子商务的政策文件和立法文件。

表3-1 世界部分国家和地区有关电子商务的政策文件和立法文件

国家和地区	文件名称	通过时间
俄罗斯	俄罗斯联邦信息法①	1995年1月25日
意大利	数字签名法	1997年3月15日
德国	数字签名法	1997年6月13日
德国	数字签名条例	1997年11月
马来西亚	数字签名法	1998年1月1日
阿根廷	总统令：国家公共机构的数字签字设施	1998年4月16日
新加坡	电子交易法	1998年6月29日
新加坡	电子交易认证机构规定	1999年2月10日
澳大利亚	电子交易法	1999年3月15日生效
韩国	电子商务基本法	1999年
哥伦比亚	电子商务法	1999年8月21日
欧盟	电子签名共同框架指令	1999年12月13日
芬兰	电子服务管理法	2000年1月1日生效

① 严格地说，俄国家杜马通过的《俄罗斯联邦信息法》并非电子签名专门立法。但其中第5条第3款规定，对于经电子签名认证的自动信息和电信系统所储存和传输的文件，本法承认其法律效力。如果自动信息系统包含有能确认签名身份的技术方案，那么，电子数字签名也可以得到法律的承认（对电子数字签名则没有定义）。确认电子数字签名的权利必须置于立法机构的规范之下。考虑到其通过时间早在1995年1月25日，甚至早于美国犹他州的数字签名法，应该是世界上最早关于电子签名的法律，故而予以收录。

续表

国家和地区	文件名称	通过时间
中国香港	电子交易条例	2000 年 1 月 7 日
西班牙	电子签名与记录法令	2000 年 2 月 29 日生效
日本	电子签名与认证服务法	2000 年 5 月 24 日
英国	电子通信法	2000 年 5 月 25 日
欧盟	电子商务指令	2000 年 6 月 8 日
菲律宾	电子商务法	2000 年 6 月 14 日
加拿大	电子信息和文书法	2000 年 6 月 21 日
美国	全球电子商务纲要	1997 年 7 月 1 日
美国	统一电子交易法	1999 年 7 月 1 日
美国	全球和国家商务中的电子签名法	2000 年 6 月 30 日
爱尔兰	电子商务法	2000 年 7 月 10 日

需要注意的是，对于 2005 年 11 月联合国通过的《联合国国际合同使用电子通信公约》，发展中国家表现出很高的热情。在签署这个公约的 19 个国家中，中非共和国、黎巴嫩、塞内加尔、洪都拉斯等，都是很小的发展中国家，是第三世界的国家。这说明，发展中国家已经认识到，电子商务对于改善国家地位，提高国家经济实力有着举足轻重的作用。

3．国内环境

1997 年，全国信息化工作会议确立了我国信息化建设的 24 字方针：“统筹规划，国家主导，统一标准，联合建设，互联互通，资源共享。”这是关于我国政府在信息化建设中作用的集中表述，确立了政府在国家信息化建设中的主导地位。

2001 年 3 月，我国政府正式公布了《中华人民共和国国民经济和社会发展第十个五年计划纲要》。这一纲要全面分析了国际环境的客观变化和国内信息化建设的新形势，从战略高度提出了信息化的发展方针、发展目标，并明确了具体的措施：“加快电子认证体系、现代支付系统和信用制度建设，大力发展电子商务；通过电子商务特别是企业间电子商务的应用，推动营销、运输和服务方式的变革，降低成本，扩大工业品市场规模；加速企业生产、经营管理的信息化进程。”

2004 年 8 月，第十届全国人大常委会第十一次会议通过了《中华人民共和国电子签名法》，并于 2005 年 4 月 1 日开始实施，为电子签名在电子商务中的应用铺平了道路。同时，根据无纸贸易发展新需求，中国政府还相应修订了《合同法》、《海关法》、《外贸法》等法律，为无纸贸易应用创造了良好的法律环境。

2005 年 1 月 8 日，国务院发布了《国务院办公厅关于加快电子商务发展的若干意见》。该意见在阐明发展电子商务的重要作用和指导思想的基础上，针对电子商务的政策法律环境建设提出具体建议，包括加强统筹规划和协调配合、推动电子商务法律法规建设、研究制定鼓励电子商务发展的财税政策、完善电子商务投融资机制，以及加快信用、认证、标准、支付和现代物流建设，形成有利于电子商务发展的支撑体系等。

2011 年 10 月，商务部发布《商务部“十二五”电子商务发展指导意见》。① 该意见提出，到 2015 年我国规模以上企业应用电子商务比率达 80%以上；应用电子商务完成进出口贸易额占我国当年进出口贸易总额的 10%以上；网络零售额相当于社会消费品零售总额的 9%以上。该意见强调要完善电子商务政策支撑体系、建立电子商务法规标准体系、电子商务统计监测体系和统计监测网络；重点鼓励发展第三方电子商务服务平台，引导鼓励中小企业应用第三方电子商务服务平台开拓国内外市场。该意见要求中央及各级财政要加大对发展电子商务的支持力度，设立电子商务发展专项资金，向电子商务科研创新、模式创新、产学研成果转化、中小企业电子商务应用、中小电子商务企业融资、农村商务信息服务、电子商务公共服务提供资金支持。

2011 年 12 月，工业和信息化部印发了《电子商务“十二五”发展规划》。② 该规划是“十二五”时期推动我国电子商务发展的指导性文件。为保障规划确定的目标顺利实现，规划提出了九项重点任务：提高大型企业电子商务水平；推动中小企业普及电子商务；促进重点行业电子商务发展；推动网络零售规模化发展；提高政府采购电子商务水平；促进跨境电子商务协同发展；持续推进移动电子商务发展；促进电子商务支撑体系协调发展；提高电子商务的安全保障和技术支撑能力。

2012 年 3 月商务部发布了《商务部关于利用电子商务平台开展对外贸易的若干意见》。该意见要求：充分认识利用电子商务开展对外贸易的重要意义，全面增强电子商务平台对外贸易服务功能，着力提升企业利用电子商务平台开展对外贸易水平；加强对利用电子商务平台开展对外贸易的支持，营造有利于电子商务平台开展对外贸易的环境，积极支持电子商务平台提高便利化水平，努力提高企业利用电子商务平台开展对外贸易的能力和水平，促进我国对外贸易持续稳定健康发展。③

3.2.2 基础环境：已能满足要求

在体现发展国际电子商务的基础设施方面有四项关键指标：因特网的基本状况；无纸贸易的应用情况；国际电子商务标准化建设；国际电子商务平台建设。通过这四项指标分

---

① 商务部．商务部“十二五”电子商务发展指导意见[R/OL]. (2011-10-19)[2012-04-03]. http://www.gov.cn/gzdt/2011-10/19/content_1973303.htm.

② 工业和信息化部. 电子商务“十二五”发展规划[R/OL]. (2011-12-10)[2012-04-03]. http://gjdzsw.drcnet.com.cn/gjdzsw/DocView.aspx?docid=2720073&leafid=14477&chnid=1070.

③ 商务部．商务部关于利用电子商务平台开展对外贸易的若干意见[R/OL]. (2012-03-12)[2012-08-23]. http://www.mofcom.gov.cn/aarticle/b/fwzl/201205/20120508155609.html.

析，对国际电子商务基础环境的现状将有一个较为明确的认识。

1．因特网的基本状况

因特网（Internet）是开展电子商务的物质基础，是国际电子商务生存和发展之本。截至 2011 年 12 月 31 日，全球因特网使用人数达到 22.67 亿人，已经占到世界人口的 32.7%（见表 3-2）。[①] 如此庞大的网民人数，为电子商务的发展奠定了雄厚的交易基础。

表 3-2　全球主要地区网民数（2011-12-31）

地　　区	总人口（人）（估算）	2000 年 12 月 31 日网民数（人）	2011 年 12 月 31 日网民数（人）	因特网普及率（%）	增长率（%）2000—2009 年	占全球网民数量比率（%）
非洲	1 037 524 058	4 514 400	139 875 242	13.5	2 988.4	6.2
亚洲	3 879 740 877	114 304 000	1 016 799 076	26.2	789.6	44.8
欧洲	816 426 346	105 096 093	500 723 686	61.3	376.4	22.1
中东	216 258 843	3 284 800	77 020 995	35.6	2 244.8	3.4
北美	347 394 870	108 096 800	273 067 546	78.6	152.6	12.0
拉美及加勒比地区	597 283 165	18 068 919	235 819 740	39.5	1 205.1	10.4
大洋洲	35 426 995	7 620 480	23 927 457	67.5	214.0	1.1
总计	6 930 055 154	360 985 492	2 267 233 742	32.7	528.1	100.0

根据 Netcraft 的调查，截至 2012 年 7 月底，在侦测时共收到全球 665 916 461 个站点的反馈信息。其中，活跃网站数量约 2 亿个。[②] 从 20 世纪 90 年代末开始，全球互联网站一直保持快速发展的势头。2010 年 8 月以来，网站数量的增加速度越来越快（见图 3-1），对全球经济的影响也越来越大。

2．无纸贸易的应用情况

自从 20 世纪 80 年代无纸贸易的产生开始，在国际贸易中减少纸面单证的应用就成为各个国家促进贸易发展计划之中最具挑战性的任务。我国在不同程度上感受着电子交易方式所带来的挑战。

国际贸易环节中的无纸贸易应用通常是以通关效率化为主线，以“贸易监管文件传输”为切入点，来发挥政府在推动无纸贸易发展中的主导作用。从世界范围来看，政府通常采

---

① Internetworldstats.Com.. World Internet Users and Population Stats[EB/OL]. (2011-03-31)[2012-03-20]. http://www.internetworldstats.com/stats.htm.

② Netcraft. July 2012 Web Server Survey[EB/OL].(2012-08-02)[2012-11-20]. http://news.netcraft.com/archives/category/web-server-survey/.

取把电子化申报原则化、禁止纸面申报或者对纸面申报收取高额手续费等各项措施来推动电子单证的普及。

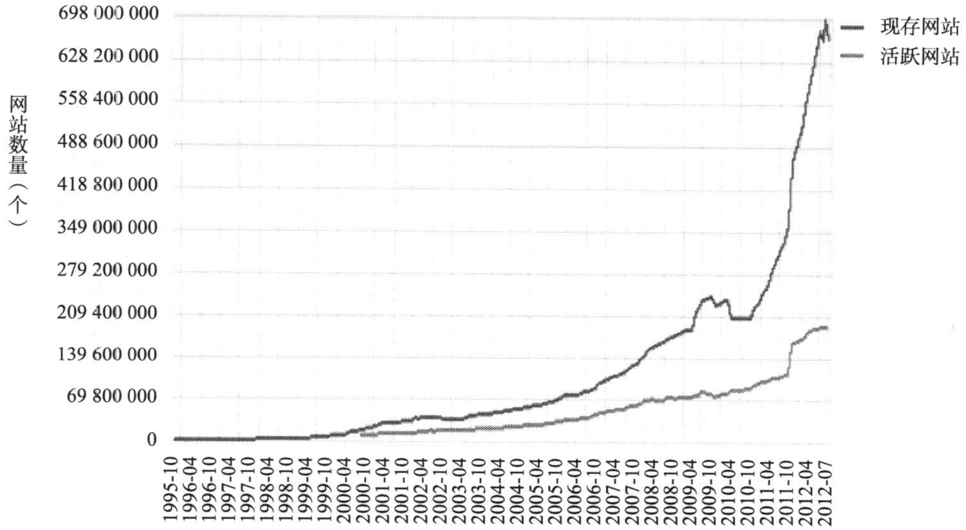

图 3-1　世界互联网站的发展（1995-10 至 2012-07）

从世界范围来看，与其他政府部门相比较，海关的电子化进程一直处于领先地位，尤其是对国际贸易依存度较大的发达经济体海关更是如此。从发达经济体海关计算机应用历程看，20 世纪 60 年代是以贸易统计计算机化为标志的单项应用阶段，70 年代是以货物通关计算机化为标志的综合应用阶段，而 90 年代是以高度自动化的 EDI 无纸通关为标志的高级应用阶段。

为了衡量各经济体的无纸贸易实现程度，2005 年 9 月亚太经济合作组织（APEC）对各个经济体无纸贸易发展程度进行了评估。这次评估从政策环境、技术环境、应用水平和应用效果四个方面对各个经济体无纸贸易发展情况进行了排序。2009 年再次评估时，APEC 经济体无纸贸易发展排序基本无显著变化。但是，2005 年只有新加坡和中国香港处于高级阶段，时至 2009 年，已有 9 个 APEC 经济体处于无纸贸易发达阶段。而处于潜力阶段的国家也达到 5 个。相比之下，处于“改善阶段”和“追赶阶段”的国家反而成了少数（见表 3-3）。这种状况反映了世界无纸贸易整体水平的大幅度提高。

经过评估，我国与智利、墨西哥、马来西亚、俄罗斯同归入潜力阶段。其特点是，都具有巨大的发展潜力，根本原因是在无纸贸易领域都有着巨大的发展空间。中国和俄罗斯等一些经济体整体贸易额巨大，但无纸贸易的发展与其贸易额极不相符。研究表明，无纸贸易为我国企业所带来的效益最明显的反映是在企业形象提高、协调能力提高、商务伙伴关系改善等运营方面，在财物和盈利方面表现并不显著。[①] 如果政府和有关部门能够有效地组织力量，那么无纸贸易的实施就可以大大提高贸易效率，从而提高该经济体的整体贸易竞争力。

表 3-3　2009 年和 2005 年 APEC 经济体无纸贸易发展水平排序[②]

2009 年 APEC 经济体无纸贸易发展阶段排序		2005 年 APEC 经济体无纸贸易发展阶段排序	
发达阶段	新加坡	高级阶段	新加坡
	中国香港		中国香港
	中国台湾	中级阶段	韩国
	韩国		美国
	美国		澳大利亚
	日本		中国台湾
	加拿大	初级阶段	日本
	澳大利亚		加拿大
	新西兰		新西兰
潜力阶段	智利		智利
	墨西哥	成长阶段	马来西亚
	马来西亚		墨西哥
	中国		中国
	俄罗斯		泰国
改善阶段	泰国		印度尼西亚
	印度尼西亚		俄罗斯
	菲律宾	起步阶段	菲律宾
追赶阶段	秘鲁		秘鲁
	越南		越南
	文莱		
	巴布亚新几内亚		

3．国际电子商务标准化建设

国际电子商务的无纸贸易为世界贸易带来了高效和便利，已经成为跨境贸易的主流趋势。跨境贸易实现纸面单证向电子数据交换方式的转换，在提高行业内、跨行业和跨境信息交换的过程中，标准化是其重要特征。

电子单证的发展大致经历了三个阶段，即传统的纸质单证、EDI 报文和基于 XML 的电子单证。EDI 以其高效、快捷、准确、可靠等特点吸引着众多投资者和大型企业的参与。

① 徐进．我国无纸贸易应用效果评价分析[J]．经济经纬，2008(6): 139-141, 148.

② APEC 无纸贸易评估报告，APEC, 2005; APEC 无纸贸易评估报告（校订稿）. APEC, 2009.

但是，EDI 技术的复杂性、高额的成本使中小型企业望而却步。20 世纪 90 年代以后，随着 HTML 和 Web 技术的出现，基于 Internet 的信息交换技术得到飞速发展。1998 年，可扩展置标语言（XML）的诞生进一步丰富了信息交换技术，基于 XML 的信息交换技术已成为当今网络商务活动的关键技术之一。XML 为 EDI 提供了基于因特网的解决方案，它将商业规则从商业信息中分离出来，保留商业信息原有的结构和内容在各应用系统间进行存储和处理。

XML 的灵活性在为各企业制定信息交换规则提供便利的同时，也带来了企业间各种不同交换规则间相互转换的麻烦。为提高信息交换的效率、借鉴 EDI 标准规范的经验，有关公司、行业协会和国际标准化组织相继推出了一些基于 XML 的电子商务标准框架。这些标准框架的目标都是要通过因特网实现企业间高效、可相互操作的信息交换和信息处理，其中比较典型的标准规范有 OBI、IOTP、Eco 框架、BizTalk、RosettaNet、cXML、xCBL 等。N/ECE/CEFACT、ISO/TC154、ISO/IEC/JTC1 等国际标准化团体，也积极制定和推广 EDI 系列标准，极大地促进了 EDI 在国际范围内的应用。

从 1990 年开始，在各有关部委的大力推动和支持下，我国开始大力宣传和推广 EDI，从而开创了我国应用 EDI 技术的新局面。以与 UN/EDIFACT 国际标准接轨的国家 EDI 项目纷纷上马；以海关、外贸、运输等为核心的一批 EDI 试点工程先后启动。所有这些都无一例外地把标准化问题摆在了一个重要的位置上。正因为如此，我国政府在国家信息化建设发展纲要中强调了标准的重要性，以使国家有限的人、才、物资源高效组合和应用。到 20 世纪末，我国建立的 EDI 应用标准体系，主要包括 EDI 基础标准、EDI 管理标准、EDI 报文标准、EDI 通信标准和 EDI 相关标准（见表 3-4）。

表 3-4 无纸贸易相关标准化现状

标准分类	标准数量	对应国际标准	备 注
基础数据	74	ISO/IEC UN/EDIFACT ISO UN/ECE	包括数据元/信息分类编码/元数据等
描述技术	10	ISO 9735 W3C ISO/IEC	置标语言/语法规则
文档格式	44 个 EDI 报文标准 14 个纸面单证格式 3 个 XML 报文标准	UN/ECE UNSM	包括发布和制定中的文档标准
业务过程	8	UN/CEFACT BIM ISO/IEC	建模语言/业务过程标准

续表

标准分类	标准数量	对应国际标准	备　注
电子支付	20	VISA MASTERCARD SWIFT	银行卡/现金/支票
安全标准	97	RFC FIPS ANSI ISO/IEC ITU 等	密码算法/安全技术/E-mail 安全/Web 安全/EDI 安全（包括正研制中的标准）

进入 21 世纪，我国开始推进电子商务标准化工作。通过十余年的工作，我国一共发布了 47 个涉及电子商务的国家标准，有力地促进了电子商务的技术创新、模式创新和规范化。

我国发布的电子商务国家标准主要包括以下三类：

第一类是为了配合 B2B 电子商务交易而出台的标准，如《电子商务协议样本》、《电子商务——仓单交易模式规范》、《电子商务——产品核心元数据》、《电子商务——企业核心元数据》。这些标准对于促使企业与企业间的电子商务规范发展具有重要作用。

第二类是和电子通关密切相关的一类标准，如《基于 XML 的电子商务业务数据和过程 第 2 部分：业务信息实体目录》、《基于 XML 的电子商务订单报文》、《基于 XML 的电子商务发票报文》。这些标准对规范订单报文和发票报文具有很好的指导作用。

第三类是为了配合电子商务信用体系的建设所出台的基于电子商务活动的交易主体的标准，如《企业信用档案规范》、《企业信用评价指标与等级表示规范》、《个人信用档案规范》等。

2010 年 2 月 8 日，国家标准管理委员会发布了《2010 年全国标准化工作要点》，强调“建立健全物品编码标准化体系，开拓物品编码及自动识别技术在服装、医疗、建材、卫生等领域的应用，继续推进条形码技术在零售、电子商务、物流、食品安全等国民经济和社会发展各领域的应用”。① 两年来，共有 50 余个有关物流和物品编码的标准颁布。这些标准正在电子商务配送领域发挥着越来越重要的作用。

4．国际电子商务平台建设

国际电子商务平台的建设可以分为非营利性和营利性两类。

1）非营利性的国际电子商务平台

这类平台大多是 20 世纪末和 21 世纪初建立的。在电子商务发展的初期，这些平台对

① 国家标准化管理委员会．2010 年全国标准化工作要点[EB/OL]．(2010-02-08)[2012-04-03]．http://www.sac.gov.cn/zwgk/gwxx/2010/201105/t20110504_92390.

国际电子商务起到了很好的推动作用。但由于运作机制问题，目前这类平台除少数网站外，大部分运行情况不好。

（1）Bolero 国际电子商务平台（www.bolero.net）。作为由 SWIFT（Society for Worldwide Interbank Financial Telecommunication，环球银行间电讯协会）和 TT Club（Through Transport Club，联合运输俱乐部，即由运输运营商组成的再保险组织）各出资 50%所组成的服务于电子化全球贸易的非营利机构，Bolero 包括两个组成部分：Bolero International Ltd（提供开放式的电子商务平台 Bolero.net）和 Bolero Association（一个由使用这一商务平台的商务会员机构所组成的非营利机构，会员服从协会所制定的商务规则）。目前，Bolero Association 的会员不仅包括了全球几乎所有重要的银行和金融机构、船运公司和保险机构，还包括数百家跨国公司。并且，还有更多的商务机构、管理咨询服务机构、技术服务提供商正在不断地加入 Bolero 网络，成为其会员（Member）或战略合作伙伴（Partner）。但其网站仅仅是该机构的宣传工具，没有实际的运作。

（2）香港 Tradelink 国际电子商务平台（www.tradelink-ebiz.com）。香港有约 13 万家进出口商及制造商，其中 98%是中小企业。为了帮助中小企业以最低的成本享受电子商务所带来的方便，特区政府和其他私营企业于 1997 年合资创办了贸易通电子贸易有限公司（香港政府持有 44%的股份），建立了 Tradelink（贸易通）电子交易平台（www.tradelink.com.hk）。截至 2007 年，TradeLink 的市场渗透率已经达到 100%，拥有 54 000 家用户，年交易量为 2 000 万宗。所有文件均具备获认可的电子认证服务许可证，拥有电子签名及加密功能，可在网络进行自由传输。但 2007 年以后，该网站更新速度明显减弱。

（3）新加坡 TradeXchange®国际电子商务平台（www.tradexchange.gov.sg）。该平台是由新加坡劲升逻辑公司（CrimsonLogic）开发的一个全国性贸易和物流 IT 平台，2007 年 10 月投入运行，是一个中立和安全的交易平台，可方便托运人、货运代理人、承运人和政府机构之间的信息交流，提高了新加坡境内外的货物流通效率。劲升逻辑的股东由新加坡贸易发展局、港务局、电信管理局和航空运输局组成，但网站运营情况一般。

（4）中国国际电子商务网（www.ec.com.cn）。该网站由中国国际电子商务中心（CIECC）建设与运营，是目前世界上运作最好的非营利国际贸易网站（见图 3-2）。作为一个权威、稳定、安全的第三方商贸服务平台，中国国际电子商务网共有三大业务，包括商贸电子政务服务、电子商务服务和信息服务。商贸电子政务服务为商务部 71 项电子政务系统（包括加工贸易、许可证、外贸经营资格管理等在内）提供安全稳定的接入服务和登录入口；为客户提供及时、点对点的应答服务；网上政务平台以自主研发的国家 863 CA 认证项目为核心，解决了身份认证、数据加密、权限管理等问题，提供了安全、高效、规范的数据交换服务。电子商务服务秉承安全、便捷的宗旨，提供国际供求商情、交易服务、自助网站、数据、报告等相关服务。信息服务有中英文双语版本，共开设频道 12 个，日发布信息超过 500 余条。

图 3-2　中国国际电子商务网主页

2）营利性的国际电子商务平台

此类平台经过十余年的市场洗礼，现已经发展得很完善，并形成了独特的运营模式。

（1）eBay 是全球最早发展的电子商务网站，也是全球最大的国际贸易交易平台。2011 年 8 月发布的《eBay 亚洲电子出口贸易报告》披露，在过去几年里，电子出口贸易业务的销售总量保持了超过 100%的增速。中国的 eBay 卖家销售额上涨了 34%，远高于亚洲其他地区。报告同时分析指出，这一增长主要是由年营业额超过 10 万美元的中国大型卖家所贡献的。在中国，年营业额超过 100 万美元的顶级卖家有 65 位，其中，收入最高的卖家年营业额达 1 430 万美元。eBay 能帮助中国卖家吸引来自全球 9 700 万名活跃用户进行在线交易，eBay 美国站是中国卖家最为活跃的平台，而计算机则是销售量最高的商品。eBay 每年还举办大中华区开发者大会，聚集 eBay 资深技术专家、有着多年 eBay 集成经验的第三方开发者和运用 eBay API 驾轻就熟的卖家们，共同探讨如何不断完善基于 eBay API（Application Programming Interface，应用程序编程接口）平台的跨国交易软件系统，以帮助 eBay 中国卖家提升自我管理能力和服务买家的水平，抓住跨境贸易商机。

（2）国际采购网（www.buy-hk.org）。国际采购网由香港国际采购协会主办，初期是协会用于公布外商采购信息等资源的官方职能站，发展至今已联合来自全球 200 多个国家的近 60 万个活跃买家，并涵盖数百万国际采购信息资源，帮助香港及大陆企业迅速锁定外商，快速建立海外销售通道，成为外商与中国企业之间稳固、畅通的桥梁，成为全球外贸进出口不可或缺的权威平台。

（3）环球资源网（www.globalsources.com）。环球资源是一家领先业界的多渠道 B2B 媒体公司，致力于促进大中华地区的对外贸易。公司的核心业务是通过一系列英文媒体，包括网站、印刷及电子杂志、采购资讯报告、“买家专场采购会”、贸易展览会及“在线展会”，促进亚洲各国的出口贸易。环球资源现有超过 118 万名国际买家，其中包括 90 家来自全球百强零售商，使用环球资源提供的服务了解供应商及产品的资料，帮助它们在复杂的供应市场进行高效采购。另外，供应商借助环球资源提供的整合出口推广服务，提升公司形象，获得销售查询，赢得来自逾 240 个国家及地区的买家订单。环球资源在中国设有超过 30 个办事机构，公司的中文媒体拥有逾 400 万名网上注册用户及杂志读者。

3.2.3　市场环境：社会需求不断增长

1．发展电子商务成为经济发展方式转变的必然选择

电子商务已经广泛渗透到国民经济的各个领域。2010 年中国电子商务交易额（4.55 万亿元）已经相当于国内生产总值（397 983 亿元）的 11.4%；2011 年电子商务交易额（5.88 万亿元）相当于国内生产总值（471 564 亿元）的 12.5%。电子商务在拉动经济增长、促进经济发展方式转变、加快中国经济增长等方面正在发挥越来越重要的作用。

笔者的研究表明，十余年来，我国电子商务各项指数都在快速增长，十年间增长了近 80 倍（见图 3-3）。这种情况说明中国电子商务产业和应用水平在不断提高，同时反映了中国对电子商务服务的需求在快速增长。

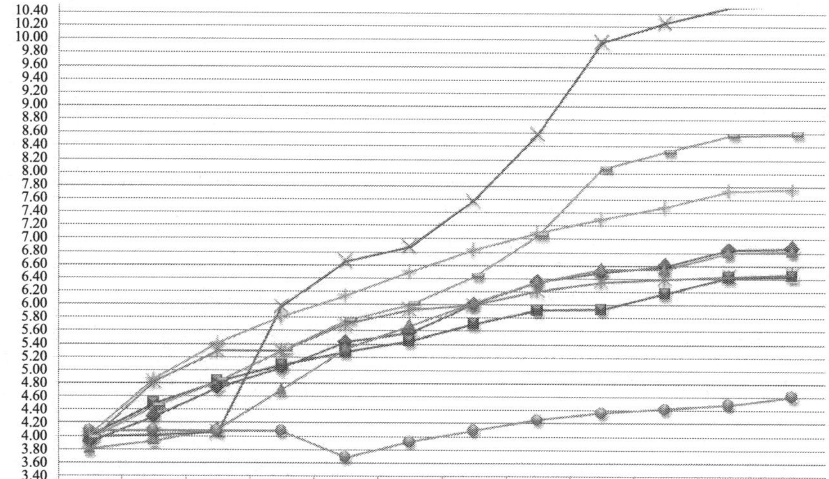

	2000	2001	2002	2003	2004	2005	2006	2007	2008	2009	2010	2011
电子商务交易指数	3.91	4.29	4.74	5.03	5.42	5.56	6.00	6.34	6.50	6.59	6.84	6.86
电子商务基础设施指数	4.00	4.49	4.82	5.07	5.27	5.44	5.70	5.91	5.92	6.17	6.42	6.44
电子商务人力资本指数	3.79	3.93	4.11	4.69	5.33	5.68	6.01	6.34	6.54	6.54	6.79	6.81
电子商务用户满意度指数	3.99	4.01	4.06	5.96	6.65	6.87	7.57	8.58	9.96	10.25	10.50	10.52
电子商务政策环境指数	3.90	4.82	5.29	5.29	5.70	5.92	5.98	6.21	6.35	6.39	6.43	6.47
电子商务安全指数	4.07	4.07	4.07	4.07	3.68	3.92	4.09	4.25	4.36	4.42	4.48	4.61
电子商务发展潜力指数	4.01	4.86	5.41	5.81	6.14	6.50	6.83	7.09	7.30	7.48	7.73	7.75
电子商务总指数	3.95	4.44	4.82	5.30	5.74	6.00	6.42	7.04	8.05	8.31	8.56	8.58

图 3-3　中国电子商务指数变化趋势

研究发现，在 2000—2011 年期间，我国电子商务指数每增加 1%，就会带动 GDP 增长 0.04%，而且，影响幅度越来越大。很明显，电子商务已成为促进我国 GDP 增长的重要动力，也是中国经济发展方式转变的一个新的重要方向。

2012 年上半年，上海经济运行总体保持了平稳有序的状况，全市生产总值比上年同期增长 7.2%。但是，分析具体数据，很值得思考：第一产业下降 3.2%；第二产业增长乏力（增长 3%）；第三产业实现 10.3%的增长。在第三产业中，信息传输、计算机服务和软件业比上年同期增长 18%，成为全市经济增长的领头羊。2012 年上半年，全市商品销售总额比上年同期增长 22%，其中，批发零售贸易业零售额增长 8.7%；住宿餐饮业零售额增长 5.8%；无店铺零售业态零售额增长 52.3%，网络购物零售额增长 87.3%。

上述数据没有考虑通货膨胀的影响。如果考虑通货膨胀的影响，由于 2012 年上半年全市居民消费价格比上年同期上涨 3.6%，完全抵消了第二产业的增长；而食品类上涨 8.1%，使得住宿餐饮业零售额增长成为负值。发展电子商务已经成为经济发展方式转变的一种必然选择。

2．国际贸易的严峻形势要求加快电子商务的发展

2012 年是我国外贸发展极具挑战的一年。数据显示，2012 年 7 月我国进出口总值为 3 287.3 亿美元，增长 2.7%。其中，出口增长 1%；进口增长 4.7%。① 进出口的增速都在收窄，但出口收缩的速度更快。

世界经济增长动力不足，特别是欧洲经济处于衰退边缘，国际市场需求严重萎缩，使我国外贸发展面临的挑战和困难加大，制约因素错综复杂，形势不容乐观。出口企业普遍反映，在手订单与 2011 年同期相比仍有较大差距，短单、小单比重偏高。此外，国内投资消费需求放缓，加工贸易增长明显减速，也会在一定程度上影响扩大进口。与此同时，原材料价格上涨，企业用工成本上升，出口企业利润空间受到压缩，经营压力加大。加大外贸结构调整，利用电子商务开发新的市场，已经成为外贸稳定发展的必然选择。

广东省东莞市大朗镇周边集聚了近万家毛织行业企业，仅大朗镇就有 3 000 多家，形成了较大的产业集群。但这些企业大多是中小型企业，缺乏销售渠道，订单大部分来源于批发商，成本高、利润低，而且要承担跑单的风险。从 2010 年起，大朗镇大力贯彻《珠江三角洲地区改革规划发展纲要》，鼓励企业建独立电子商务平台，鼓励毛织产业建行业电子商务平台，加强供应链、交易、支付等管理平台和信用自律体系建设。开通电子商务运行模式后，企业订单渠道大大拓宽，而且商品直接销售到客户终端，利润大大提高。据不完全统计，截至 2012 年 8 月，大朗镇共有 13 000 多家企业和个体工商户在阿里巴巴等网站

① 中国海关．2012 年 7 月进出口主要国别（地区）总值[EB/OL]．(2012-08-21)[2012-08-30]．http://www.customs.gov.cn/publish/portal0/tab1/info385083. htm.

开展电子商务。[①] 数字化设计、数字化生产、网络化销售，成为大朗毛织业的发展潮流。通过电子商务渠道，很多大朗企业实现了与国际市场的对接，实现从“贴牌加工”走向“自有品牌”。

3．现代消费者需要电子商务提供更广阔的商品购买市场

对于现代消费者来说，其消费取向正在迅速向虚拟市场转移。2012 年 6 月，我国网络音乐、网络视频、网络游戏、网络购物、网络银行、网上支付、社交网站等网络使用率都超过 30%。[②] 随着消费水平和消费观念的提升，越来越多的中国人开始青睐直接上海外网站购物，通过上网在世界范围挑选商品已经成为现代消费者的一种追求。成本效用分析表明，这种消费观念是最合理、最经济的。而要满足这些方面的需求，需要不断拓展电子商务在国际贸易领域的应用。网络海外代购就是适应这种现状而出现的一种零售新形式。

4．特殊行业对国际电子商务应用的迫切需求

（1）石油石化行业国际电子商务市场。2006 年年底，我国按照加入世界贸易组织时的承诺，对外资开放成品油批发市场，这标志着我国石油石化领域全面对外资开放。我国的石油石化企业面临着来自国内外全方位的竞争。采用电子商务成为石化企业的重要营销手段。中国石油化工股份有限公司（中国石化）所属中国石化物资采购电子商务网站自 2000 年 8 月至 2012 年 8 月，网上采购累计成交金额 13 166.22 亿元；2012 年累计成交金额 1 516.96 亿元，其中，材料 163.48 亿元，设备 200.31 亿元，配件 83.36 亿元，煤炭 147.28 亿元，化工原辅料 399.38 亿元。[③] 中国石化胜利油田分公司、中国石化上海石油化工股份有限公司、中国石化仪征化纤股份有限公司等企业网上采购都接近 100%。

（2）汽车行业国际电子商务市场。当今汽车市场的全球化程度非常高。2011 年中国汽车企业除了出口数量保持高速增长之外，中国汽车企业在海外投资设厂、收购相关资产等方面也获得了不少成果，国际化已经逐渐变成了企业发展的一种长期战略行为。国外的一些汽车厂商首先意识到世界汽车市场竞争的压力，通用、福特与戴姆勒·克莱斯勒 2000 年宣布合作建立世界最大的电子商务交易平台。我国汽车工业除了要进一步扩展和改造现有的营销网络外，还必须全力发展电子商务，特别是大力发展网上营销，从而延伸自己的销售触角，实现快速的市场扩张。而且，进入汽车电子商务领域的低门槛，使得中小型企业和大型企业拥有了同等参与竞争的机会。从这一意义上讲，大力发展汽车电子商务，开展

---

① 黄万全．从生产基地向现代商贸城蝶变[EB/OL]. (2012-08-22)[2012-08-30]．http://www.dalang.gov.cn/News/html/article_53642.html.

② 中国互联网络信息中心．第 30 次中国互联网络发展状况统计报告[R/OL]. (2012-07-19)[2012-08-20]．http://www.cnnic.cn/dtygg/dtgg/201207/W020120719405405832029.pdf.

③ 中国石化物资采购电子商务网站：网上采购成交金额[EB/OL]. (2012-08-20)[2012-08-20]．http://www.sinopec-ec.com.cn/pls/wzec/index1.

网上营销，对于我国羽翼尚未丰满的汽车行业来说确实是事半功倍、缩小与跨国汽车集团差距的绝好机会。

（3）旅游业国际电子商务市场。在欧美发达国家，旅游电子商务已经成为整个电子商务领域最突出的部分。我国的入境与出境旅游也伴随经济发展快速成长。2011 年，我国入境旅游接待人数达到 1.35 亿人次，比 1978 年增长近 75 倍，年平均增长率达到 28.3%；① 出境旅游人次数为 7 025 万人次，同比增长 22%，出境市场的规模已经是美国出境市场的 1.2 倍，日本出境市场的 3.5 倍。② 其中，旅游电子商务（基于因特网平台的在线旅游业交易）市场规模约占整体旅游收入份额的 15%。在旅游市场持续扩容和信息技术广泛应用的双重推动下，未来几年，不同类型、不同模式的旅游电子商务主体将得以快速发展，旅游电子商务在局部领域更多地体现为对传统旅游市场份额的渗透。

3.2.4 安全环境：安全条件有了较大改善

电子商务安全环境的改善突出表现在《全球贸易安全与便利标准框架》开始实施、信息网络安全保障体系逐步完善、网络信任体系的建立全面启动、信息安全测评认证制度基本形成四个方面。

1.《全球贸易安全与便利标准框架》开始实施

2005 年 6 月世界海关组织通过了《全球贸易安全和便利标准框架》（简称《框架》）。截至 2012 年，包括中国海关在内的 129 个成员向世界海关组织递交了实施意向书，占成员总数的 76%，显示了国际海关界保护合法贸易的安全与便利的决心。此后，世界海关组织将继续研究实施的步骤和实施过程中出现的问题，并积极推动世界海关组织成员和其他相关国际组织执行“框架”的有关规定。

《框架》确定了一些原则和标准，作为世界海关组织成员必须实现的最低标准。其宗旨是制定全球范围供应链安全与便利的标准，促进稳定性和预见性；形成对所有运输方式适用的一体化供应链管理；增强海关应对 21 世纪挑战和机遇的作用、职能和能力；加强成员海关之间合作，提高甄别高风险货物的能力；加强海关与商界的合作以及通过保护国际贸易供应链安全促进货物畅通无阻的流动。

《框架》包括四个核心元素、两个支柱、17 项标准和关于这 17 项标准的技术性条款。

四个核心元素包括：提前递交进出口及转运货物的电子信息；采用一致的风险管理手段；应进口国的合理要求，出口国海关对出口的高风险集装箱和货物进行查验；海关要向满足该标准的商界提供相应的便利。

---

① 中国旅游研究院. 中国入境旅游发展年度报告（2012）研究成果[EB/OL]. (2012-07-12)[2012-08-20]. http://www.ctaweb.org/html/2012-7/2012-7-11-9-23-36731.html.

② 中国旅游研究院. 中国出境旅游发展年度报告（2012）研究成果[EB/OL]. (2012-04-13)[2012-08-20]. http://www.ctaweb.org/html/2012-4/2012-4-13-8-32-54848.html.

基于这四个核心元素，《框架》提出了保障供应链安全的两个支柱。第一个支柱即海关与海关之间的合作安排，包括“海关应遵照世界海关组织在综合供应链管理指南（ISCM Guidelines）方面规定的海关监管程序进行操作”等 11 项标准，涉及供应链管理、查验权力和查验技术、风险管理和布控、电子信息交换、绩效和安全评估以及工作人员的廉政等海关监管工作的各个方面。第二个支柱即海关与商界的合作，包括 6 项标准，企业应执行以海关设定的安全标准为参数的自我评估程序、供应链经营者本身应采取的安全措施、授权认证的取得、新技术的采用、与海关的合作与交流以及获取贸易便利的条件等。

围绕两个支柱，《框架》制定了 17 项标准，并提出了详细的实施细则（也称技术性规定）。例如，对于信息安全，提出“应通过必要的自动备份方式，诸如需要定期换发新证的个人分配密码账户，适当的信息系统安全培训和对于未授权进入或误用信息的保护来保护贸易敏感数据”。

2．信息网络安全保障体系逐步完善

我国政府十分重视信息系统安全保护工作，1994 年 2 月国务院发布了《中华人民共和国计算机信息系统安全保护条例》，以国家法律的形式规定“重点保护国家事务、国家经济建设、国防建设、国家尖端科学技术等重要领域的信息系统的安全”。1998 年 12 月，公安部与国家密码管理委员会、原信息产业部、国家保密局共同起草了《计算机信息系统安全保护等级制度建设纲要》，确立了安全保护等级制度的主要适用范围、建设目标、建设原则、建设任务、实施步骤及措施。

1999 年 9 月，经国家质量技术监督局审查通过并正式发布了强制性国家标准——《计算机信息系统安全保护等级划分准则》（GB 17859—1999），将信息系统划分为五个安全保护等级：用户自主保护级、系统审计保护级、安全标记保护级、结构化保护级和访问验证保护级。安全保护能力从第一级到第五级逐级增强。

2007 年 6 月，公安部会同有关部门联合出台了《信息安全等级保护管理办法》。全国信息安全标准化技术委员会和公安部信息系统安全标准化技术委员会组织制定了等级保护所需的《等级划分准则》、《定级指南》、《基本要求》等 30 多个标准；公安部还指导电力、广电、银行、证券、水利等重点行业出台行业等级保护标准规范，共同形成了比较完备的等级保护标准体系。电子商务安全领域的 9 大核心技术（密码技术、身份验证技术、访问控制技术、防火墙技术、安全内核技术、网络反病毒技术、信息泄露防治技术、网络安全漏洞扫描技术、入侵检测技术）普遍得到了采用。

3．网络信任体系的建立全面启动

网络信任体系是国家信息安全保障体系的重要组成部分，是电子商务运作的重要保证。2011 年美国政府通过推出“网络身份证”构建网络生态系统，使每个网络用户可以相互信任彼此的身份。

2006 年 2 月，国务院办公厅转发了国家网络与信息安全协调小组《关于网络信任体系建设的若干意见》（国办发［2006］11 号文件）。文件提出了建设以身份认证、授权管理和责任认定为主要内容的网络信任体系的基本构想，提出了要形成“布局合理、安全可控、经济适用、运行有序”网络信任体系的总体要求。各地政府，如福建省、陕西省等，也都先后发表了加快网络信任体系建设意见，我国网络信任体系的建设由此全面启动。

2012 年 7 月，国务院发布“关于大力推进信息化发展和切实保障信息安全的若干意见”进一步提出：加强网络信任体系建设和密码保障；健全电子认证服务体系，推动电子签名在金融等重点领域和电子商务中的应用；制定电子商务信用评价规范，建立互联网网站、电子商务交易平台诚信评价机制，支持符合条件的第三方机构开展信用评价服务。①

4．信息安全测评认证制度基本形成

美国是信息安全测评认证的发源地。1970 年，美国政府就意识到信息安全关系到国家安全和国家利益，随即展开了信息安全测评认证标准的研究，并于 1985 年由国防部（DOD）正式公布了可信计算机系统评估准则（TCSEC）。TCSEC 是为军队设计的，直接用于商用系统会出现诸多问题。1992 年，美国商务部所属的国家标准技术院（NIST）和国家安全局（NSA）对外公布了《联邦标准》（Federal Criteria，FC）1.0 版；1993 年发表了《商用系统应具备的最低安全要求》（Minimum Security Requirements）。英国、德国、法国、荷兰、加拿大、澳大利亚也实施了信息安全测评认证制度。

随着各国评估标准的制定，国际标准化组织（ISO）1991 年成立了联合技术委员会（JTC.1），开始制定新的标准。1999 年 12 月信息技术安全评估的国际通用标准（ISO/IEC 15408）正式发布。

我国于 1997 年正式依循国际惯例启动了信息安全测评认证工作，1998 年年底建立了国家信息安全测评认证体系。国家信息安全测评认证管理委员会是经国务院产品质量监督行政主管部门授权，代表国家对中国信息安全产品测评认证中心运作的独立性和在测评认证活动中的公证性、科学性以及规范性实施监督管理的机构。中国信息安全产品测评认证中心（www.itsec.gov.cn）是国家级的测评认证机构，其测试结果作为国家认证中心进行认证的基础。目前，中国信息安全产品测评认证中心已全面开展信息安全产品认证、信息系统安全认证、信息安全服务资质认证和信息安全人员资质认证四类认证服务。

截至 2011 年 6 月底，全国已有 30 个省区市 111 家测评机构申请单位通过了国家和省级信息安全等级保护工作协调（领导）小组办公室的初审，81 家测评机构通过了公安部信息安全等级保护评估中心的测评能力评估，1 360 人取得了等级测评师证书，等级测评体系初步建立，为各单位、各部门开展等级测评工作奠定了坚实的基础。②

---

① 国务院．关于大力推进信息化发展和切实保障信息安全的若干意见[EB/OL]. (2012-07-18)[2012-07-23]. http://www.gov.cn/zwgk/2012-07/17/content_2184979.htm.

② 赵林. 在首届全国信息安全等级保护测评体系建设会议上的讲话（摘编）[EB/OL]. (2011-08-16)[2012-08-

3.3 我国国际电子商务发展策略

我国国际电子商务对于政策的需求是多方面的。根据 3.2 节对我国国际电子商务的应用环境分析，本节将按照“提出问题、做什么、怎么做”的思路提出政策建议。

3.3.1 国际电子商务发展的政策需求

调查表明，无论是电子商务企业还是传统企业，都迫切希望政府能够在我国国际电子商务的发展中发挥更重要的作用。东部地区和电子商务发展较快的大城市则对国际电子商务的发展环境提出较高的要求。中西部地区电子商务的发展目前仍然处于一个比较低的水平。这些地区对国际电子商务的发展促进政策有强烈要求。这个环境包括心理环境、法律环境、标准环境。

各地对政策的要求主要体现在以下方面。

（1）税收政策的倾斜。国际电子商务是创新的事物，它的发展没有模式可以借鉴，在这一新的领域中，政府的资金支持是很重要的，但更重要的是政策支持，特别是制定优惠的税收政策。税收政策的鼓励，将比直接的政府资金支持产生更大的作用。

（2）资金支持。虽然电子商务的宣传已经深入人心，但这一个新事物目前还有很多不规范的地方。所以，许多企业，特别是中小企业对电子商务的预期效果持怀疑态度，对于建立电子商务平台的支出能够带来多少收益不能确定。政府应该出台鼓励措施，帮助这些企业消除顾虑。如设立国际电子商务发展项目，通过投标确立发展项目；建立资助资金，提供低息贷款或无息贷款，支持部分企业建立、管理电子商务平台。

（3）加强示范项目的建设，树立典型，总结经验在全社会推广。目前国家发展和改革委员会、工业和信息化部、科技部都有部分电子商务示范项目，但涉及面还比较窄。有关电子商务案例的研究需要深层次的挖掘和分析。有关部门还应当在这方面做更多的工作。组织专门示范项目，组织人员深入企业调查研究，分析赢利模式，提出适应不同类型企业、不同类型地区、不同交易模式的电子商务运作经验，并在全国推广。

（4）对中西部地区、边远地区采用相应的区别政策和鼓励优惠措施，缩小地区、城乡之间的“数字鸿沟”。中西部地区国际电子商务的发展目前仍然处于比较低的水平。这些地区希望能够加大国家、政府资金对信息化基础设施的投入；采取积极、有效的鼓励扶持配套政策，留住西部人才。

（5）加强人才培训。国际电子商务的发展需要既懂技术又懂商务的专业人才，而目前，这方面的人才比较缺乏，需要通过培训加以培养。

（6）协调企业与有关部门的关系。国际电子商务的推广过程中，经常与传统的体制产

23]. http://www.venustech.com.cn/NewsInfo/346/10960.Html.

生冲突，需要国信办提供帮助，协调与其他部门的关系。例如，地方出口企业与中国电子口岸的关系，国际电子商务企业与地方政府的关系等。

3.3.2 国际电子商务的总体策略

国际电子商务的总体策略应当从宏观角度，提出我国国际电子商务指导思想、总体规划和政策导向，并设计落实措施。

（1）组织力量研究国家国际电子商务发展战略方案。虽然各个部门、不同行业对国际电子商务的发展战略有较大分歧，但没有国家国际电子商务发展战略的状态严重影响了我国国际电子商务的健康发展。我国国际电子商务的发展战略，应当从国民经济发展的战略高度出发，研究电子商务的发展环境，针对我国目前的发展现状和存在的问题，提出国际电子商务发展的战略目标、战略指导思想、战略重点、战略措施和组织管理体系。

（2）确定国际电子商务发展的重点地区、重点城市和重点行业。沿海地区（如京津唐地区、山东、江苏、沪杭地区、广东等）、直辖市和部分省会城市、易于进行国际电子商务交易的行业（如钢铁、石油、化工等）应当成为我国电子商务发展的重点。

（3）统筹规划关系到国际电子商务发展全局的事宜。对国际电子商务示范点的确定，应考虑地区分布、行业分布。对于电子商务发展具有共性的环节，应统筹规划，统一标准和步骤，避免各行其是。

（4）针对国际电子商务的需求出台相关政策，包括税收政策的倾斜，资金支持，对中西部地区和边远地区采用相应的区别政策和鼓励优惠措施，协调中央与地方、企业与管理部门的关系等，促进电子商务的发展。

（5）加强不同部门的工作协调。国际电子商务是一项巨大的系统工程，每个环节都有多个部门参加。金融、税务、工商等部门都应从国家经济发展的大局出发，支持电子商务的发展，对电子商务发展过程中出现的问题积极地予以解决。

3.3.3 发展国际电子商务的具体措施

1. 着力提升企业利用电子商务平台开展对外贸易水平

（1）提高企业利用电子商务平台开展对外贸易的意识。企业特别是传统外贸企业要提高利用电子商务平台开展对外贸易的认识，加大人才、资金和技术投入，加强电子商务软硬件建设，积极利用电子商务平台开展对外贸易，不断提高利用电子商务开展对外贸易的比重。

（2）增强运用电子商务平台开展对外贸易的能力。深入掌握在线营销、洽谈、成交、售后服务规律，完善和提升内部管理水平；加强电子单证应用，实现操作流程的标准化和程序化；注重风险防范和控制，逐步引入比较成熟的风险控制和防范做法；及时把握目标市场需求特点，选择合适的经营方式和营销策略，不断增强竞争力。

（3）坚持诚信经营，实现可持续发展。主动、翔实、完整地披露相关信息；及时妥善地处理贸易纠纷，营造良好健康的企业形象；树立品牌意识，确保商品质量，保护知识产权，自觉维护网上贸易环境。

2．加强对利用电子商务平台开展对外贸易的支持

（1）积极发挥电子商务平台在对外贸易中的重要作用。各级商务主管部门要积极引导企业利用电子商务平台特别是重点培育的开展对外贸易电子商务平台（简称重点平台）拓展进出口业务；支持成熟的企业与企业之间（B2B）、企业与消费者之间（B2C）电子商务平台提供对外贸易服务。相关进出口商（协）会要积极与重点平台合作，利用重点平台帮助会员企业做强做大外贸业务。对创新型、品牌产品和中西部企业开展对外贸易，鼓励重点平台减免其注册或服务费用。

（2）为电子商务平台开展对外贸易提供政策支持。各级商务主管部门要会同相关部门积极推动解决利用电子商务平台开展对外贸易过程中的通关、退税、融资、信保等政策性问题；充分利用中小企业国际市场开拓资金等，支持重点平台对企业开展人员培训、品牌培育、宣传推介等服务；鼓励企业成为重点平台会员，各地商务主管部门要结合实际情况，给予资金支持。商务部将把重点平台作为重点联系企业，重点平台所在地商务主管部门要将重点平台作为重点服务企业，协调解决其在开展对外贸易业务中遇到的重大问题，认真落实培育目标和要求。

（3）营造有利于电子商务平台开展对外贸易的环境。做好电子商务平台特别是重点平台的产品质量安全和知识产权保护工作；积极推介利用电子商务平台开展对外贸易的好做法，及时交流推广利用电子商务平台开展对外贸易的经验；引导电子商务平台与其他各种商务平台开展合作，支持平台间共享资源，共同开拓国际市场；鼓励进出口商（协）会向业内优质会员企业和国外行业组织推介电子商务平台，扩大电子商务平台在国内外的知名度和影响力。

（4）积极支持电子商务平台提高便利化水平。推动主要贸易单证的标准化和电子化进程，支持建设“单一电子窗口”平台，促进海关、检验检疫、港口、银行、保险、物流服务的电子单证协调，提高对外贸易监管效率，降低企业成本；推动知名展会平台创新服务，开展网上招商招展，搭建网络化展示平台；大力发展贸易撮合、认证征信、网商供需见面会等电子商务增值服务。

3.3.4　国际电子商务发展的切入点选择

1．积极提升电子口岸水平，提高国际贸易效率

基于国际无纸贸易的发展趋势，特别是亚太地区无纸贸易的发展目标，到 2015 年，我国电子口岸平台基础设施进一步完善，电子口岸平台通关、物流、商务功能进一步丰富，企业通关更加高效、有序、便捷，口岸综合执法和服务能力显著提升，符合国际“单一窗口”建设管理规则和通行标准、适应经济社会发展需要的中国特色“单一窗口”工程初步建成。

（1）基本实现网络化协同口岸监管模式。口岸管理部门信息共享的深度和广度取得重大进展，联网核查和辅助决策内容不断丰富，电子口岸平台与各部门政务外网建设协调发展，口岸管理部门联合监管执法和服务能力显著增强。

（2）基本实现大通关“一站式”服务体系。口岸大通关业务流程进一步优化，数据共享和信息资源利用水平进一步提高，与大通关相关的物流商务服务健康发展，物流协同、商务服务、配套支付等综合服务能力明显增强。

（3）基本形成与电子口岸发展相适应的技术支撑体系。电子口岸平台基础设施进一步完善，网络覆盖范围进一步扩大，平台运行维护及安全保障能力显著提高，整体运行可用率达到99.9%，有效满足电子口岸可持续发展需要。

2．积极推动B2B国际电子商务平台的发展

目前，世界电子商务80%的交易额都是通过B2B交易完成的。国内的B2B网站大体上可以分为三类：企业B2B网站，如海尔、宝钢集团的B2B网站；专门做B2B交易平台的网络公司，如阿里巴巴网站；垂直商务门户网站，如中国联合钢铁网、中国石油在线等。B2B交易涉及电子商务的主要关键环节，它不仅在电子商务中发展最快，而且与企业联系最紧密。搞好B2B电子商务，对于电子商务交易系统的建设和企业信息化的建设都具有极为重要的意义。

（1）利用经济手段（如税收、贷款等）鼓励大型企业集团利用自己的电子商务平台开展国际电子商务，拓展对外电子商务交易；鼓励中小企业建立自己的电子商务网站，开展国际电子商务。

（2）总结现有的B2B国际电子商务网站的成功经验，积极培养、扶持新的综合性电子商务网站。

（3）动员各行业建立垂直性的国际电子商务网站，推动建设面向世界的行业、区域的企业信息化公共支撑服务平台。

（4）引导中小企业加入第三方国际电子商务平台，缩短中小企业出口路程，提高它们的出口热情。

3．积极营造提供外贸出口代理服务的“第三方电子商务平台”

出口代理制是国际贸易中的通用形式之一，即外贸企业或其他出口企业受委托单位的委托（包括无进出口经营权企业），代办出口货物销售的一种出口业务。对上海对外经济贸易实验浦东有限公司的调查表明，一方面，由于电子商务的发展，大企业的贸易委托量逐渐减少；另一方面，各类中小企业的贸易委托量又呈现逐年迅速增长的态势。这种情况说明，电子商务已经影响到出口代理业务，同时说明，我国中小企业出口增长很快，但出口代理仍然大量采用传统的渠道。营造基于网络系统的出口代理平台已迫在眉睫。

（1）外贸领域的第三方电子商务平台的服务已从单一的“贸易机会信息提供”向具有

一定深度的“贸易作业处理环节”扩展，同时还肩负着接受订单、寻找生产企业的责任。这些平台上的贸易金融、贸易物流等服务的开发也在加快，成为电子商务服务的新亮点。政府需要明确这些亮点并加以支持。

（2）鉴于国际贸易中复杂的贸易单证种类以及多环节的数据交换传输，随着国际电子商务服务种类的增加，促进第三方电子商务平台与海关协调，简化进出口企业对政府电子单证申报的环节，加快贸易流程，尽快采取措施，力争协调发展，已成为外贸出口新的突破点。

（3）C2C 电子商务交易平台已经成为非常方便的外贸出口途径，特别是对于中小企业和个人的外贸出口具有更重要的作用。一方面，政府需要积极扶持这些平台，解决我国出口途径单一的问题；另一方面，需要积极引导企业和社会公众对第三方国际电子商务平台新业务的关注，并采取举措，规范进出口企业的国际电子商务服务行为，营造国际电子商务发展的良好环境。

（4）根据出口贸易发展的要求和电子政务的实际需要，进行业务整合，按照集中管理、统一规划、统一组织开发、统一使用平台的原则，加快外经贸的电子商务网络平台的建设，为企业开展国际电子商务提供全方位的政府服务平台。为了吸引中小企业加入，政府可以降低门槛，提供免费的公共平台，或者政府补贴的服务会员式的网站平台。

（5）尽快建立网络环境下的外贸代理结构（见图 3-4）。

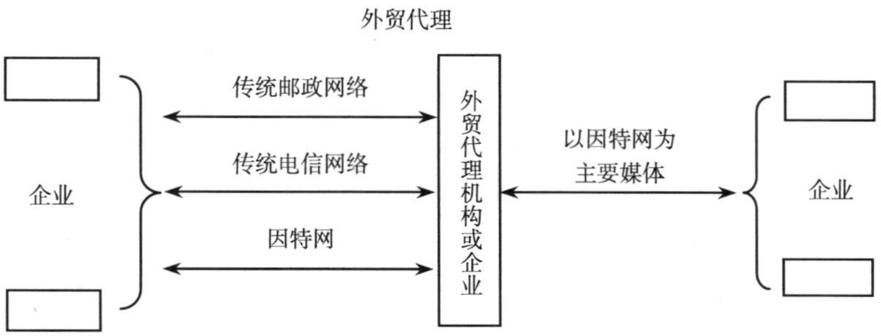

图 3-4　网络环境下的外贸代理结构

4．利用国际电子商务，将中国的小农生产带入国际大市场

农产品贸易一直是我国国际贸易的重要组成部分，在全国出口总额中占有一定的份额。2001 年我国加入世界贸易组织后，农产品市场没有受到大的冲击。但到了 2004 年，我国农产品贸易形势发生了很大变化，入世风险凸显。虽然农产品进出口额继续保持双增长，但进口增幅已大大超过出口增幅。2011 年，我国农产品进出口贸易总额为 1 556.2 亿美元，但农产品贸易逆差达到 341.2 亿美元，同比增长 47.4%。

我国农产品出口受阻的主要原因有三个：

（1）发达国家对农药残留等检测指标的限制十分严格，从而导致我国的农产品在国际市场上难以参加公平竞争，出口农产品因绿色壁垒屡屡遭禁、退货和索赔，损失惨重。

（2）出口的农产品结构不合理。从产品结构上讲，我国出口的大部分是一些价格较低的土地密集型产品，如谷物、油料、棉花、烟草等，而相对价值较高的劳动密集型产品，如蔬菜、鲜花、水果等出口数量有限。此外，在出口的农产品中，初加工产品占到 80%，深加工产品仅占 20%。

（3）市场结构不合理。我国的农产品出口市场非常集中，大部分覆盖亚洲的近邻国家，其中日本是我国的主要出口国。由于营销手段和营销组织的问题，对于非洲、拉丁美洲等当今世界最有潜力的农产品市场，我国所占的份额却很小。

如何把我国的小农生产带入国际大市场不仅是我国农村信息化要解决的难点问题，也是涉及新农村和全面小康建设的重大问题。

（1）积极培育外贸农民网商的成长。截至 2011 年年末，淘宝网上每十位卖家当中就有一位是农民网商。① 农民对电子商务的热情超过人们的想象。但由于农民整体文化水平还较低，开展外贸电子商务还有较大的困难，因此，需要积极培育一大批外贸农民网商，并通过他们将我国小农生产直接带入国际大市场。

（2）开发具有外贸功能的农产品网上交易平台。我国已经有多个农产品网上交易平台，如上海大宗农产品市场、中国寿光蔬菜网、中国水果网等。但具有外贸功能的农产品网上交易中心几乎没有。我国农产品网上出口的途径还没有打开。尽快开发具有外贸功能的农产品网上交易平台，对于拓展我国农产品出口渠道、发展外贸农业具有非常重要的意义。

5. 大力发展会展电子商务

电子商务应用于会展活动，其功能主要有以下三个。

（1）信息搜索功能。展会本身就是一个信息聚集的地方。网上展会可以利用多种搜索方法获取有用的信息和商机，也可以通过在线调查或电子询问调查表等方式开展市场调查。

（2）信息发布功能。通过网上展会，可以扩大商务信息的扩散范围和停留时间，延伸其效果。而且，商务信息在网上展会上发布后，可以能动地跟踪，并进行回复后的再交流和再沟通。

（3）特色服务功能。网上展会提供的 FAQ（常见问题解答）、BBS、聊天室等各种即时信息服务，在线收听、收视功能，以及订购、付款等选择性服务，将极大提高客户对展会的关注程度和参与程度。

由于上述功能，会展电子商务的开展不仅能在短期内为买卖双方的直接沟通创造条件，更重要的是，能够建立并培育以网络交易平台为核心的生态价值链，包括电信运营商、业务代理商、参观客商、参展商、网页制作公司、展会组委会、各地政府、行业主管部门。

---

① IDC．加速信息社会进程——电子商务和阿里巴巴商业生态的社会经济影响[R/OL]. (2012-03-01)[2012-08-23]. http://www.aliresearch.com/?m-cms-q-view-id-70896.html.

它们根据自身的职能和地位不同，处于价值链的不同环节，构成了价值链阶梯。通过展会电子商务的开展，充分利用、整合并激活价值链上的资源，使得处于价值链上的生态实体获得收益，促进展会行业乃至国民经济的可持续发展。

（1）发挥政府主导作用，推动实体展览企业开展网上业务。我国每年由中央政府、各部委、省市政府举办的比较大型的展览会数以千计，在国外举办的展览也有几百个。各级政府应有意识地推动不同类型的展览会上网，尽可能地扩大展会的宣传效果。目前，商务部的广交会、云南的昆交会、黑龙江的哈交会、吉林的冬博会都已上网，在商务信息的传播上起到了很好的作用。

（2）积极营造会展电子商务发展的良好环境。出台有关政策，支持展会电子商务的发展，规范展会电子商务主体行为，使这一新兴行业从起步时就沿着正确的轨道发展。

（3）设立展会电子商务的专项基金。目前，在国家发改委的电子商务专项和原信息产业部的电子发展基金中，对展会电子商务的支持力度都很小。应抽出部分资金，支持企业建立展会电子商务平台，推动我国展览业向网络化方向发展。

（4）加强 Web 2.0 技术在网上展会中应用的研究与推广。Web 2.0 技术为实体展览在网上提供了更丰富表现的支持。要组织力量，开发诸如三维图像、视频、宽带等技术在网上展览中的应用。要选择对口企业，开展这些技术的应用推广工作，以推动我国网上展览发挥更大的效应。

（5）重视展会后续工作。展会后续工作包括参展信息的汇集与整理、参展总结、客户关系管理等。开展这些工作在传统条件下是非常困难的。电子商务为展会信息的整理与再利用提供了很好的契机。国家应鼓励社会和企业有意识地对这些信息进行收集与整理，并在展会闭会期间重复使用这些信息。

复习题

1．简述国际电子商务发展策略研究的重要性。
2．试述我国国际电子商务的应用环境。
3．试述我国国际电子商务发展的总体策略。
4．试述我国国际电子商务发展的具体措施。
5．试述我国国际电子商务发展的切入点。

参考文献

[1] 商务培训网.《世界海关组织全球贸易安全和便利标准框架》简介[EB/OL]. (2008-01-25)[2012-09-03] . http://training.mofcom.gov.cn/jsp/sites/site?action=show2&name=%BA%A3%B9%D8%B9%AB%D4%BC&id=1687.

[2] 杨丹辉．国际贸易发展的新趋势与我国的对策[J]．经济管理，2006（17）：28-32．
[3] 田小雨．我国 B2B 电子商务发展策略研究[J]．现代商业，2008（5）：194-194．
[4] 徐贵宝．关于我国电子商务发展策略的探讨[J]．电信网技术，2005（4）：21-24．
[5] 张伟．进入 WTO 后过渡期的我国服务贸易发展策略分析[J]．价值工程，2007（5）：25-27．
[6] 甘毛文．论在国际贸易发展的新趋势下我国贸易的创新对策[J]．广西教育学院学报，2008．（1）：109-110．
[7] 邱爽，杜宝旭．浅谈国际贸易发展新趋势[J]．理论界，2007（10）：233-234．
[8] 课题组．国际贸易发展趋势的若干理论问题探讨[J]．武汉商业服务学院学报，2007（3）：25-29．
[9] 陈丽华，王玉．我国农产品国际贸易概况与发展对策．时代经贸，2011（2）：78-79．
[10] 朱洵韬．中国国际贸易发展的变位思考[J]．商业时代，2007（1）：30-31．
[11] 费健．CCBOT 对农产品品牌建设的意义[EB/OL]. (2012-08-12)[2012-09-03]．http://www.moa.gov.cn/sjzz/scs/dongtai/201208/t20120814_2824733.htm.

第 4 章

国际电子商务技术基础

04

电子商务的开展需要强大的网络技术的支持。本章将对从事电子商务活动所必须掌握的网络技术基础进行研究，包括因特网的概念与特点、因特网的构成、因特网的接入方法、因特网的基本服务、TCP/IP 协议、域名的基本知识及其申请等。

4.1 因特网的概念与构成

4.1.1 因特网的起源与发展

1. 因特网的起源

Internet（因特网）又译为互联网，由“International”（国际的）和“Network”（网络）组成。最初起源于 ARPAnet（阿帕网）。阿帕网是 20 世纪 60 年代末至 70 年代初，由美国国防部资助、ARPA（Advanced Research Projects Agency）承建的一个网络。其目的是通过这个网络把美国的几个军事及研究用的计算机主机连接起来，形成一个新的军事指挥系统。这个系统由一个个分散的指挥点组成，当部分指挥点被摧毁后，其他点仍能正常工作，而这些分散的点又能通过某种形式的通信网取得联系。

1972 年，阿帕网在首届计算机后台通信国际会议上首次与公众见面，并验证了分组交换技术的可行性，由此，阿帕网成为现代计算机网络诞生的标志。阿帕网在技术上的另一个重大贡献是 TCP/IP 协议簇的开发和使用。

1980 年，ARPA 投资把 TCP/IP 加进 UNIX（BSD 4.1 版本）的内核中，在 BSD 4.2 版本以后，TCP/IP 协议即成为 UNIX 操作系统的标准通信模块。

1982 年，因特网由阿帕网、MILNET 等几个计算机网络合并而成，作为因特网的早期骨干网，阿帕网试验并奠定了因特网存在和发展的基础，较好地解决了异种机网络互联的一系列理论和技术问题。

1983 年，阿帕网分裂为两部分：阿帕网和纯军事用的 MILNET。该年 1 月，ARPA 把 TCP/IP 协议作为阿帕网的标准协议，其后，人们称呼这个以阿帕网为主干网的网际互联网为因特网，TCP/IP 协议簇便在因特网中进行研究、试验，并改进成为使用方便、效率极好的协议簇。与此同时，局域网和其他广域网的产生和蓬勃发展对因特网的进一步发展起了重要的作用。

在因特网面世之初，由于建网出于军事目的，参加试验的人又全是熟练的计算机操作人员，各个都熟悉复杂的计算机命令，因此，没有人考虑过对因特网的界面及操作方面加以改进。

2. 因特网的第一次快速发展

因特网的第一次快速发展出现在 20 世纪 80 年代中期。当时，网络技术取得了巨大进展，涌现出大量的利用以太网和工作站组成的局域网，奠定了建立大规模广域网的基础。1981 年，美国国家科学基金会（National Science Foundation，NSF）提出了发展 NSFnet 的计划，开始建立六大超级计算机中心。1986 年，NSF 构建了基于 TCP/IP 协议簇的计算机网络——NSFnet。NSFnet 的基础是美国全国按地区划分的计算机广域网；NSFnet 的主干网是由连接各地区网上主通信节点计算机的高速数据专线构成的，这样，当一个用户的计算机与某一地区相连以后，除了可以使用任一超级计算中心的设施，同网上任一用户通信外，还可以获得网络提供的大量信息和数据。这一技术的成功使得 NSFnet 于 1990 年 6 月彻底取代了阿帕网而成为因特网的主干网。

采用因特网的名称是在 MILnet（由阿帕网分离出来的网络）实现和 NSFnet 连接后开始的。随后，其他联邦部门的计算机网络相继并入因特网，如能源科学网 Esnet、航天技术网 NASAnet、商业网 COMnet 等。NSF 超级计算机中心则一直肩负着扩展因特网的使命。

因特网在 20 世纪 80 年代的扩张不仅带来了量的改变，同时带来了某些质的变化。由于多种学术团体、企业研究机构，甚至个人用户的进入，因特网的使用者不再限于“纯粹”的计算机专业人员。新的使用者发现，加入因特网除了可共享 NSF 的巨型计算机外，还能进行相互间的通信，而这种相互间的通信对他们来讲更有吸引力。于是，他们逐步把因特网当做一种交流与通信的工具，而不仅仅只是共享 NSF 巨型计算机的运算能力。

3. 因特网的第二次飞跃

因特网历史上的第二次飞跃应当归功于因特网的商业化。在 20 世纪 90 年代以前，因特网的使用一直仅限于研究领域和学术领域，商业性机构进入因特网一直受到这样或那样的法规或传统问题的困扰。例如，美国国家科学基金会颁发的因特网使用指南（Acceptable Use Policies）就这样说：“NSFnet 主干线仅限于如下使用：美国国内的科研及教育机构把它用于公开的科研及教育目的，以及美国企业的研究部门把它用于公开的学术交流。任何其他使用均不允许。”其实，这类指南有许多模糊不清的地方。例如，企业研究人员向大学的研究伙伴通过因特网发出一份新产品的介绍，以帮助该伙伴掌握该领域的最新动向，这一行为很难确定属于学术交流还是商业广告。到了 20 世纪 90 年代初，因特网已不是全部由政府机构出钱，而是出现了一些私人投资者。正是由于这些私人资金的加入，使得在因特网上进行商业活动有了可能。

1991 年，General Atomics、Performance Systems International、UUnet Technologies 三家公司组成了“商用因特网协会”（Commercial Internet Exchange Association），宣布用户可以把它们的因特网子网用于任何商业用途。因为这三家公司分别经营着自己的 CERFnet、PSInet 及 Alternet 网络，可以在一定程度上绕开由美国国家科学基金会出钱的因特网主干网络 NSFnet 而向客户提供因特网联网服务。一石激起千层浪，其他因特网的商业子网也看到了因特网用于商业用途的巨大潜力，纷纷做出类似的举措。1991 年年底，专门为 NSFnet 建立高速通信线路的 Advanced Network and Service 公司也宣布推出自己的名为 CO+RE 的商业化因特网骨干通道。因特网商业化服务提供商的接连出现，使工商企业终于可以堂堂正正地从正门进入因特网。

4．因特网的完全商业化

商业机构一踏入因特网这个陌生的世界，很快就发现了它在通信、资料检索、客户服务等方面的巨大潜力。于是，世界各地无数的企业及个人纷纷涌入因特网，带来了因特网发展史上一次质的飞跃。到 1994 年年底，因特网已通往全世界 150 个国家和地区，连接着 3 万多个子网，320 多万台计算机主机，直接用户超过 3 500 万，成为世界最大的计算机网络。

看到因特网的羽翼已丰满，NSFnet 意识到已经完成了自己的历史使命。1995 年 4 月 30 日，NSFnet 正式宣布停止运作，代替它的是由美国政府指定的三家私营企业：Pacific Bell、Ameritech Advanced Data Services and Bellcore 以及 Sprint。至此，因特网的商业化彻底完成。

4.1.2 因特网的概念与特点

从概念上讲，因特网是由多个网络互联而成的一个单一而庞大的网络集合，即它是建立在计算机网络之上的网络。在组织结构上，因特网是基于共同的通信协议（TCP/IP），通过路由器（Router）将多个网络连接起来所构成的一个新网络，它将位于不同地区、不同环境、不同类型的网络互联成为一个整体。在逻辑上，它是独立的和统一的，也就是说，对用户而言，因特网是一个统一的网络。

今天，因特网已与 180 多个国家和地区的 22.67 亿用户连通，从而形成了世界范围的通信网络。相对于其他网络，因特网有许多鲜明的特点。

（1）全球信息传播。因特网为世界各地的人们提供了双向信息交换的途径，既可以从网上即时获得社会生活各方面的最新信息，也可以实现针对某一问题的远程讨论。因特网通信的高效率和低成本，为企业在因特网上寻找新的市场，进行商品交易，开展产品调查和用户调查提供了极大的方便。

（2）信息容量大、时效长。由于计算机存储技术的发展提供了近乎无限的信息存储空间，因特网现已成为一个涉及政治、经济、科研、文化、教育、体育、娱乐、企业产品广告、招商引资信息等各个方面内容的全球最大的信息资源库。信息一旦进入发布平台，即可长期存储，长效发布。

（3）检索使用便捷。与一般媒体相比，因特网上的信息检索更为方便，传输速度也极为迅速。通过网络搜索引擎，可以容易地检索出全球大部分生产销售某种产品的厂商，并实现与厂商的直接接触。光纤技术的运用使得信息的发送与检索瞬间即可完成。

（4）灵活多样的入网方式。灵活多样的入网方式是因特网获得高速发展的重要原因，任何计算机只要采用 TCP/IP 与因特网中的任何一台主机通信就可以成为因特网的一部分。因特网所采用的 TCP/IP 成功地解决了不同硬件平台、不同网络产品和不同操作系统之间的兼容性问题。因此，无论是大型主机、小型机还是微机、工作站，都可以运行 TCP/IP 并与因特网进行通信，这是网络技术的一个重大进步。目前，TCP/IP 已经成为事实上的国际标准。

4.1.3 因特网的构成

1. 网络硬件

构成网络的硬件主要包括集线器、路由器、交换机、服务器、客户机、调制解调器、网关等设备。

（1）集线器（Hub）。集线器是一种集成电路连接的网络部件，主要工作是担任某个区域的网络线集合中心，并且避免因为其中一条网络线出状况，而造成整个网络瘫痪。对于网络管理人员来说，通过集线器可以使用网络管理软件得知网络问题的所在。例如，使用 Hub 可以解决某些网络接口出现的故障，或者资料传输冲突的问题，以方便管理整个网路。以目前常见的 8 接口集线器来说，可以连接一部网络服务器和 6 台或 7 台使用者计算机，连接方式是将服务器和每部使用的计算机都连接一条网络线到集线器，然后集线器再连接对外的网路线。这里，集线器便成为这个网络的中心点。

（2）路由器（Router）。路由器是因特网的主要节点设备。路由器通过路由决定数据的转发。路由器在工作时能够按照某种路由通信协议，查找设备中的路由表。如果到某一特定节点有一条以上的路径，则预先确定的路由准则基本是选择最优（或最经济）的传输路径。为了便于在网络间传送报文，路由器总是先按照预定的规则把较大的数据分解成适当大小的数据包，再将这些数据包分别通过相同或不同路径发送出去。当这些数据包按先后顺序到达目的地后，再把分解的数据包按照一定顺序包装成原有的报文形式。

（3）交换机（Switch）。交换机是连接路由器与服务器、客户机的设备。交换机中有一张路由表，如果知道目标地址在何处，就把数据发送到指定地点；如果不知道，就发送到所有的端口。这样过滤可以帮助降低整个网络的数据传输量，提高效率。交换机还可以把网络拆解成网络分支，分割网络数据流，隔离分支中发生的故障，这样就可以减少每个网络分支的数据信息流量而使每个网络更有效，提高整个网络效率。

（4）服务器（Server）。服务器是一种存储器共享型的多用户处理机，它从多机的角度提供业务所需的计算、联网、数据库管理和各类接口服务。服务器可分为 Web 服务器、E-mail 服务器、数据库服务器、DNS 服务器等。

（5）客户机（Client）。客户机是一种单用户工作站，它从单机的角度提供与业务应用有关的计算、联网、访问数据库和各类接口服务。

（6）调制解调器（Modem）。简单来说，调制解调器是把数字信号变成模拟信号，再把模拟信号变成数字信号的设备，多用于连接个人计算机主机与对外拨号网络系统的电话线，或者在接收端服务器主机对外连接模拟信号线路时使用。调制解调器现已经成为连接因特网的基本配备之一。除此之外，调制解调器还可以用于其他用途：可以当做传真机来传送资料，也可以当做电话应答机来使用。

（7）网关（Gateway）。网关是互连设备中最为复杂的设备，是典型的通信服务器，其作用是使两个或多个不同的网络之间实现相互通信。所谓“不同”，意味着传输协议或物理网络可能不一样。网关的基本功能是执行互联网络之间不同协议的转换，执行报文存储转发功能及流量控制，提供虚电路接口及相应服务，支持应用层互通及互联网络间的网络管理功能。

2．网络操作系统

网络操作系统（Net Operation System，NOS）是网络用户与计算机网络之间的接口。用书面术语来讲，网络操作系统是使网络上各计算机能方便而有效地共享网络资源，并为网络用户提供所需的各种服务的软件和有关规程的集合。在现今的因特网中，最流行的网络操作系统主要有 Windows、UNIX、Linux 等。

1）Windows 操作系统

Windows 操作系统是美国微软公司开发的窗口化操作系统，是世界上使用最广泛的网络操作系统。目前的主流版本是 2009 年发布的 Windows 7 桌面操作系统和 Windows Server 2008 R2 服务器操作系统。最新版本是 Windows 8。

（1）简单易用。Windows 8 界面新颖，触屏操作简易，使网络信息搜索和使用更加简单。Windows 8 吸收了在可靠性和响应速度方面的最新技术进步，使网络应用操作变得更便捷。

（2）新工具。Windows 8 开发了一些新的工具，用以提供集中的存储视图，简化存储规划、供应和维护，并改进监视和报告功能。

（3）安全性。Windows 8 改进了安全功能，把数据保护和管理扩展到外围设备。Windows Defender 的设计使 Windows 系统具备了完整的实时反病毒和反恶意软件功能。

（4）支持平板电脑。过去的 Windows 系统不支持平板电脑，但 Windows 8 提供了一个名为 Windows RT 的对平板电脑友好的版本，支持包括 Surface 在内的各类平板产品。

Windows Server 2008 R2 是一个基于 NT 架构的网络操作系统，该系统采用了先进的客户机/服务器系统结构，提供了强大的系统功能和丰富的网络服务，为开发和可靠承载 Web

应用程序和服务提供了一个安全、易于管理的平台，可广泛应用于虚拟化工作负载、应用程序支持和网络安全保护。

（1）支持多种硬件平台和多种网络协议。Windows Server 2008 R2 可以与多种服务器操作系统进行互操作，其中包括 NetWare、UNIX、LAN Manager 等。Windows Server 2008 R2 具有很强的网络能力，并提供开放的网络系统接口，支持 TCP/IP，并有增加或删除驱动程序和协议的能力。

（2）联网性能好。Windows Server 2008 R2 为用户信息化提供了一个完备的、能够快速建构各种连接解决方案的系统平台，使用户网络更加易于规划、部署、管理和使用，其中，包括 XML Web 服务、联网和通信、Windows 媒体服务等。Windows Server 2008 R2 支持内置虚拟化技术，包括服务器虚拟化、应用程序虚拟化、桌面虚拟化、表示层虚拟化和集中管控五个方面。

（3）安全性高。Windows Server 2008 R2 吸收了原有的 Windows NT、Windows Server 2003 等很多网络操作系统的优点。通过一系列新功能和改进功能（包括减少内核攻击面、关键服务器服务保护、只读域控制器、新的双向 Windows 防火墙等），其可靠性和性能都得到了增强，为用户提供了一种高级的、可靠的安全网络环境。

2）UNIX 操作系统

UNIX 操作系统最早是在 20 世纪 60 年代后期由贝尔实验室开发的，是一个技术成熟、功能强大和结构复杂的网络操作系统。在很多硬件平台上，都可以找到适合它的 UNIX 操作系统。目前，最主流的有 Sun 公司的 Solaris 和 SCO 公司的 OpenServer、UNIXWare。

（1）Solaris。Solaris 是 Sun 公司研发的 UNIX 操作系统，是一种多任务、多处理器的操作系统。Sun 公司被甲骨文收购之后，Solaris 即由甲骨文进行发布和维护。目前的主流产品是 Oracle Solaris 10，最新版本是 Oracle Solaris 11。Oracle Solaris 11 完全集成了 Oracle Solaris Zones 和网络虚拟化功能，让用户可以快速配置公共和私有云环境。通过简化了的软件生命周期的生产环境以及敏捷的关键云优势，用户可以安全地进行应用开发。

（2）OpenServer 和 UNIXWare。SCO（Santa Cruz Operation）公司的 UNIX 产品分为 OpenServer 和 UNIXWare 两大系列。前者包括从 OpenServer 3 到 OpenServer 5 的版本，后者包括从 UNIXWare 2 到 UNIXWare 7 的版本。OpenServer 是基于英特尔硬件平台的、商业化的 UNIX 系统。它能够承担多项任务，适应多用户环境，对具有大量输入输出操作有良好的应用，适合于运行客户机/服务器应用程序，在政府部门、中小企业等领域得到了广泛应用。UNIXWare 本来是 Novell 的产品，后被 SCO 公司收购。因此，UNIXWare 与 Novell 的 NetWaren 能够很好地集成，UNIXWare 提供了 NLM（NetWare Loadable Module），从而使 UNIXWare 用户可以访问 NetWare 服务器中的文件。UNIXWare 客户还可以访问共享的 NetWare 的打印服务。

UNIX 系统的主要特点表现在：

（1）多用户的分时操作系统，即不同的用户分别在不同的终端上进行交互式操作，就好像各自单独占用主机一样。

（2）可移植性好。由于 UNIX 几乎全部是用可移植性很好的 C 语言编写的，其内核极小，模块结构化，各模块可以单独编译，所以，一旦硬件环境发生变化，只要对内核中有关的模块做修改，编译后与其他模块装配在一起，即可构成一个新的内核，而内核上层完全可以不动。

（3）可靠性强。经过 40 年的应用，UNIX 系统已经成为一个成熟而且比较可靠的系统。在应用软件出错的情况下，虽然性能会有所下降，但工作仍能正常进行。

3）Linux 操作系统

Linux 是由芬兰的 Linus Torvalds 发明设计的。从一开始，作者就确立了免费和公开源代码的原则，因此通过因特网在全世界范围得到了大批程序员和爱好者的关注和帮助。经过数年的集体努力，其缺陷被不断修补，配套软件大量产生，终于成为一个相当完善的操作系统。

Linux 适用于多种硬件平台，如 IBM PC 及其兼容机、Apple Macintosh 计算机（苹果机）、Sun 工作站等。它的稳定性好，很少出现在某些操作系统上常见的死机现象。它符合 UNIX 的标准，这使 UNIX 下的许多应用程序可以很容易地移植到 Linux 下。Linux 还具有强大的网络功能。它支持 TCP/IP，支持网络文件系统（NFS）、文件传送协议（FTP）、超文本传送协议（HTTP）、点对点协议（PPP）、电子邮件传送和接收协议（POP/IMAP）及 SMTP 等，可以轻松地与 Novell NetWare 或 Windows NT 等网络集成在一起。

Linux 的主流版本有 Red Hat Enterprise Linux、CentOS 和 SUSE Enterprise Linux。

（1）Red Hat Linux 是一个普及程度很高的 Linux 版本，先后推出 Red Hat Linux 2.0~9.0。从 Red Hat Linux 9.0 后，Red Hat 公司不再开发桌面版的 Linux 发行套件，而是将全部力量集中在服务器版 Red Hat Enterprise Linux（RHEL）的开发上，目前的最新版本为 Red Hat Enterprise Linux 6.1。原来的 Linux 免费版本则与 Fedora 合并，形成 Fedora Core，后改名为 Fedora。2011 年 11 月 Fedora 16 正式发布，成为最新的 Linux 桌面系统。

（2）CentOS 也叫做社区企业操作系统，是 RHEL 的再编译版本，最新版本是 CentOS 6.2。RHEL 是很多企业采用的免费 Linux 版本，但其服务是需要向 Red Hat 付费的。CentOS 的开发者们使用 RHEL 的源代码创造了一个和 RHEL 功能几乎相同的免费 Linux 软件，不收费但也不提供技术支持，使用中的问题通过社区的官方邮件列表、论坛和聊天室来解决。具有丰富 Linux 使用经验的使用者常常选用 CentOS，但大部分单纯业务型企业仍然选购 RHEL 软件并购买相应服务。

（3）SUSE Linux。SUSE Linux 原是德国 SUSE Linux AG 公司的 Linux 发行版。2004 年，SUSE Linux AG 被 Novell 收购；2010 年，Novell 又被 Attachmate Group 收购。目前，

Attachmate 主要有 SUSE Linux Enterprise Server 和 SUSE Linux Enterprise Desktop 两大类产品。SUSE Linux Enterprise Server 是一个高度可靠、可扩展和安全的服务器操作系统，设计中注意了互操作性和最优化，能够适应物理、虚拟和云环境的运行，使用者可以很容易地从传统的物理服务器过渡到 Linux 服务器上。SUSE Linux Enterprise Desktop 具有完整的办公套件，能够实现与 Windows 的互操作。

随着 Linux 应用的普及，其桌面系统也有了长足的进步，目前已经形成 Ubuntu、Fedora 和 Mint 三大 Linux 桌面操作系统，在很多方面已经能够满足实用要求。Linux 的进一步发展有利于打破或制约某些计算机软件公司对操作系统市场日益严重的垄断。

我国已经开发了红旗 Asianux Server 4 系统、红旗安全操作系统 4.0、红旗 Linux 桌面 6.0 系列等 Linux 系列产品，现已在政府、教育、卫生、军队和部分工业行业中得到应用。2012 年，在基于红旗 Linux 开放框架上，我国开发了一系列应用于云计算环境的产品和解决方案，包括基础云平台和载体的红旗 Asianux 服务器操作系统、多元化操控设计的红旗企业级管理平台（RFEM）、用于服务器和应用整合的红旗虚拟化服务器（RFVM）、确保关键服务持续运行的高可用集群服务器（HA Cluster）、为信息安全提供卓越策略和防范管理机制的安全操作系统（RFSOS）、全新的移动车载信息娱乐系统（RF IVI）等。

3．网络

1）局域网

局域网（Local Area Network，LAN）是指在一个有限地理区域内，负责数据处理的通信及用于电子设备互连在一起的通信网络。顾名思义，局域网的范围直径一般在几十千米以内，完全归一个机构管理。例如，在一个校园内，或者在一个建筑物内。局域网连接的方式大致分为两种。一种是用“同轴电缆线”，将计算机一部一部地连在一起，就像一列火车一样，而网络的主机就好像火车头。这种网络的优点是成本低，但是一旦其中一部计算机出现问题，整个网络就坏掉了。另一种方式则是使用集线器，将所有的计算机分别连接到集线器上，然后通过集线器来传递资料，其中一部计算机有问题不会影响到整个网络，而且资料传递的速度较快。

2）广域网

广域网（Wide Area Network，WAN）是指覆盖范围广、以数据通信为主要目的的数据通信网。一般来说，超过局域网范围的网络，就叫广域网。我们也可以把广域网络看做局域网和局域网之间的结合，即把局域网连接起来，形成的更大范围的网络。广域网一般是指距离在几十千米或几百千米以上的规模的计算机网络。因此，一个省份、一个国家的网络都是广域网，而把所有国家的广域网连接起来，就是我们所说的因特网了。

广域网与局域网之间，既有联系又有区别。局域网强调的是资源共享，广域网着重的是数据通信。对于局域网，人们更关注的是如何根据应用需求来规划网络，并进行系统集成。对于广域网，侧重的则是网络能够提供什么样的数据传输业务，以及用户如何接入网络等。

3）内联网

Intranet（内联网）是 Intra-business Internet 的缩写。Intranet 是指在现有的局域网基础上，运用 Internet 技术，在企业内部所建立的网络系统。Intranet 的信息存取只限于企业内部，只有企业内部的人员可以使用，并在安全控制下连接 Internet。一般的 Intranet 系统多设有防火墙程序，以避免未经授权的人进入。由于建立成本较低，Intranet 目前发展迅速。企业有了 Intranet，一方面可以节省许多文件往来时间，方便沟通管理并降低管理成本，另一方面可通过网络与客户提供双向沟通，适时提供产品与服务的特色，并且提升服务品质。

4）外联网

Intranet 使公司在远地的分支机构能够通过因特网链路合法访问存储在总公司服务器上的信息。这种 Intranet 的功能进一步提升，赋予与企业有密切业务往来的企业和客户以较大的权限，允许他们访问公司的信息库，这就形成了 Extranet（外联网）。Extranet 实质上是 Intranet 的扩展。Extranet 不再局限于单个企业内部，而是把相互合作的企业连接在一起。Extranet 采用 Internet 技术和 Web 应用系统，使各参与企业可以在权限范围内自由访问其他企业中的数据。

Extranet 实施中有两个难点。首先，由于 Extranet 涉及两个以上的企业，必须预先考虑有关企业之间合作的问题。企业和合作伙伴之间的系统和数据格式可能存在着极大的差异，使用一个公共外联网的所有单位都必须确保它们的商业系统和过程能够很好地整合。其次，由于 Extranet 分布在不同的地理位置，加大了网络安全保障的难度，所以需要设置更高等级的防火墙和其他网络安全设备来保证网络的正常运行。

图 4-1 显示了某玩具公司内联网、外联网和因特网连接的情况。

5）因特网系统

因特网是众多计算机网络的互联系统，这一系统从地域角度可以分成局域网和广域网；从技术角度来看局域网和广域网基本相同，都是由路由器和光纤网组成，所不同的是速率和容量；从使用的角度看，可以分为核心层、边缘层和接入层。

核心层由核心路由器或 ATM 骨干交换机组成；边缘层由边缘路由器或 ATM 接入交换机组成；接入层由包括网关在内的接入服务器和 PSTN（公共交换电话网）、ISDN（综合业务数字网）、DDN（数字数据网）等多种接入方式组成。图 4-2 显示了一个因特网系统的基本组成。

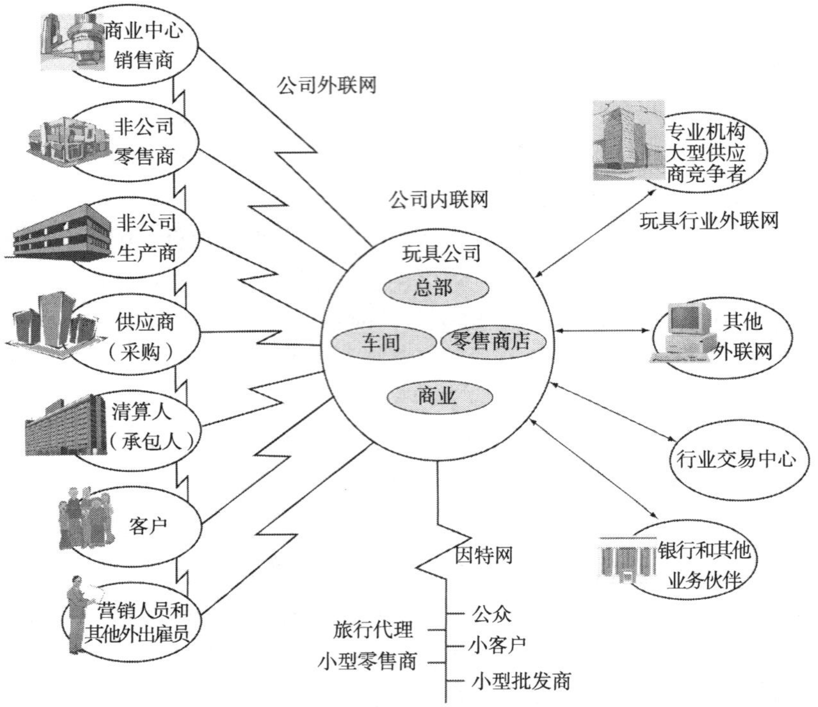

图 4-1　一个玩具公司的网络结构①

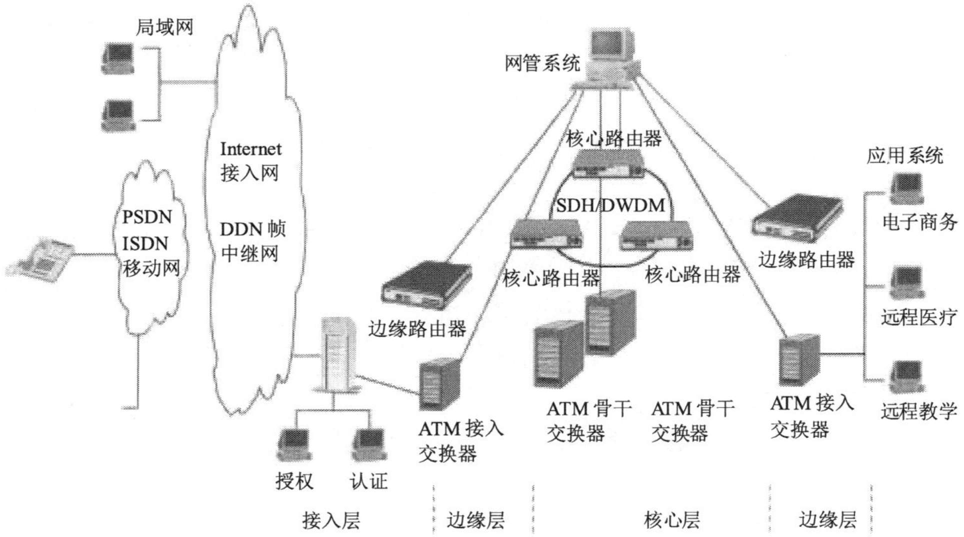

图 4-2　因特网系统的基本组成

① Efraim Turban, David King, Jam Lee. Electronic commerce—A Managerial Perspective. Person Education International. 2002. p30.

4．客户机/服务器系统结构

客户机/服务器系统是由客户机、服务器构成的一种网络计算环境，把应用程序所要求的任务分派到客户机和服务器上共同完成。客户机是指用来与数据提供者（服务器）通信的软件和硬件。一个用户一次通常只使用一个特定的客户机。客户机与服务器相连，发送和接收信息，也可被看做能从其他地方获得信息的程序。服务器一般是指能向许多客户端同时提供数据的大型计算机。服务器既可以指实际的计算机，也可以指一套软件。端口监督程序是指向其他程序提供服务的程序，通常用在网络上。它接收和处理来自客户端的请求，然后将结果返回给请求的客户机。客户机和服务器可以在同一台计算机上，但它们通常是在由网络相连的不同计算机上。

从本质上说，客户机/服务器系统把应用分为两部分：一部分运行在用户的计算机（客户机）上；另一部分运行在服务器上。如果用户希望访问某一个记录，可以通过客户机向服务器发送请求，服务器将定位客户机请求的记录，并将记录发往发出请求的客户机。因为这种方式不再需要将记录发到局域网上，所以具有较高的效率，并能减少局域网上的信息阻塞。

图 4-3 是客户机/服务器的一个典型的运行过程。它包括五个主要步骤：

（1）服务器监听相应的窗口的输入；

（2）客户机发出请求；

（3）服务器接收到此请求；

（4）服务器处理这个请求，并把结果返回给客户机；

（5）重复上述过程，直至完成一次会话过程。

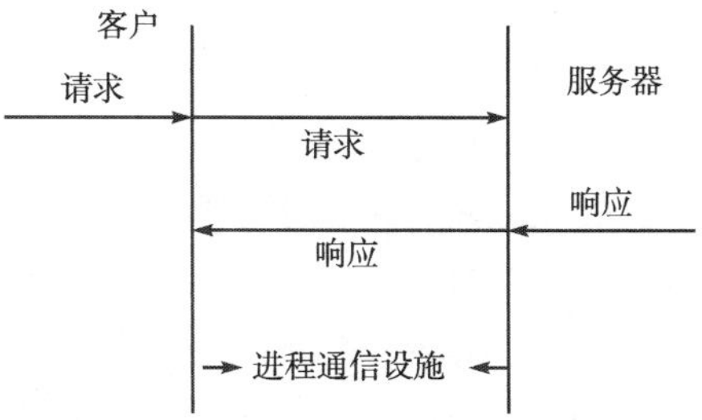

图 4-3　客户机/服务器运行过程

图 4-3 只是客户机/服务器运作过程的最基本的描述，事实上，不同的服务在具体运行细节方面存在很大的差异，但基本原理却完全相同。

4.1.4　因特网的接入方式

因特网的接入方式有许多种，如 PSTN 接入、ISDN 接入、DDN 接入、DSL 接入、ATM 接入、帧中继接入、光纤接入、无线接入等都是常用的接入方法。

1. PSTN 接入

PSTN（Public Switched Telephone Network，公共交换电话网）是使用时间最长的网络接入方式。利用这种方式进行数据传送，尽管速度较慢，还要占用一条电话线路，但设备简单，使用方便，故仍然是目前大多数个人用户的一种主要通信方式（见图 4-4）。

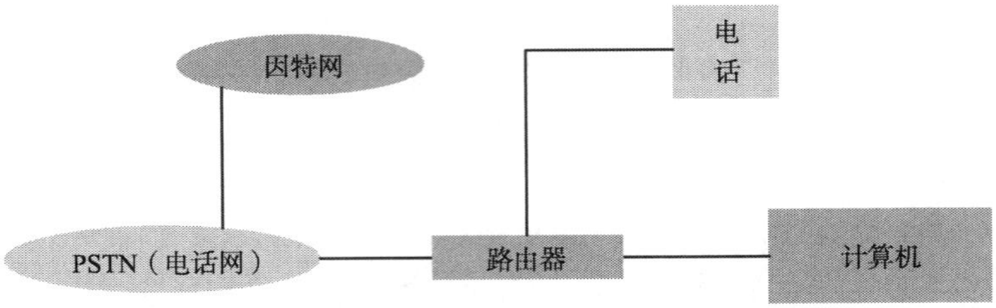

图 4-4　通过 PSTN 接入因特网

PSTN 对于在线事务处理（On-Line Transaction Processing，OLTP）图像、大容量文件的传送并不适合。这从等待时间及长时间传送所需花费看都是无法接受的。但对于一般要求不高、平均传送数据量不大的其他应用，是可以选择的一种通信方式。用户应根据性能、成本等综合考虑。

2. ISDN 接入

ISDN（Integrated Service Digital Network，综合业务数字网）是以综合数字电话网（IDN）为基础发展而成的，能提供端到端的数字连接。它除了提供电话业务外，还能够将传真、数据、图像等多种业务在同一个网络中传送和处理，并通过现有的电话线提供给用户；它可以在一条电话线上连接八部相同或不同的通信终端，并能使两部终端同时使用。

ISDN 有窄带与宽带之分，分别称为 N-ISDN（Narrowband-ISDN）和 B-ISDN（Broadband-ISDN），无特殊说明，ISDN 指 N-ISDN。N-ISDN 以公用电话交换网为基础，而 B-ISDN 以光纤作为干线和传输介质。

ISDN 向用户提供端到端的连接，并支持一切话音、数字、图像、图形、传真等广泛业务。用户可以通过一组有限的、标准的、多用途用户网络接口来访问这个网络获得相应的业务。

企业局域网通过 ISDN 接入因特网的方案主要有三种：代理服务器、账号共享器、路由器。代理服务器由软件实现，无须其他硬件设备，但不太稳定。账号共享器由硬件实现，稳定性较好，需要账号共享器与其兼容。路由器由硬件实现，速度快，稳定性好。通过 ISDN 接入因特网如图 4-5 所示。

3. DDN 接入

DDN（Digital Data Network，数字数据网）是采用数字信道（如光缆、数字微波和卫星信道）来传输信号的数据传输网，为用户提供全数字、全透明、高质量的网络连接和各种数据传递业务。数字数据网可用于金融业、证券业、外资机构等各种固定用户的联网通信，并为多种电信增值业务（各种专用网、无线寻呼系统、可视图文系统等）及局域网间提供中继或用户数据通道，特别适用于业务量大、实时性强的数据通信用户使用。

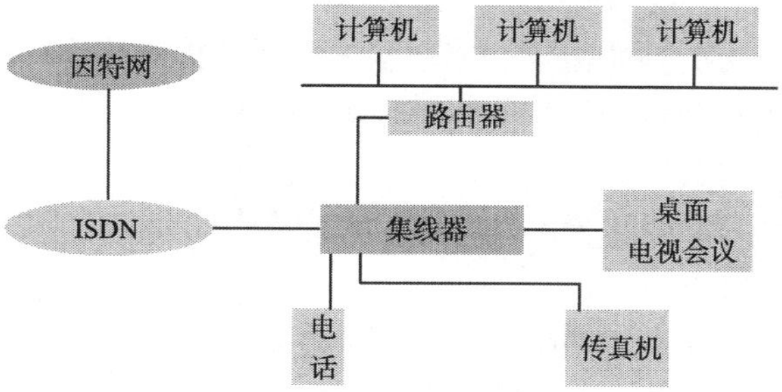

图 4-5　通过 ISDN 接入因特网

DDN 传输质量高，时延小，通信速率可以自主变化，通信容量大，方便各种局域网的联网。通过 DDN 接入因特网操作简便，无须拨号，开机即可直接进入因特网；目前传输速率可达 155Mbps；稳定可靠，不会出现拨号上网中常见的线路繁忙、中途断线等现象。DDN 的接入费用比 PSTN 及 ISDN 要高。

4．DSL 接入

DSL（Digital Subscriber Line，数字用户线路）技术可以分为非对称 DSL（如 ADSL）和对称 DSL（如 SDSL、HDSL）。

非对称 DSL 是通过现有的普通电话线为家庭、办公室提供宽带数据传输服务的技术。所谓的非对称，是指其上下行速率不等，即高下行（下载）速率和相对较低的上行（上传）速率。它特别适用于视频节目点播，在可视会议、远程办公、远程医疗、远程教学等方面也有广泛的应用（见图 4-6）。

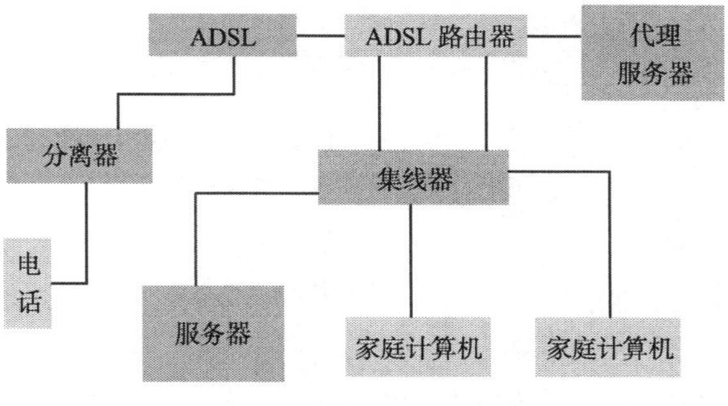

图 4-6　通过 ADSL 接入因特网

对称方式适合商业用户的需要，采用了对称 DSL 方式之后，原有的针对 DDN 方式的价格体系和计费系统都可以不做改动。而且，多数商业用户需要对称的传输方式，即他们需要的就是一定的对称带宽（如 512kbps、1Mbps 或者 2Mbps）。

由于利用了现有的电话线系统，因此 DSL 方式接入因特网要比 DDN 成本低许多，而且 DSL 总是处于“联机状态”，即用户在收发 E-mail 或上网浏览的时候无须拨号。DSL 的主要特点有：

（1）传输速度快。DSL 技术能够利用现有的电话线传输高达每秒 8 兆比特的速率，速度比拨号调制解调方式和 ISDN 快得多。DSL 可以达到上行 1Mbps、下行 7Mbps，比现有的 56kbps 调制解调器和 128kbps 的 ISDN 接入方式要快许多倍。

（2）多个设备共享一条线路。ADSL 采用频分复用技术，数据和话音分别走在不同的通道上，可以边上网边打电话。

（3）使用方便。要实现用 ISDN 上网必须先将原先的普通的电话号码改装成 ISDN 号码，而 ADSL 则无须这一步骤。它除了在用户端添加 ADSL 调制解调器和一个分离器之外，其他一切都无须改动。另外，ADSL 与 ISDN 的不同之处还在于，使用 ISDN 上网必须经过电话交换机，若交换机忙或 ISP 端口不足，用户就有可能无法上网，而 ADSL 直接连入 ATM 宽带平台，是真正意义上的宽带接入。

5．ATM 接入

ATM（Asynchronous Transfer Mode，异步传输模式）是国际电信联盟 ITU-T 制定的标准。在这一模式中，信息被组织成信元，因为包含来自某用户信息的各个信元不需要周期性出现，所以这种传输模式是异步的。

在 ATM 中话音、数据、图像等所有的数字信息都要经过切割，封装成统一格式的信元在网中传递，并在接收端恢复成所需格式。由于 ATM 技术简化了交换过程，去除了不必要的数据校验，采用了易于处理的固定信元格式，所以 ATM 交换速率大大高于传统的数据网。

ATM 接口类型支持单模、多模光纤，物理接入速率有 2Mbps、34Mbps、155Mbps，能满足多种业务的需求。

6．帧中继接入

帧中继（Frame Relay）是在用户与网络接口之间提供用户信息流的双向传送，并保持顺序不变的一种承载业务。它是以帧为单位，在网络上传输，并将流量控制、纠错等功能全部交由智能终端设备处理的一种新型高速网络接口技术。

帧中继是综合业务数字网标准化过程中产生的一种重要技术，是在数字光纤传输线路逐渐代替原有的模拟线路，用户终端日益智能化的情况下，由 X25 分组交换技术[①] 发展起来的一种传输技术。

帧中继业务能够兼容多种网络协议，可为各种网络提供快速、稳定的连接。帧中继支

---

① 分组交换技术是一种进行数据交换的通信技术。它适合不同类型、不同速率的计算机与计算机、计算机与终端、终端与终端之间的通信，从而实现存储在计算机内的信息资源共享，同时可以在分组交换数据网上开发各种增值业务。

持多种数据用户，可用于银行、证券、大型企业、政府部门的总部与各地分支机构的局域网之间的互联。利用帧中继可以组建虚拟专用网，进行远程计算机辅助设计、计算机辅助制造、文件传送、图像查询、图像监视及会议电视等。帧中继可以按需分配带宽，网络资源利用率高，网络费用低廉。

7. 光纤接入

光纤接入方式是利用光纤传输技术，直接为用户提供宽带（B-ISDN，可达 155Mbps）的双向通道。光纤接入方式具有频带宽、容量大、信号质量好和可靠性高等优点，能够有效缓解用户信息业务增长与网络信息传输速度不适应的矛盾，被认为宽带用户接入网的发展方向。光纤接入方式对用户来说，带宽不受限制，这就为宽带业务进入家庭提供了带宽上的保证。另外，光纤直接到家，不受外界干扰也无信息泄漏问题。目前，构筑全业务光纤接入网的关键技术，如 SDH（光纤同步数字网）、ATM 技术、光纤网络设计、施工与管理技术均已成熟，并已有实用化产品出售，而且价格越来越低。光纤接入主要包括 FTTH、FTTC、FTTB 等方式。

8. 无线接入

无线接入技术（Wireless Access Technology）是以无线技术（主要是移动通信技术）为传输媒介向用户提供固定的或移动的终端业务服务，包括移动式无线接入和固定式无线接入（Fixed Wireless Access，FWA）。移动式无线接入是一种用户终端在较大范围内移动的接入技术；固定式无线接入是一种能把从有线方式传送来的信息用无线方式传送到固定用户终端或实现相反传送的接入技术。无线接入技术能够使无线网络与有线公共网完全互联，具有应用灵活、安装快捷的特点，适用于移动工作人群和广大农村、山区用户。目前，无线接入技术正在向高速无线接入发展。MMDS（无线电缆网）接入、DBS（直播卫星系统）接入等高速接入技术已经开发成功，成为网络接入技术的一个新领域，受到各国的普遍重视。无线接入网在整个通信网中的位置如图 4-7 所示。

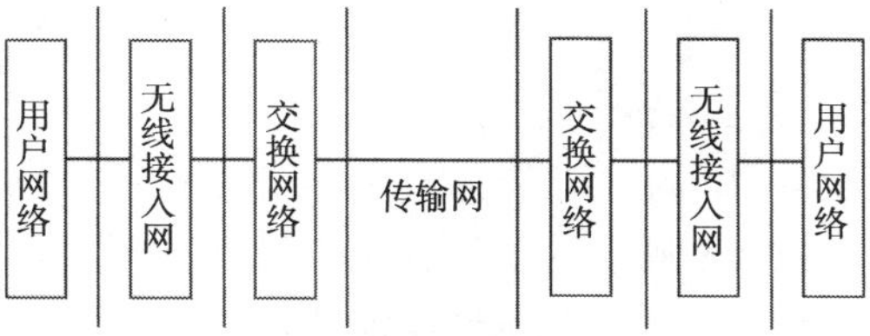

图 4-7 无线接入网在整个通信网中的位置

4.2 常用的因特网服务

因特网所提供的网络信息服务基本上可以分为三类：固定信息服务，包括电子邮件（E-mail）、文件传输（FTP）服务等；在线实时通信，包括远程登录（Telnet）、即时通信、微博等；检索服务，包括搜索引擎、万维网（WWW）等。

4.2.1 电子邮件

1．电子邮件的最新发展

电子邮件（Electronic Mail，E-mail）是用户或用户组之间通过计算机网络收发信息的服务。从因特网诞生以来，电子邮件一直是网络用户之间快速、简便、可靠且成本低廉的现代通信手段，在我国 15 年发布的 30 次互联网络发展状况调查统计中，电子邮件始终是使用最广泛、最受欢迎的服务之一。

电子邮件来源于专有电子邮件系统，是由从一台计算机终端向另一计算机终端传送文本信息的相对简单的方法而发展起来的，现在已经演变为一个功能颇多的系统。

目前的电子邮箱可以传送文档、声音、图片、图像等各种信息，支持邮件的全文检索，很多免费邮箱都可以实现无限容量，邮件所带附件能够达到 2GB，群发邮件达到 400 封，垃圾邮件捕获率超过 99%。

“手机邮箱”是近年来快速发展的一种邮件推送业务。电子邮件到达移动通信商的邮件服务器后，经移动网络设备连接，把邮件推送给手机客户，实现了电子邮件的移动化。

由于历史原因，多数因特网应用仅能选择英语，这给众多非英语国家因特网普及带来不容忽视的语言障碍，包括中国在内的非英语国家一直致力于非英语因特网的开发和应用。

2012 年 2 月 18 日，由中国互联网络信息中心（CNNIC）主导制定的国际化多语种邮箱电子邮件地址核心国际标准——《SMTP 扩展支持国际化邮件》（编号：RFC6531）由 IETF（Internet Engineering Task Force，因特网工程任务组）正式发布。2012 年 6 月 19 日，在“国际化多语种邮箱电子邮件发布会”上，中科院科学家发出了全球首封多语种邮箱电子邮件，这是我国向因特网强国迈进的重要一步。[①]

2．电子邮件的工作原理

E-mail 系统由 E-mail 客户软件、E-mail 服务器和通信协议三部分组成。

E-mail 客户软件也称用户代理（User Agent），是用户用来收发和管理电子邮件的工具。这种软件根据 UNIX、Windows 等操作系统不同可分为很多种类。

E-mail 服务器主要充当“邮局”的角色，它除了为用户提供电子邮箱外，还承担着信件的投递业务。当用户与 E-mail 服务器联机进入自己的电子邮箱并发送一个电子邮件后，E-mail 服务器将按收信人地址选择适当的路径把用户电子邮箱里的信件发送给网络中的下一个节点。通过网络若干中间节点的“存储—转发”式的传递，最终把信件投递到目的地，即收信人的电子邮箱里。当收信人联机进入自己电子邮箱时，就可以查阅到该信件了。

① CNNIC. 中国科学院发出全球首封多语种邮箱电子邮件 电子邮箱进入新时代 [EB/OL].(2012-06-19)[2012-08-20].http://www.cnnic.net.cn/dtygg/dtgg/201206/t20120619_29969.html.

E-mail 服务器主要采用简单邮件传输协议（Simple Mail Transfer Protocol，SMTP）来传送电子邮件。SMTP 描述了电子邮件的信息格式及其传递处理方法，以保证被传送的电子邮件能够正确地寻址和可靠地传输。与 SMTP 同时出现的，还有邮局通信协议(Post Office Protocol，POP)，常用的 POP3 是这个通信协议的第 3 个版本。SMTP 负责将使用者所撰写的 E-mail 送到电子邮件邮局中，而 POP 则负责从邮局中接收信件。一般来说，POP 和 SMTP 邮件服务器都设定在同一部邮件主机上。图 4-8 显示了电子邮件收发的基本过程。

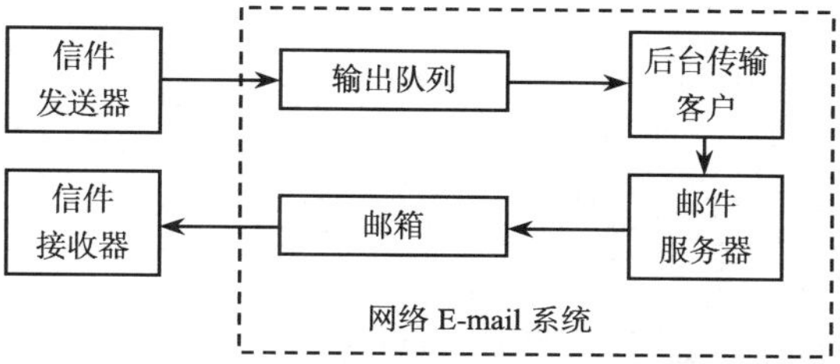

图 4-8　电子邮件收发的基本过程

3．电子邮件的地址格式

要发送和接收电子邮件，首先需要有一个电子邮件地址。电子邮件地址由三个部分组成：用户名、“@”符号和用户所连接的主机地址。如在 cnyangjz@163.com 中，“cnyangjz”是用户名，“163.com”是用户所连接的主机地址。

4．电子邮件的格式

一份电子邮件由两部分组成：邮件头（Mail Header）和邮件体（Mail Body)。邮件头包含同发信者和接收者有关的信息，如发出地点和接收地点的网络地址、计算机系统中的用户名、信件的发出时间与接收时间，以及邮件传送过程中经过的路径等。邮件体是信件本身的具体内容。图 4-9 是 E-mail 格式的一个简单例子。

图 4-9　电子邮件格式

5．邮件列表

邮件列表（Mailing List）是因特网上最早的社区形式之一，用于各种群体之间的信息交流和信息发布。早期的邮件列表是一个小组成员通过电子邮件讨论某一特定话题，一般通称为讨论组。随着因特网的发展，讨论组很快就演变出另一种形式，即由管理者管制的讨论组，也就是现在通常所说的邮件列表。在电子商务中，邮件列表广泛应用于网络营销。

邮件列表有两种基本形式：

（1）公告型（邮件列表）。通常由一个管理者向小组中的所有成员发送信息，如电子杂志、新闻邮件等。

（2）讨论型（讨论组）。所有的成员都可以向组内的其他成员发送信息，其操作过程简单来说就是发一个邮件到小组的公共电子邮件，通过系统处理后，将这封邮件分发给组内的所有成员。

4.2.2 即时通信、飞信与微信、博客与微博

1．即时通信

即时通信（Instant Messaging，IM）是指使用因特网技术进行的实时信息传递。它囊括了E-mail的所有功能，如文字、文件、图片的传输等，并且实现了信息的实时交互，在安装麦克风和摄像头之后还可以实现语音、视频聊天。

2012年6月，即时通信在中国网民中的使用率达到82.8%，用户人数达到4.45亿，成为因特网应用的第一大应用。手机上网的进一步普及，尤其是智能终端的推广，以及手机聊天工具的创新，使得即时通信的地位更加稳固。①

即时通信软件主要使用下述即时通信传送协议：

（1）可扩展通信和表示协议（XMPP）。用于流式传输准实时通信、表示和请求—响应服务等的XML元素。XMPP基于Jabber协议，是用于即时通信的一个开放且常用的协议。

（2）即时通信对话初始协议和表示扩展协议（SIMPLE）。SIMPLE为SIP指定了一整套架构和扩展方面的规范，而SIP是一种网际电话协议，可用于支持即时通信的消息表示。

（3）Jabber。Jabber是一种开放的、基于XML的协议，用于即时通信消息的传输与表示。Jabber系统中的一个关键理念是“传输”，也叫做“网关”，它支持用户使用其他协议访问网络。

（4）即时通信通用结构协议（CPIM）。CPIM定义了通用协议和消息的格式，即时通信和显示服务都是通过CPIM来达到即时通信系统中的协作的。

（5）网际转发聊天协议（IRCP）。IRCP支持两个客户计算机之间、一对多（全部）客户计算机和服务器对服务器之间的通信。

---

① 中国互联网络信息中心．第30次中国互联网络发展状况统计报告[R/OL]. (2012-07-19)[2012-08-20]. http://www.cnnic.cn/dtygg/dtgg/201207/W020120719405405832029.pdf.

2. 飞信与微信

飞信（Fetion）是中国移动推出的一种“综合通信服务”，融合了语音技术（IVR）、通用分组无线服务技术（GPRS）和短信技术，覆盖了三种不同形态（完全实时、准实时和非实时）的客户通信需求，实现了因特网和移动网间的无缝通信，实现了文字、视频和音频文件无缝链接的多端信息接收。飞信用户数现已超过MSN，跃居国内第二大即时通信软件。

微信是腾讯公司于2011年1月21日推出的一款通过网络快速发送语音短信、视频、图片和文字，支持多人群聊的手机聊天软件。用户可以通过微信与好友进行形式上更加丰富的类似于短信、彩信等方式的联系。微信软件本身完全免费，使用任何功能都不会收取费用，微信时产生的上网流量费由网络运营商收取。2012年3月29日，微信注册用户超过一亿。

3. 博客与微博

博客（Weblog，简称Blog）是继E-mail、BBS之后出现的一种新的网络交流方式。博客可以理解为一种表达个人思想和网络链接，内容按照时间顺序排列，并且不断更新的出版方式。博客网站是网民们通过因特网发表各种思想的虚拟场所，其主要特点是频繁更新（Frequency）、简洁明了（Brevity）和个性化（Personality）。截至2012年6月底，我国博客用户数量为3.53亿，较2011年年底增长3 467万，增长率为10.9%。①

微博是微博客（MicroBlog）的简称，是一个基于用户关系的信息分享、传播以及获取平台，用户可以通过Web、WAP以及各种客户端组建个人社区，以140字左右的文字更新信息，并实现即时分享。由于微博短小精悍，信息及时，传播速度快，受到了众多网民的关注。截至2012年6月底，我国使用微博的人数已经达到27 364.5万人；其中，微博在手机端的增长幅度明显，用户数量由2011年年底的1.37亿增至1.70亿，增速达到24.2%。②

4. BBS

BBS（Bulletin Board System，电子公告板系统）简称“论坛”。早期的BBS提供一块公共电子白板，每个用户都可以在上面书写，可发布信息或提出看法。以后拓展了很多服务，如讨论区、聊天区、文件共享区等。讨论区中包括各类学术讨论区以及各类话题讨论区；信件区可以收发信件；聊天区可以提供一个和其他人“交谈”的小天地。

4.2.3 搜索引擎

搜索引擎是指根据一定的策略、运用特定的计算机程序从因特网上收集信息，在对信

① 中国互联网络信息中心．第30次中国互联网络发展状况统计报告[R/OL]. (2012-07-19)[2012-08-20]. http://www.cnnic.cn/dtygg/dtgg/201207/W020120719405405832029.pdf.

② 中国互联网络信息中心．第30次中国互联网络发展状况统计报告[R/OL]. (2012-07-19)[2012-08-20]. http://www.cnnic.cn/dtygg/dtgg/201207/W020120719405405832029.pdf.

息进行组织和处理后，为用户提供检索服务，将用户检索相关的信息展示给用户的系统。搜索引擎包括全文索引、目录索引、元搜索引擎、垂直搜索引擎、集合式搜索引擎、门户搜索引擎与免费链接列表等。搜索引擎是因特网的第二大应用，百度和谷歌等是搜索引擎的典型代表。有关这方面的内容将在第5章中详细讨论。

4.2.4 Web服务

1. Web服务的基本概念

Web 服务，又称为 WWW（World Wide Web，万维网）服务，是一种基于超文本（Hypertext）和图形化用户界面的网络服务方式，是进行数据交换最流行的方法，最早由欧洲粒子物理实验室（CERN）Tim Berners-Lee 和 Robert Calliau 提出。从本质上讲，Web 服务是建立在因特网基础上的网络化超文本信息传递服务，其外延是一个不断扩展的信息空间，其成功的关键在于简易的导览和使用、新的出版分送模式以及实现了一个网络集中式的模式（客户机/服务器模式）。

从技术上讲，在 Web 服务中，所有要交换的数据被组织到一个超文本文件中，借助 HTTP 进行相互之间的通信，其服务架构如图 4-10 所示。

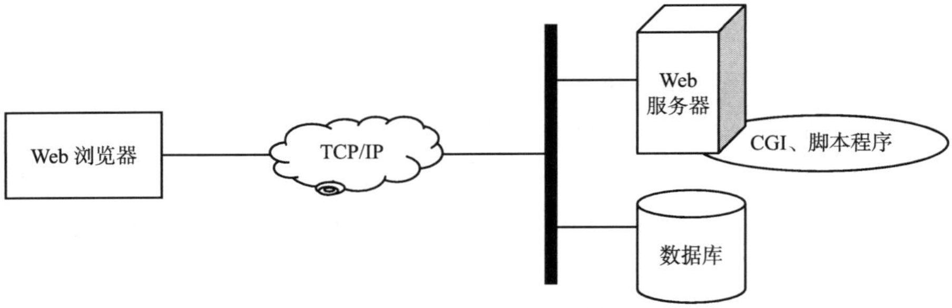

图 4-10　Web服务架构

在 Web 服务架构中，涉及下面几个概念。

（1）统一资源定位地址（Uniform Resource Locator，URL）。用来表达每个网页的位置，它是唯一的，浏览器借此来寻找 Web 服务器及其上的网页。借助它，通过点选网页上的超链接，就可实现分散网页间的访问。它通常有以下几种形式：域名+目录名+文件名（标准 URL）、域名+目录名、域名、含有程序的网址。

（2）超文本标记语言。HTML 是个可以包含文字、窗体及图形信息的超文本文件的表现语言，其目的在于使页面能显示在任何支持 HTML 的浏览器中，而与联网的机器平台无关。

（3）Web 服务器。也称 HTTP 服务器，是存储文件和其他内容的软硬件组合，用于提供 HTTP 及 FTP 等服务，有的还可作为代理服务器。一开始 Web 服务器只提供静态网页服务，之后也提供动态网页服务。

（4）浏览器。显示信息的场所，常见的浏览器有 Netscape Navigator 和 Microsoft Internet Explorer 等。浏览器能理解多种协议，如 HTTP、HTTPS、FTP；也能理解多种文档格式，如 TEXT、HTML、JPEG、XML；也具备根据对象类型调用外部应用的功能。

（5）HTTP。HTTP 是服务器与浏览器进行沟通的语言，用于在因特网上传输文档。应该说，浏览器与服务器间的通信模式实际上是一种客户机/服务器模式，因此 HTTP 也是客户机程序和服务器程序进行通信的一种语言，它是建立在 TCP/IP 之上，是一种请求/应答式协议。

URL、HTTP、HTML、Web 服务器和浏览器构成了 Web 服务的五大要素。

2．从 Web 1.0 到 Web 3.0

Web 1.0 是 WWW 的最早应用模式。这一模式的基本运作形式是向网民提供单纯的“阅读材料”；其基本构成单元是“网页”；主要工具是 Internet 浏览器；主要内容管理者是程序员等专业人士。

Web 2.0 是相对 Web 1.0 的新的一类因特网交互工具应用模式的统称，以 AJAX 和 Tagging 等信息交互技术为支撑，包括 Blog、RSS、TAG、SNS、Wiki 等新模式的应用。① 在 Web 2.0 模式下，因特网的应用具有以下显著特点：

（1）信息分享。用户可以得到自己需要的信息，也可以发布自己的观点，还可以不受时间和地域的限制分享各种观点。

（2）信息沟通。先进的即时通信技术使信息的沟通更加方便、快捷。

（3）以兴趣为聚合点的社群。对某个或者某些问题感兴趣的网民可以在网络空间上形成群体。

（4）开放的平台。平台对于用户来说是开放的，而且用户因为兴趣而保持比较高的参与度。

Web 3.0 是基于语义技术的新的网络应用模式的统称，包括以移动网络为基础的各种应用模式、以感知网络（物联网）为主的各种应用模式和以云计算为工具的各种应用模式。目前，Web 3.0 的应用模式尚不成熟，有人将它描述为“未来互联网的代名词”。②

---

① RSS（Rich Site Summary，站点摘要）是一个站点用来和其他站点之间共享内容的一种简易方式，也叫简单整合技术（Really Simple Syndication）。SNS（Social Network Software，社会网络软件）是以认识朋友的朋友为基础，扩展自己的人际关系（人脉）的网络软件。TAG（标签）是一种灵活的日志分类方式，可以为每篇日志添加一个或多个 Tag（标签），并由此和其他用户产生更多的联系和沟通。Wiki（wee kee wee kee，百科全书）是一种超文本系统，这种超文本系统支持面向社群的协作式写作，同时包括一组支持这种写作的辅助工具。

② 高新民．Web 3.0 是未来互联网的代名词[EB/OL]. (2011-01-07)[2012-08-20]. http://tech.ifeng.com/internet/detail_2011_01/07/4082063_0.shtml.

4.3 TCP/IP

4.3.1 TCP/IP 的概念

TCP/IP 最早是由斯坦福大学的两名研究人员于 1973 年提出的。1982 年，TCP/IP 被 UNIX BSD 4.1 系统采用。随着 UNIX 的成功，TCP/IP 逐步成为 UNIX 网络标准协议。因特网的前身 ARPAnet 最初使用 NCP（Network Control Protocol），由于 TCP/IP 具有跨平台特性，ARPAnet 的试验人员在经过对 TCP/IP 的改进以后，规定连入 ARPAnet 的计算机也都必须采用 TCP/IP。随着 ARPAnet、MILnet、NSFnet 等网络融入因特网，TCP/IP 真正成为因特网的标准连接协议。

TCP/IP 是一个协议集合，它包括 TCP（Transport Control Protocol，传输控制协议）、IP（Internet Protocol，因特网协议）以及其他一些协议。

TCP 向应用程序提供可靠通信连接。TCP 能够自动适应网上的各种变化，即使在因特网暂时出现堵塞的情况下，TCP 也能够保证通信的可靠性。TCP 规定了为防止传输过程的小包丢失进行检错的方法，用以确保最终传送信息的正确性。接入因特网中的任何一台计算机必须有一个地址，而且地址不允许重复，用以区分网上的各台计算机。在因特网上传送的任何数据的开始部分都要附上发送方和接受方的地址。

IP 提供了能适应各种各样网络硬件的灵活性，而对底层网络硬件几乎没有任何要求。任何一个网络只要可以从一个地点向另一个地点传送二进制数据，就可以使用 IP 加入因特网。IP 指定了要传输的信息“包”的结构，它要求计算机将要发送的信息分为若干个较短的小包，小包除包含一部分信息外，还包含被送往的目的地的地址等。

TCP 和 IP 是互补的，两者结合保证了因特网在复杂的环境正常的运行。TCP/IP 是经过精心设计的，运行效率很高。即使到现在，在计算机已比 TCP/IP 刚诞生时的速度提高上千倍，连接因特网的计算机大量增加，数据传输量飞速增长的情况下，TCP/IP 仍能满足因特网上信息交流的需要。

尽管这两个协议可以分开使用，各自完成自己的功能，但它们是在同一时期作为一个系统来设计的，并且在功能上也是相互配合、相互补充的。也就是说，连接因特网的计算机必须同时使用这两个协议，因此在实际应用中常把这两个协议称为 TCP/IP。

4.3.2 TCP/IP 的分层结构

TCP/IP 具有一个分层结构。协议的分层有利于设计者明确各层的任务和目的，保证目标机的第 n 层所收到的信息就是源主机的第 n 层所发出的数据。一般来说，因特网的 TCP/IP 是基于 4 层结构的协议，即应用层、传输层、网络层和网络访问层。因为网络访问层又可分为数据链路层和物理链路层，所以也可以说 TCP/IP 是基于 5 层结构的协议（见图 4-11）。

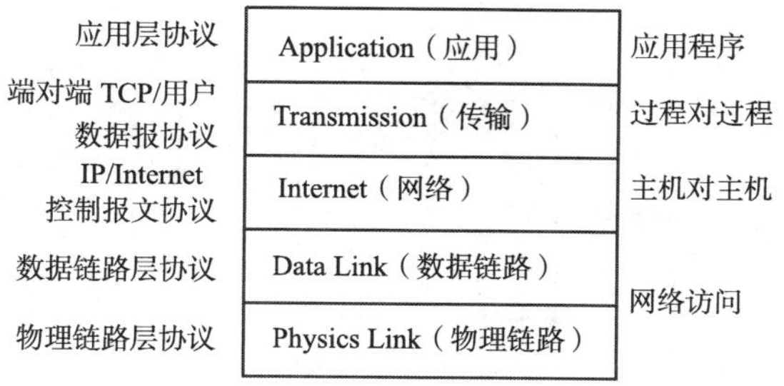

图 4-11　TCP/IP 的分层结构

表 4-1 列出了 TCP/IP 网络模型中每层可以实现的功能。

表 4-1　TCP/IP 各层功能

TCP/IP	功能描述
应用层	由用户可访问的应用程序和网络服务组成 因特网在用户应用程序级别上遵守的所有协议都属应用层协议，如文件传输协议（FTP）、简单邮件传输协议（SMTP）、远程连接协议（Telnet），以及 WWW 系统使用的超文本传输协议（HTTP）等
传输层（TCP 层）	使用传输协议传输数据，将对应层传递过来的用户信息进行分段处理，然后在各段信息中加入一些附加说明，如说明各段的顺序等，保证对方收到可靠的信息
网络层（IP 层）	管理数据在网络间的寻址和传递，将传输层形成的小段信息打成 IP 数据包，在报头中填入地址信息，然后选择好发送的路径
数据链路层	管理跨越物理网络的数据传递，解决数据的正确传送问题
物理链路层	安装网络硬件，描述物理链路参数，如信号的幅度、宽度、链路的电气和机械特性等

4.3.3　网络的互联

各种网络之所以能互联起来，TCP/IP 发挥了核心作用。

互联（Internetworking）和互连（Interconnection）在概念上不同。从网络的角度来看，互联主要指网络之间逻辑上的连接，这种连接是通过应用软件和协议体现出来的；互连则是网络之间实实在在的连接，是指连接介质间的连接。

从 TCP/IP 的分层结构来看，可以很容易地理解网络互联的实质。互联就是不同协议的转换。这种协议的转换必须在相同的对应层之间实现，才能保证网络间的互联。图 4-12 解释了其他计算机网络协议如何与 TCP/IP 进行相互间的转换。

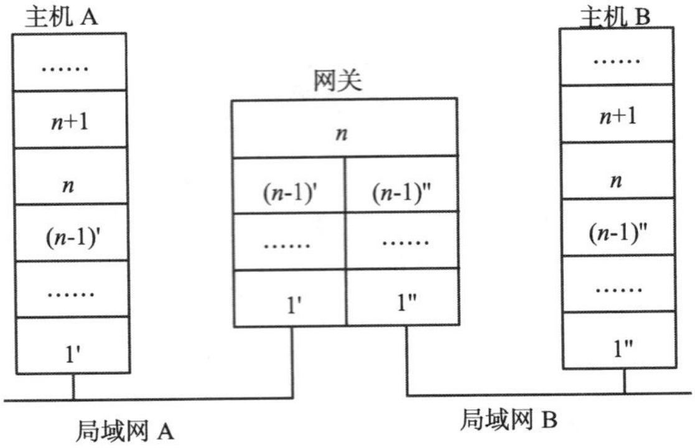

图 4-12　网络协议转换

图 4-12 中主机 A 和主机 B 在不同的局域网中，它们虽采用不同的协议但第 *n* 层及其以上各层的协议相同，只要在具有相同协议的第 *n* 层进行协议的转换，就能实现不同种类的网络的互联。图中执行协议转换的是网关，因此不论用户采用的是什么协议，X.25 也好，以太网协议也好，只要采取措施实现协议与 TCP/IP 的转换，不同种类的网络就能接入因特网。

4.3.4　因特网的地址结构

因特网采用了一种唯一、通用的地址格式，为因特网中的每个网络和几乎每台主机都分配了一个地址，这就使我们实实在在地感到它是一个整体。因特网中的地址类型有 IP 地址和域名地址两种。

1．IP 地址

IP 地址是一个逻辑地址，用 32 位二进制数标识计算机网络中的每台计算机。它可以写成 4 个用小数点分开的十进制数，每个十进制数表示 IP 地址中的 8 个二进制数。例如，IP 地址 1001 1000 0000 0011 0001 0110 0101 0100 可以写成 152.3.22.84。

每个 IP 地址由网络标识（NetID）和宿主机标识（HostID）两部分组成，分别表示该计算机所在的网络和在该网络内的这台计算机。按照网络规模的大小，常用的 IP 地址分为 A、B、C 三类（见图 4-13）。每类地址规定了网络 ID、宿主机 ID 各使用哪些位，因此，也就定义了网络可能有的数目和每个网络中可能有的宿主机数。

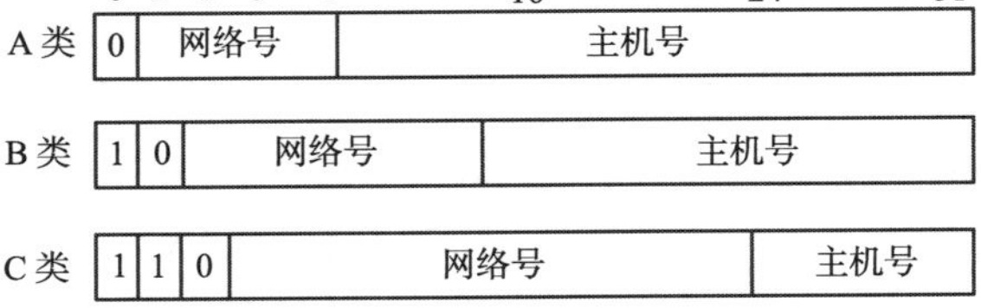

图 4-13　IP 地址模型

在定义 IP 地址时，网络 ID 和宿主机 ID 遵循以下规则：

（1）网络 ID 规则。网络 ID 是唯一的，即网络 ID 对因特网是唯一的；网络 ID 不能以十进制数 127 开头，在 A 类地址中数字 127 保留给诊断用；网络 ID 的第一个 8 位组不能都设置为 1，即不能为十进制数 255，此数字作为广播地址使用，同时网络 ID 的第一个 8 位组也不能都设置为零，全零表示无效地址。

（2）宿主机 ID 规则。宿主机 ID 对每个网络 ID 是唯一的，不管它是否连接到因特网；宿主机 ID 各个位都不能设置为 1，全 1 为广播地址而不是宿主机地址 ID，同时各个位也不能都设置为零，如果所有位都为零，则表示整个网络。

根据上述规则，A、B、C 三类地址分别定义如下：

（1）A 类地址。A 类地址中的第一个 8 位组高端首位总是二进制 0，其余 7 位表示网络 ID 号，除去全零、全 1 外，其网络 ID 有效值范围为 001 ~ 126。第二、三、四个 8 位组，共 24 位用于宿主机 ID。所以，A 类地址有效网络数为 126 个，每个网络主机数为 16 777 214（除去宿主机 ID 为全零及全 1 外）。这类地址一般分配给具有大量主机的网络使用。

（2）B 类地址。B 类地址中的第一个 8 位组高端前 2 位总是为二进制 10，剩下的 6 位和第二个 8 位组共 14 位二进制数表示不同网络 ID 的数目，第三、四个 8 位组共 16 位表示不同宿主机 ID 数。类似上述算法可得，B 类有效网络数为 16 384，每个网络主机数为 66 534，这类地址一般分配给中等规模主机数的网络使用。

（3）C 类地址。C 类地址第一个 8 位组的前三位总是为 110，剩下的 5 位和第二、三个 8 位组共 21 位二进制数表示不同网络 ID 的数目，第四个 8 位组共 8 位表示不同主机 ID 数。类似上述算法可得，C 类有效网络数为 2 097 152，每个网络主机数为 254。C 类地址一般分配给小型的局域网使用。

在读和写 IP 地址时，将 32 位分为 4 个字节，每个字节转换成十进制，字节之间用“.”来分隔。例如，北京电报局的因特网主机的 IP 地址为：202.96.0.97。IP 地址的这种表示法叫做“点分十进制表示法”，显然这比全是 1 或 0 容易记忆。

2. IPv6——下一代 IP 地址

1）IPv6 的产生与特点

我们现在所使用的 IP 是在 20 世纪 70 年代为 ARPAnet 设计的，后来为应用于因特网又做了明文规定。由于 IP 数据报格式中的第一个域（版本域）为 4，因此称之为 IP 第四版或 IPv4（Internet Protocol Version 4）。IPv4 为 TCP/IP 系统和整个因特网提供了基本的通信机制，它从 70 年代末被采用以来，几乎没有太大的变动，这种长久性正说明了整个 TCP/IP 系统的设计是灵活的、健全的。但是，随着因特网用户以指数形式增长，IPv4 遇到了 IP 地址空间耗尽的问题。

现有的 IPv4 采用 32 位结构，理论上可以提供 1 684 万个网络、42 亿台主机地址，但在实际使用中，必须去除网络地址、广播地址、路由器地址、保留地址和子网的额外占用，最后有效的地址数目比可用的地址总数要少许多。而且，由于美国是因特网技术的诞生地，占有了 IPv4 地址的 70%，这使得其他国家的 IP 地址资源匮乏。截至 2011 年 2 月，全球 IPv4 地址数已经全部分配完毕。

考虑到 IP 地址耗尽的问题，1998 年，IETF 制定了下一代因特网地址标准——IPv6（Internet Protocol Version 6）。IPv6 具有以下特点：

（1）IPv6 采用 128 位地址长度，地址几乎可以视为无限。

（2）IPv6 地址是一个层次结构，可以支持分级的路由，因此可以创建更小的路由表和进行更有效率的地址分配。

（3）IPv6 把自动分配 IP 地址的功能作为标准功能。只要计算机终端一连接上网络便可自动设定地址。最终用户不用花精力进行地址设定，从而大大减轻了网络管理者的负担。

（4）IPv6 还考虑了在 IPv4 中解决不好的其他问题，如点到点 IP 连接、服务质量、安全性、移动性等。

2）IPv6 地址的表示形式

IPv6 地址优先选用的形式是，IPv6 将 IP 地址空间从 32 位扩充到了 128 位。这个 128 位的 IPv6 地址采用 8 个 16 位的数字表示，并用冒号分开。其表现形式为：

X:X:X:X:X:X:X:X

X 用 16 位地址段的 16 进制值表示，而不是用 2 进制值表示。例如：

FE80:0000:0000:0000:0260:97FF:FE8F:64AA

IPv6 的地址按寻址方式和功能的不同，主要分为三种基本类型：

（1）单播地址（Unicast Address），标识一个单接口。发送给一个单播地址的信息包传递到由该地址标识的接口上。

（2）多播地址（Multicast Address）。一般用来标识不同节点的一组接口。一个多播地址可以使任意数目特定的多个发送者与任意数目的特定的多个接收者通信。

（3）任意播地址（Anycast Address），一般分配给属于不同节点的多个接口。任意播地址用于一个单独的发送者向其最近的一个或几个接收者发送信息。

在很多场合，IPv6 地址由两个逻辑部分组成：一个 64 位的网络前缀和一个 64 位的主机地址。主机地址通常根据物理地址自动生成，叫做 EUI-64（或者 64-位扩展唯一标识）。

在涉及 IPv4 和 IPv6 节点混合的这样一个节点环境的时候，有时需要采用另一种表达方式，即 X:X:X:X:X:X:D.D.D.D，其中 X 是地址中 1 个高阶 16 位段的 16 进制值，D 是地址中低阶 8 位字段的 10 进制值（按照 IPv4 标准表示）。例如：

嵌入 IPv4 地址的 IPv6 地址 0:0:0:0:0:0:202.201.32.29 写成压缩形式为：::202.201.32.29。

嵌入 IPv4 地址的 IPv6 地址 0:0:0:0:0:FFFF:202.201.32.30 写成压缩形式为：::FFFF:.202.201.32.30。

3．域名地址

由于 IP 地址是数字型的，使用起来并不方便，于是人们又发明了另一套字符型的地址方案——域名。根据《中国互联网络域名管理办法》的定义，域名是互联网络上识别和定位计算机的层次结构式的字符标识，与该计算机的互联网协议（IP）地址相对应。

域名一般有三到四级，其“级”数准确表述是从右边数过来，小数点位数而得出称谓的。级数按由点（.）分开的部分数确定，有几个部分就是几级。其通用的格式如图 4-14 所示。例如，http://www.usst.edu.cn，http://www.cnnic.net.cn。

四级域名	·	三级域名	·	二级域名	·	一级域名

图 4-14　域名地址的通用格式

一级域名往往是国家或地区的代码，如中国的代码为 cn、英国为 uk、澳大利亚为 au 等；二级域名往往表示主机所属的网络性质，如属于教育界（edu）、政府部门（gov）等；三级域名是自定义的，通常为机构、公司全称、全称的缩写或商标名称。普通用户一般申请注册二级、三级及三级以下域名。

常见的二级域名含义如表 4-2 所示。

表 4-2　二级域名含义

域　名	含　义	域　名	含　义
com	商业组织	store	从事商品销售的企业
edu	教育机构	rec	强调消遣和娱乐的实体
gov	政府部门	web	与 WWW 特别相关的实体
mil	军事部门	info	提供信息服务的实体
net	网络支持中心	arts	强调文化和娱乐的实体
org	非营利性组织	nom	个体或个人
firm	商业、公司	int	上述以外的机构

三级域名一般是企业或单位的名称，四级域名是三级域名所有者拥有随意解析权限的域名。“四级域名”都是免费的。

4．中国因特网域名体系

1997 年 4 月我国正式发布了中国互联网络域名体系。2002 年 11 月信息产业部发布《中华人民共和国信息产业部关于中国互联网络域名体系的公告》，对原有的域名体系进行了修改和规范。

（1）我国互联网络域名体系中各级域名可以由字母（A～Z，a～z，大小写等价）、数字（0～9）、连接符（-）或汉字组成，各级域名之间用实点（.）连接，中文域名的各级域名之间用实点或中文句号（。）连接。

（2）我国互联网络域名体系中在英文顶级域名“cn”之外暂设“中国”、“公司”和“网络”3个中文顶级域名。

（3）顶级域名cn之下，预先设置“类别域名”和“行政区域名”两类英文二级域名。“类别域名”6个，说明域名持有者的属性（见表4-3）；“行政区域名”34个，适用于我国的各省、自治区、直辖市、特别行政区的组织（见表4-4）。

表4-3 我国的类别域名

域名	意义
ac	适用于科研机构
com	适用于工、商、金融等企业
edu	适用于教育机构
gov	适用于政府部门
net	适用于因特网、接入网络的信息中心（NIC）和运行中心（NOC）
org	适用于各种非营利性的组织

表4-4 我国的行政区域名

域名	行政区名	域名	行政区名	域名	行政区名	域名	行政区名	域名	行政区名
bj	北京市	sh	上海市	tj	天津市	cq	重庆市	he	河北省
sx	山西省	nm	内蒙古自治区	ln	辽宁省	jl	吉林省	hl	黑龙江省
jx	江苏省	zj	浙江省	ah	安徽省	fj	福建省	jx	江西省
sd	山东省	ha	河南省	hb	湖北省	hn	湖南省	gd	广东省
gx	广西壮族自治区	hi	海南省	sc	四川省	gz	贵州省	yn	云南省
xz	西藏自治区	sn	陕西省	gs	甘肃省	qh	青海省	nx	宁夏回族自治区
xj	新疆维吾尔自治区	tw	台湾	hk	香港	mo	澳门		

（4）在顶级域名下可以直接申请注册二级域名。也就是说，企事业单位用户可以直接在cn下注册二级域名。例如，原来的http//www.abc.com.cn，如果注册二级域名成功，将被简化成http//www.abc.cn。这是我国自1990年设立cn域名以来域名体系的一次重大变革。它使我国的域名长度大大缩短，记忆起来更加容易。

为了适应中文的习惯，我国还颁布了因特网中文域名体系。中文域名是含有中文文字的域名，是中国域名体系的重要组成部分。中文域名体系具有以下特点：

（1）高度兼容。这一系统可以同时提供中英文混合域名（如中文域名.cn）与纯中文域名（如中文域名.公司）两种方案，而且可以使之与现有的域名系统高度兼容。

（2）繁简转换，两岸互通。该系统支持简繁体的完全互通解析。例如，一个大陆用户想访问台湾的“宏碁電腦公司”，他只需输入大陆用户熟悉的简体汉字就可以了；而一位台湾用户如想访问大陆的“清华大学”网站，他也同样只需输入繁体的“清華大學”就可以了。

（3）兼顾多种标准，符合国际趋势。从体系上，中文域名体系完全与国际中文域名技术发展趋势保持一致，提供通用一致的服务器端平台。选用的编码格式上兼顾了国际标准、国家标准和行业标准。

（4）使用方便，适用面广。如果已经安装中文上网官方版软件，可以直接在 IE 地址栏输入要访问的中文域名，即可到达相对应的网站。例如，输入“清华大学.cn”、“北京大学.中国”、“中软股份.公司”等都可以。

5．通用网址

通用网址是一种新兴的网络名称访问技术，是通过建立通用网址与网站地址 URL 的对应关系实现浏览器访问的一种便捷方式。

通用网址可以由中文、字母（A ~ Z，a ~ z，大小写等价）、数字（0 ~ 9）或符号（-，!）组成，最多不超过 31 个字符（通用网址每一构成元素均按一个字符处理）。

通用网址和域名、网站地址是不同的概念。最基础的是域名。所以，注册一个通用网址，必须先注册域名，如 abc.com.cn，然后将通用网址指向的基于域名的网站地址，如 www.abc.com.cn（或 abc.com.cn），提交给注册服务机构，这样通用网址就可以指向提供的网站地址。

通用网址一经注册就能获得全国门户网站、知名搜索引擎的全面支持，访问者借助通用网址网站直达功能即可直接访问到注册用户的站点。目前，包括新浪、搜狐、网易、百度、TOM.com 等在内的全国 2 000 多家门户网站、搜索引擎、行业站点和地方信息港已经全面提供通用网址的网站直达支持功能，覆盖中国 90%以上的因特网用户。

6．寻址方式

域名地址的广泛使用是因为它便于记忆，在因特网中真正寻找“被叫”时还要用到 IP 地址，因此有一种叫域名服务器（Domain Name Server，DNS）的设备，专门从事域名和 IP 地址之间的转换翻译工作。域名地址本身是分级结构的，所以域名服务器也是分级的。

下面举例说明因特网中的寻址过程，假设一个国外用户寻找一台叫 host.com.cn 的中国主机，其过程如图 4-15 所示。

在图 4-15 中，国外“呼叫”host.com.cn，本地域名服务器受理并分析号码；由于本地域名服务器中没有中国域名资料，随即向上一级查询；本地域名服务器向本地最高域名服务器问询，本地最高域名服务器检索自己的数据库，并查到 cn 为中国，则指向中国的最高域名服务器；中国最高域名服务器分析号码，看到第二级域名为 com，就指向 com 域名服务器；经 com 域名服务器分析，看到第三级域名是 host，就指向名为 host 的主机。

真正要实现线路上的连接，还必须通过通信网络，因此，域名服务器分析域名地址的过程实际就是找到与域名地址相对应的 IP 地址的过程，找到 IP 地址后，路由器再通过选定的端口在电路上构成连接。可以看出，域名服务器实际上是一个数据库，它存储着一定范围内主机和网络的域名及相应的 IP 地址。

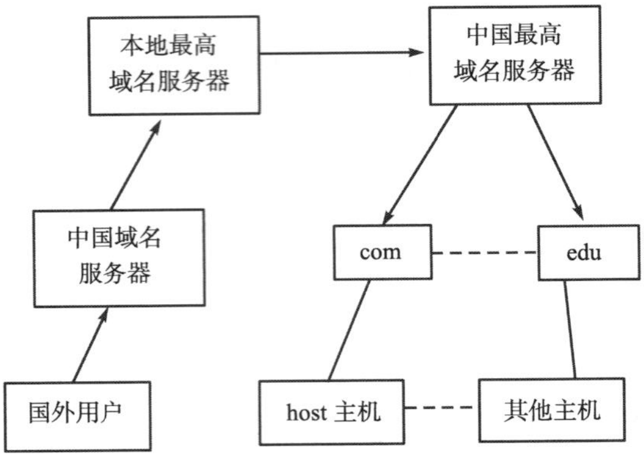

图 4-15　互联网寻址过程

4.4　域名申请与管理

4.4.1　域名的商业价值

从技术上讲，域名只是因特网中用于解决地址对应问题的一种方法，是一个技术名词。但是，由于因特网已经成为世界性的网络，因此域名演变为一个社会科学名词。

为了更便于人们认识自己，大部分企业都用自己名称或商标来定义域名。域名虽然与公司、商标和产品名称无直接关系，但由于域名在因特网上是唯一的，一个域名注册后，其他任何企业就不能再注册相同的域名，这就使域名与商标、企业标识物有了相类似的意义，因此有人也把域名称为“网络商标”。事实上，企业在因特网上注册了域名、设立了网站，就可以被全球 10.8 亿用户随时访问和查询，从而建立起广泛的业务联系，为自己赢得了更多的商业机会。域名在商业竞争中不只是一个网络地址，还包含着企业的信誉。以企业名称或产品名称为域名的企业，一般是这一行业的佼佼者，至少在那里会有这个行业的重要信息。麦当劳不惜花费 800 万美元买回被别人抢注的域名，阿里巴巴公司利用法律手段极力保护自己的域名权，都说明域名具有重要的商业价值。

目前，在因特网上注册域名的热潮方兴未艾。截至 2012 年 6 月，我国域名总数为 873 万个，包括我国国家顶级域名 cn 和通用顶级域名（gTLD，如 com 域名）两部分。其中，cn 域名数为 398 万个。① 同 1997 年 10 月第一次调查结果相比，域名总数已是当初 4 066 个的 2 147 倍。

① 中国互联网络信息中心. 第 30 次中国互联网络发展状况统计报告[R/OL]. (2012-07-19)[2012-08-20]. http://www.cnnic.cn/dtygg/dtgg/201207/W020120719405405832029.pdf.

4.4.2　域名申请策略

正确注册域名和合理使用域名是开展电子商务的第一步。域名申请时可以考虑分散域名策略、单一域名策略和三级域名策略。

1．分散域名策略

当一个生产规模大、产品多样化的公司的某种产品具有非常独特的个性，并拥有了相对较大规模市场忠诚度时，必须有分散域名。一般来说，品牌消费者不一定都知道这个品牌是哪个公司的，而且他们也并不关心。比如，很多人知道“飘柔”，可要他们马上说出其生产公司的名称（宝洁公司）时却往往记不起来。所以，产品多样化或者产品个性强时，公司必须为某些品牌独立注册域名，以培养、尊重和强化消费者的消费忠诚度。

分散域名的弊端在于网站建设强度增大，管理力度分散，从而造成网站建设与维护成本增加。而且，在某一程度上来说影响了公司的整体形象。所以，要采取分散域名注册的决策，必须拥有三个基本要素——产品多样化、独特个性品牌、特定市场的消费忠诚度——中的至少两个。

2．单一域名策略

把产品以目录的形式放在同一个域名之下是目前企业采用最多的域名运用决策。这样的网站首页一般不是很好看，可是很有效，容易吸引人，能唤起人们定期浏览的欲望。另外，作为一个网站，因为在同一个域名下面，不用考虑不同定位和不同风格的主页制作，可以节省站点建设开支，既便于管理，也便于统一推广和宣传。

单一域名策略的缺点在于缺乏个性，难以强调某一独立品牌，难以细分不同层次的市场。而且，当公司的某一品牌商品在市场上搞砸了之后，网站上的其他产品会因为这个产品的坏名誉而受到连累。

3．三级域名策略

企业域名的一般形式为“产品名.企业名.com”，即所谓的“三级域名”。从技术层面上讲，使用这样的域名成本很低。“三级域名”最适合公司推出新产品时使用，既可以借助公司信誉推动新产品的市场推广，又可以表示产品的特殊性，以试探市场反应，然后再确定是否应该把产品品牌独立出去。

就消费者接受心理方面而言，采用三级域名（产品名.企业名.com）对消费者的记忆要求高，既要求消费者知道企业名称，又必须知道产品名称。如果用的是目录结构（企业名.com/产品名），那么消费者一般只需记忆企业名。

如何申请域名是一个不容忽视的问题。一个企业为了死守一个域名而长期困扰在官司中固然是不明智的，而忽视域名或者胡乱使用域名也表现出了对企业形象系统的无知。在确定一个网站品牌之后，如何运用域名已经成为一个企业资源运用的重要问题。

4.4.3 域名的申请

根据《中国互联网络域名注册管理办法》，域名注册由中国互联网络信息中心（China Internet Network Infomation Center，CNNIC）负责。

1．在中国注册英文域名

在中国国内英文域名注册的步骤如下：

（1）填写注册申请表并递交（由申请者完成）。申请者可以通过两种方式填写注册申请表：Web 方式和 E-mail 方式。申请者可以联机填写域名注册申请表并递交①，申请者填写时会对申请者填写的内容进行在线的基本格式检查。

（2）系统语法检查（由 CNNIC 完成）。申请者填写注册申请表并递交之后，如果申请表通过系统语法检查，CNNIC 将回信通知申请者；如果申请表未通过系统语法检查，申请者需要根据 CNNIC 的提示修改。

（3）检查申请者申请的域名是否已经注册，递交申请材料（由 CNNIC 和申请者完成）。如果没有其他单位注册或预注册申请者申请的域名，CNNIC 将通知申请者“预注册成功”，并要求申请者将域名注册所需的全部文件邮寄或面交 CNNIC。全部文件包括申请表（盖章）、申请单位营业执照复印件（或法人证明复印件）、承办人身份证复印件、申请单位介绍信。如果 CNNIC 在 30 日内未收到域名注册所需的全部合格文件，或递交的不合格文件在 30 日内未做修正，此次申请将作废。

（4）注册材料的审核（由 CNNIC 完成）。CNNIC 工作人员审核申请者的注册材料，如果通过，申请者就会收到“域名已可以使用”的通知。

（5）缴纳域名注册费用（由申请者完成）。申请者收到使用通知后，应缴纳域名注册费用。CNNIC 将为申请者开通域名。如果申请者未及时缴纳域名注册费用，20 天后发出暂停通知，30 天后再次发出暂停通知，60 天后发出撤销通知。

（6）发出“域名注册证”（由 CNNIC 完成）。CNNIC 会给申请者发出“域名注册证”和发票。至此，申请者的域名注册全部完成。

2．在中国注册中文域名

CNNIC 中文域名的注册与一般域名注册类似。用户在注册系统提示下可以同时注册带有“.cn”和“.中国”的中文域名。例如，可以同时注册“中文域名.cn”和“中文域名.中国”。在 2012 年 10 月 29 日之前，注册“.中国”的用户将自动获得“.cn”的中文域名；之后，“中文.cn”和“中文.中国”域名实行分别独立注册和服务。

客户可以同时注册简体中文域名和繁体中文域名。这样注册后，用户既可以用中文简体访问网站，也可以用中文繁体访问网站，注册系统同时支持 GB（GBK）、BIG5、UTF8

① 联机填写的地址为：http://landy.cnnic.net.cn/registration/form.shtml.

等在华人地区常用的编码格式。

在中文域名注册体制中，CNNIC 划分中文域名注册机构为域名系统管理者和域名注册服务商。CNNIC 作为中文域名注册管理者，负责维护中文域名注册数据库，以确保互联网络的稳定运作。域名注册服务商将直接面对广大用户，依靠自己的力量和自身的优势更好地为用户提供包括中文域名的注册服务以及其他与中文域名相关的各项服务。

3．在中国注册通用网址

个人、企业和单位都可以注册通用网址。注册通用网址应在 CNNIC 授权的通用网址注册服务机构负责通用网址的注册。

（1）选择注册服务机构，然后到它们的网站上进行联机注册。

（2）注册通用网址服务时，需要指定它所指向的网址（URL）。一旦此通用网址服务在系统中生效，便可以到 CNNIC 的通用网址服务网站下载通用网址软件。点击“开启通用网址”红色按钮，将弹出一个窗口，提示下载安装通用网址软件，点击“是”按钮即可完成下载安装。接下来在 IE 浏览器中输入想要访问的通用网址就可以直接进入所要的网站了。

（3）通用网址服务注册申请后会马上进入系统数据库中，6 小时后生效。

4．在中国注册无线网址

无线网址是基于国家标准的无线网络地址资源。它为满足手机用户快捷访问无线因特网的需求，融合传统因特网的关键词寻址技术和移动通信技术而推出的一种无线因特网关键词寻址服务。手机用户可以通过短信或 WAP 方式发送信息请求，无线网址系统会迅速进行信息反馈，免除用户使用不同品牌、型号手机访问无线因特网的繁杂操作过程，指引用户迅速定位所需信息。

无线网址分为行业无线网址和普通无线网址。行业无线网址特指表示行业、产品、类别、地域等范畴形式的名称或通用词，包括但不限于汉字、阿拉伯数字和拉丁字符构成的，无法明确指向某特定网站名、企事业单位名或产品名的字符组合。普通无线网址又称企业（或个人）无线网址，行业无线网址之外的其他名称均称为普通无线网址。无线网址的基本形式是：中文或英文名称.wap.cn。

注册无线网址分为三个步骤：

（1）登录 www.knet.cn 网站，通过国家网络目录数据库（www.cnnic.cn）进行查询，注册还没有通过审核的词汇。

（2）查询无线网址认证注册服务机构，向注册服务机构提交真实注册信息，缴纳费用。

（3）注册成功，登录客户管理平台自主管理产品功能。

4.4.4 申请域名的注意事项

1．申请资格

除另有规定外，任何自然人或者能独立承担民事责任的组织均可在规定的顶级域名下申请注册域名。

申请在“.gov.cn”下注册三级域名时，申请者应为行政机关法人或者法律、行政法规规定的行使行政职能的事业单位。

在“.edu.cn”、“.mil.cn”、“.政务.cn”、“.公益.cn”下申请注册三级域名参照另行规定。

2．域名的命名规则

为了保持域名的清晰性和简洁性，申请域名的单位，如无特殊原因应采用本单位名称的中文（汉语拼音）全称、英文全称、中文（汉语拼音）缩写、英文缩写或本单位持有的注册商标。域名长度不超过 20 个字符，只能采用字母、数字和“-”的组合。另外，当单位名称的缩写与已注册域名、行业名称、地名、二级域名、专用术语等冲突时，也将无法受理。同时为单位选择域名时，也不能违反下列规定：

（1）未经国家有关部门的正式批准，不得使用含有“CHINA”、“CHINESE”、“NATIONAL”等字样的域名；

（2）不得使用公众知晓的其他国家或者地区名称、外国地名、国际组织名称；

（3）未经各级地方政府批准，不得使用县级以上（含县级）行政区划名称的全称或者缩写；

（4）不得使用行业名称或者商品的通用名称；

（5）不得使用他人已在中国注册过的企业名称或者商标名称；

（6）不得使用对国家、社会或者公共利益有损害的名称；

（7）中文域名的汉字长度限制在 20 个，首尾不能有非法字符，如–、+、@、&等；

（8）中文域名不能是纯英文或数字域名。

4.4.5 域名的转让与注销

（1）申请转让域名的，应当向域名注册服务机构提交合法有效的域名转让申请表、转让双方的身份证明材料。审核合格后应予以变更持有者。

（2）申请注销域名的，申请者应当向域名注册服务机构提交合法有效的域名注销申请表和身份证明材料。审核合格后应予以注销。

4.4.6 域名管理

为了促进中国互联网络的发展，规范中国互联网络域名系统的管理，保障中国互联网络域名系统安全运行，2004 年 11 月，原信息产业部发布了《中国互联网络域名管理办法》，这是在总结《中国互联网络域名注册暂行管理办法（1997 年 4 月）》的实施经验后，参照国际上互联网络域名管理准则而制定的中国互联网络域名体系管理的一个基本文件。该文件从域名管理、域名注册服务机构的管理、域名注册、域名争议等方面提出了管理办法。主要内容包括：

（1）信息产业部负责中国互联网络域名的管理工作。主要负责制定互联网络域名管理的规章及政策；制定顶级域名 cn 和中文域名体系；管理域名注册管理机构和域名根服务器运行机构；监督管理域名注册服务；负责与域名有关的国际协调。

（2）域名管理采用逐级管理方式。域名注册管理机构和各级域名持有者根据规定的要求，负责其下一级域名的注册管理及服务。

（3）域名注册服务遵循“先申请先注册”原则。

（4）域名注册申请者应当遵守国家有关互联网络的法律、行政法规和规章，遵守域名注册管理机构制定的域名注册相关规定，并提交真实、准确、完整的域名注册信息。

（5）域名争议由域名争议解决机构、仲裁机构、人民法院处理。

4.5 国际电子商务系统

4.5.1 国际电子商务与国际电子商务系统

国际电子商务的存在需要国际电子商务系统的支持，离开了国际电子商务系统，国际电子商务就失去了赖以存在的物质基础与活动环境。国际电子商务系统，从广义上讲，是指支持国际贸易活动的电子技术手段的集合；狭义上则是指在因特网和其他网络的基础上，以实现企业国际电子商务活动为目标，满足企业生产、销售、服务等生产和管理的需要，支持企业的对外贸易协作，为企业提供国际贸易智能的信息系统。

在实际生活中，许多人将国际电子商务系统等同于国际电子商务网站，实际上这是两个层次完全不同的概念。国际电子商务系统是基于因特网并支持企业价值链增值的信息系统，而国际电子商务网站仅仅是这一系统的一个部分。二者的另一个区别是目标不同。国际电子商务的目标是完成外贸交易，而国际电子商务系统的目标是提供外贸活动所需要的信息沟通与交流的软硬件环境及相关的信息流程，两者的区别如表 4-5 所示。

表 4-5 国际电子商务与国际电子商务系统的区别

	国际电子商务	国际电子商务系统
定义	以电子技术为手段的商务活动	商务活动所赖以存在的环境
目标	进行商务活动	信息沟通与交流
功能	及时、准确地提供商品（有形、无形）或商务服务	适时、适地提供恰当的信息（支持电子商务的运行）
内容	实体货物的生产、配销、运输、信息收集、处理、控制和传递活动	信息收集、处理、控制和传递活动

4.5.2 国际电子商务系统的特性

支撑国际电子商务的电子商务系统是一个大系统，涉及众多的层次和环节。从技术的角度讲，国际电子商务系统呈现出四个突出的特性。

1．现代电子商务系统是一种特殊的管理信息系统

国际电子商务系统是一个信息系统，与传统的管理信息系统相比，国际电子商务系统有着根本的不同。首先从信息处理的方式和目的来看，传统的管理信息系统重点在于“在正确的时间和正确的地点，向正确的人提供正确的信息”，主要目的是支持企业运作和管理决策；而国际电子商务系统的特性在于“在正确的时间和正确的地点，与从事国际贸易的人交换正确的国际贸易信息”，主要目的在于国际贸易信息的交换。从表面上看，后者的功能要简单一些，但实际上，在国际电子商务系统中，国际贸易信息交换之前要求即时产生正确的信息，有时还需要对信息实现语言的转换；在信息交换之后又要求按照语言要求及时准确处理信息。这种活动不仅需要传统的管理信息系统的支持，更需要实现多个系统的有效整合。表 4-6 列出了两者的区别。

表 4-6　传统的管理信息系统与国际电子商务系统的区别

	系统需求	信息特点	技术特点	系统特点
传统管理信息系统（MIS）	管理者的信息需求分析，组织内部个体功能	信息共享，纵向加工，量大、传递小	数据库、模型等局域网	专用、封闭
国际电子商务	业务流程分析，组织内外多方交互	信息交易，横向互动，量小、传递多	Web 技术等广域网、因特网	开放大系统，动态

2．国际电子商务系统与企业内部信息系统形成了一个整体

国际电子商务系统不仅需要企业开展商务活动的外部电子化环境（如因特网、Web 服务器、与其他商务中介的数据接口等），还需要企业内部商务活动的电子化环境，必须将二者结合起来才能最终满足企业开展国际贸易的实际需要。

在国际电子商务系统内，企业内部信息系统的服务对象发生了变化。企业内部信息系统通过联网的国际电子商务系统支持企业的整个生产及管理过程，进而促使企业内部生产过程的数据采集、客户信息反馈符合国际市场的要求，并在国际市场上提供售前售后支持。

3．国际电子商务系统与电子政务系统密切结合

以福建省对外贸易经济合作厅与中国国际电子商务中心联合建设的“福建省国际电子商务应用平台（http://fj.trade2cn.com）”为例，这是全国第一个区域性全流程电子贸易服务平台。该平台既充分发挥了政府部门的资源优势和在国际贸易中的特殊地位，又避免了在硬件、软件的重复性投入；不仅为企业提供信用、CA 安全认证、交易、电子支付、贸易金融、供应链管理、单证传输、政府业务等全流程国际电子商务服务，也是一个覆盖全省的企业和商品信息库，有助于推动企业特别是中小企业运用现代信息手段开拓国际市场，共享各类信息资源服务。

此外，该平台储存的数据由中央数据库统一管理与备份，实现了与商务部数据的交换与共享，而且利用了中国国际电子商务中心世界一流的网络运行环境、三地容灾备份系统、先进的硬件支撑服务和成熟运作经验，不仅减少了平台开发维护和信息来源的费用，而且

保障平台和信息数据安全可靠运行。

4．国际电子商务系统的逻辑结构呈现出清晰的层次结构

美国 Sun 公司首先提出了所谓“三层架构”的现代电子商务系统的概念，利用各种网络技术和中间件技术，将电子商务系统的体系结构分解成表达层（Presentation Layer）、应用（逻辑）处理层（Application Layer）和数据层（见图 4-16）。三层之间的界面比较清晰，即表达层以 Web 服务器为基础，负责信息的发布；应用层负责处理核心业务逻辑；数据层的基础是数据库管理系统，主要负责数据的组织，并向应用层提供接口。三层架构还可以被引申和扩展，使得其在结构和性能方面更趋合理。

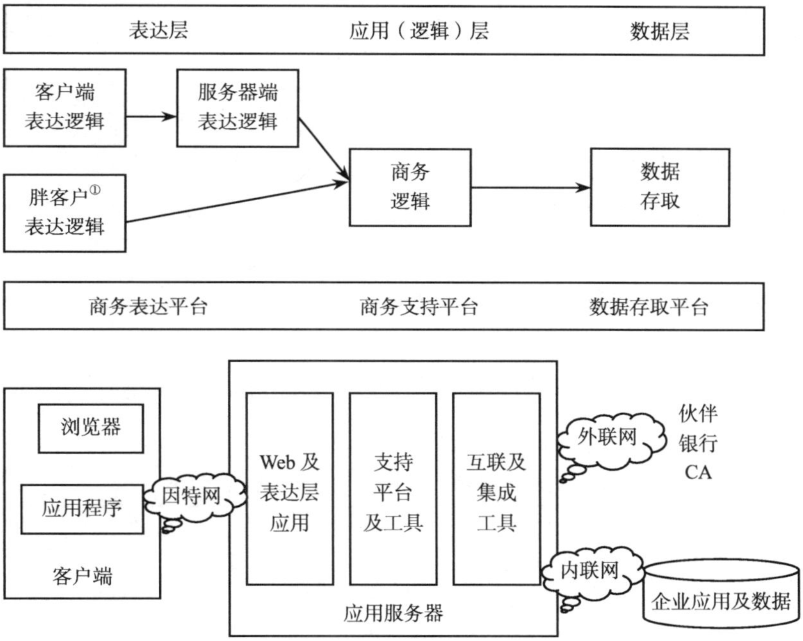

图 4-16 电子商务系统的逻辑结构

（1）表达层，是电子商务系统与用户进行交互的界面，主要为用户提供使用的接口，具体由客户端浏览器或专用的应用程序以及服务器端的相关软件实现。在物理上，它牵涉前台、后台、前后台之间的通信设备；在技术上，一般要求它能支持多种标准数据格式、多种主流的数据终端、用户的个性化要求等。

（2）应用（逻辑）层，描述商务处理过程和商务业务规则，是整个商务模型的核心。

① “胖客户”的概念出现在客户机/服务器结构中，显示逻辑和事务处理部分均被放在客户机端，数据处理逻辑和数据库放在服务器端，从而使客户机端变得很“胖”，成为“胖客户端”，而服务器端的任务相对较轻，成为“瘦服务器”。

该层所定义的功能是系统开发过程中需要实现的重点，也是系统建造过程中的重点和难点。企业的商务逻辑可以划分成两个层次：一个层次是企业的核心商务逻辑，需要通过开发相应的电子商务应用程序实现；另一个层次是支持核心商务逻辑的辅助部分，包括商务服务平台软件（如客户关系管理、供应链管理、市场、社区等）和支持平台软件（包含商务支持平台如内容管理、知识管理、搜索引擎、目录管理、支付接口等应用，以及基础支持平台如应用集成中间件、负荷均衡、集群结构、故障恢复、系统管理等应用组成）。

（3）数据层，为商务逻辑层提供数据支持。一般地，这一部分为商务逻辑层中的各个应用软件提供各种后端数据，这些后端数据具有多种格式、多种来源。例如，企业内部数据库、企业 ERP 系统的数据、EDI 系统的数据、企业外部的合作伙伴与商务中介的数据。因此在技术上，要求能将这些不同的数据来源、不同的数据格式、不同的数据交换方式集成到整个系统中。

在国际电子商务系统中，支持上面的技术平台主要有两种：基于 Microsoft 的.NET 架构和 Sun 公司的 J2EE 架构。

4.5.3 国际电子商务系统的功能

国际电子商务系统作为一个完整的大系统，不但具有相应的商务应用功能，而且具有安全、支付及目录服务等功能。考虑到与其他系统的互联，特别是与异种（网络、操作系统、数据库、应用系统）平台系统的互联，以及为了降低系统的复杂性，系统使用了一些标准的协议和中间件等技术对功能进行了分层。典型的现代电子商务系统的功能结构如表 4-7 所示。

表 4-7 典型的现代电子商务系统的功能结构

功能结构	作　用
社会环境	法律、税收、政策、人才等
计算机硬件和网络基础设施	计算机主机、外部设备，电信网络、无线网络、行业性数据通信网络
系统平台	操作系统、网络通信协议
数据库平台和 Web 信息平台	提供系统信息资源的管理
基础支持平台	应用开发环境与开发工具：VB、C++、Java、JSP、Servelet 等；高性能与高可靠性环境：负载均衡与错误恢复等；系统管理：主机管理、网络管理、安全管理；对象组件集成运行环境：JDBC、ODBC、EJB、XML 等
商务服务平台	CRM、SCM、市场、社区等
商务支持平台	内容管理、目录管理、搜索引擎、支付网关接口等
电子商务应用	企业宣传、网上销售、网络银行等

（1）社会环境。电子商务系统同其他系统一样，需要特定的法律环境，但它对法律、国家政策等的依赖性更大。电子商务的社会环境主要包括法律、税收、隐私、国家政策及人才等方面，它规范和约束电子商务系统的生存环境和发展模式，同时也鼓励甚至引导电子商务系统的建设。

（2）计算机硬件和网络基础设施。它是电子商务系统的底层基础。电子商务系统的硬件环境主要由计算机主机和外部设备构成，网络基础设施可以利用电信网络，也可以利用无线网络和原有的行业性数据通信网络，如铁路、石油、有线广播电视网等。由于电子商务活动的广泛社会性，电子商务系统中的应用系统大体都构造在公共数据通信网络基础上。

（3）系统平台。它包括操作系统和网络通信协议软件，是系统运行和网络通信的基本保障。

（4）数据库平台和 Web 信息平台。它主要提供系统信息资源的管理。在传统的信息系统中，主要由数据库管理系统承担，但在电子商务系统中，存在着大量非结构化数据，包括各种文档和各类多媒体信息，它们以超链接文件形式存储于系统之中。

（5）基础支持平台。它为电子商务系统的开发、维护、运行提供基础性的平台支持，它们往往和操作系统集成在一起，同时，众多的 IT 厂家也提供了大量的基础支持平台工具。在电子商务系统的开发工具中，Java 语言及其相关产品和标准逐渐形成主流。此外，为提高软件的可重用性，组件（Components）技术发展很快，同时支持应用协同工作的一些标准也逐渐被推广。安全管理功能由相应的软件通过一系列的技术和协议来提供，用来保证电子商务的安全。

（6）商务服务平台。它为电子商务系统提供特定的高级服务功能。

（7）商务支持平台。它为电子商务系统中的公共功能提供软件平台支持和技术标准。

（8）电子商务应用。它是利用电子手段开展商务活动的核心，也是电子商务系统的核心组成部分，是通过编写应用程序实现的。

以上是一个抽象的国际电子商务系统的纵向功能结构，并不表示系统中的每个计算机系统都具有以上完整的功能结构。由于各个计算机在系统中担任的角色不同，用户不同，功能也就不同，配置与系统层次也不同。以客户机为例，其功能层次结构就要简单得多。比如，许多客户机不具有数据管理能力，即使有也是非常少的一些数据库访问的链接库。

复习题

1．简述因特网的概念与特点。

2．试述常用的因特网服务。

3．名词解释：TCP/IP、互联与互连、IPv4、IPv6。

4．试述域名的商业价值与申请策略。
5．域名管理应注意什么问题?
6．简述国际电子商务与国际电子商务系统的区别。
7．试论述国际电子商务系统的功能。

参考文献

[1] 信息产业部．中国互联网络域名管理办法，2004-12-20．
[2] 陆璇，龚向阳，程时端．新一代互联网体系结构(1) [EB/OL]. (2009-07-24)[2012-08-20]．http://www.zte.com.cn/cndata/magazine/zte_communications/2009/4/articles/200907/t20090724_174024.htm.
[3] 郭卫泳，李敏，刘美琪．计算机网络技术与局域网组建简明教程[M]．北京：清华大学出版社，2009.
[4] SUSE. Products & Servicesv[EB/OL]. (2012-07-27)[2012-08-20]. http://www.suse.com/products/desktop/.
[5] 高新民．Web 3.0 是未来互联网的代名词[EB/OL]. (2011-01-07)[2012-08-20]．http://tech.ifeng.com/internet/detail_2011_01/07/4082063_0.shtml.
[6] Allied Telesis. IPv6 技术白皮书 [R/OL]. (2007-12-20)[2012-08-20]. http://www.alliedtelesis.com.cn/admin/UpImages/2006113114639750.pdf.
[7] 马莉，李学桥．计算机网络技术：集成与应用[M]. 北京：北京航空航天大学出版社，2001.
[8] 时信华．网络与现代通信技术[M]. 北京：人民邮电出版社，2002.
[9] 陕华．计算机网络技术实用教程[M]. 北京：清华大学出版社，2012.
[10] 网络大典．即时通讯技术概述[EB/OL]．[2008-09-16]．http://www. networkdictionary.com/chinese/networking/im.php.

第5章 国际电子商务市场调研与信息检索

05

市场调研在国际贸易中起着很重要的作用。它向厂商提供了关于市场的有效性数据，为厂商预测未来市场容量，安排生产计划提供决策支持。因特网的普及、大型数据库和第三方交易平台的建立，克服了国际贸易市场调研的地域障碍，使厂商更容易与客户交流并获取信息。本章从国际电子商务的角度出发，阐述了国际电子商务市场调研的特点、效用、基本策略与方法，重点介绍了国际电子商务中的直接调研法与间接调研法。

5.1 国际市场调研的内容

从国际贸易商品进出口角度看，国际市场调研主要包括国际市场环境调研、国际市场商品情况调研、国际市场营销情况调研、国外客户情况调研等。

5.1.1 国际市场环境调研

企业开展国际商务进行商品进出口，如同军队作战首先需分析地形、了解作战环境一样，需先了解商务市场环境，做到知彼知己，百战不殆。企业对国际市场环境调研的主要内容为：

（1）国外经济环境，包括一国的经济结构、经济发展水平、经济发展前景、就业、收入分配等。

（2）国外政治和法律环境，包括政府结构的重要经济政策，政府对贸易实行的鼓励、限制措施，特别是有关外贸方面的法律法规，如关税、配额、国内税收、外汇限制、卫生检疫、安全条例等。

（3）国外文化环境，包括使用的语言、教育水平、宗教、风俗习惯、价值观念等。

（4）其他，包括国外人口、交通、地理等情况。

5.1.2 国际市场商品情况调研

企业要把产品打入国际市场或从市场进口产品，除需了解国外市场环境外，还需了解国外商品市场情况，主要有：

（1）国外市场商品的供给情况，包括商品供应的渠道、来源，国外生产厂家、生产能力、数量及库存情况等。

（2）国外市场商品需求情况，包括国外市场对商品需求的品种、数量、质量要求等。

（3）国际市场商品价格情况，包括国际市场商品的价格、价格与供求变动的关系等。

5.1.3 国际市场营销情况调研

国际市场营销情况调研是对国际市场营销组合情况的调研，除上述已经提到的商品及价格外，一般还应包括：

（1）商品销售渠道，包括销售网络设立、批零商的经营能力和经营利润、消费者对他们的印象、售后服务等。

（2）广告宣传，包括消费者购买动机、广告内容、广告时间、方式、效果等。

（3）竞争分析，包括竞争者产品质量、价格、政策、广告、分配路线、占有率等。

5.1.4 国外客户情况调研

每个商品都有自己的销售（进货）渠道。销售（进货）渠道是由不同客户所组成的。企业进出口商品必须选择合适的销售（进货）渠道与客户，做好国外客户的调查研究。一般来说，商务企业对国外客户的调查研究主要包括以下内容：

（1）客户政治情况，主要了解客户的政治背景、与政界的关系、公司企业负责人参加的党派及对我国的政治态度。

（2）客户资信情况，包括客户拥有的资本和信誉两个方面。资本指企业的注册资本、实有资本、公积金、其他财产以及资产负债等情况，信誉指企业的经营作风。

（3）客户经营业务范围，主要指客户的公司经营的商品及其品种。

（4）客户公司业务，指客户的公司是中间商还是使用户或专营商或兼营商等。

（5）客户经营能力，指客户业务活动能力、资金融通能力、贸易关系、经营方式和销售渠道等。

5.2 国际电子商务的市场调研

5.2.1 国际电子商务市场调研的特点

（1）及时性。近年来国内外网络基础设施状况得到较大的改善，运用因特网可以将信息传递给世界各地上网的用户。网上投票信息经过统计分析软件初步处理后，可以马上看到阶段性的调查结果。而传统的营销调研得出结论需经过很长的一段时间。

（2）开放性。国际电子商务市场调研是开放的，任何网民都可以参加投票和查看结果。在保证网络信息的及时性的同时，也有助于调研人员能及时采集到大量所需的市场信息，为营销方案和策略的制定及时提供所需的信息。

（3）便捷性和低成本性。利用网络进行国际市场调研时，调查者在企业站点上发出电子调研问卷，可以 24 小时接受调研填表。调研资料存放在计算机的数据库中并由统计分析软件对信息进行整理和分析，无须花费大量人力进行整理。

（4）交互性和充分性。网络的最大好处是交互性。在网上调研时，被访问者可以及时就问卷相关的问题提出自己的看法和建议，可减少因问卷设计不合理而导致的调查结论出现偏差等问题；同时被访问者可以自由地在网上发表自己的看法，没有时间的限制。而传统的市场调研是不可能做到这些的。例如，面谈法中的路上拦截调查，它的调查时间较短，不能超过 10 分钟，否则被调查者会不耐烦。网上调研可以获得与被访问者的状况更加相关的个性化的信息。

（5）可靠性和客观性。由于企业站点的访问者一般都对企业产品有一定的兴趣，调研问卷的填写是自愿的，不是传统调研中的“强迫式”，填写者一般对调研内容有一定的兴趣，回答问题相对认真，所以问卷填写可靠性高；同时，被访问者是在完全独立思考的环境中接受调研的，不受传统市场调研中人为因素的干扰，能最大限度地保证调研结果的客观性。所以这种基于现有客户和潜在客户的调研结果能在很大程度上反映消费者的消费心态和市场的发展趋势，调研的结果比较客观，具有很大的真实性。

（6）可检验性和可控制性。利用因特网进行网上调研收集信息，可以有效地对采集信息的质量实施系统的检验和控制。国际电子商务市场调研的问卷可以附加全面规范的指标解释，有利于消除因对指标理解不清或调查员解释口径不一而造成的调查偏差。问卷的复核检验由计算机依据设定的检验条件和控制措施自动实施，可以有效地保证对调查问卷的 100%的复核检验，保证检验与控制的客观公正性。同时通过对被调查者的身份验证技术还可以有效地防止信息采集过程中的舞弊行为。

5.2.2　国际电子商务市场的效用

对市场调研人员来说，提高工作速度、降低成本都是十分重要，但网络工具和技术的优势需要通过效用来体现。表 5-1 反映了这方面的数据。

表 5-1　网络调研的效率

项　　目	效用的改善
提高一线的营销调研速度	54%
减少调研成本	49%
提高调研效率	43%
方便将调研结果直接发送至客户的计算机	42%
提高实时分析和报告的能力	37%
方便安排多种模式调研	32%
对多种资料收集渠道得来的数据进行整合	30%

续表

项　　目	效用的改善
提高调研的分析能力，增加调研结果的价值	27%
方便数据挖掘	15%

5.2.3　国际电子商务市场调研的基本策略

国际电子商务市场调研的目的是收集网上采购者、购物者和潜在顾客的信息，加强与消费者的沟通，改进营销方式，并更好地服务于客户。因而只有让更多的客户访问企业的站点，接受企业的调研询问，才能使调研人员了解和掌握更多更翔实的信息。但网络市场调研中最复杂的一个问题就是调查人员从来都不会确切知晓谁是本公司站点的访问者。调研人员必须采取适当的策略来识别访问者。因为在因特网上要求访问者回答有关问题不是一件容易的事，特别是当他们花时间和金钱在与市场调研无关站点上冲浪的时候更是如此。访问者肯定不会填写一份问及他们喜欢什么或不喜欢什么的调查问卷。

国际电子商务市场调研时应注意以下问题：

（1）调整调研问卷内容组合以吸引访问者。网络市场调研的最大优势是可以方便地随时调整、修改调研问卷上的内容，可以实现不同调研内容的组合，比如产品的性能、款式、价格以及网络订购的程序、如何付款、如何配送产品等。时期不同，产品不同，访问者对其的兴趣也不同。调研人员应通过不同的因素组合的测试，分析判断何种因素组合对访问者是最重要、最关键、最关心和最敏感的，进而调整调查问卷的内容，使调研主页对访问者更具吸引力。同时，调研的主题要明确、简洁，方便调查者正确理解和回答，同时，调查问卷也应该方便调研人员和数据统计人员的工作，便于调查结果的处理。

（2）采取适当的激励措施以吸引访问者。采取适当的激励措施是必不可少的。有些用户参与调查的目的可能只是为了获取奖品，在网站上同一个用户多次填写调查表的现象常有发生，即使在技术上给予一定的限制条件，也很难杜绝。因此考虑吸引更多网民的同时，也要尽量减少不真实问卷发生的可能性。必要时同访问量大的网站合作以增加参与者。

（3）有针对性地跟踪目标顾客。调研人员在因特网上或通过其他途径获得了顾客或潜在顾客的电子邮件地址，可直接使用电子邮件向他们发出有关产品和服务的询问，请求他们反馈回复。也可以在电子调查表中设置让顾客自由发表意见和建议的板块，请他们发表对企业、产品、服务等各方面的见解和期望。通过这些信息，调研人员可以把握产品的市场潮流以及消费者的消费心理、消费爱好、消费倾向的变化，根据这些变化来调整企业的产品结构和市场营销策略。

（4）用多种调研方式相结合进行市场调研。由于中国的网络环境以及网络市场调研还有许多不完善的地方，在执行调研时，可以运用网络市场调研与传统市场调研相结合的方法；使用一手数据调研与二手数据调研相结合的方法。通过不同调研取得的数据的对比，对数据进行必要的修正和调整，以获得有价值的市场数据。

5.2.4　国际电子商务市场调研的主要方法

国际电子商务市场调研的方法从总体上可分为两大类：直接调研法和间接调研法。

直接调研法指的是网上一手数据的收集。一手数据也称为原始数据，它是第一次收集的信息。通过收集一手数据可以用来解决特定问题。一手数据的检索方法可分为电子邮件问卷法，在线焦点小组访谈法，以及在网站上设置调研专项的方法。

间接调研法指的是网上二手数据的收集和整理。所谓二手数据，是指以前为其他目的而收集的数据。有些二手数据是从公司内部获得的，比如公司年报，股东大会报告，供新闻媒体使用的产品测试结果，公司为了同员工、顾客以及其他人员沟通而编制的公司期刊等资料。这些信息往往已编入了公司的内部数据库。二手数据还有许多的外部渠道，主要形式是政府部门和机构汇编和出版的经济数据汇总；一些贸易团体、行业联合会也会提供经济数据。但是，大多数数据都来源于定期发布关于经济行情、专门行业甚至个别公司情况研究文章的期刊和新闻媒体。还有一些未公开发布的二手信息，如内部报告、备忘录或者专门分析，这些资料只在有限的范围流通。

二手数据的检索方法主要有三种：利用搜索引擎；访问专业信息网站；用相关的网上数据库查找资料。

5.3　国际电子商务市场的直接调研法

5.3.1　直接调研法的主要形式

（1）电子邮件问卷。电子邮件问卷调研法是以较为完整的电子邮件地址清单作为样本框，随机抽样，直接发送到被访问者的电子邮箱中，待被访问者回答完毕后在规定的时间内将问卷回复给调研机构。这种调查方式较具定量价值。在样本框较为全面的情况下，可以将调查结果用以推论研究总体，一般用于对特定群体网络用户的多方面的行为模式、消费规模、网络广告效果、网上消费者消费心理特征的研究。这种调研方法中要求建立被调查者的电子邮件地址信息库。

（2）在线焦点小组访谈。在线焦点小组访谈调研法是直接在上网人士中征集与会者，并在约定时间利用网上会议系统举行网上座谈会。该方法适合于需要进行深度或探索性研究的主题，通过座谈获得目标群体描述某类问题的通常语言、思维模式以及理解目标问题的心理脉络。该方法属定性调查方法，也可与定量电子邮件调查配合使用。

（3）在网站上设置调研专项。在那些访问率高的网站或自己的网站上设置调研专项网页，访问者按其个人兴趣，选择是否访问有关主题，并以在线方式直接在调研问卷上进行填写和选择，完成后提交调研表，调研即可完成。此方式所获得的调研对象属于该网页受众中的特殊兴趣群体，它可以反映调研对象对所调研问题的态度，但不能就此推论一般网络用户的态度。调研专项所在网页的访问率越高，调研结果反映更大范围的上网人士意见的可能性也越大。

在实施网上调研时，应充分利用多媒体技术，在调研问卷上附加多种形式的背景资料，可以是文字、图片、视频或音频资料。例如，对每个调研指标附加规范的指标解释，便于调研对象正确理解调研指标的含义和口径，这对于市场调研是一项十分重要的功能。

5.3.2 网上调查问卷的设计

1．网上调查问卷的形式

网上问卷调查的形式有以下三种：

（1）简单方式。网上调查问卷应该简单明了，因此，一般情况下网站在对热点新闻和突发事件进行调研时通常会采用简单方式。

（2）组合方式。由于简单方式过于简单，不能充分反映网友对一个问题多方面的态度和判断，因此可以运用组合方式来进行调查问卷的设计。组合方式是将调查主题分为若干方面，使被调查者可以从多个方面进行回答，从而使调查能够做到更全面、更深入。

（3）完整问卷方式。这种方式在网页上呈现的是一份完整问卷的形式。经常包含单选、多选以及自由回答项等内容，要求被调查者填写较多的相关信息。

图 5-1 是飞利浦小家电的一份网上调查问卷。

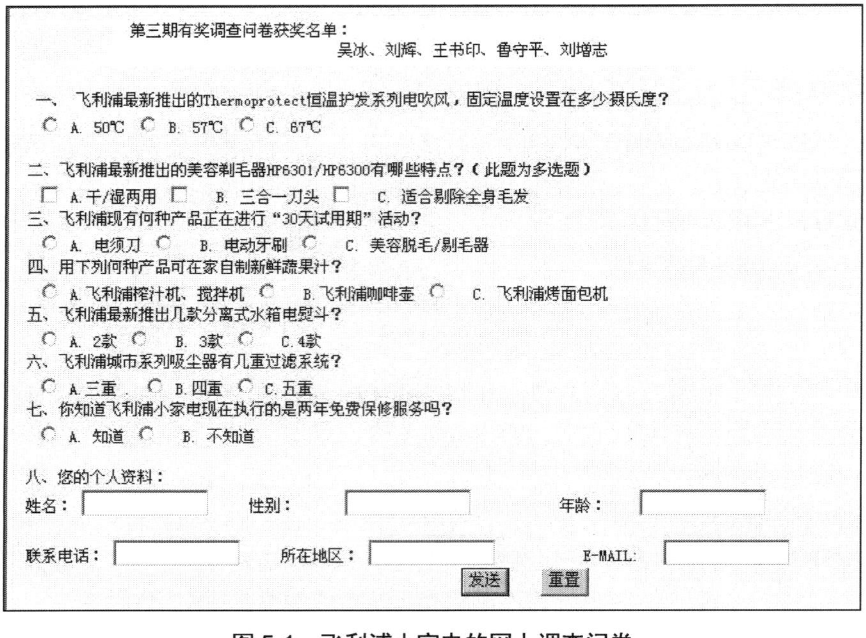
第三期有奖调查问卷获奖名单：
吴冰、刘辉、王书印、鲁守平、刘增志

一、飞利浦最新推出的Thermoprotect恒温护发系列电吹风，固定温度设置在多少摄氏度？
A. 50℃ B. 57℃ C. 67℃

二、飞利浦最新推出的美容剃毛器HP6301/HP6300有哪些特点？（此题为多选题）
A.干/湿两用 B. 三合一刀头 C. 适合剔除全身毛发

三、飞利浦现有何种产品正在进行“30天试用期”活动？
A. 电须刀 B. 电动牙刷 C. 美容脱毛/剔毛器

四、用下列何种产品可在家自制新鲜蔬果汁？
A.飞利浦榨汁机、搅拌机 B.飞利浦咖啡壶 C. 飞利浦烤面包机

五、飞利浦最新推出几款分离式水箱电熨斗？
A. 2款 B. 3款 C.4款

六、飞利浦城市系列吸尘器有几重过滤系统？
A.三重 B.四重 C.五重

七、你知道飞利浦小家电现在执行的是两年免费保修服务吗？
A. 知道 B. 不知道

八、您的个人资料：
姓名： 性别： 年龄：
联系电话： 所在地区： E-MAIL:
发送 重置

图 5-1 飞利浦小家电的网上调查问卷

2．设计网上调查问卷应注意的问题

设计网上调研问卷时应该注意以下几点：

（1）要明确调查目的和内容，这是问卷设计的前提和基础。调查的目的是什么？在进行问卷设计的时候必须清楚。对调查问题的说明应尽可能清晰，让被调查者正确理解问题的含义。

（2）调查问卷上的问题应该简明扼要，问题的数量应该合理化、逻辑化，规范化，而且合理地排列问卷问题次序。为了使被调查者能够更容易地回答问题，可以对相关类别的题目进行分类，使被调查者一目了然，在填写的时候自然就会比较愉快地进行配合。另外，主观性的题目应该尽量避免，或者换成客观题目的形式，如果确实有必要的话，应该放在最后面。这样可以促使被调查者愿意回答你的问题，提高问卷回收率和信息的质量。

（3）问卷设计的语言措辞选择得当。调查问卷要避免使用导向性的语句。例如，“××牌的电视机价格适中，质量一流，您会选购它吗？”这样的问题将容易使被调查人简单地得出结论，结果可信度低。不要用词生僻或过于专业，方便被调查者精确地作答。避免在调查内容上有使被调查人难以回答的问题，同时，不要把两种及以上的问题放在一个问题中。例如，“你对该产品的价格和服务满意吗？”这样的问题将使被调查者很难回答。

（4）调查问卷中不要过多收集被调查者的个人信息以及没有实际价值的数据。在调查问卷中过多地要求被调查者填写自己的个人信息，会遭到拒绝，或者填写虚假信息，这样就可能使问卷的回收率降低，影响在线调查的效率，并且可能影响调查结果的可信度。同时如果调查数据并没有实际价值，也会造成调研资源的浪费，影响调研报告的质量。如有涉及个人资料，应该有隐私保护说明。为调动被调查者完成问卷，也可提供一定的激励措施。

（5）在问卷设计的时候，就应该考虑数据统计和分析是否易于操作，同时调查表设计不要遗漏重要的选项。例如在一些调查选项中，经常会设置一个“其他”选项，但如果最终的调查结果中选择“其他”的比例较高，那么就说明对于这个问题的选项设置不尽合理，甚至有可能遗漏了一些重要问题。同时在设计问卷时就要充分考虑后续的数据统计和分析工作，比如调研结果是否容易录入，是否可以进行具体的数据分析，如果是主观性的题目，在进行文本规范的时候也要具有很强的总结性。

只有设计正确合理的网络市场调研表，才能得到你所需的有价值的可靠的一手数据。问卷设计需要按照一定的程序进行，通常是准备阶段、初步设计阶段、试答和修改阶段，最后才可以发布问卷。

5.3.3 网络市场调研的样本选择

网络市场调研的样本可以被分成三类：无限制样本、筛选样本和被征集样本。

1．无限制样本

任何人只要愿意都可以填写调研问卷。它是完全的自我选择，除了代表网页浏览者外不代表任何群体。麻烦的是同一个网络用户可以多次回复问卷。例如，计算机用户杂志《信息世界》(*InfoWorld*)准备进行一次“读者选择”调研。由于重复投票导致了结果严重偏差，调研只好被放弃，编辑不得不要求读者们帮忙避免类似的事情再次发生。一个简单的办法是锁定那些已经填写过问卷的用户，避免他们再次投票。

2. 筛选样本

根据预期的样本特征对样本进行一些限制，从而调整那些不能代表总体特征的自愿回答者。这些限制通常是人口特征（如性别、收入）、地理位置或者产品的相关信息（如过去的购买行为、工作责任和当前的产品用途等）。使用被筛选网络样本与无限制网络样本大致相似。

筛选样本的问卷使用分支或跳过的形式进行提问，决定是否让回答者回答全部问卷。有些网络市场调研系统可以根据筛选提问很快对市场进行细分，将调查者归类到某一市场中，然后根据不同的市场选择相关的问题让被调查者回答。

一些网络市场调研者组成一个虚拟的“小组讨论会议室”，参加者要先填写一份分类问卷调查表。用这些信息将被调研者分成几个按人口特征组成的部分。由客户指定所需要的某一组人群，那些适合预期的人口特征的回答者可以去填写所有指定这一调研群体的客户的调研问卷。

3. 被征集样本

适用于对样本结构需要有更多控制的调研对象。调研者通过电话、信函、电子邮件征集或者亲自征集回答者。在资格被认可之后，他们通过电子邮件获得调研问卷，或者直接被引导到一个链接调研问卷的网站上。在网站上，通常用密码来控制问卷到达被征集成员手中。由于样本结构是预知的，为了提高回收率，可以监督问卷的完成情况，如果有人没有完成问卷，可以发送后续信息。

被征集样本在已经有样本数据库的情况下使用是非常理想的。例如，为了研究购买者满意程度，从客户数据库中征集回答者就是一个很好的应用。

什么是最合适的样本？在审视或决定项目目标时，调研人员必须判断哪些人最适合参加调研。在确定参加者以后，调研人员就可以决定怎样才能最好地收集数据。在确定“谁”的问题时，应考虑以下几个方面。

（1）目标市场：是在全球范围，还是在一个区域、一个国家、一个城市，或是按照邮政编码开展调查。

（2）被调查者的状况：是按人口特征，还是按照生活方式、消费心理或技术能力开展调查。

（3）样本大小：完成访问的数量。

（4）发生率：估计符合完整问卷标准的问卷数量。

（5）整体和部分出现误差的范围：应该考虑性别、年龄等。

（6）权数。

（7）联系方式，人员招募方式以及招募的程序。

5.3.4　国内外可以提供调研服务的网站

国内一些网站上提供市场信息的调研服务。例如，中国调查网（见图 5-2）提供市场调查、企业调查、传媒调查和舆论调查；中国市场调查网（见图 5-3）调查业务主要涉及机械、能源、化工、金融、消费品、IT 产品等 100 多个行业。

图 5-2　中国调查网网站主页（http://www.comrc.com.cn）

图 5-3　中国市场调查网网站主页（http://www.cnscdc.com）

艾瑞公司的中国网络用户在线调研主要从事网络用户调研。图 5-4 是该网站在线调研样本介绍和样本收集方法。

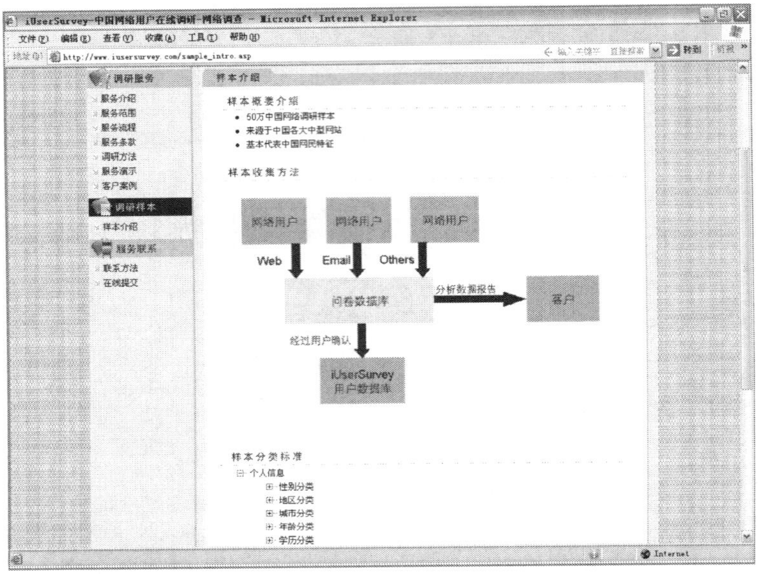

图 5-4　艾瑞在线调研样本收集方法（http://www.iusersurvey.com）

在国际上，比较著名的调研网站是国际营销和市场研究协会的网站，它提供了世界各国的主要市场调研协会的联系方式。图 5-5 是该协会有关情况和数据库的介绍。

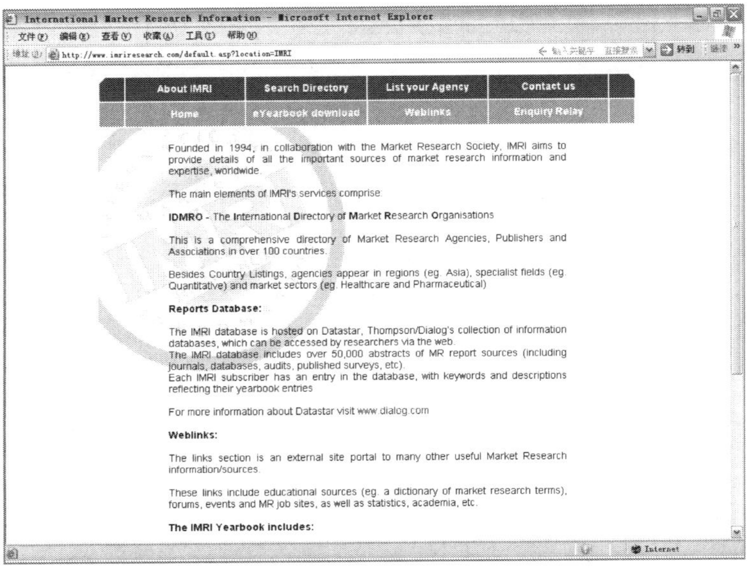

图 5-5　国际营销和市场研究协会有关情况和数据库的介绍（http://www.imriresearch.com）

5.4 国际电子商务市场的间接调研法

网上间接调研也就是网上二手数据的检索。这是一种有目的、有步骤地从各个网络站点查找和获取信息的行为。一个完整的国际电子商务市场信息收集系统包括先进的网络检索设备、科学的信息收集方法和业务精通的网络信息检索员。

5.4.1 国际电子商务信息检索的基本步骤

1. 明确检索目标

要完成一个有效检索，首先应当明确检索的目标。检索目标是指要检索的主要内容以及对检索深度和广度的要求。

安徽特酒集团是我国特级酒精行业的龙头企业，伏特加酒是其主打产品。1998 年该集团试图通过因特网进行伏特加酒类市场信息的检索，开辟欧美市场。为此，集团确定了信息收集的三个目标：

（1）价格信息，如生产商报价、批发商报价、零售商报价、进口商报价。

（2）关税、贸易政策及国际贸易数据，如关税，进口配额、许可证等相关政策，进出口贸易数据，市场容量数据。

（3）贸易对象，即潜在客户的详细信息，如贸易对象的历史、规模、实力、经营范围和品种、联系方法等。

检索的深度与需求的针对性有关。如果需求的针对性较强（如伏特加酒），且涉及大量的特定领域和专业词汇，就要进行较为深入的检索。检索的广度是指信息所涉及的方面和领域。对市场一般供需状况信息的检索，在深度上不必要求太高，但是在信息的广度上应该有比较高的要求。

2. 选择查询策略

不同目的的查询应使用不同的查询策略，这主要取决于是想得到一个问题的多方面信息还是简单的答案。搜索引擎的统计表明，很多用户只输入一个词来进行查询，这会带来很多不需要的匹配。要进行有效的搜索，最好输入与主题相关的、尽可能精确的词或词组。提供的词组越精确，检索结果就越好。同时，应通过不同词组的检索，逐渐缩小搜索范围。许多搜索网点只允许在页面中搜索，或只在新闻组中搜索，或只在某个特定地理区域搜索。而不同的搜索引擎有其各自的特点，因此，在使用搜索引擎时，掌握常用搜索引擎的特性，充分利用它们各自的优点，往往可以得到最佳及最快捷的查询结果。

检索概念较泛，尚未形成一明确的检索概念时，或仅需对某一专题做泛泛浏览时，可先用主题指南的合适类目进行逐级浏览，直到发现相关的网址和关键词，再进行扩检。

当用户已知检索词，但对独立搜索引擎不熟悉或想节省在多个独立搜索引擎之间的转换时间，可选用元搜索引擎做试探性的起始检索，了解网上是否有相关信息以及在哪里可找到这些信息，然后再利用独立搜索引擎进行更全面、更深入的检索。多数情况下，要想得到相对全面的检索结果，最好熟练掌握一两个主要的独立搜索引擎，充分运用其检索功能，以提高检索质量。

3．分步细化逐步接近查询结果

如果想查找某一类信息但又找不到合适的关键词时，可以使用分类式搜索逐步深化，这样也可以得到较为满意的结果。雅虎中国的主页上已经将所有的信息分为休闲与运动、社会与文化、新闻与媒体、计算机与互联网等 14 类，再根据各个大类分为各个小类，如在“电脑与互联网”中又细分为“互联网、聊天室、软件”。如果细心一点的话，不难发现各个类别中所显示的小类别并不完整。这是由于目前网络上的类别实在是非常多样化，要在一个屏幕里面将所有的类别一次列在读者面前确实有相当大的困难。但这并不要紧，只要在“电脑与互联网”下单击进入该类别，系统就会很快地将所有的细分内容呈现出来。比如，我们想通过这种方法找到“电脑报”的网址，就可以首先进入雅虎的“电脑与互联网”，在出来的页面上会提示“电脑与互联网”一类中含有“安全与加密”、“新闻与媒体”、“电子通信”、“多媒体”等一系列信息。我们单击“新闻与媒体”查询后结果仅有“报纸”和“杂志”两项，我们再单击“报纸”，“电脑报”就找到了。网络上常见的搜索引擎大多提供这两种方法。

5.4.2　价格信息的收集

价格信息的收集是至关重要的，是制定价格策略和营销策略的关键。以安特酒为例，通过对价格信息的分析，可以确定世界上各种伏特加酒的质量与价格之间的比例关系；可以摸清世界各国伏特加酒的总体消费水平；可以确定国际伏特加的贸易价格，其中最主要的作用还是为安特牌伏特加的出口定位。

对价格信息的收集可以从生产商的报价和销售商的报价两方面入手。

1．生产商的报价

仍以安特酒为例。由于安特集团是生产企业，因此来自其他生产企业的价格其可比性很强，参考价值很高。特别是世界知名的伏特加生产企业的报价，更具有参考价值。这是因为世界著名的伏特加酒在国际贸易中占的比例很大，其价格能左右世界市场的价格走向。

生产商的报价从以下几个方面入手：

（1）搜索厂方站点。这种方法的关键是如何查找到生产商的因特网站点，找到了厂商的站点也就找到了报价。有的站点还提供最新的集装箱海运的运价信息，也有很高的参考价值。

搜寻厂商站点，常用的方法是利用搜索引擎，即利用关键字进行数据检索。一般来说，商业性的检索都需要利用该搜索引擎的高级功能。在检索之前应仔细阅读其关于检索的说明，真正掌握其检索的规律。另外，任何一个搜索引擎都有其局限性，应该把多个搜索引擎结合起来使用，才能达到事半功倍的效果。目前，常用的搜索引擎有 Yahoo、Infoseek、HotBot、Lycos、Altavisa、Webcrawler 等。

使用搜索引擎的技巧有很多，这里介绍其中的关键环节。在布尔逻辑检索中充分利用词语中的同义词组。例如，要寻找 Vodka（伏特加）生产商的网址，就要在每个搜索引擎中都使用 Vodka（or Spirits or Wine or Liquor or Alcohol）+（or Producer or Make or Manufacture）之类的词组进行重复检索。

对于检索出来的结果，不同的搜索引擎数量差别很大，有的可能有近百个结果，而有的可能有几千上万个结果，不可能一一查看。对此一般采用两种办法来解决：首先，查看几个具体的网址，然后根据这几个网址反映出来的对于某些词的敏感程度，去修改检索时使用的同义词组，来缩小检索结果；其次，对于网址数较少，而且准确度较高的结果，一般采用快速浏览的办法，先记录下来，然后在中断网络以后，再仔细根据每一条检索结果下面的说明，来选择需要查看的对象。

对于日常使用的多个搜索引擎，要分清主次，再加以利用。每个搜索引擎都宣称其收入的网址多达几千万个，但它们的侧重点不同，同一个问题可能在不同的搜索引擎上得到差别较大的结果。这就需要在工作中认真加以总结，根据工作的需要，确定常用的几个搜索引擎。安特集团在日常工作中发现 Infoseek 和 HotBot 比较符合集团的要求。

（2）利用生产商协会的站点。这类站点也可通过搜索引擎查询到。通常，生产商协会的网站上都列出了该生产商协会所有会员单位的名称及联系办法，但是一般都没有列出这些会员单位自己的网站。主要原因是这类协会的网站建立时，绝大部分的协会会员还没有建立网站。此时，向这些机构发出请求帮助的电子邮件，一般都会得到满意的结果。

查出生产商的网站之后，一般都会发现具体的产品报价。如果厂方站点中没有标明价格，可以查出其负责销售或者提供信息的部门的 E-mail 地址，如 Sales@xxx.com 或 Info@xxx.com（一般都出现在比较突出的位置），然后以进口商的名义，向其发电子邮件进行查询。

在全美蒸馏酒生产商联合会的网站中（伏特加酒属于蒸馏酒的范围），不但发现了美国政府对于这类酒生产商的有关政策、法规，而且全面掌握了其会员生产商的信息，大多数会员已经建立网站，没有建立网站的也有简单的介绍及电话、传真或 E-mail，可以说是一“网”打尽。

需要特别注意的是，国外的商家，特别是生产企业都非常精明，寻价信件必须能够使其相信你是一个“真正”的进口商，否则它们是不回信的或者回信是不真实的。最好的办法是建立起一个进口商的主页，在此基础上，还可以要求对方提供更详细的资料，甚至样品（这也是非常重要的），然后进行“真正”的商务谈判，以摸清对方的实际价格及底细。

（3）利用讨论组。讨论组中的报价大多是生产企业的直接报价。从事国际贸易的企业一般是加入 Business 中的 Import-Export（进出口）组。在这个专业的讨论组中，可以发现大量的关于进出口贸易的信息，然后输入关键字进行查询，可以寻找到所需要产品的报价。

在讨论组中发布信息的生产商一般规模较小、知名度也较低，它们往往借助专业的 Import-Export 组来宣传它们的产品，并希望以其低价格来打动进口商。这里的报价对于中国的出口企业具有特别的参考意义。

值得查询者注意的是，由于不实用的信息量太大，使用原始的讨论组信息会带来很多麻烦，在这种情况下，建议使用搜索引擎提供的专项服务。例如，在 www.Infoseek.com 中，可以首先把搜索范围定在讨论组（通常是单击 SEEK 下面的选择项），然后进行关键词的搜索，Infoseek 提供的每个搜索结果都标明了具体的分支专项小组。也可以从专项小组入手查询，或者两种方法交替使用。

（4）利用 Trade-Lead。许多免费的 Trade-Lead（供求信息）和专业的进出口网站专门提供国际贸易的机会和投资信息，类似于国内的供求信息，如美国国际贸易协会（ITA）的网站（见图 5-6）、Tradekey 的网站（见图 5-7）等。

图 5-6　美国国际贸易协会（ITA）的网站（http://trade.gov）

Trade-Lead 发展得很快，估计网上最少也有几千个类似的站点。一般来说，运用 Trade-Lead 要注意三个方面。首先，根据要收集信息的特点，选择相应的站点。例如，要收集瑞典的伏特加酒的价格信息，就应该选择欧洲有关国家的 Trade-Lead 站点，如瑞典的进出口贸易网站（见图 5-8）。北欧国家烈酒的生产及消费量都很大，这些国家的站点上关于伏特加的供求信息就多一些。其次，选择有代表性的站点作为常用站点，每周进行例行检索。这些站点的界面都比较友好，而且信息量都很大，反馈回来的搜索结果也较多。最后，要特别注意一些收费网站，虽然信息的查询、登录是有偿的，但反馈的结果让人非常满意。一方面收费较低，是可以承受的；另一方面提供了一个相对安全的贸易环境（核查客户的身份），因为另外一些不收费的网站上存在着大量的别有用心的人发布的假信息。

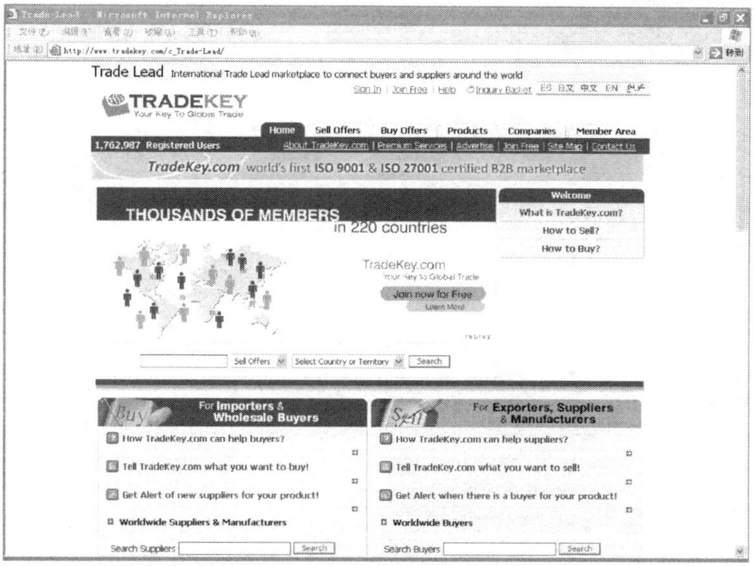

图 5-7　Tradekey 的网站（http://www.tradekey.com）

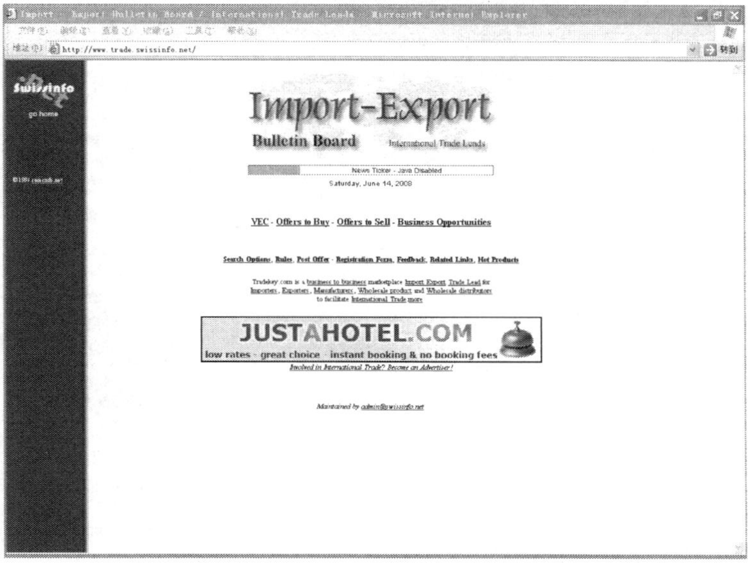

图 5-8　瑞典的进出口贸易网站（http://www.trade.swissinfo.net）

2．销售商的报价

销售商包括进口商和批发商。它们报出的价格都是国内价格，一般都含有进口关税。对于生产企业而言，可比性不是很强。但是它们所提供的十几甚至几十种产品，都来自不同的国家，参考价值很高。厂商可以据此确定每种产品的档次，确定不同档次产品的价格水平。另外，还可以对不同国家的关税水平有一个大概的了解。收集销售商的报价可以从几个方面入手。

（1）销售商站点中的报价。找到销售商的站点，也就找到了它们的报价。也可利用各种搜索引擎的关键词搜索方法查找销售商站点。例如，(vodka or spirits or alcohol or liquor or wine) and (wholesales or agent or distributor or import or importer or imported or trade)。

（2）政府酒类专卖机构的价格。在某些国家或地区，政府的酒类专卖机构是唯一的进口商和批发商。这些机构中酒类品种多达上百种，价格中的虚头也最少，所以参考价值很高。图 5-9、图 5-10 是美国加州、加拿大安大略省的酒类专卖机构的网站。

图 5-9　美国加州酒类专卖机构的网站（http://www.abc.ca.gov）

商品的最终价格往往要通过商务谈判才能确定，这种方式非常复杂，耗费的时间和金钱也最多，但它却是现阶段商业定价的最重要方法，也最能体现供需双方的信息。然而，商务谈判中的定价极其难以获得，有的企业甚至视其为高度的商业机密。安特集团在实践中发现，搜索各种博览会、交易会的信息公告以及经济类媒体的报道，可以发现有用的蛛丝马迹。

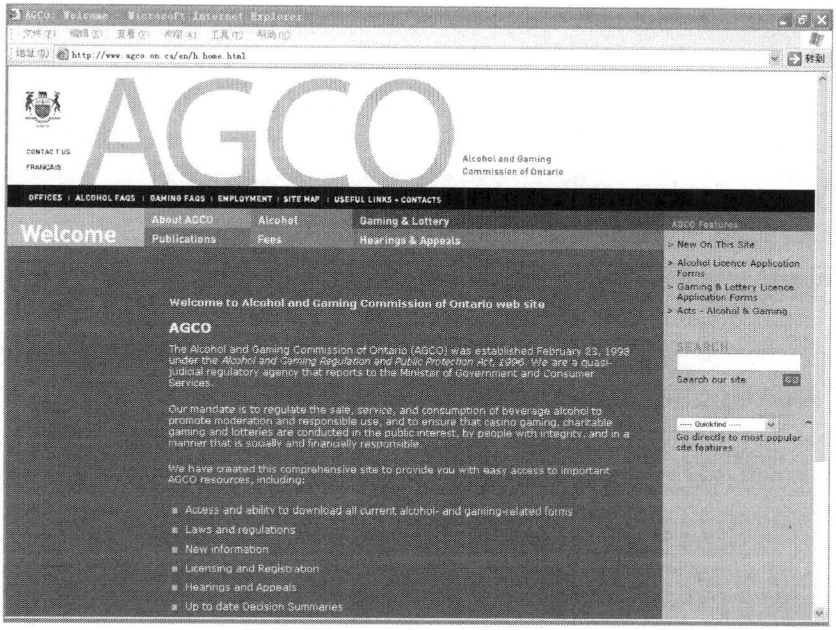

图 5-10　加拿大酒类专卖机构的网站（http://www.agco.on.ca）

从生产商、销售商及商务谈判得到的价格信息，应该再加以整理、分析，才能确定它们之间的相互关系，最后得出完整的价格体系。

5.4.3　关税及相关政策和数据的收集

关税及相关政策信息在国际贸易活动中占有举足轻重的地位。进口关税的高低，影响着最终的消费价格，决定了进口产品的竞争力；有关进口配额和许可证的相关政策关系到向这个国家出口的难易程度；海关提供的进出口贸易数据能够说明这个国家每年的进口量，即进口市场空间的大小；人均消费量及其他相关数据则说明了某个国家总的市场容量。从世界上 160 多个国家中，选择重点的销售地区、确定重点突破的目标，就必须依靠这些信息。这类信息的收集主要通过以下几种途径。

1．通过大型数据库检索

因特网中包含大量的数据库，其中大型的数据库有数百个，与国际贸易有关的数据库至少有几十个，其中有的是收费的，有的是免费的。收费数据库的商业价值最高，一般来说，想要的信息都能从其中查到；免费数据库通常都是某些大学的相关专业建立起来的，其使用价值也是很高的。

世界百科信息库（www.dialog.com）是世界上最大的数据库检索系统，包括全球大多数的商用数据库资源。另外，它提供了一套专门的信息检索技术，有专用的命令，初次使用者需要认真学习才能掌握。该网站的大多数服务是收费的，但是网站提供的一个免费的扫描程序，可以帮助访问者得到扫描结果，若要得到具体的内容则要付费。

通过对数据库的查询，安特集团得到欧洲各国人均的烈酒（Spirits）消费量，从中可以看出，北欧、中欧和英国的人均消费量很高，而地中海沿岸各国的消费量则相对少得多。据此可以确定欧洲是重点的潜在市场。

查询数据库需要注意以下两个问题：

（1）想要查询收费数据库，必须拥有可以进行国际结算的信用卡，若收费较高，最好详细阅读网站的说明再动手。

（2）不同的数据库有不同的检索方法，查询起来需要注意，不能忽视查询方法的学习。

2．向已建立联系的各国进口商询问

这是一种非常实用、高效而且一举两得的方法，不但考察了进口商的业务水平，确认其身份，而且可以收集到最直接有效的信息。企业拟定一份商业公函，发一个 E-mail 给对方，其中详细列出询问的内容，请求对方在最短的时间内给予答复。但是，进行这种询问的前提是：双方已经彼此了解，建立起了相互信任的关系。如果没有这种关系，国外的进口商一般是不愿回答的，因为这种方式有恶意收集信息之嫌。

5.4.4　查询各国相关政府机构的站点

随着电子政务的高速发展，很多政府机构都已建立了独立的网站。用户可以针对不同的问题去访问不同机构的站点，许多问题都可以得到非常详尽的解答。对于没有查到的内容，还可以发 E-mail 请求相关的职能部门或咨询部门给予答复。安特集团发出去的此类信件，基本上都得到了较为详尽的答复。

例如，美国的酒类进口管理和税收制度是世界上最复杂的，其 50 多个州，有的州实行的是最严格的管制，只有政府机构才可以进口、批发甚至零售；有的州实行较宽松的管制；有的州则完全放开了对酒类的管制。这些具体、详细的信息，只有从各州的酒类管理机构的站点中才可以查到。

查询这类政府机构的常用方法主要有两种：

（1）利用搜索引擎进行关键词的检索；

（2）利用目录性的搜索引擎，按照＊＊State/Government/Liquor 进行查找，或者首先查到某州政府的网站，再一级一级往下查。例如，通过美国联邦政府烟、酒、武器管理局的网站（见图 5-11），可以检索到有关美国酒类的法律规定。

通过美国华盛顿基金会的网站可以检索到详细的商品税号及税率（见图 5-12）。

图 5-11　美国联邦政府烟、酒、武器管理局的网站（http://www.atf.treas.gov）

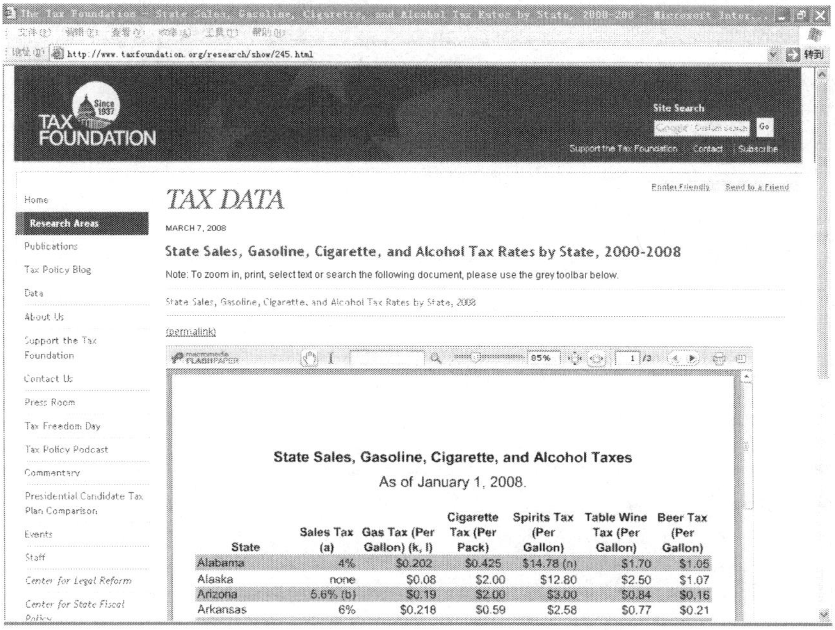

图 5-12　美国华盛顿基金会的网站列举的商品税号及税率（http://www.taxfoundation.org/contact/）

5.4.5 通过新闻机构网站查询

世界上各大新闻机构的站点都是宝贵的信息库，特别是国际上著名的几家新闻机构（如 BBC、CNN、Router 等），其每天 10 万字以上的新闻是掌握实时新闻和最新信息的捷径，而且有的站点还提供过去一年或两年的信息，并且支持关键词的检索。另外，一些关键的贸易数据、关税或人均消费量在某些新闻稿中也可以查到，这对信息的掌握常常是很重要的。

例如，1998 年，安特集团通过路透社的网站，进行日常查询，以最快的速度掌握了俄罗斯新任总理关于伏特加进口配额及关税政策的讲话，比我国中央电视台播发这条信息的时间整整提前了一天。更为重要的是，掌握了详细的“细节”：伏特加进口配额调整的具体数额；关税调整的幅度；对走私进口的严格打击；对国内伏特加生产企业的许可证管理。这些重要信息，表明了俄罗斯贸易环境的恶化，使集团及时调整了对俄罗斯的贸易政策，避免了严重的方向性的错误。

5.4.6 利用各种搜索工具进行检索

收集进出口商的信息，是国际电子商务的一个重要环节，其目的是建立一个潜在客户的数据库，从中选出真正的合作伙伴和代理商。需要收集的具体内容包括进出口商的历史、规模、实力、经营的范围和品种、联系方法（电话、传真、E-mail）。对于已经建立了网站的进口商，只要掌握了其网址就掌握了以上的信息。对于没有建立网站的进口商，可以先得到其联系方法，建立起联系后再询问。

1．利用资源型搜索工具

1）环球资源网（www.globalsources.com）

环球资源公司的前身是亚洲资源公司，该公司成立于 1971 年，是一家专门出版各类专业贸易杂志的媒介机构，特别是在国际贸易推广方面具有丰富的经验。当网络刚刚萌芽之时，公司看到了网络的未来与前景。在深入研究网络的特性之后，环球资源公司于 1995 年就开始了电子商务的经营活动，建立了网络平台，开展了针对买家和供应商之间的贸易服务。与其他众多网络公司不同，该公司当年就实现了网上赢利。在经历十余年的建设后，环球资源已发展到相当规模，建立了自己的网上社群。现在，全球有 419 000 余位买家及供应商使用环球资源的服务，其中包括著名零售商凯马特、康柏和戴尔。买家在环球资源的社群里，每天可接触到 86 600 多名供应商及他们提供的 81 100 余种产品的详细资料和彩色图片。网站每年为全球贸易社群提供逾 100 万个贸易机会。

环球资源网主要为四个社群提供适当的信息服务：

（1）全球专业买家和供应商；

（2）亚洲及中国的高新技术领域专家；

（3）中国商界决策人士；

（4）中国内贸买家和全球供应商。

图 5-13 是环球资源网为买家和供应商提供的电子贸易服务。

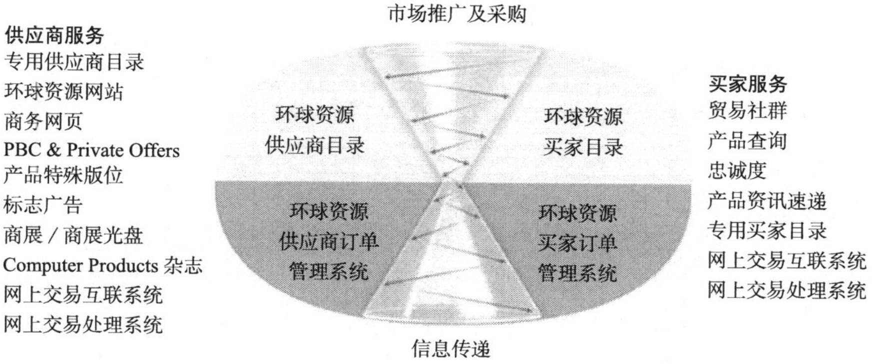

图 5-13　环球资源网为买家和供应商提供的电子贸易服务

2）Europages（www.europages.com）

在传统的电话号码簿上，商业机构用黄色纸张，因而得名商业黄页（YellowPage）。专门提供商业黄页服务网络的搜索引擎有很多。Europages 是欧洲一个著名的商业黄页服务网站。图 5-14 是在 Europages 上查到的英国汽车养护企业的名单。

图 5-14　在 Europages 上查到的英国汽车养护企业的名单

（http://www.europages.co.uk/business-directory-europe.html）

2. 通过地域性的搜索引擎

网络上的 URL 浩如烟海，各大搜索引擎所能收录的毕竟是少数。这就要求检索者学会利用各种地域性的、规模较小的搜索引擎。例如，每个国家都有几个甚至十几个较知名的搜索引擎，可以搜索到当地的大部分 URL，如 http://www.solo.ru、http://www.cesnet.cz、http://www.eckorea.net、http://www.euronline.fr 等。这对于针对某个国家的信息收集是很有帮助的。这些地域性 URL 也可以通过类似 Yahoo 的目录性的搜索引擎按国家/因特网/服务（如 German/Internet/Search）一级一级地向下找。

3. 通过第三方交易平台

第三方交易平台的出现为企业信息化和电子商务提供了一个公共的服务平台。通过第三方交易平台，企业可以发现大量的供求信息，其信息检索效率可以成倍提高。

（1）阿里巴巴网站。阿里巴巴网站是世界上最大的 B2B 平台。平台上的供应商以中小企业为主。图 5-15 是通过阿里巴巴网站检索到的德国红酒生产企业名单。

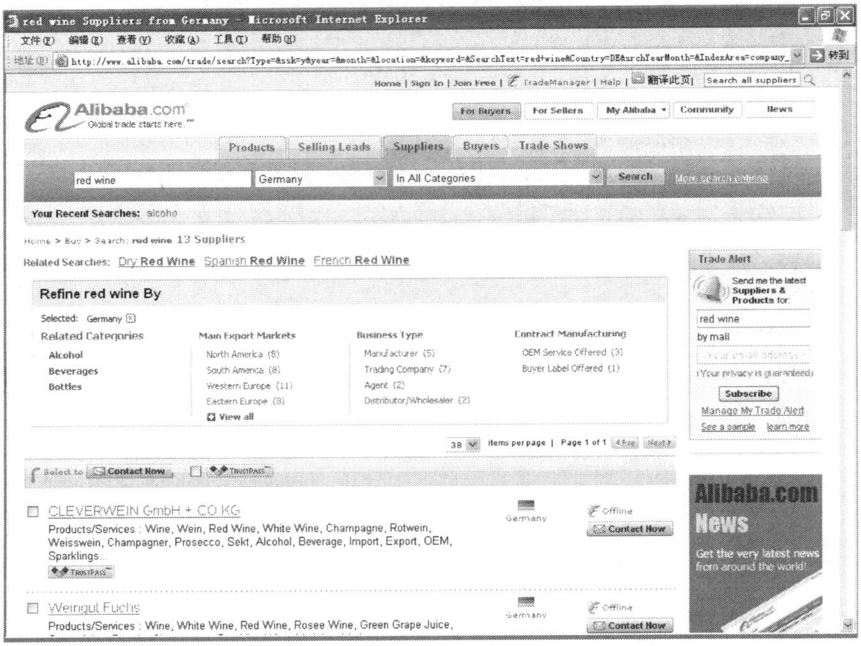

图 5-15　通过阿里巴巴检索到的德国红酒生产企业名单[①]

（2）eBay。eBay 不仅是一个针对个人的拍卖网站，B2C 和 B2B 的交易也相当活跃。eBay 的每个分类里都有一个批发专区，可以刊登批发信息，而且 eBay 中的不少大买家采

① http://www.alibaba.com/trade/search? Type=&ssk=y&year=&month=&location=&keyword=&SearchText=red+wine&Country=DE&srch YearMonth=&IndexArea=company_en&CatId=0.

购量大得惊人，他们经常在 eBay 里采购，然后在 eBay 中零售，规模上一点不亚于环球资源网中的国际买家。通过 eBay 首页底部的全球站导航，可以进入 26 个国家检索批发信息。

4．通过专业的管理机构及行业协会

这是一种高效快捷的查询手段，不但命中率高，而且信息的利用价值也高。作为国际电子商务信息检索的重要手段，应该得到高度的重视。安特集团在收集美国的生产商及进口商的信息时，利用这种方法就收到了奇效。

在美国的酒类管理体制中，酒基本上被分成了啤酒、葡萄酒和烈酒三类，而且每种酒的进口或批发都需要专门的许可证或执照。这就带来了很大麻烦，因为无法确定某一家公司到底是经营葡萄酒的还是经营伏特加的，到底是进口商还是批发商，在商业黄页中查询到的最小分类是酒（Liquor），而没有更细的分类。当找到美国加州酒类管理中心的网站（http://www.abc.ca.gov/）时，这些问题就迎刃而解了。这里不仅按酒的类别、字母的顺序、不同的地域对每个公司进行了分类，而且对每个公司的信息都有详尽的记录，包括公司名称、申请人姓名、地址、许可证的种类、许可证的使用期限、经营历史、电话号码等，真是一个信息宝库。

在酒类控制严格的国家，往往酒类专卖机构是唯一的进口商。它们也是世界上最大的购买集团。例如，瑞典酒类专卖机构，每年都要向全世界招标进口某一种类的酒，其进口量也是很大的，最低为每年 150 个集装箱。所以，应该特别注意定期访问其站点，以获得最新的招标信息。

有的酒类专卖机构并不直接进口酒，而是通过一批中介公司。它们也是经过酒类管理机构签发许可证的专业公司，其积极性比起专卖机构高得多。一般来说，它们会很高兴地向访问者介绍该国、该州的有关贸易情报。这也是信息的一个重要来源。

5．通过数据库

大型数据库常常包含丰富的市场信息。在本章 5.4.3 节中我们已做过介绍。除了世界上最大的数据库检索系统——世界百科信息库外，其他比较著名的数据库包括 BigYellow（www.bigyellow.com，包含几百个美国公司的数据库）、Europages（www.europages.com，欧洲最大的公司数据库，有来自 25 个国家的 500 000 个公司）、欧洲进出口公司数据库（www.randburg.com）、中东地区公司数据库（www.middleesatdirectroy.com）、澳洲贸易网（www.austrade.gov.au）、拉丁美洲网上博览会（www.latinexpo.com）、日本 JETRO 公司数据库（www.jetro.go.jp）、美国国内公司数据库（www.localeyes.com）等。

6．利用综合性搜索引擎

（1）Google（www.google.com）。Google 是目前世界上最大的搜索引擎，拥有 80 多亿张网页和 10 亿多张图片的资源。界面可用 100 多种语言表达，检索结果所采用的语言达 30 多种。Google 采用新一代的 PageRank™检索技术。该技术通过对超过 50 000 万个变量和 20 亿个词汇组成的方程的计算，能够对网页的重要性做出客观的评价，可以将最相关、

最可靠的搜索结果放在首位。

（2）百度（www.baidu.com）。百度是目前全球最优秀的中文信息检索与传递技术供应商。在中国所有提供搜索引擎的门户网站中，超过 80%以上都由百度提供搜索引擎技术支持。2012 年，围绕云战略，百度已经开放了百度统计（In-App）、个人云存储（PCS）、百度地图（LBS）、百度账号（Open ID）、百度应用引擎（BAE）、云测试（MTC）等云能力。这些技术和服务可以大大提高市场调查能力。

（3）Yahoo（www.yahoo.com）。Yahoo 的优势在于其分类目录，把信息按主题建立分类索引，按字母顺序列出了 14 个大类，可以按照类别分级向下查询。Yahoo 共汇集了 30 万个左右的分类 URL，信息充沛，准确率高。但由于其建立的主页数量有限，查询反馈的结果也较少。

例如，查询伏特加（Vodka）的进口商，其分级目录为 Yahoo/Business and Economy/Companies/Trade/Beverage/Liquor。这类进口商很容易找到，但是几乎不可能同你做生意。因为这些著名的大公司早已是某家著名的伏特加酒品牌的全国独家代理商，而独家代理的协议规定它们不能再经营其他的伏特加品牌。不过这类站点也可以给一些有益的帮助，比如，可以发现一些世界著名的品牌及其价格。

利用综合性搜索引擎可以进行各类企业、各类商务信息的检索，也可以进行专业文件、货币转换等特殊方面的信息检索。但综合性搜索引擎检出的结果常常比较多，需要进一步判断。

5.4.7 网络商务信息的整理

为了提高信息的价值和提高效率，我们必须进行网络信息整理工作，使收集和存储的信息条理化和有序化，从而发现存储信息内部的联系并防止信息滞留，为信息的利用奠定坚实的基础。

1．网络信息的整理

通常我们收集到的和储存的信息往往是零零散散的，不能反映系统的全貌，甚至其中可能还有一些是过时的甚至无用的信息。通过信息的合理分类、组合、整理，就可以使片面的信息转变为较为系统的信息，这项工作一般分为以下几个步骤。

（1）明确信息来源。下载信息时，常常由于各种原因而没有将网址准确地记录下来，这时首先应查看前后下载的文件中是否有同时下载或域名接近的文件，然后用这些接近的文件域名作为原文件的信息来源。如果没有域名接近的文件，应尽量回忆下载站点，以便以后有机会还可以再次查询，对于重要的信息，一定要有准确的信息来源，没有下载信息来源的，一定要重新检索补上。

（2）浏览信息，添加文件名。从因特网上下载的文件，由于时间的限制，一般都是沿用原有网站提供的文件名，这些文件名很多是数字或字母构成的，以后使用起来很不方便。

因此，从网上下载文件后，需要将文件重新浏览一遍，添加文件名。

（3）分类。从因特网上收集到的信息往往非常凌乱，必须通过整理才能够使用。分类的办法，可以采用专题分类，也可以采用建立自己的查询系统。将各种信息进行分类，必须明确所定义的类特征。有了清晰的类特征定义，信息分类的问题就变成类特征的识别与比较的问题：把具有相同类特征的信息分为同一类，而把具有不同类特征的信息分为不同的类。除了分类处理之外，往往还需要进一步做信息排序处理：各类之间要有类的排序，每个类的内部要有类内事项的排序。在分类和排序的基础上，还应当编制信息的储存索引。这样，用户就可以按照索引的引导快速地查询出所需要的信息。

（4）初步筛选。在浏览和分类过程中，对大量的信息有一个初步筛选的任务，确定完全没有用的信息应当及时删去。不过应当注意，有时，有些信息单独看起来是没有用的，但是综合许多单独信息，就可能发现其价值。比如，市场销售趋势必定是在数据的长期积累和一定程度的整理后才能表现出来。还有一些信息表面上是相互矛盾的。例如，一家纸业公司的经理想了解一下新闻纸的市场行情，检索到的结果可能会出现两种情况：一类信息告诉他，新闻纸供大于求，而另一类信息则说新闻纸供不应求。这时就要把这些信息进行科学的分类整理，然后进入下一个加工处理环节。

2．网络信息的加工处理

网络信息的加工处理是将各种有关信息进行比较、分析，并以自己的初衷为基本出发点，发挥个人的才智，进行综合设计，形成新的有价值的个人信息资源，如个人专业资源信息表等，信息加工的目的是要进一步改变或改进信息利用的效率，使其向着最优化发展。所以，信息加工处理是一个信息再创造的过程，它不是停留在原有信息的水平上，而是通过智慧的参与，加工出能帮助人们了解和控制下一步计划的程序、方法、模型等信息产品。

信息加工处理的方式主要有两种，即人工处理和机器处理。人工处理是指由人脑进行信息处理；机器处理是指计算机的信息处理（包括专家系统）。两种方式各有优劣：人脑神经系统可以识别和接受多种多样的明确信息和模糊信息，大脑具有丰富的想象力和创造力；而计算机有强大的计算能力，在速度和准确性上要大大超过人脑。虽然专家系统可以把握极广泛的知识，但与人脑相比，专家系统还不够灵活。综合这两种“信息处理器”的优点，形成一个合理的人、机结合的“人—机”信息处理系统，是当前信息处理的较好办法。

从网络上得到的信息有时候会是自相矛盾的，还有一些可能是商业对手散布的用来迷惑竞争者的虚假信息。对于上面提到的关于新闻纸的两条信息，就需要人工处理。首先要对这两条信息的发源地、发布时间等进行比较，如果发源地和时间都基本相同，就要参考其他信息来进比较，最终获得真正有价值的信息。

复习题

1．简述国际电子商务市场调研的内容。

2．简述国际电子商务市场调研的特点与方法。

3．如何利用因特网开展国际电子商务市场的直接调研？

4．如何利用因特网收集国际市场的产品价格？

5．如何利用因特网收集各国关税及相关政策？

6．简述网络商务信息的整理方法。

参考文献

[1] 时启亮，王莹．网络营销调研技术[M]．北京：中国人民大学出版社，2006．

[2] 易观国际．专业搜索引擎有待推广[N]．IT 时报，2006-04：C11．

[3] 邢志宇．实用网络搜索[M]．西安：西安地图出版社，2005．

[4] 杨坚争．网络信息检索与利用[M]．上海：百家出版社，2003．

[5] 高飞．网络信息实用检索[M]．北京：中国计量出版社，2006．

[6] 樊世清．我国信息市场存在的问题与对策[N]．中国信息导报，1999-01．

[7] 张维明，邓苏，肖卫东，汤大权．应对信息爆炸的挑战[N]．计算机世界报，2001-10-29．

[8] 张斗．让 Internet 充当商业“间谍”（上、下）——从安徽安特集团的经验看网络营销中收集情报的方法[J]．计算机世界，2000-03-20，2000-03-27．

[9] 陆元婕，飞侠．搜索技术发展及未来趋势[N]．计算机世界报，2001-06-21．

[10] 李军．Google 的几个特别搜索功能[J]．首都信息化，2002（10）．

第 6 章

国际市场的网络开拓

06

面对世界性的经济衰退，2012 年我国经济下行压力加大，受国际市场疲软的影响，对外贸易增速下滑。认真分析出口贸易中存在的问题和困难，有针对性地采取国际电子商务措施推动出口稳定增长，已经成为企业的重要选择。

6.1 利用网络开拓国际市场的途径

6.1.1 电子商务技术应用环境已经发生了根本转变

随着现代信息技术和电子商务技术的发展，企业最早应用的 EDI 已经使商业活动发生了根本的转型。但是，这种方式仅限于在封闭的系统中进行运作，最多限于参加教育的封闭的当事人之间进行。从严格意义上讲，与现在虚拟市场上的电子商务相比，EDI 仅仅是新的电子传输技术在商业领域的早期应用，新的电子方式的运输代替了纸面的处理方式。新的技术在这个层次的使用并没有给商业活动带来根本性的变革。

今天，电子商务技术不再仅仅是一个技术上的概念，它已经在商业上广泛应用。例如，交易信息可以在公共信息网络上安全传递；可以在线采购和销售商品；资金转账等银行业务也可以在线操作；EDI 已经被用来完成商业交易；通过因特网可以收集信息，完成市场调研；通过因特网可以发布和传播信息，是广告宣传的新媒体等。

现代的电子商务技术应用很大程度上已经改变了传统的商务运作方式。企业与客户、供应商和雇员打交道的传统方式已经遭到了巨大的冲击。新的营销运作方式正在代替传统方式。

随着因特网应用范围和领域的扩大，虚拟市场的作用开始凸显，任何企业都不能漠视这一新的市场空间。企业今后实际上要在两个市场从事价值创造活动和展开竞争。

虚拟市场空间在某种程度上已经具备了传统实物市场企业经营的基本环境条件。无论是个人还是企业都可以运用电子商务技术进行信息交流、通信、从事各种产品和服务的分销，以及完成正式的交易。

6.1.2 我国企业利用网络进入国际市场的途径选择

1．借助外贸第三方电子商务平台

（1）利用外贸第三方电子商务平台来实现企业国际电子商务的起步，借助这些平台的规模效益和品牌效益开展国际电子商务是企业可以选择的一条捷径。例如，阿里巴巴国际站、环球资源网、中国制造网、敦煌网等第三方平台都能够提供国际贸易中商品的展示、商家寻找、商务谈判、草签合同等方面的服务；锦程物流国际站（http://www.jctrans.net/）能够提供国际物流相关的服务；银联在线商城（http://emall.chinapay.com/index.html）已经可以完成国际在线支付。

（2）提升品牌知名度，借力快速发展。企业可以借助像阿里巴巴的诚信通这类服务，建立与企业自身信用和商品相结合，从中立的第三方认证，以及相关合作伙伴的反馈与评价，来提升企业自身的知名度，实现高速发展。

（3）选择合适的外贸第三方电子商务平台。企业要结合自身与外贸第三方电子商务平台的情况，选择适合的平台作为商业伙伴，享受国际电子商务平台提供的各种技术支持和服务。

（4）采用国际电子商务模式，往往意味着企业自身的转型，因此企业可以借助国际电子商务平台收集发布信息，然后建立企业的电子商务信息平台，实施网上采购，再自建国际电子商务平台。外贸企业要有一个国际电子商务的长期规划，逐步实施计划。“一步到位式”的风险较大，需要谨慎考虑。

2．自建国际电子商务平台

企业在实施电子商务战略时，需要根据企业自身所处的不同市场环境和市场地位，选择最佳切入点。企业要充分考虑和利用传统商务模式的主导地位，主动采用直接为企业盈利的电子商务活动。例如，中国中化集团、宝钢集团等集团企业利用其大批量物资采购的谈判优势，在买方市场或卖方市场建立自己独立的采购销售平台，拉动供应商或者采购商商务，利用自建平台达到直接盈利的目的。

3．借助电子商务信息平台获取信息

电子商务信息平台主要发布电子商务现状、当前经济动态、市场供求信息等，对于企业评估经济形势、了解国外情况和选择供应商有重要作用。企业应当注意各国政府和民间电子商务有关信息平台，如美国联邦国际贸易委员会 FITA（www.fita.org）、ECVV（www.ecvv.com）、商务部中国国际电子商务网（http://www.ec.com.cn）等。

4．线上线下相结合

企业采用国际电子商务新模式的同时，不能忽略传统市场，要把两者有机结合起来，充分发挥每种模式的优势。例如，苏宁易购（www.suning.com）充分利用其线下 1 500 家实体店的优势，把线上交易的售后服务交给实体店，最大限度地发挥了线下实体店的优势。

银联在线商城（http://emall.chinapay.com/index.html）充分发挥其在全球的商家客户群，广泛吸引客户利用网上商城，收到了很好的营销效果。

5．优化业务流程，进行资源整合

针对传统国际贸易业务流程存在的信息化、自动化程度不高以及电子网络化水平较低等不利因素，企业应采用定性、定量分析方法对传统业务流程的各个环节进行分析，结合相关的业务流程以及国际电子商务的特点，对传统业务流程进行重组，构建适合国际电子商务发展的流程，整合资源，提高企业对电子商务的快速反应速度。

6.2　利用外贸第三方电子商务平台开拓国际市场

6.2.1　外贸第三方电子商务平台的模式

根据服务形式的不同，外贸电子商务平台大致可以分为三种不同的类型：

（1）简单信息服务提供型。此类平台只提供外贸交易中各方的需求信息而不提供交易服务，如中国诚商网、环球资源网。此类平台信息量大，信息覆盖面广，针对会员企业有专门的信息提供，非常适合产品品种多并有较强外贸能力的企业使用。

（2）线上撮合线下交易型。此类平台在提供交易信息的同时，通过技术和人工手段帮助买家寻找卖家，帮助卖家寻找买家，提高买卖双方交易撮合成功的概率，如阿里巴巴网站。此类平台提供一系列辅助交易工具，如信用服务、采购服务、销售服务等。

（3）全方位服务提供型。此类平台不但提供信息服务，而且提供全面配合交易的服务、网上结算和配送服务等，如敦煌网、阿里巴巴速卖通。这类站点要求中介机构对国际贸易业务更加熟悉。

6.2.2　外贸第三方电子商务平台的优势

（1）信息来源广泛。外贸第三方电子商务平台最大的优势是能够为企业间的外贸交易提供丰富的信息。参与外贸电子商务的企业可以在平台上发布自己的产品信息，或者从平台上发现国外的买家，并可以根据不同平台的信息来选取自己企业潜在的客户。很多平台还提供附加信息服务，即为企业提供外贸交易需要的相关经营信息，如国际市场行情、不同国家的需求情况，竞争者动态等。

（2）交易撮合便利。外贸第三方电子商务平台集中了买家和卖家的大量信息，并提供了各种交易撮合手段，使交易撮合的成功率大大提高，为企业，特别是中小企业走出国门提供了便利。而平台提供的客户管理功能，包括企业的合同、交易记录、企业的客户资料等信息的托管服务，也为企业的外贸活动提供了很多方便。

（3）营销费用大幅度降低。选用外贸第三方电子商务平台使交易方无须直接连接对方网络或昂贵的增值网络，只需访问基于因特网的平台界面，节省了大量时间和费用；大量卖方通过第三方平台发布信息，可以吸引更多的买方访问平台，从而降低了卖方寻找销售信息的费用，增加了卖方的商业机会。

6.2.3 商务部重点推荐的外贸第三方电子商务平台

2011 年，在第 109 届广交会上，商务部公布了其重点推荐的开展对外贸易第三方电子商务平台名单，阿里巴巴速卖通、敦煌网、中国制造网和中国诚商网四个网站榜上有名。

1. 阿里巴巴速卖通

阿里巴巴速卖通又称全球速卖通（AliExpress），是阿里巴巴帮助中国卖家接触海外消费者、终端零售商，快速销售、拓展利润空间而全力打造的融合订单、支付、物流于一体的外贸在线交易平台。目前，适宜在全球速卖通销售的商品包括数码产品、计算机硬件、手机及配件、服饰、首饰及珠宝、化妆品、体育与旅游用品等，这些商品体积较小，附加值高，并且价格具有竞争优势。

全球速卖通平台每日有近 1 000 万人次海外流量，成交额年增长 400%，在世界 200 多个国家和地区有广告投入，直接连接海外消费者和供应商。

全球速卖通提供了一个直面全球的快速小额批发平台，一般单个订单在 500 美元以下。卖方和买方通过在线沟通，可以直接下单并支出，与平台合作的快递公司提供全球快速配送服务。

图 6-1 是全球速卖通的主页。

图 6-1　全球速卖通的主页

2. 敦煌网

敦煌网（www.DHgate.com）是一个聚集中国众多中小供应商的产品，为国外众多的中小采购商有效提供采购服务的全天候国际网上批发交易平台。敦煌网充分考虑了国际贸易的特殊性，全新融合了新兴的电子商务和传统的国际贸易，为国际贸易的操作提供了专业有效的信息流、安全可靠的资金流、快捷简便的物流等服务。

图 6-2 是敦煌网的交易流程。

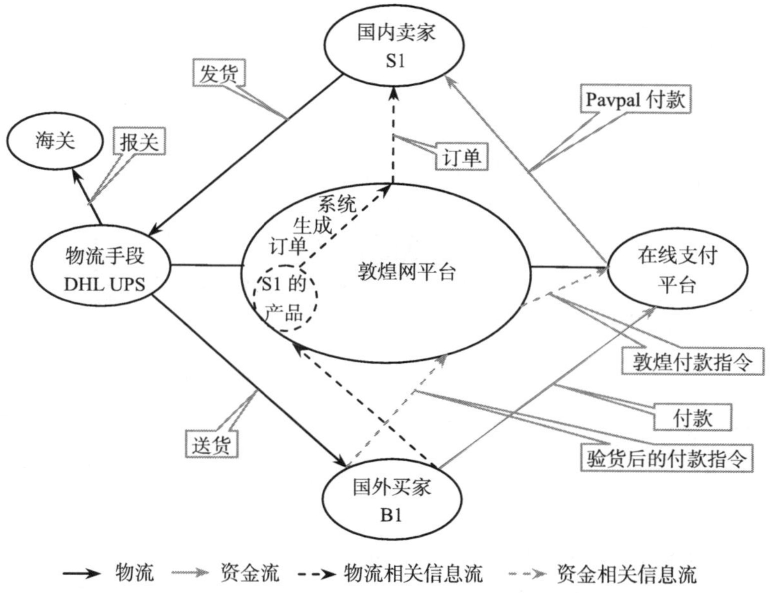

图 6-2　敦煌网的交易流程

3．中国制造网

中国制造网（Made-in-China.com）是一个中国产品信息荟萃的网上平台，面向全球提供中国产品的电子商务服务，旨在利用因特网将中国制造的产品介绍给全球采购商。已稳定运营十多年，成为数百万用户信赖的综合性电子商务网站。

作为中国供应商，可以免费注册，并将自己的产品和公司信息加入中国产品目录；可以通过商情板，搜索全球买家及其采购信息；可以利用网站的产品推广服务，获取交易机会。

中国制造网提供搜索结果优先排名（TopRank）服务（包括关键词搜索优先排名和目录搜索优先排名）。推广客户购买上述产品后，其产品图文信息在相应的关键词搜索结果和产品目录搜索结果均位于最前列位置，并享有特别的背景颜色和优先排名（TopRank）服务独有标识，可以最有效地引起目标产品买家的注意。

选用关键词（Keyword）搜索优先排名时，每当买家或采购商访问中国制造网，产品和公司的信息即可出现在搜索结果的最前列位置（1 ~ 20 位）（见图 6-3）。

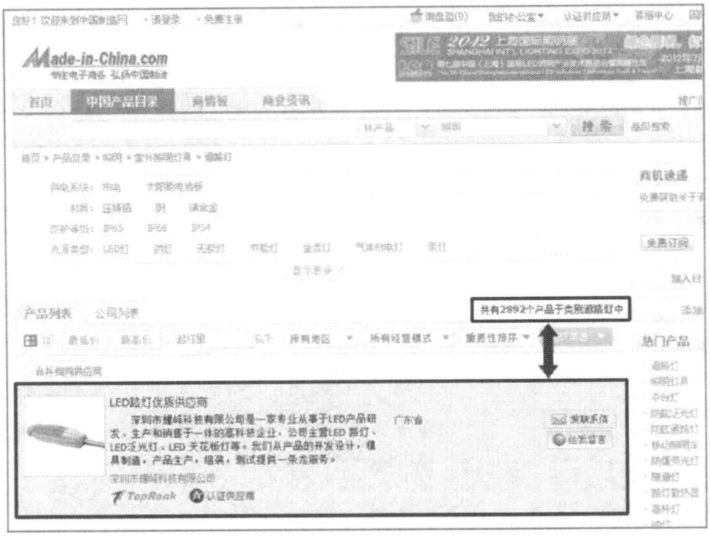

图 6-3　中国制造网的关键词搜索优先排名

使用目录（Category）搜索优先排名时，每当买家或采购商访问中国制造网，产品和公司的信息可以出现在目录搜索结果的最前列位置（1 ~ 20 位）（见图 6-4）。

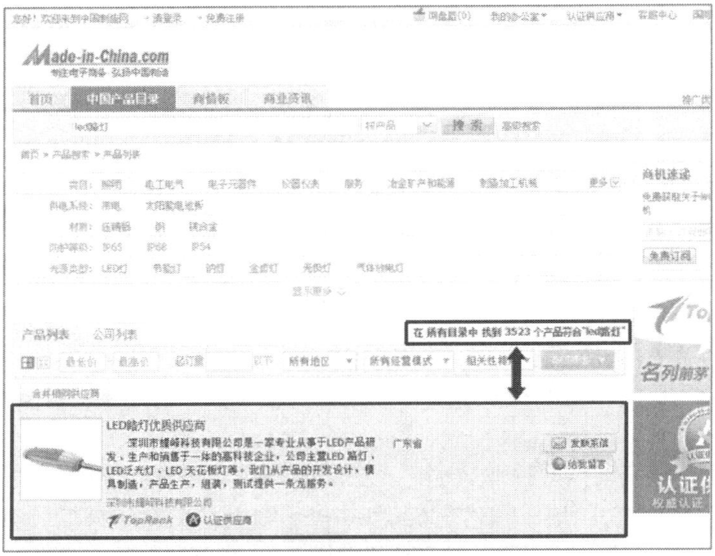

图 6-4　中国制造网的目录搜索优先排名

4．中国诚商网

中国诚商网是中国第三方 B2B 电子商务门户网站，由隶属于商务部的中国国际电子商务中心开发及运营，依托先进的技术、成熟的商业模式、全方位的信息渠道和专业的服务团队，为中国内贸、外贸以及海外企业提供完善的阶梯式进出口贸易展示、推广和撮合服务，成为众多国内外企业首选的贸易平台。

中国诚商网作为国家发展与改革委员会（简称国家发改委）重点支持的电子商务示范项目，在日趋激烈的商业竞争下，凭借国家级、权威、诚信的数据库，更好地满足广大企业的需要，致力于成为集企业推广服务、交易服务、咨询服务、金融服务和信用服务为一体的国际性贸易全流程电子商务服务平台。

中国诚商网有两个突出的特点：

（1）信息的权威性。中国诚商网的信息主要来自商务部和各国商业机构，通过“商业资讯”、“贸易情报”、“在线展会”等多个栏目反映出来。中国诚商网的“全球数据宝”V3.0提供了包含北美、南美、欧洲、亚洲、非洲、中东、大洋洲等全球五大洲 200 多个国家和地区的专业贸易情报及商业数据，以及全球各个国家与地区的海关（提/关单）数据，并且通过对这些数据内容的深度挖掘，以专业报表、权威分析报告的形式帮助企业及时、全面、客观地掌握产品、市场动向，从而为国内外大、中、小型外贸企业提供最具价值的海外市场商业情报。

（2）信息的广泛性。在商务部主导下，通过地方政府的积极倡导与配合，中国诚商网以“政府支持、资源共享、专业服务、企业受益”为发展模式积极拓展区域电子商务平台，在短短几年时间内取得了显著成绩，不但在规模与数量上覆盖全国大部分省市，在模式创新与服务升级上也进行了积极探索与实践。截至 2012 年 6 月底，中国诚商网的“区域平台”已经覆盖了 13 个省份和包括香港、直辖市的近 30 个城市。区域平台的开通使得中国诚商网的专业服务功能得到延伸，企业可以通过区域电子商务平台进入中国诚商网，及时与国际市场对接。

图 6-5 是中国诚商网的主页。

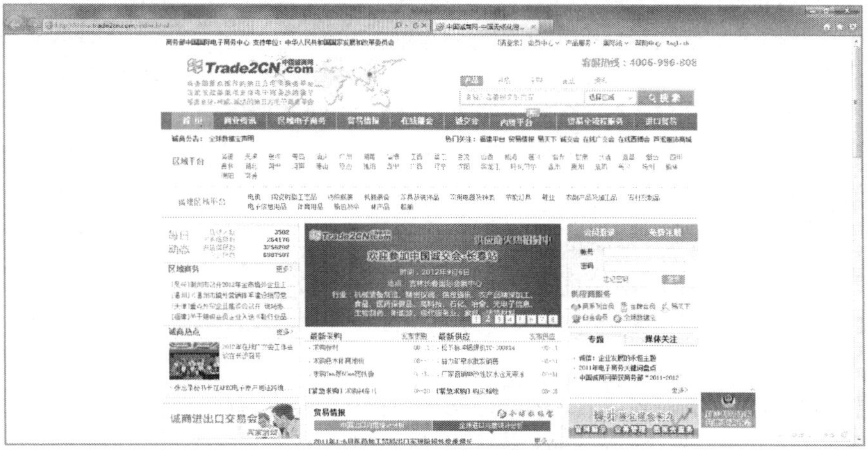

图 6-5　中国诚商网的主页

6.3 利用企业网站开拓国际市场

6.3.1 企业网站的多语种化的重要性

截至 2011 年 12 月 31 日，全球因特网使用人数达到 22.67 亿人，已经占到世界人口的 32.7%。[①] 世界上几乎所有国家和地区都与因特网相连，这些国家和地区的用户大多采用本国语言上网，出现了网络用户多语种化的趋势（见表 6-1）。

表 6-1 2011 年世界因特网用户的语言分布（估计值）[②]

语　言	用户人数（人）	占用户总数的比例（%）	2001—2011 年增长率（%）
英语	5.65 亿	27	301
汉语	5.10 亿	24	1 478
西班牙语	1.65 亿	8	807
日语	9 900 万	5	110
葡萄牙语	8 300 万	4	990
德语	7 500 万	4	174
阿拉伯语	6 500 万	3	2 501
法语	6 000 万	3	398
俄语	6 000 万	3	1 825
韩语	3 900 万	2	107

从表 6-1 可以看出，除英语和汉语外，西班牙语、日语、葡萄牙语、德语等语种也都有众多因特网用户。企业要想通过因特网进入国外市场，最好的方法是提供与当地流行语言相适应的网站。研究表明，网络用户在母语网站购买产品要高于其他语种 4 倍以上；95% 的网络用户采用母语进行信息搜索。国际电子商务的深入发展，除了英语的表达之外，越来越要求小语种的表达，其明显标志就是电子商务网站越来越趋向多语种版本。很明显，企业网站的多语化程度，直接影响着企业国际市场的发展速度。

国外用户想要全面了解一家中国企业，首先会从企业网站开始。企业的品牌形象、文化背景、经营状况、产品信息等信息，都必须通过网站的语言逐一展现在用户面前。企业网站作为国内外信息交流与互动的重要窗口，使用进口国家的流行语言完成整体设计、内容编排、维护更新已经显得非常重要。

① Internetworldstats. Com. World Internet Users and Population Stats [EB/OL]. (2011-03-31)[2012-03-20]. http://www.internetworldstats.com/stats.htm.

② Lawrence Baines. A Future of Fewer Words?: Five Trends Shaping the Future of Language[J]. The Futurist. 2012(4).

6.3.2　企业网站的多语种化的探索

我国的大型和特大型企业，已经充分认识到多语种网站在国际贸易活动中的重要性。许多企业积极开展多语种网站的构建。

1．广西玉柴机器集团

广西玉柴机器集团现拥有 30 多家全资、控股、参股子公司，工程机械产品销售与服务网络遍及全球五大洲 70 多个国家及地区，并与 30 多个国家的经销公司建立了长期代理合作关系。随着玉柴集团事业的快速发展，集团网站在宣传、品牌传播中的作用也日益显得重要。为此，集团和各子公司董事长和总经理等高层领导亲自抓网站建设。玉柴集团多元化多语种网站平台的建设在集团企业文化部的主导下，自 2007 年开始，分为两个阶段。第一阶段是对原分散在因特网上的几家子公司网站进行梳理，统一规范使用域名，并统一纳入到集团域名下，成为集团网站子网站。第二阶段是网站的建设，新建设了股份公司、专卖公司、物流公司、专汽公司等几家中文子网站，同时新建设了股份公司、专卖公司英文网站和股份公司俄语、西班牙语网站，形成了含集团和九家核心骨干子公司在内的中文、英文、俄语、西班牙语组成的多元化多语种网站平台，网站的功能也在不断拓展，客户服务、在线咨询、网上招聘应聘、GPS 车辆在途查询等都可以在网站平台上实现。

经过两年多来的共同努力，到 2010 年，该集团多元化和多语种网站平台成功建成，特别是股份公司，拥有了中文、英文、俄语和西班牙语四个语种网站，形成了覆盖面广、影响力大的企业对外宣传网络，为玉柴集团的国际化进程提供了完善的信息交流和沟通平台。

图 6-6 是广西玉柴集团的西班牙语网站。

图 6-6　广西玉柴集团的西班牙语网站

2．内蒙古第一机械集团

中国兵器工业大型骨干企业内蒙古第一机械制造集团改革开放 30 多年来，历经保军转民、军民结合、产业升级转型的不同阶段，经营总量由 2 亿元发展到 130 亿元，创造了连续保持 30 年赢利辉煌业绩。该集团研发和生产的重型、中重型载重汽车出口亚洲、非洲、南美洲和中东；大马力推土机等工程机械出口非洲等国家；5 大系列、40 余种专用汽车出口亚洲、东欧、中东和俄罗斯等国家和地区。

为了进一步巩固海外市场，内蒙古第一机械集团有限公司将多语种建站作为一项重要的因特网市场战略。围绕中、英、法、俄、西班牙和阿拉伯六种联合国工作语言，该集团网站为世界上不同国家的人们展现了自己企业的产品和形象（见图 6-7）。

图 6-7　内蒙古第一机械集团的阿拉伯语网站

6.3.3　企业网站多语种化建设中存在的问题

从目前情况看，我国企业多语种网站建设中主要存在两个问题：

（1）网站基本停留在宣传层面，没有充分发挥网络营销的功能。调查显示，企业网站基本上停留在对企业形象的宣传和产品的展示，网络营销的功能比较差。突出表现在没有网络营销的专门板块，没有产品的报价、产品的销售联系渠道和产品的售后服务版面。

（2）新闻更新迟缓。很多企业的外文版面新闻更新速度很慢，或从建设之日起就没有更新。这种状况使网站的宣传作用很难得到发挥。特别是多语种的网站，这个问题更为严重。

为了解决上述问题，宝钢采取了相应的措施：

（1）外国语种仅开发英语语种，以减少多语种更新的工作量。但保证英语网站与中文网站同步更新。

（2）在企业主网站中开发电子商务的子网站，利用主网站的优势，通过子网站开展网络营销活动。子网站与主网站相同，都设立中英文两种文本。从而真正将外贸业务在网上开展起来。

图 6-8 是宝钢集团的英语主网站和电子商务子网站。

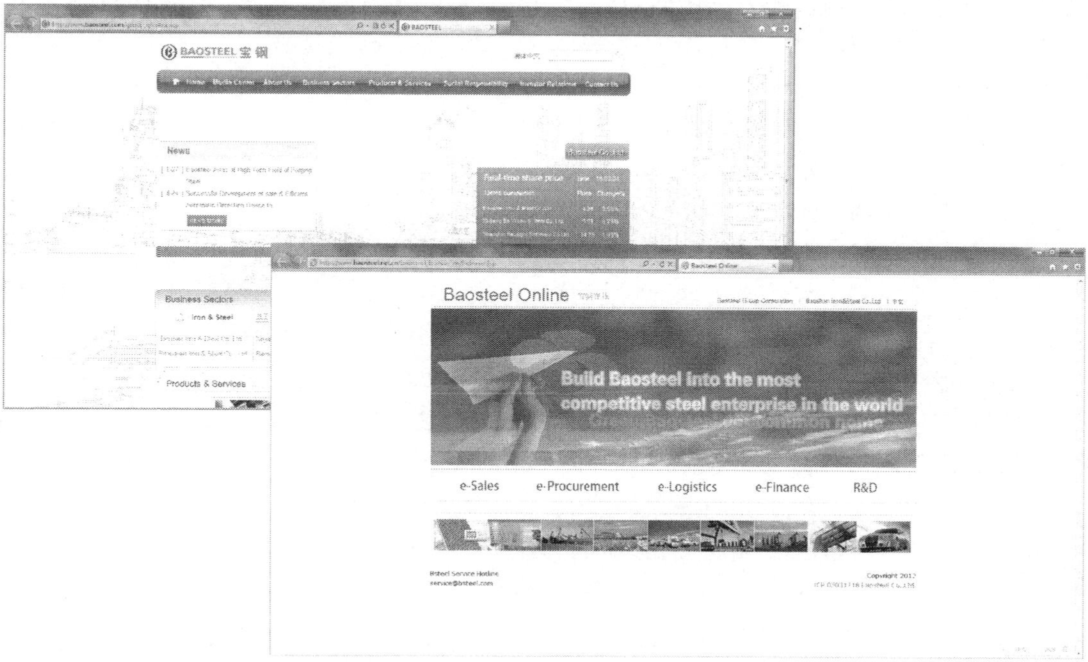

图 6-8　宝钢集团的英语主网站和电子商务子网站

6.4　利用国外电子商务平台开拓国际市场

目前，中国企业在考虑自身产品的出口时，首先选择的是国内的外贸电子商务平台。其实，借助国外电子商务平台也是一种很好的选择。

6.4.1　eBay

eBay（www.eBay.com）是在线销售式电子商务平台的鼻祖，2012 年 8 月在全球综合排名是第 23 位，中文排名是第 6 位，① 在世界电子商务 C2C 领域占据统治地位。其销售模式有固定价格，也有拍卖形式。在 eBay 上开店，可以在流量获取方面取得绝对优势。

eBay 虽然是全球最大的电子商务平台，但其运作流程非常简单。花两三分钟就可以创建一个交易账户，轻松开拓海外直销渠道。每个交易账户都可以在 eBay 全球 38 个交易平台上使用。

在 eBay 上启动外贸流程需要完成三个步骤：

① Alexa．站点 eBay 的排名查询结果[EB/OL]. (2012-09-01)[2012-09-20]. http://alexa.chinaz.com/?domain=ebay.com.

（1）创建 eBay 交易账户。如实填写注册资料，并使用 hotmail、gmail、163 等国际通用的邮箱作为注册邮箱。通过信用卡完成身份验证后，可以在注册邮箱中查收到 eBay 发送的确认邮件，激活 eBay 账户并绑定一个资金账户即可开展跨国交易。

（2）创建 PayPal 资金账户。eBay 平台推荐使用 PayPal 作为资金账户进行跨国收付款交易，它适用于在线购物和销售的个人。注册 PayPal 时也需要填写个人资料，并使用信用卡对账户进行认证，PayPal 将从注册填写的信用卡中扣除 1.95 美元。2～3 天后，登录信用卡网上银行查收交易代码，即完成资金账户认证。

（3）绑定交易账户与资金账户。eBay 需要把交易账户和资金账户进行绑定，这样才可让买家在购买卖家的产品后通过 PayPal 付款。登录 eBay 账户后，直接点击“连接到我的 PayPal 账户”，输入 PayPal 密码，点击“链接您的账户”；这时系统界面会提醒已经完成账户的关联，点击“返回 eBay”，即可完成 eBay 账户与 PayPal 账户的关联。

此外，还要了解 eBay 的诚信与安全政策。与国内电子商务网站不同，国外电子商务网站有一些特殊的诚信与安全政策。正式开始在 eBay 销售物品前，需要了解这些政策，包括 eBay 信用评价体系，eBay 物品刊登与销售政策，以及 eBay 对卖家表现及买家满意度方面的要求等。

图 6-9 显示了在 eBay 上销售产品的四个步骤。

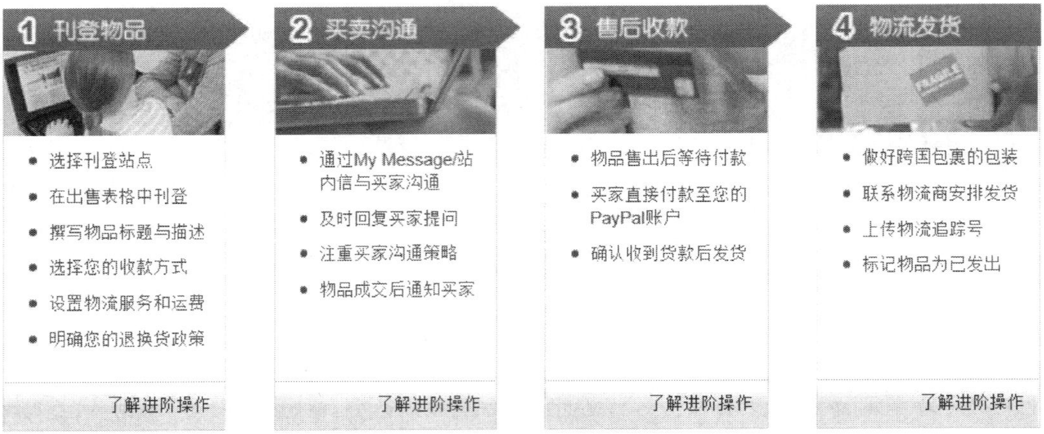

图 6-9　在 eBay 上销售产品的四个步骤

6.4.2　亚马逊

亚马逊（www.amazon.com）是从 B2C 发家的，2009 年开始接纳独立商家入驻。亚马逊 2012 年 8 月的全球综合排名是第 10 位，中文排名是第 5 位，[①] 在全球电子商务 B2C 领

① Alexa. 站点 Anazon 的排名查询结果[EB/OL]. (2012-09-01)[2012-09-20]. http://alexa.chinaz.com/?domain=amazon.com.

域占据统治地位。

亚马逊作为正品网络百货商城，进入 C2C 市场后，开发了“我要开店”平台。“我要开店”已在亚马逊全球成功运营多年，一直是推进亚马逊业务增长的强大动力。目前，来自全球第三方卖家的商品在亚马逊全球所销售商品总量中的占比已超过 30%。

“我要开店”允许参与企业以自己的名义在亚马逊销售自己的商品，并利用亚马逊统一的市场宣传及推广，扩大商品销量并提升品牌价值。目前，能够上架的商品包括图书、影视、手机通信、家电、办公用品、家居、食品、酒类、个护健康、美容化妆、玩具、服装鞋靴、箱包配饰、珠宝首饰等 20 余种商品，其他品类也在陆续开放中。

为了保证“我要开店”的健康运作，亚马逊设计了严格的卖家准入机制和监督机制。卖家在亚马逊销售商品，须提供相关资质文件，审核通过后方可销售商品（查看资质审核详情）；卖家加入亚马逊后，亚马逊通过完善的技术和流程监督卖家的经营行为，以保证顾客购买到正品商品。

亚马逊“我要开店”项目提供两种合作模式，满足卖家不同的业务需求。

（1）自主配送模式。在亚马逊开设网店后自己设立仓储，自行配送并提供客服。亚马逊只收取佣金。此类模式适用商品季节性较强、生命周期短的产品，要求卖家具备优质的仓储配送能力，有较丰富的电子商务经验。

（2）使用亚马逊物流模式。利用此种模式，可以享受亚马逊专业的仓储、配送和客户服务，所支付的费用除佣金外，还有物流费和仓储费。此种模式适用于商品周转率高的商品，可以大大节省人力物力成本，特别适合缺乏仓储、物流运营管理经验的企业。这一模式的物流服务流程如图 6-10 所示。

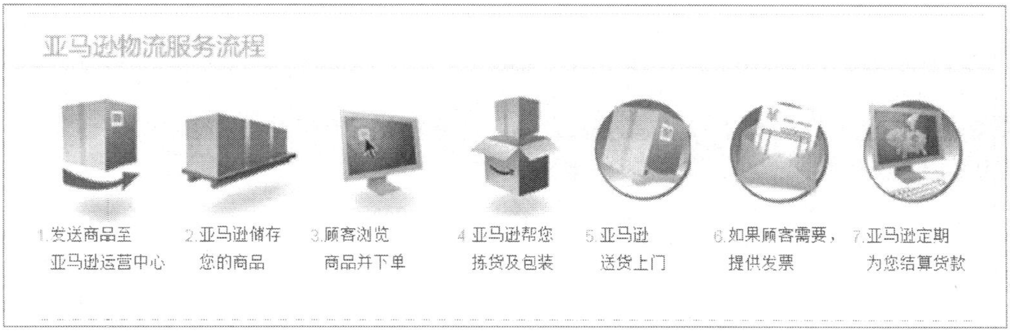

图 6-10　亚马逊物流服务流程

6.4.3　部分国外行业电子商务网站

国外有很多从事 B2B 交易的信息平台和行业电子商务平台，企业可以通过自己的观察选择适合自己情况的交易平台进入国外市场。一般来说，专业的电子商务平台对行业情况比较了解，提供的产品信息和企业信息比较详细。

（1）综合：TradeZone（www.tradezone.com）。这是国际贸易领域一个非常全面的英文网站。该网站是 Mellinger 公司建设的，它以传统邮寄方式从事进出口贸易信息服务已达 90 年之久。该网站为生产商、进出口商和商业服务机构提供有关国际贸易的信息服务，包括提供国际贸易机会、国际贸易计划、帮助你规划你的事业、提供供求信息、免费广告及样品展示、贸易公告板、贸易商名录、展会信息、各国地图、经济分析指导和网站会员列表等大量实用的贸易信息与指导，专为国际贸易商服务。

（2）综合：TradersCity（www.traderscity.com/）。TradersCity 是一个提供进出口贸易信息的 B2B 市场。希望进入市场的企业可以免费注册，会员包括进口商、国际代理商和经销商、供应商和制造商、出口商和国际贸易商免费会员。TradersCity 提供供求信息和产品照片，提供在线商务洽谈、信息检索和统计服务，并定期提供行业竞争力的分析报告。利用 TradersCity 还可以发掘国际商务旅游、国际贸易金融服务和进出口合资企业的投资机会。

（3）综合：Vertmarkets（www.vertmarkets.com）。这是一个全球性的工业品交易市场，包括电子器材、石油化工、环保、食品饮料、生物医药等几十个分网站，提供信息发布、在线撮合和网上交易等服务。

（4）农业：Agriculture（www.agriculture.com）。这是一个综合类农业行业交易市场，提供农业产品贸易公告板、农业新闻和农业市场指南等。

（5）饮料：IBN（www.internationalbeveragenetwork.com）。这是全球最大的关于酒类饮料的贸易网络。它不仅方便进口商查询和直接联系供应商，同时可以使供应商方便地找到买家。

（6）汽车：GlobalCarLocator（www.globalcar.com）。一个基于网上交易汽车相关产品和服务的 B2B 交易市场，提供全球汽车业贸易需求的商机发布、汽车贸易商名录、虚拟展示室。

（7）机械：UEN（www.buyused.com）。该网站列举了 75 000 类由二手机械设备商出售的设备产品，其中大多数来自金属加工、化工、电子和材料处理领域，具备网上交易功能社区和商机发布。

（8）冶金：Steelvillage（www.steelvillage.com/steeloffers.cfm）。在线进行钢铁行业贸易的平台。除按照用户的需求定期发送行业新闻、贸易机会信息外，还提供了专业的搜索引擎，便于企业与 3 000 多家钢铁业站点的链接。

复习题

1．试述我国企业利用网络进入国际市场的途径选择。
2．试述利用外贸第三方电子商务平台开拓国际市场的方法。
3．试述利用企业网站开拓国际市场的方法。

4．试论述利用国外电子商务平台开拓国际市场的方法。

参考文献

[1] 石建斌．多语种电子商务跨境服务贸易实例分析[J]．商业时代，2008（33）：90-91，49．

[2] 刘宏，张莉．电子商务时代企业走向国际市场对策探讨[J]．生产力研究，2005（9）：182-183．

[3] 施鹏飞．国际贸易与电子商务的关系透析[J]．现代商业，2012（5）：89．

[4] 陈建尼．国外专用 B2B 贸易平台介绍[J]．电子商务世界，2008（4）：82-84．

第 7 章 国际电子支付

07

电子支付是电子商务中的一个极为重要的、关键的组成部分。电子商务较之传统商务的优越性，成为吸引越来越多的商家和个人上网购物和消费的原动力。然而，如何通过电子支付安全地完成整个交易过程，又是人们在选择网上交易时所必须面对的而且是首先要考虑的问题。而在国际贸易中，又常常利用电子信用证进行交易。本章将就什么是电子支付、电子支付的方式与特点、电子信用证的应用等问题进行较为深入的探讨。

7.1 传统的支付方式

电子支付的技术设计是建立在对传统的支付方式的深入研究基础上的。这是因为人们总是通过传统支付方式来比较电子支付的。所以，在讨论电子支付之前，有必要对传统支付方式进行一次再认识。

7.1.1 现金

现金有两种形式，即纸币和硬币，由国家组织或政府授权的银行发行。纸币本身没有价值，它只是一种由国家发行并强制通用的货币符号；硬币本身含有一定的金属成分，故具有一定的价值。

在现金交易中，买卖双方处于同一位置，而且交易是匿名进行的。卖方不需要了解买方的身份，因为现金本身是有效的，其价值由发行机构加以保证。现金具有使用方便和灵活的特点，所以很多交易都是通过现金来完成的。其交易流程如图 7-1 所示。

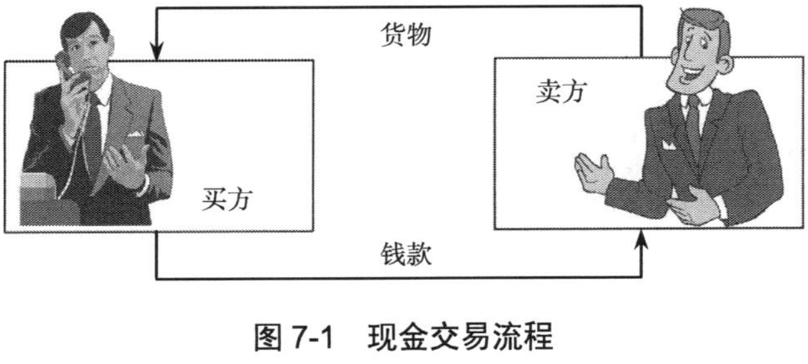

图 7-1　现金交易流程

从图 7-1 中可以看出，这种交易方式程序上非常简单，一手交钱，一手交货；交易双方在交易结束后马上就可以实现其交易目的：卖方用货物换取现金，买方用现金买到货物。然而，这种交易也存在如下一些缺陷：

（1）受时间和空间的限制，对于不在同一时间、同一地点进行的交易，就无法采用现金支付的方式。

（2）现金表面金额的固定性意味着在大宗交易中需携带大量的现金，这种携带的不便性以及由此产生的不安全性在一定程度上限制了现金作为支付手段的采用。

7.1.2 票据

"票据"一词，可以从广义和狭义两种意义上来理解。广义上的票据包括各种记载一定文字、代表一定权利的文书凭证，如股票、债券、货单、车船票、汇票等，人们笼统地将它们泛称为票据；狭义上的票据是一个专用名词，专指票据法所规定的汇票、本票和支票等票据。①

在商业交易中，交易双方往往分处两地或远居异国，经常会发生在异地之间兑换或转移金钱的需要，因为一旦成交，就要向外地或外国输送款项供清偿之用。在这种情况下，如果输送大量现金，不仅十分麻烦，而且途中风险很大。但是，如果通过在甲地将现金转化为票据，再在乙地将票据转化为现金的办法，以票据的转移，代替实际的金钱的转移，则可以大大减少上述麻烦或风险。汇票出现以后，便成为异地交易中代替现金支付的最佳工具。在国际贸易中，汇票的这种作用更加突出。

作为支付手段，各种票据都可以使用。例如，买主支付价款给卖主，可以直接签发支票，也可以直接签发本票，也可以签发汇票。但不论何种形式，都需有出票人的签名方能生效。下面以支票为例说明用票据支付的交易流程。

在支票交易中，支票由买方签名后即可生效，因而买卖双方无须处于同一位置。卖方需通过银行来处理支票，还需要为此支付一定的费用，并需要等待提款。因而，与现金交易相比，这种交易方式不再匿名，而且费用较高。其交易流程如图 7-2 所示。

汇票交易流程与支票交易大体相同，本票交易则有所不同，即汇票、支票是由卖方通过银行处理的，而本票则是由买方通过银行处理的。但是，无论怎样，票据本身的特性决定了交易可以异时、异地进行，这样就突破了现金交易同时同地的局限，大大增加了交易实现的机会；此外，票据所具有的汇兑功能也使得大宗交易成为可能。尽管如此，票据本身也存在一定的不足，如票据的真伪、遗失等都可能带来一系列的问题。

---

① 根据我国《票据法》，汇票是出票人委托他人于到期日无条件支付一定金额给受款人的票据；本票是出票人自己于到期日无条件支付一定金额给受款人的票据；支票则是出票人委托银行或其他法定金融机构于见票时无条件支付一定金额给受款人的票据。因此可以说，票据是出票人依票据法发行的、无条件支付一定金额或委托他人无条件支付一定金额给受款人或持票人的一种文书凭证。

图 7-2　支票交易流程

7.1.3　信用卡

信用卡是银行或金融公司发行的，授权持卡人在指定的商店或场所进行记账消费的信用凭证。

信用卡最早诞生于美国。1915 年起，美国的一些百货商店和饮食业商人为招揽生意，在一定范围内给顾客发放信用筹码，顾客可以在这些发行筹码的商店及其分号赊购商品，约期付款。这种方便顾客的新方法对笼络顾客、扩大销售起到了明显的促进作用。1946 年，美国狄纳斯俱乐部和运通公司等开始发行旅游、娱乐信用卡。1952 年，美国加州富兰克林国民银行首先发行银行信用卡。20 世纪 80 年代后，信用卡在美国、加拿大、西欧、日本等国已成为一种普遍采用的支付工具，逐步取代了现金和支票，大到买房置地、旅游购物，小到公用电话、公共汽车，都采用信用卡结算。

信用卡进入中国是在改革开放之后。随着对外经贸往来的扩大及旅游事业的发展，客观上要求我国改革传统的结算方式，从国外引进信用卡结算方式。1978 年中国银行广东省分行首先同香港东亚银行签订协议，代理信用卡业务。1985 年 3 月，中国银行珠海分行发行了我国第一张信用卡——人民币中银卡。1985 年 10 月，中国银行加入维萨国际组织，并于 1989 年 8 月发行了第一张长城维萨卡。之后，我国其他几家银行也先后发行了自己的信用卡，如中国工商银行的牡丹卡，中国建设银行的万事达卡，中国农业银行的金穗卡，交通银行的神通卡等。截至 2012 年第一季度末，全国累计发行银行卡 31.02 亿张。其中，借记卡累计发卡量为 28.12 亿张，信用卡累计发卡量为 2.90 亿张。①

信用卡之所以能在世界范围内被广泛使用，与其本身的特点是分不开的。信用卡具有转账结算、消费借贷、储蓄和汇兑等多种功能。它能够为持卡人和特约商户提供简化高效的结算服务，减少现金货币流通量；同时，还可以避免随身携带大量现金的不便，为支付提供较好的安全保障。有关信用卡交易的流程如图 7-3 所示。

---

① 中国人民银行．2012 年第一季度支付体系运行总体情况[EB/OL]. (2012-05-22)[2012-08-22]. http://www.pbc.gov.cn/publish/zhifujiesuansi/1070/2012/20120522154538015235876/20120522154538015235 876_html.

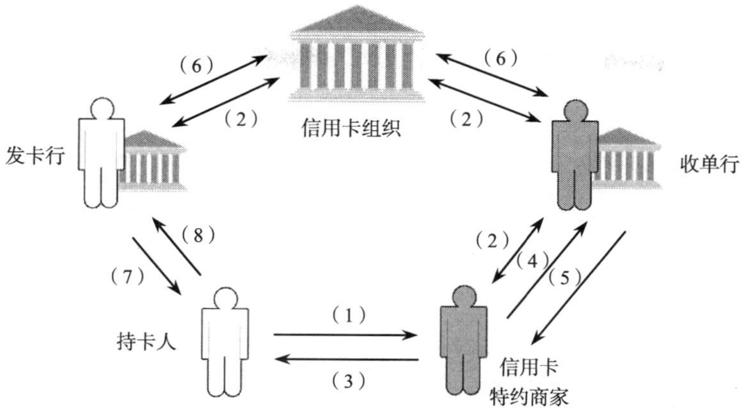

图 7-3　信用卡支付流程

图 7-3 中的数字序号含义如下：

（1）持卡人到信用卡特约商家处消费。

（2）特约商家向收单行要求支付授权，收单行通过信用卡组织向发卡行要求支付授权。

（3）特约商家向持卡人确认支付及金额。

（4）特约商家向收单行请款。

（5）收单行付款给特约商家。

（6）收单行与发卡行通过信用卡组织的清算网络清算。

（7）发卡行给持卡人账单。

（8）持卡人付款。

7.1.4　借记卡

银行借记卡是指商业银行向个人和单位发行的，凭此向特约单位购物、消费和向银行存取现金的银行卡。现阶段我国各银行发行的银行卡大多是借记卡。持卡人在使用借记卡支付前需要在卡内预存一定的金额，银行不提供信贷服务。

借记卡支付同样包括发卡行、收单行、持卡人、商家及清算网络。收单行会先通过清算网络验证持卡人出示的卡号和密码，并查询其账户中是否有足够的资金用于支付。支付完成后资金将直接从持卡人的账户中划拨到收单行，然后支付给商家。借记卡支付与信用卡支付流程有类似之处，主要区别就在于借记卡无信贷功能，是即时的支付，具体流程如图 7-4 所示。

图 7-4 中的数字序号含义如下：

（1）持卡人到信用卡特约商家处消费。

（2）特约商家向收单行要求支付授权，收单行向发卡行验证卡号、密码及账户金额。

（3）特约商家向持卡人确认支付及金额。

（4）特约商家向收单行请款。

（5）收单行从发卡行的持卡人账户划拨资金到特约商家。

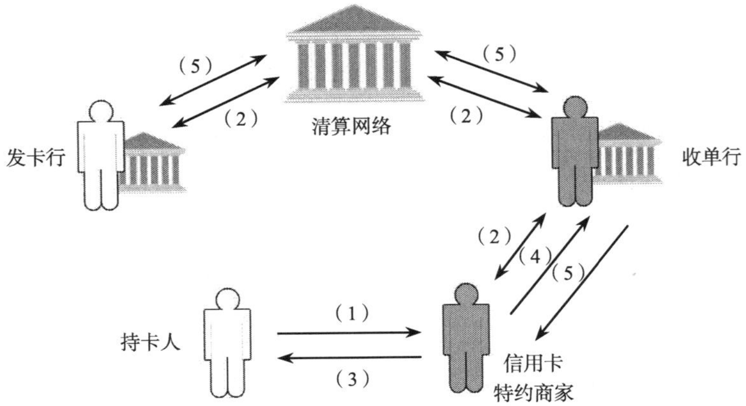

图 7-4　借记卡支付流程

7.2　电子支付

7.2.1　电子支付的概念及特征

美国将电子支付定义为：电子支付是支付命令发送方把存放于商业银行的资金，通过一条线路划入收益方开户银行，以支付给收益方的一系列转移过程。[①] 我国给出的定义是：电子支付是指单位、个人直接或授权他人通过电子终端发出支付指令，实现货币支付与资金转移的行为。[②]

电子支付从基本形态上看是电子数据的流动，它以金融专用网络为基础，通过计算机网络系统传输电子信息来实现支付。电子支付的类型按电子支付指令发起方式分为网上支付、电话支付、移动支付、销售点终端交易、自动柜员机交易和其他电子支付。按照支付指令的传输渠道可以分为卡基支付、因特网支付和移动支付（见图 7-5）。因特网支付指的是支付指令从因特网传输至支付网关再进入金融专线网络的一种电子支付，而通过银行专有网络传递支付指令的是卡基支付，通过移动通信网络传递支付指令的是移动支付。支付指令发出后在银行后台进行处理，并通过传统银行金融专线网络完成跨行交易的清算和结算。

---

① 1989 年美国全国统一州法专员会议（National Conference of Commissioners of Uniform State Law，NCCUSL）和美国法律学会（ALI）批准的“统一商业法规”第 4A 编。

② 中国人民银行．电子支付指引（第一号）[EB/OL]. (2005-10-31)[2008-9-15]. http://www.gov.cn/jrzg/2005-10/30/content_86881.htm.

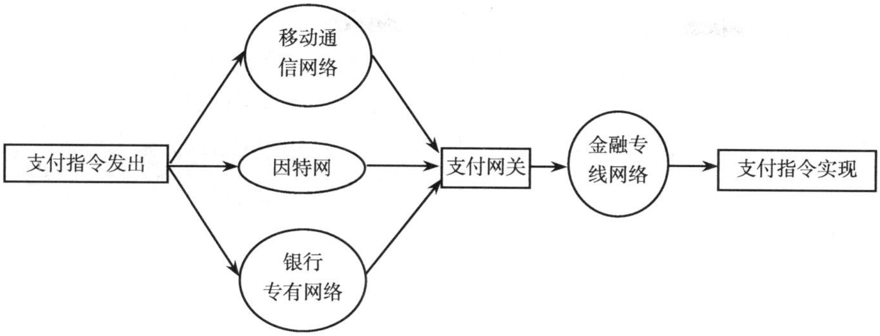

图 7-5　基于支付指令传输渠道划分的电子支付类型

与传统的支付方式相比，电子支付具有以下特征：

（1）电子支付是采用先进的技术通过数字流转来完成信息传输的，其各种支付方式都是采用数字化的方式进行款项支付的；而传统的支付方式则是通过现金的流转、票据的转让及银行的汇兑等物理实体流转来完成款项支付的。

（2）电子支付的工作环境是基于一个开放的系统平台（因特网）之中的；而传统支付则是在较为封闭的系统中运作的。

（3）电子支付对软、硬件设施的要求很高，一般要求有联网的计算机、相关的软件及其他一些配套设施；而传统支付则没有这么高的要求。

（4）电子支付具有方便、快捷、高效、经济的优势。用户只要拥有一台上网的计算机，便可足不出户，在很短的时间内完成整个支付过程。支付费用仅相当于传统支付的几十分之一，甚至几百分之一。

就目前而言，电子支付仍然存在一些缺陷。比如安全问题，一直是困扰电子支付发展的关键性问题。大规模地推广电子支付，必须解决防止黑客入侵，防止内部作案，防止密码泄露等涉及资金安全的问题。还有一个支付的条件问题。消费者所选用的电子支付工具必须满足多个条件，要有消费者账户所在的银行发行，有相应的支付系统和商家所在银行的支持，被商家所认可等。如果消费者的支付工具得不到商家的认可，或者说缺乏相应的系统支持，电子支付也是难以实现的。

7.2.2　电子支付的工具

根据系统中使用的支付工具不同，可以将电子支付系统分为以下三大类：

（1）银行卡电子支付工具，主要包括信用卡和借记卡。

（2）电子现金支付工具，如 Mondex、NetCash 等。

（3）电子票据支付工具，如电子支票等。

1. 银行卡

在所有传统支付方式中，银行卡（主要是信用卡和借记卡）最早适应了电子支付的形式。支付者可以使用申请了在线转账功能的银行卡转移小额资金到另外的银行账户中，完成支付。一般来说，在线转账功能需要到银行申请，并获得用于身份识别的证书及电子钱包软件才能够使用。在线转账使用方便，付款人只需使用电子钱包软件登录其银行账户，输入汇入账号和金额后即可完成支付。而此后的事务由清算中心、付款人银行、收款人银行等各方通过金融网络系统来完成。

银行卡电子支付的参与者包括付款人、收款人、认证中心，以及发卡行和收单行。其支付流程如图 7-6 所示。

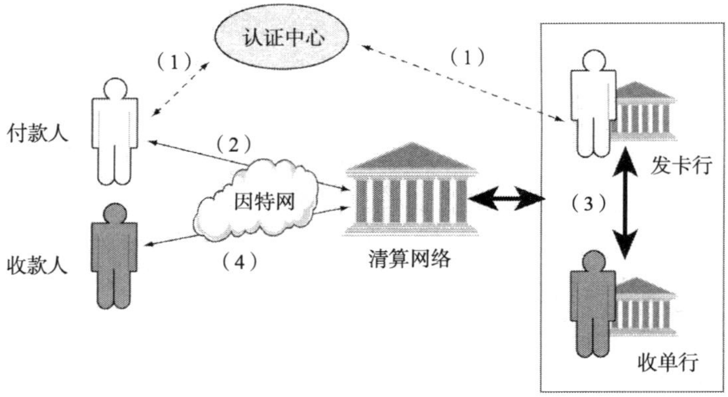

图 7-6　银行卡电子支付流程

图 7-6 中数字序号含义如下：

（1）付款人和发卡行申请认证，使得支付过程双方能够确认身份。

（2）付款人通过电子钱包软件登录发卡行，并发出转账请求。转账请求包括汇入银行名称、汇入资金账号、支付金额等信息。

（3）发卡行接受转账请求之后，通过清算网络与收单行进行资金清算。

（4）收款人与收单行结算。

2. 电子现金与电子钱包

1）电子现金

所谓电子现金（E-cash），是一种以电子数据形式流通的、能被客户和商家普遍接受的、通过因特网购买商品或服务时可以使用的货币。电子现金是现实货币的电子化或数字模拟，它把现金数值转换成为一系列的加密序列数，通过这些序列数来表示现实中各种金额的币值。电子现金以数字信息形式存在，存储于电子现金发行者的服务器和用户计算机终端上，通过因特网流通。

电子现金既具有现钞所拥有的基本特点，又由于和网络结合而具有互通性、多用途、快速简便等特点，已经在国内外的网上支付中广泛使用。中国银联在大陆发行有单币种电子现金卡，电子现金主应用币种为人民币，电子现金余额上限定为 1 000 元人民币；在香港、澳门等地发行双币种电子现金卡，电子现金主应用币种为当地货币，第二币种为人民币，电子现金余额上限定为 1 000 个当地货币单位。银联卡电子现金支持消费交易、退货交易、现金充值交易和自动圈存交易，不支持取现交易。电子现金是目前在小额支付领域的主要产品。

应用电子现金进行网络支付，需要在客户端安装专门的电子现金客户端软件，在商家服务器安装电子现金服务器端软件，发行者需要安装对应的电子现金管理软件等。为了保证电子现金的安全性及可兑换性，发行银行还应该从认证中心申请数字证书以证实自己的身份，并利用非对称加密进行数字签名，具体流程如图 7-7 所示。

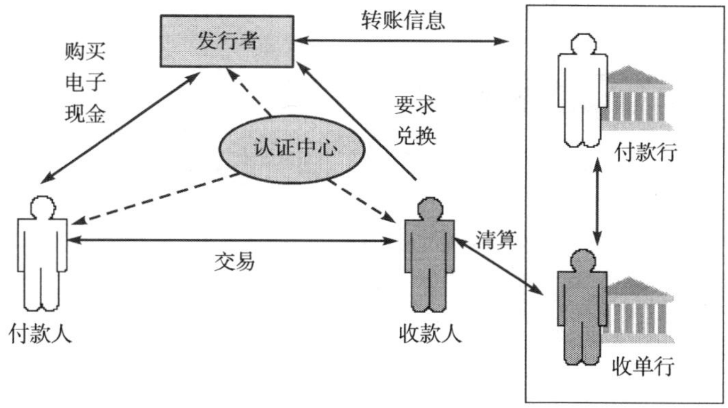

图 7-7　电子现金支付流程

图 7-7 中主要有以下工作：

（1）预备工作。付款人、收款人（商家）、发行者都要在认证中心申请数字证书，并安装专用软件。付款人从发行者处开设电子现金账号，并用其他电子支付方式存入一定数量的资金（例如使用银行转账或信用卡支付方式），利用客户端软件兑换一定数量的电子现金。接受电子现金付款的商家也在发行者处注册，并签约收单行用于兑换电子现金。

（2）付款人与收款人达成购销协议，付款人验证收款人身份并确定对方能够接受相应的电子现金支付。

（3）付款人将订单与电子现金一起发给收款人。这些信息使用收款人的公开密钥加密，收款人使用自己的私钥解密。

（4）收款人收到电子现金后，可以要求发行者兑换成实体现金。

（5）发行者通过银行转账的方式将实体资金转到付款行，付款行与收单行联系，收款人与收单行清算。

2）电子钱包

电子钱包（electronic purse）是一种为方便持卡人小额消费而设计的金融 IC 卡应用。它支持圈存、消费等交易。消费不支持个人识别码（PIN）保护。① 我国目前使用的公交卡和社保卡都属于电子钱包的范畴。

使用电子钱包购物，通常需要在电子钱包服务系统中运行。电子钱包软件通常免费提供，顾客可以直接使用与自己银行账号相连接的电子商务系统服务器上的电子钱包软件，也可以采用各种保密方式调用因特网上的电子钱包软件。

在电子商务服务系统中设有电子现金和电子钱包的功能管理模块，叫做电子钱包管理器（Wallet Administration），顾客可以用它来改变保密口令或保密方式，用它来查看自己银行账号上的收付往来的电子货币账目、清单和数据。电子商务服务系统中还有电子交易记录器，顾客通过查询记录器，可以了解自己都买了什么物品，购买了多少，也可以把查询结果打印出来。

图 7-8 是万事达卡电子钱包的运作流程图。

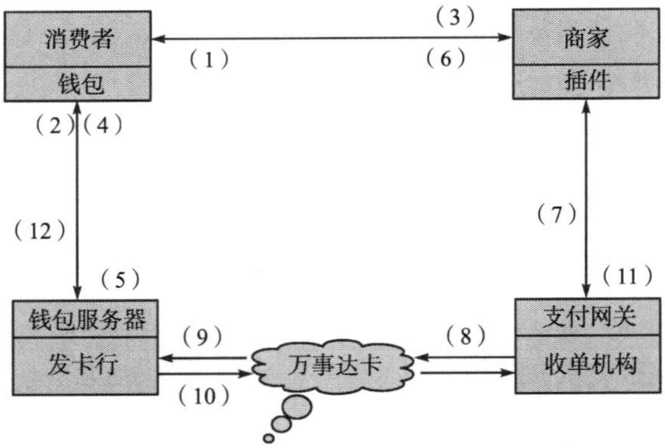

图 7-8　万事达卡电子钱包的运作流程图

图 7-8 中的数字含义如下：

（1）消费者在商家页面完成订单并确认结账。

（2）消费者登入电子钱包。

（3）电子钱包从商家网站支付页面读取相关信息。

（4）电子钱包向发卡行钱包服务器发送授权请求。

（5）钱包服务器生成认证记号并发送至消费者电子钱包。

① 中国人民银行．中华人民共和国金融行业标准——中国金融集成电路（IC）卡规范[EB/OL]. (2010-04-30)[2012-08-20]． http://www.pbc.gov.cn/publish/kejisi/437/2012/20120710112735102847974/20120710112735102847974_.html.

（6）电子钱包将认证记号作为隐含字段向商家提交支付表单。

（7）商家向收单机构发送支付请求与认证记号。

（8）收单机构通过万事达卡网络向发卡行发送支付请求与认证记号。

（9）发卡行接收认证记号并与保存在钱包服务器中的认证记号进行对比检验。

（10）发卡行返回支付授权信息。

（11）收单机构向商家返回交易信息。

（12）消费者电子钱包接收交易收据。

3）电子现金与电子钱包的区别

站在应用的角度，电子现金和电子钱包都是为小额支付而开发的。拿着一张IC卡去超市的POS机上消费，或坐公交，一般人不会关心是基于电子现金的应用还是基于电子钱包的应用。两者的差别主要表现在以下两个方面：

（1）在交易流程上，电子现金是基于借记/贷记的，完全遵守借记/贷记规范。而电子钱包本身是独立于借记/贷记的。

（2）在安全管理方面，电子现金的交易要具备终端风险管理、终端行为分析、卡片行为分析等操作，而电子钱包没有这些要求。基于电子现金的POS终端要求具有脱机数据认证能力，这种认证的原理是基于非对称的RSA加密技术的，而电子钱包的终端没有这个限制。

3．电子票据

1）电子支票

电子支票是一种借鉴纸张支票转移支付的优点，利用数字化支付指令将钱款从一个账户转移到另一个账户的电子付款形式。

电子支票的支付主要通过专用网络及一套完整的用户识别、标准报文、数据验证等规范化协议完成数据传输。用电子支票支付，事务处理费用较低，而且银行能为参与电子商务的客户提供标准化的资金信息，故而可能是目前最有效率的支付手段之一。

根据支票处理的类型，电子支票可以分为两类：一类是借记支票（Credit Check），即债权人向银行发出支付指令，以向债务人收款的划拨；另一类是贷记支票（Debit Check），即债务人向银行发出支付指令向债权人付款的划拨。

电子借记支票的流传程序可分以下几个步骤（见图7-9）：

（1）出票人和持票人达成购销协议并选择用电子支票支付。

（2）出票人通过网络向持票人发出电子支票。

（3）持票人将电子支票寄送持票人开户银行索付。

（4）持票人开户银行通过票据清算中心将电子支票寄送出票人开户银行。

（5）出票人开户银行通过票据清算中心将资金划转持票人开户银行。

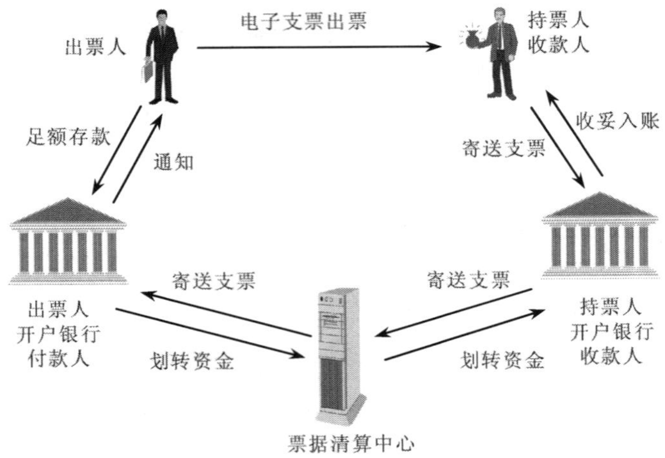

图 7-9　电子借记支票的流转程序

电子贷记支票的流传程序可分以下几个步骤（见图 7-10）：

（1）出票人向出票人开户银行提示支票付款。

（2）出票人开户银行通过票据清算中心与向收款人开户银行交换进账单并划转资金。

（3）收款人开户银行向收款人划转资金。

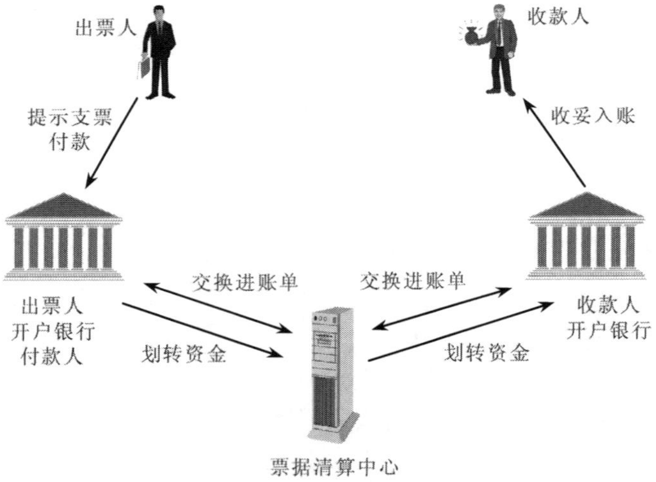

图 7-10　电子贷记支票的流转程序

电子支票支付遵循金融服务技术联盟（FSTC，Financial Services Technology Consortium）的 BIP（Bank Internet Payment）标准（草案）。典型的电子支票系统有 NetCheque（www.netcheque.org）、NetBill（http://netbill.com）、E-check 等。今后发展的方向将逐步过渡到公共互联网络上进行传输。

图 7-11 是 Authorize 电子支票的应用页面。

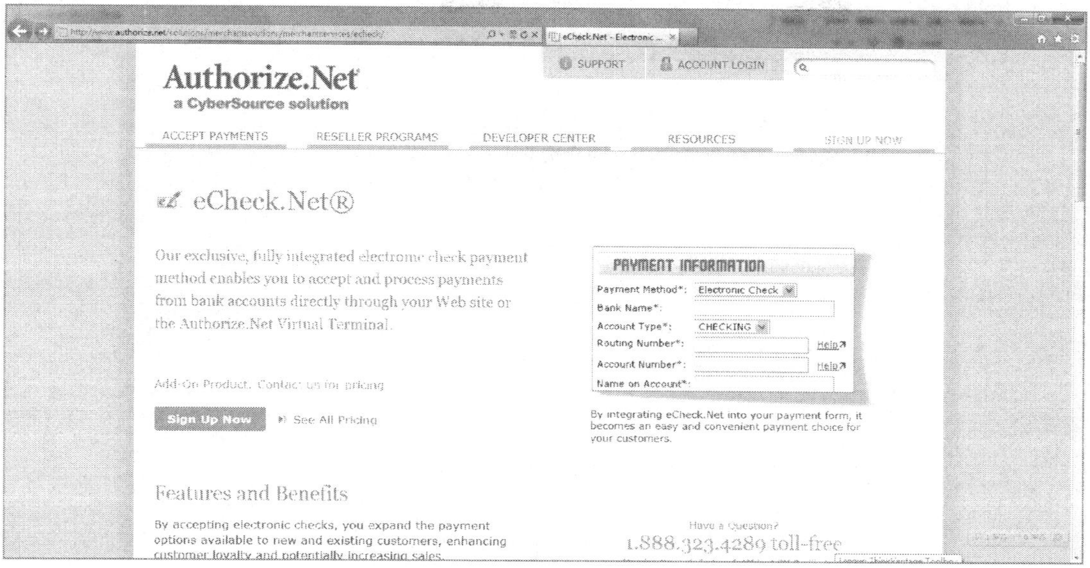

图 7-11 Authorize 电子支票的应用页面

2）支票影像交换系统

支票影像交换系统是指运用影像技术将实物支票转换为支票影像信息，通过计算机及网络将影像信息传递至出票人开户银行提示付款的业务处理系统。影像交换系统定位于处理银行机构跨行和行内的支票影像信息交换，其资金清算通过中国人民银行覆盖全国的小额支付系统处理。支票影像业务的处理分为影像信息交换和业务回执处理两个阶段，即支票提出银行通过影像交换系统将支票影像信息发送至提入行提示付款；提入行通过小额支付系统向提出行发送回执完成付款。

我国的全国影像交换系统为两级两层结构，涉及全国范围内的所有商业银行、人民银行的省级分行和人民银行的票交所，第一层为全国中心（或称总中心），第二层为分中心。如图 7-12 所示。

3）电子商业汇票

电子商业汇票是指出票人依托电子商业汇票系统，以数据电文形式制作的，委托付款人在指定日期无条件支付确定的金额给收款人或者持票人的票据。电子商业汇票分为电子银行承兑汇票和电子商业承兑汇票，电子银行承兑汇票由银行或财务公司承兑，电子商业承兑汇票由银行、财务公司以外的法人或其他组织承兑。

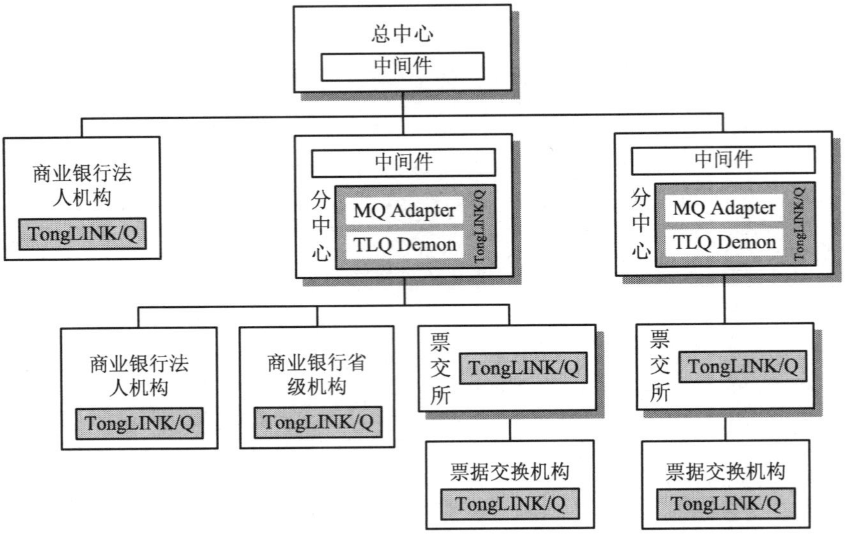

注：图中TongLINK/Q指中国人民银行选用的东方力通（TongTech）的消息中间件。

图 7-12　全国支票影像交换系统拓扑图

电子商业汇票以数据电文形式代替原有纸质实物票据，以电子签名代替实体签章，以网络传输代替人工传递，以计算机录入代替手工书写，实现了出票、流转、兑付等票据业务过程的完全电子化，确保了电子商业汇票使用的安全性。电子商业汇票的使用，提高了企业资金周转速度，畅通了企业的融资渠道。图 7-13 是电子商业汇票的票样。

电子商业汇票

出票日期　　　　　　　　　　　　　　　　票据号码

<table>
<tr><td rowspan="3">出票人</td><td>全称</td><td colspan="2"></td><td rowspan="3">收款人</td><td>全称</td><td colspan="2"></td></tr>
<tr><td>账号</td><td colspan="2"></td><td>账号</td><td colspan="2"></td></tr>
<tr><td>开户银行</td><td colspan="2"></td><td>开户银行</td><td colspan="2"></td></tr>
<tr><td colspan="2">出票保证信息</td><td colspan="2">保证人名称：</td><td colspan="3">保证人地址：</td><td>保证日期：</td></tr>
<tr><td colspan="2" rowspan="2">出票金额</td><td colspan="4" rowspan="2">人民币（大写）　元整</td><td colspan="2">亿 千 百 十 万 千 百 十 元 角 分</td></tr>
<tr><td colspan="2"></td></tr>
<tr><td rowspan="3">承兑信息</td><td colspan="3">出票人承诺：本汇票请予以承兑，到期无条件付款</td><td rowspan="3">承兑行</td><td>全称</td><td colspan="2"></td></tr>
<tr><td colspan="3">承兑行承兑：本汇票已经承兑，到期无条件付款</td><td>行号</td><td colspan="2"></td></tr>
<tr><td colspan="3">承兑日期　年　月　日</td><td>地址</td><td colspan="2"></td></tr>
<tr><td colspan="2">承兑保证信息</td><td colspan="2">保证人名称：</td><td colspan="3">保证人地址：</td><td>保证日期：</td></tr>
<tr><td colspan="2">汇票到期日</td><td colspan="2"></td><td colspan="2">备　注</td><td colspan="2"></td></tr>
<tr><td colspan="2" rowspan="2">评级信息（仅供参考）</td><td>出票人</td><td colspan="3">评级主体：</td><td>评级等级：</td><td>评级到期日：</td></tr>
<tr><td>承兑行</td><td colspan="3">评级主体：</td><td>评级等级：</td><td>评级到期日：</td></tr>
</table>

图 7-13　电子商业汇票票样

4．电子资金划拨

根据美国 1978 年发布的《电子资金划拨法》，电子资金划拨是“除支票、汇票或类似的纸质工具的交易以外的，通过电子终端、电话工具，或计算机或磁盘命令、指令，或委托金融机构借记或贷记账户的任何资金的划拨”。[①]

电子资金划拨根据发起人的不同，可以分为贷记划拨和借记划拨。贷记划拨（Credit Transfer）是由债务人发起的划拨，即债务人（支付人）向其开户银行发出支付命令，将其存放于该银行账户的资金，通过网络与电讯线路，划入债权人（收款人）开户银行的一系列转移过程。借记划拨（Debit Transfer）是由债权人发起的划拨，即债权人（收款人）命令开户银行将债务人（支付人）资金划拨到自己的账户。

目前，我国电子资金划拨有四种渠道。一是利用中国人民银行于 2005 年 6 月建设运行的大额实时支付系统。该系统连接了与各银行业金融机构行内支付系统、中央债券综合业务系统、银行卡支付系统、人民币同业拆借和外汇交易系统等多个系统以及香港、澳门的人民币清算行，是金融基础设施的核心系统。二是利用中国人民银行于 2006 年 6 月建成的小额批量支付系统。该系统支撑多种支付工具的使用，实行 7×24 小时连续运行，为银行业金融机构的小金额、大批量跨行支付清算业务提供了一个低成本的公共平台。三是利用中国人民银行的全国支票影像交换系统。该系统于 2007 年 6 月在全国推广，实现了支票的全国通用。四是利用 2008 年外币支付系统，实现境内外币跨行资金支付的实时到账。

电子资金划拨系统根据服务对象的不同与支付金额的大小分为小额电子资金划拨系统（HEPS）和大额电子资金划拨系统（HVPS）。前者的服务对象主要是广大消费者个人，特点是交易发生频繁，交易金额小且多样化；后者的服务对象包括货币、黄金、外汇、商品市场的经纪商与交易商，在金融市场从事交易活动的商业银行以及从事国际贸易的工商企业，其特点是金额巨大，对支付的时间性、准确性与安全性有特殊要求，在电子资金划拨中处于主要地位。图 7-14 显示了大额实时支付系统的业务处理流程。

在图 7-14 中，中国工商银行北京市分行通过大额支付系统向中国农业银行上海市分行支付一笔金额为 100 万元大额汇款，历经发起行、发起清算行、发报 CCPC，经 NPC 清算资金后实时转发收报 CCPC、接收清算行、接收行，全过程自动化实时处理。具体步骤有以下四个：

（1）工行北京市分行将大额支付指令实时发送至北京 CCPC。

（2）北京 CCPC 将大额支付指令实时转发至 NPC。

（3）NPC 实时全额完成资金清算后转发至上海 CCPC。

（4）上海 CCPC 将大额支付指令实时转发至农行上海市分行，完成资金汇划。

---

① U.S. Congress. Electronic Fund Transfer Act [EB/OL]. (1978-11-10)[2012-08-20]. http://www.fdic.gov/regulations/laws/rules/6500-1350.html.

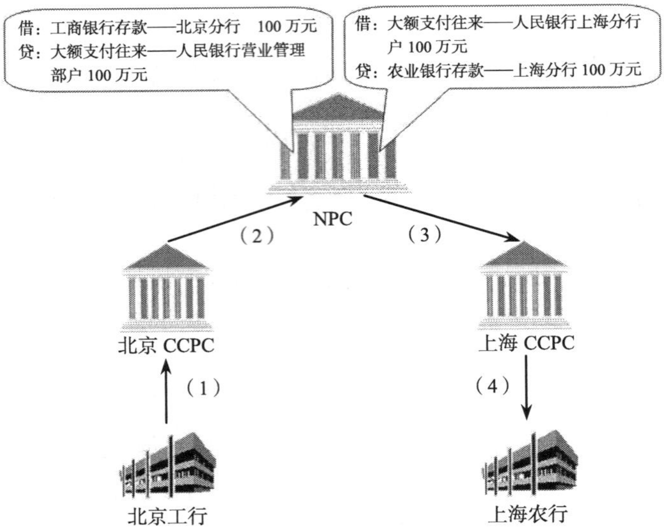

图 7-14 大额实时支付系统的业务处理流程

7.2.3 电子支付模式

根据资金服务技术协会（Financial Services Technology Consortium，FSTC）的分类，电子支付，不论是使用银行卡、电子现金，还是使用电子支票或电子资金划拨，支付活动基本上可以分为四种模式（见图 7-15）。

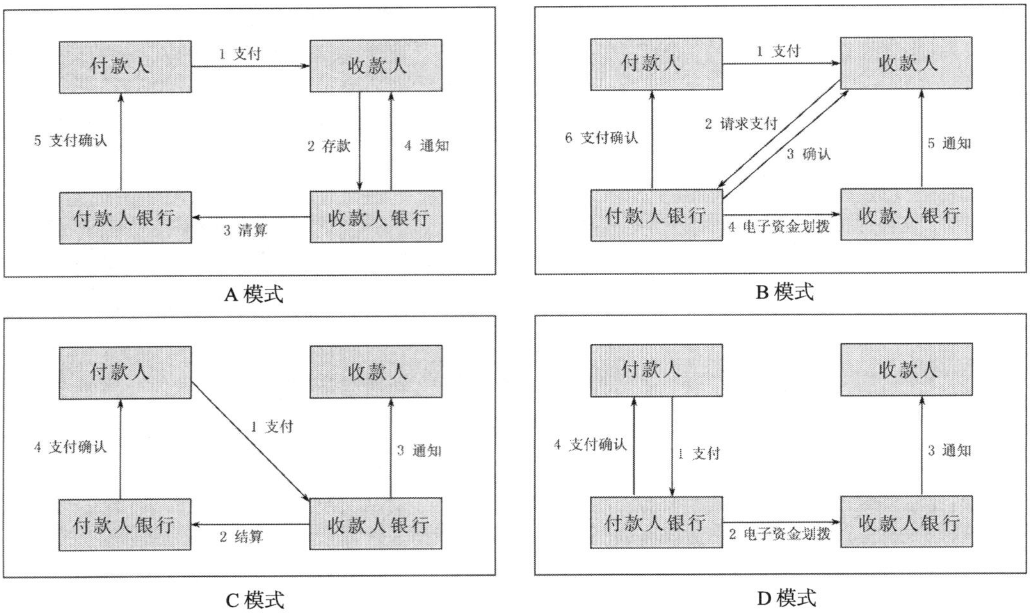

图 7-15 电子支付的四种模式

在图 7-15 的 A 模式中，付款人在商店购买商品，使用电子支付工具支付款项；收款人根据电子支付工具的信息通知自己的开户银行；收款人开户银行与付款人开户银行清算，并通知收款人；付款人开户银行将支付账单交给付款人。A 模式是最一般的支付模式。

在图 7-15 的 B 模式中，付款人使用电子支付工具支付款项；收款人根据电子支付工具的信息向付款人开户银行请求支付；付款人开户银行通过电子资金划拨支付给收款人开户银行；收款人开户银行通知收款人；付款人开户银行将支付账单交给付款人。例如，支付电话费，消费者将有关电子支付的信息告诉电信局；电信局直接请求消费者的开户银行支付；消费者的开户银行将款项划拨给电信局的开户银行；电信局的开户银行通知电信局款项已到；消费者的开户银行将支付账单交给消费者。网上支付水电费也是这样一种模式。

在图 7-15 的 C 模式中，付款人使用电子支付工具直接将款项支付给收款人开户银行；收款人根据电子支付工具的信息向付款人开户银行请求支付；付款人开户银行通过电子资金划拨支付给收款人开户银行；收款人开户银行通知收款人；付款人开户银行将支付账单交给付款人。例如，一个人驾驶汽车时违反了交通规则，警察开出罚款单；驾车人到临近的银行利用电子支付工具将款项划入警察局的开户银行；警察局的开户银行与驾车人的开户银行清算，警察局的开户银行通知警察款项已到；驾车人的开户银行将支付账单交给驾车人。

在图 7-15 的 D 模式中，付款人使用电子支付工具将款项存入自己的开户银行；付款人开户银行将资金划拨给收款人开户银行；收款人开户银行通知收款人；付款人开户银行将支付账单交给付款人。例如，贷款购房，首先使用电子支付工具将款项存入自己的开户银行；付款人开户银行将款项划拨给房屋开发商的开户银行；房屋开发商的开户银行通知房屋开发商款项已到，付款人开户银行将支付账单交给付款人。

7.3 国际上通行的两种电子支付安全协议

7.3.1 SSL 协议

1. SSL 协议的基本概念

SSL（Secure Sockets Layer，安全套接层）协议是一种保护 Web 通信的工业标准，是基于强公钥加密技术及 RSA 的专用密钥序列密码，能够对信用卡和个人信息、电子商务提供较强的加密保护。SSL 协议最初是由 Netscape Communication 公司设计开发的，主要目的是提供因特网上的安全通信服务，提高应用程序之间的数据的安全系数。SSL 协议的整个概念可以被总结为：一个保证任何安装了安全套接层的客户和服务器间事务安全的协议，它涉及所有 TCP/IP 应用程序。

SSL 协议主要提供三个方面的服务：

（1）认证用户和服务器，使得它们能够确信数据将被发送到正确的客户机和服务器上。

（2）加密数据以隐藏被传送的数据。

（3）维护数据的完整性，确保数据在传输过程中不被改变。

SSL 在建立连接过程上采用公开密钥，在会话过程中使用专有密钥。在每个 SSL 会话（其中客户机和服务器都被证实身份）中，要求服务器完成一次使用服务器专用密钥的操作和一次使用客户机公开密钥的操作。SSL 提供数据加密、服务器认证、报文完整以及 TCP/IP 连接用可选客户认证等，对计算机之间整个会话过程进行加密。采用 SSL 协议，可确保信息在传输过程中不被修改，实现数据的保密与完整性，在因特网上广泛用于处理财务上敏感的信息。在信用卡交易方面，商家可以通过 SSL 在 Web 上实现对信用卡订单的加密。由于 SSL 适合各类主流浏览器及 Web 服务器，因此只要安装一个数字证书就可使 SSL 成为可能。

SSL 的缺陷是只能保证传输过程的安全，无法知道在传输过程中是否受到窃听，黑客可以此破译 SSL 的加密数据，破坏和盗窃 Web 信息。新的 SSL 协议被命名为 TLS（Transport Layer Security），安全可靠性有所提高，但仍不能消除原有技术上的基本缺陷。

2．SSL 协议的运行步骤

SSL 协议的运行步骤包括六步：

（1）接通阶段。客户通过网络向服务商打招呼，服务商回应。

（2）密码交换阶段。客户与服务商之间交换双方认可的密码。一般选用 RSA 密码①算法，也有的选用 Diffie-Hellman 和 Fortezza-KEA 密码算法。

（3）会谈密码阶段。客户与服务商间产生彼此交谈的会谈密码。

（4）检验阶段。检验服务商取得的密码。

（5）客户认证阶段。验证客户的可信度。

（6）结束阶段。客户与服务商之间相互交换结束的信息。

当上述动作完成之后，两者间的资料传送就会加以密码，等到另外一端收到资料后，再将编码后的资料还原。即使盗窃者在网络上取得编码后的资料，如果没有原先编制的密码算法，也不能获得可读的有用资料。

在电子商务交易过程中，由于有银行参与，按照 SSL 协议，客户购买的信息首先发往商家，商家再将信息转发银行，银行验证客户信息的合法性后，通知商家付款成功，商家再通知客户购买成功，将商品寄送客户（见图 7-16）。

在线支付 SSL 模式工作流程可分以下几个步骤：

（1）身份认证。SSL 模式的身份认证机制比较简单，只是付款人与收款人在建立“握手”关系时交换数字证书。

---

① RSA 是数据保密技术中使用的一种通用关键字密码方法，是基于大数作因子分解的难度而建立的方法，由 Rivest-Shamir-Adleman 提出。

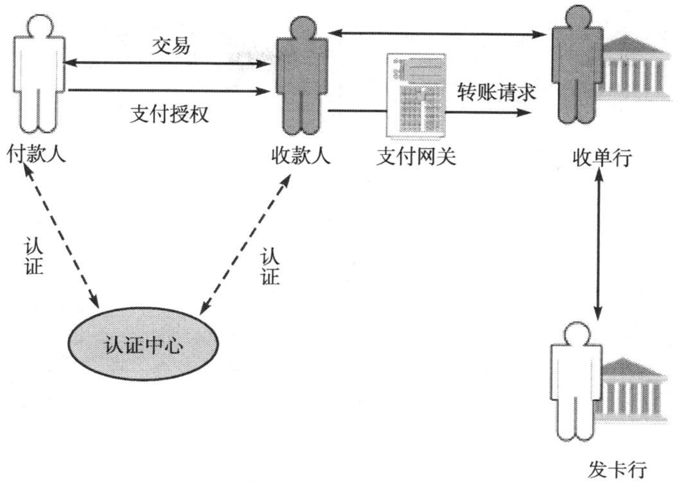

图 7-16　在线支付 SSL 模式工作流程

（2）付款人建立和收款人之间的加密传输通道之后，将商品订单和信用卡转账授权传递给收款人。

（3）收款人通过支付网关将转账授权传递给其收单行。

（4）收单行通过信用卡清算网络向发卡行严正授权信息，发卡行验证信用卡相关信息无误后，通知收单行。

（5）收单行通知收款人电子支付成功，收款人向收单行请款。

3．SSL 协议的应用

SSL 协议也是国际上最早应用于电子商务的一种网络安全协议，至今仍然有许多网上商店在使用。当然，在使用时，SSL 协议根据邮购的原理进行了部分改进。在传统的邮购活动中，客户首先寻找商品信息，然后汇款给商家，商家再把商品寄给客户。这里，商家是可以信赖的，所以，客户须先付款给商家。在电子商务的开始阶段，商家也是担心客户购买后不付款，或使用过期作废的信用卡，因而希望银行给予认证。SSL 协议正是在这种背景下应用于电子商务的。

1999 年维萨组织在电子商务领域引入了一种叫 3D（3 Domain）的安全协议模型。该模型采用 SSL 安全机制，其目标是给发卡行提供一个持卡人身份许可的环节，减少使用信用卡进行欺诈的可能性，使所有参与者从中受益，从而提升交易安全性能。最初也称为 3D-SSL，进入 21 世纪后形成了 3D-Secure 体系。图 7-17 是 3D-Secure 的运作流程。

图 7-17 中的数字含义如下：

（1）消费者在商家页面完成订单并提交卡号码。

（2）商家 MPI 被激活，并向 Visa 目录服务请求检验卡号码。

（3）Visa 向发卡行 ACS 检验卡号码是否加入 VBV 验证。

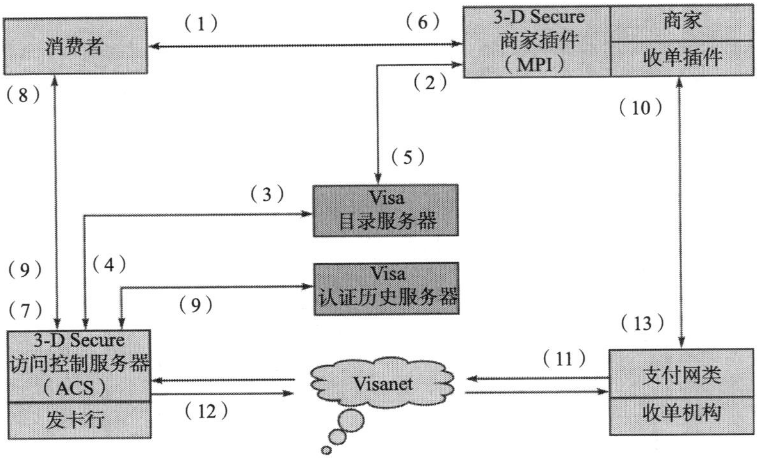

图 7-17　3D-Secure 的运作流程

（4）发卡行进行检验，并返回确认信息与发卡行服务器 URL。

（5）Visa 目录服务向商家 MPI 传递确认信息与 URL。

（6）商家 MPI 通过消费者浏览器向发卡行服务器提出认证请求。

（7）发卡行 ACS 利用自身提供的认证机制（如用户 ID/密码）验证消费者。

（8）消费者应答验证要求。

（9）认证结果通过消费者浏览器发送至商家 MPI，同时发送至 Visa 认证历史服务器。

（10）商家服务器依照原有流程向收单机构支付网关发送授权请求。

（11）收单机构支付网关通过 Visa 网络向发卡行发送授权请求。

（12）发卡行通过 Visa 网络向收单机构发送授权信息。

（13）收单机构支付网关向商家发送授权信息，商家执行后续购物流程。

7.3.2　SET 协议

在开放的因特网上处理电子商务，如何保证买卖双方传输数据的安全成为电子商务能否普及的最重要的问题。为了克服 SSL 协议的缺点，两大信用卡组织——Visa 和 MasterCard，联合开发了 SET（Secure Electronic Transaction，安全电子交易协议）。SET 是一种应用于开放网络环境下、以智能卡为基础的电子支付系统协议。SET 给出了一套完备的电子交易过程的安全协议，可实现电子商务交易中的加密、认证、密钥管理等任务。在保留对客户信用卡认证的前提下，SET 又增加了对商家身份的认证，这对于需要支付货币的交易来讲是至关重要的。由于设计合理，SET 协议得到了 IBM、惠普、微软、网景等许多大公司的支持，成为事实上的工业标准。目前，它已获得 IETF 标准的认可。

SET 基于因特网的卡基支付，是授权业务信息传输的安全标准，采用 RSA 公开密钥体系对通信双方进行认证。利用 DES、RC4 或任何标准对称加密方法进行信息的加密传输，并用 HASH 算法来鉴别消息真伪、有无篡改。在 SET 体系中有一个关键的认证中心（CA），认证中心根据 X.509 标准发布和管理证书。

1．SET 协议运行的目标

（1）保证信息在因特网上安全传输，防止数据被黑客或被内部人员窃取。

（2）保证电子商务参与者信息的相互隔离。客户的资料加密或打包后通过商家到达银行，但是商家不能看到客户的账户和密码信息。

（3）解决多方认证问题，不仅要对消费者的信用卡认证，而且要对在线商店的信誉程度认证，同时还有消费者、在线商店与银行间的认证。

（4）保证了网上交易的实时性，使所有的支付过程都是在线的。

（5）效仿 EDI 贸易的形式，规范协议和消息格式，促使不同厂家开发的软件具有兼容性和互操作功能，并且可以运行在不同的硬件和操作系统平台上。

2．SET 协议涉及的范围

SET 协议规范所涉及的对象有：

（1）消费者，包括个人消费者和团体消费者，按照在线商店的要求填写订货单，通过由发卡银行发行的信用卡进行付款。

（2）在线商店，提供商品或服务，具备相应电子货币使用的条件。

（3）收单银行，通过支付网关处理消费者和在线商店之间的交易付款问题。

（4）电子货币（如智能卡、电子现金、电子钱包）发行公司，以及某些兼有电子货币发行的银行。负责处理智能卡的审核和支付工作。

（5）认证中心，负责对交易对方的身份确认，对厂商的信誉度和消费者的支付手段进行认证。

SET 协议规范的技术范围包括加密算法的应用（如 RSA 和 DES）、证书信息和对象格式、购买信息和对象格式、认可信息和对象格式、划账信息和对象格式、对话实体之间消息的传输协议。

SET 协议采用了对称密钥和非对称密钥体制，把对称密钥的快速、低成本和非对称密钥的有效性结合在一起，以保护在开放网络上传输的个人信息，保证交易信息的隐蔽性。其重点是如何确保商家和消费者的身份和行为的认证和不可抵赖性，其理论基础是著名的非否认协议（Non-repudiation），其采用的核心技术包括 X.509 电子证书标准与数字签名技术（Digital Signature）、报文摘要、数字信封、双重签名等技术。例如，使用数字证书对交易各方的合法性进行验证；使用数字签名技术确保数据完整性和不可否认性；使用双重签名技术对 SET 交易过程中消费者的支付信息和订单信息分别签名，使得商家看不到支付信息，只能对用户的订单信息解密，而金融机构只能对支付和账户信息解密，充分保证消费者的账户和订货信息的安全性。SET 通过制定标准和采用各种技术手段，解决了一直困扰电子商务发展的安全问题，包括购物与支付信息的保密性、交易支付完整性、身份认证和不可抵赖性，在电子交易环节上提供了更大的信任度、更完整的交易信息、更高的安全性和更少受欺诈的可能性。

3. SET 协议的工作原理

SET 协议的工作原理如图 7-18 所示。

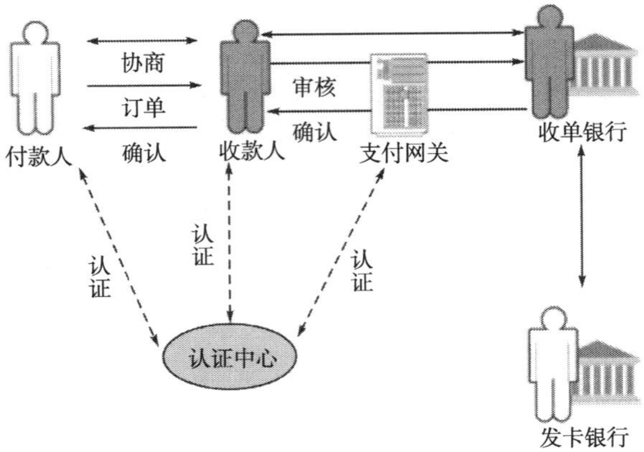

图 7-18　SET 协议的工作原理

根据 SET 协议的工作原理，可将整个工作流程分为下面 7 个步骤：

（1）消费者利用自己的计算机通过因特网选定所要购买的物品，并在计算机上输入订货单，订货单上包括在线商店、购买物品名称及数量、交货时间及地点等相关信息。

（2）通过电子商务服务器与有关在线商店联系，在线商店做出应答，告诉消费者所填订货单的货物单价、应付款数、交货方式等信息是否准确，是否有变化。

（3）消费者选择付款方式，确认订单，签发付款指令。此时 SET 开始介入。

（4）在 SET 中，消费者必须对订单和付款指令进行数字签名。同时，利用双重签名技术保证商家看不到消费者的账号信息。

（5）在线商店接受订单后，向消费者所在银行请求支付认可。信息通过支付网关到收单银行，再到电子货币发行公司确认。批准交易后，返回确认信息给在线商店。

（6）在线商店发送订单确认信息给消费者。消费者端软件可记录交易日志，以备将来查询。

（7）在线商店发送货物，或提供服务，并通知收单银行将钱从消费者的账号转移到商店账号，或通知发卡银行请求支付。

在认证操作和支付操作中间一般会有一个时间间隔，例如，在每天的下班前请求银行结一天的账。

前两步与 SET 无关，从第三步开始 SET 起作用，一直到第七步。在处理过程中，对通信协议、请求信息的格式、数据类型的定义等，SET 都有明确的规定。在操作的每一步，消费者、在线商店、支付网关都通过认证中心来验证通信主体的身份，以确保通信的对方不是冒名顶替。所以，也可以简单地认为，SET 规格充分发挥了认证中心的作用，以维护在任何开放网络上的电子商务参与者提供信息的真实性和保密性。

4．SET 协议的缺陷

从 1996 年 4 月 SET 协议 1.0 版面市以来，大量的现场实验和实施效果获得了业界的支持，促进了 SET 的发展。但它的推广应用仍然比较缓慢，主要原因是存在下面几个问题：

（1）协议没有说明收单银行给在线商店付款前，是否必须收到消费者的货物接受证书。否则的话，在线商店提供的货物不符合质量标准，消费者提出疑义，责任由谁承担。

（2）协议没有担保“非拒绝行为”，这意味着在线商店没有办法证明订购是由签署证书的消费者发出的。

（3）协议提供了多层次的安全保障，但显著增加了复杂程度，因而变得操作性差，实施起来有一定难度。

（4）SET 技术规范没有提及在事务处理完成后，如何安全地保存或销毁此类数据，是否应当将数据保存在消费者、在线商店或收单银行的计算机里。这种漏洞可能使这些数据以后受到潜在的攻击。

5．SET 协议的最新扩展

SET 存在的缺陷促使人们设法改进它。1999 年以来，SET 协议推广组织 SETCO 发布了多个扩展来增强 SET 协议的功能，加速 SET 协议在市场的应用。

（1）商家初始授权扩展（The Merchant Initiated Authorization Extension）。标准的 SET 协议的授权是从持卡人采用 SET 协议开始的。而商家初始授权扩展到允许一个商家为非 SET 的订购进行授权和请款（Capture Request）。这些订购是由持卡人采用非 SET 的传输方式完成的，如采用电话、传真、SSL 等方式通知商家支付信息，由商家采用 SET 协议向银行发出授权请求。该扩展拓宽了 SET 协议的应用场合，实现了现有电子商务的支付方式向 SET 模式的平滑过渡。

（2）在线个人识别号扩展（Online PIN Extensions to SET™ 1.0）。个人识别号（Personal Identification Numbers，PIN）是用户为支付卡设定的个人密码。SET 协议在线个人识别号扩展定义两种使用 PIN 的扩展方式。一是持卡人通过任何方式（包括键盘）来输入 PIN；二是通过安全设备来输入 PIN。在实际应用中，根据支付卡的政策决定使用方式。该扩展增强了信用卡的认证信息，为借记卡和 IC 卡采用 SET 协议提供了新的用户信息识别方式。

（3）芯片卡扩展（Common Chip extension）。芯片卡（如 IC 卡）与磁卡相比，具有存储信息容量大、安全性能高、使用快界方便等优点。SET 1.0 标准出台时没有考虑对芯片卡的支持。1999 年 9 月，SETCO 批准公布了 Europe International、MasterCard International、Visa International 提交的“Common Chip Extension SET™ 1.0”，支持芯片卡采用 SET 协议

进行安全电子交易，并使 SET 具有处理芯片卡数据的通用扩展。

7.4 电子信用证

7.4.1 信用证的沿革

1. 商业信用证

信用证的前身大概可以追溯到 12 世纪。当时，作为一种最简单的“商业信用证”，其运作方式是以支付汇票换取所有权单据。这种支付要通过第三方“开证人”进行，开证人充当的是中介人的角色。

有银行承担义务的现代商业信用证出现于 19 世纪，最早是芬兰进口商在 1840 年从巴西进口咖啡豆时使用的信用证。在其后不到一个世纪的时间里，国际商会制定了《跟单信用证统一惯例》，并进行了多次修订。现在使用的是 2007 年版本，也就是我们熟悉的 UCP 600，据此规则运作的信用证称为跟单信用证。在具体的使用中，又衍生出即期信用证、远期信用证、不可撤销信用证、可撤销信用证等多种形式。由于信用证很好地解决了国际贸易中买卖双方的风险分担问题，促进了国际贸易的发展。

常用的跟单信用证（Documentary Credit，D/C）流程如图 7-19 所示。这是买方要求银行（开证银行）签发的文件，证明银行承诺在卖方符合跟单信用证具体规定的情况下，向卖方支付指定金额。

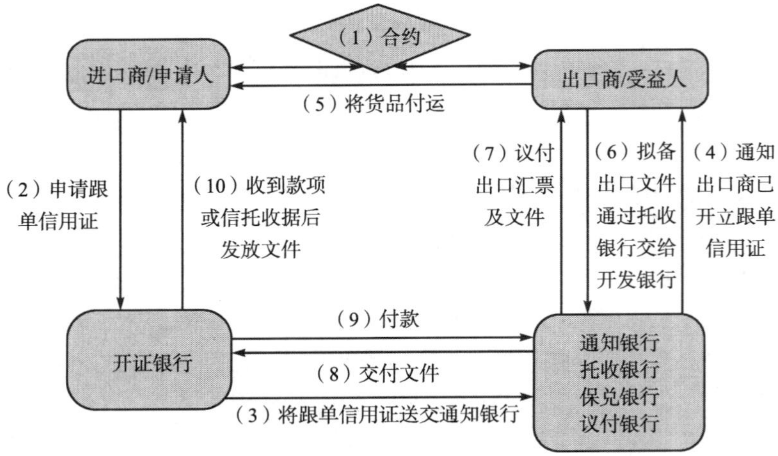

图 7-19　跟单信用证（D/C）流程

流程中的每个步骤及其涉及的人士如表 7-1 所示。

表7-1 跟单信用证各步骤说明

步　　骤	程　　序	涉及人士
（1）	确认销售合约及交易条款（特别是付款方式）	出口商及进口商
（2）	进口商向开证银行申请开立以出口商为受益人的跟单信用证	进口商及开证银行
（3）	申请一经批核，开证银行便会开立一份以出口商为受益人的信用证，送交通知银行	开证银行
（4）	开证银行透过通知银行通知出口商已开立跟单信用证	开证银行/通知银行
（5）	将货品付运	出口商
（6）	货品付运后，出口商拟备出口文件，通过托收银行交给开证银行（在很多情况下，出口商可通过其他银行交付文件，不一定需要通过通知银行）	出口商及通知银行
（7）	出口商可与通知银行洽谈议付出口汇票及文件事宜，通知银行转而担任议付银行的角色。议付银行负责为收证公司查核文件与信用证（如不需议付过程，通知银行转而担任托收银行的角色）	议付银行
（8）	议付银行负责将文件送交开证银行，并向其索回所议付的金额	议付银行
（9）	开证银行审核出口商通过议付银行提交的文件，在核实与规定完全一致后，便向议付银行付款	开证银行
（10）	开证银行在收到款项或信托收据后向进口商发放文件，以便进口商提货	开证银行

2．电开信用证

信用证最初是以纸制、手工开证等方式运作的。20世纪70年代至80年代，随着通信技术的发展，信用证的开证、通知、修改等方式可以通过电报、电话、电传的方式进行，被称为电开信用证。

现在，通过环球同业银行金融电讯协会① SWIFT系统进行的电开信用证和电通知信用证已经被广泛应用。凡通过SWIFT系统开立的或通过SWIFT通知的信用证均称为“SWIFT信用证”，它是被信用证诸当事人所接受的国际通用的信用证。当前，在西欧、北美、南美及亚洲的国际贸易市场已广泛采用SWIFT，世界各国和地区大多数银行参加了该协会并采用该会电讯业务信息系统。截至2011年，全球有205个国家和地区的银行已使用SWIFT系统，10 118家用户机构与SWIFT系统连接，处理报文达到44.31亿条，平均每天处理1 760

① 环球同业银行金融电讯协会（Society For Worldwide Interbank Financial Telecommunication S.C., SWIFT）是一个由会员机构拥有的合作组织。SWIFT使客户能够实现金融交易的自动化和标准化，从而在业务运营中降低成本、减少风险并提高效率。全球205个国家/地区的10 000多家金融机构和企业使用该系统，每天交换数百万条标准化金融报文。

万条贸易信息。[①] 2012 年 5 月 31 日创出每天处理 2 000 万条报文纪录。

SWIFT 的使用，为银行的结算提供了安全、可靠、快捷、标准化、自动化的通信业务，从而大大提高了银行的结算速度。图 7-20 是基于 L/C（Letter of Credit，信用证）和 OA（Open Account，赊销）的 SWIFT 系统的基本运作流程。

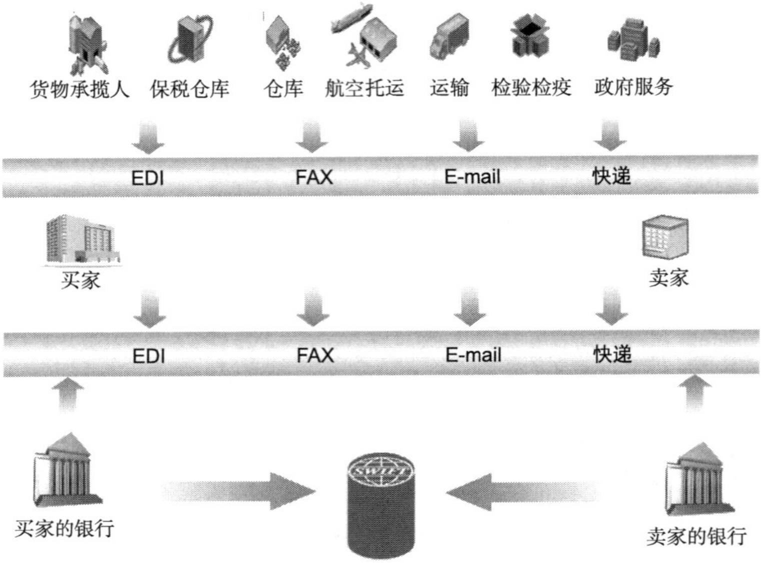

图 7-20　SWIFT 系统的基本运作流程

SWIFT 系统有以下特点：

（1）SWIFT 需要会员资格。我国的大多数专业银行都是其成员。

（2）SWIFT 的费用较低。同样多的内容，SWIFT 的费用只有电传的 18%左右，只有电报的 2.5%左右。

（3）SWIFT 的安全性较高。SWIFT 的密钥比电传的密钥可靠性强、保密性高，且具有较高的自动化。

（4）SWIFT 的格式具有标准化。对于 SWIFT 电文，SWIFT 组织有着统一的要求和格式。SWIFT 由项目（field）组成，如 59b 就是一个项目，59 是项目的代号，b 是受益人（beneficiary）。不同的代号，表示不同的含义。项目还规定了一定的格式，各种 SWIFT 电文都必须按照这种格式表示。例如，日期表示为 yymmdd（年月日），5%表示为 5 percent。

电开信用证虽然是通过电子通信的方式进行的，但它还未形成一种完全无纸化的交易

① SWIFT. SWIFT Annual Review 2011[R/OL]. (2012-04)[2012-09-16]. http://www.swift.com/resources/documents/Annual_Review_2011.pdf.

方式。在银行与银行之间信用证信息的传递在电开方式下是电子的、无纸化的，但在通知行与信用证受益人之间信用证仍然要求传统的纸质形式，通知行还要将 SWIFT 的电子信息转换为传统的纸质形式的信用证。由于 SWIFT 的规则是为银行之间传递电子金融信息而设计的，因此在通知行将电子信息转换为纸质信用证时就会产生一些复杂问题。其中，最主要的问题是：通知行将收到的电子信息转换成纸质形式的信用证上没有传统意义上的签名。对受益人而言，常常会担心电子形式的 SWIFT 信息是否是一个有效的信用证文件。

7.4.2 电子信用证

1．信用证电子化

所谓信用证电子化，就是利用计算机系统操作传统纸张信用证。早在 1989 年通过的《INCOTERMS 1990》就认可了电子信息传输的使用，并在《INCOTERMS 2000》中继续认可了电子单证的效力。国际商会银行委员会于 1999 年起草了《电子贸易和支付统一规则》；2000 年，国际商会又对 UCP500（《跟单信用证统一惯例》）进行了重新定义和解释，主要针对适应电子通信技术的发展，特别是电子数据交换（EDI）和传真技术的广泛应用所引发的国际货物交付、运输、邮递等业务的相应变化，做出了明确修订。2002 年，国际商会正式发布了《UCP Supplement for Electronic Presentation》（EUCP1.0，UCP 电子交单增补），用来专门解决电子交单和电子审单问题。2006 年，国际商务对 UCP500 进行了修订，发布了 UCP600。此外，各发达国家针对电子单证制定了专门的立法修改，使得信用证的电子化成为可能，信用证的电子化进程迅速展开。

20 世纪 90 年代，通过 SWIFT 系统进行的电开信用证和信用证通知已经得到广泛应用。世界各国和地区大多数银行参加了该协会并采用该会的 SWIFT 系统。我国政府也高度重视信用证电子化的工作。1999 年 10 月 1 日生效的《中华人民共和国合同法》中明确规定：“书面形式纸制合同书、信件以及数据电文（包括电报、电传、传真、电子数据交换和电子邮件）等可以有形地表现所在内容的形式……”这一明文认可了电子单证的发行。我国国内银行也紧跟潮流，纷纷加入各种电子贸易结算网络，并开展电子信用证业务。在我国，以电子银行业务领先著称的招商银行，于 2000 年 9 月在青岛开出了国内第一张电子人民币信用证，到 2002 年 6 月底，招商银行已累计开电子出信用证近 2 000 笔。

目前，信用证向三个不同方向变化：一是电子信用证与纸质信用证并行不悖，这只是过渡，而非最终结果；二是信用证的彻底电子化，局限于外部基础设施及法律层面，在推行上仍有障碍；三是信用证开证主体的多元化，这将改变传统信用证银行信用的性质，或者也可以理解为传统意义上的信用证将被其他形式的信用证逐渐替代。

2．电子信用证

相对于传统的信用证，通过 SWIFT 系统进行的电开信用证和信用证通知已经有了很大的进步。但 SWIFT 系统仍有一定的局限性：

（1）自动化程度不高。

（2）整体费用较高。

（3）标准不统一。

（4）缺乏互操作性。

（5）支付延迟。

（6）文本显示滞后。

电子信用证的应用克服了电开信用证的局限性，使信用证在国际贸易中发挥了更大的作用。电子信用证因其方便、快捷、准确等优点，正逐步成为国际贸易结算的新工具。

电子信用证可以理解为利用电子手段开展的信用证业务，它是集电子开证、电子通知、电子交单、电子审单、电子支付全过程的电子化运作，是信用证运作全过程、各环节的电子化。

电子信用证业务的实践已在全球国际贸易结算中蓬勃开展。目前，电子信用证业务的主体在国际上主要有两类：一类以各类商业银行为主体；另一类以电子商务公司为主体。

3．以商业银行为主体的电子信用证业务

这类业务的一般流程与传统的信用证流程类似，主要区别是，前者整个流程的电子化。也就是说，买卖双方的业务谈判、订单、买卖合同的签署等是通过电子信用证系统进行的。

电子信用证的一般流程如图 7-21 所示。

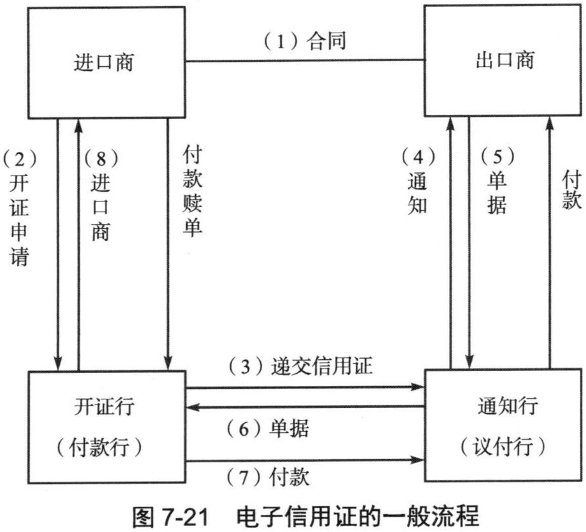

图 7-21　电子信用证的一般流程

（1）买卖双方通过电子信用证系统互通信息商讨进出口业务，达成协议后，将订单输入 EDI 系统，EDI 系统自动检查订单是否符合要求，自动制作合同并经网络发给进口商。进口商经电子签名后再经通信网络传回合同，双方在合同规定下使用信用证的方式。

（2）进口商通过信息系统将电子开证申请书递交给开证行，请银行（开证行）开证。

（3）开证行根据给客户核定得到授信额度的情况，按申请书的内容，向出口商（受益人）开出信用证，并通过内部作业系统与外务网络系统的接口，将信用证发给出口人所在地的通知行。

（4）通知行核对印鉴无误后，将电子信用证转发到出口商的电子邮箱。

（5）出口商收到电子信用证后，EDI 系统自动审核信用证与合同，相符后，再由 EDI 系统自动生成全套单据并通过通信网络传递至各有关部门，如运输公司、保险公司、海关及商检机构等，并要求这些机构根据信用证的内容和实际货物的情况出具电子单据，如提单、保险单、海关发票、质检单等。出口商按照信用证的规定装运货物以后，以上这些机构再通过通信网络把提单交给出口商。出口商将各类电子单据备齐以后，开出电子汇票，通过通信网络送给议付行请求付款。议付行 EDI 系统按照信用证条款审核单据，无误后将货款垫付给出口商。

（6）议付行将电子汇票货运单据通过电子邮件转发给开证行（或其指定的付款行）。

（7）开证行向通知行付款。

（8）开证行通知进口商付款赎单。进口商付款后，开证行将各类电子单据转发给进口商，进口商再将电子单据通过网络转发给承运人，换取货物。

4．以电子商务公司为主体的电子信用证业务

电子商务公司主体的电子信用证业务有四个影响较大的系统。

1）TSU

TSU（Trade Service Utility，贸易服务设施平台）非常好地适应了现代贸易发展的方向。它不仅为企业客户提供基于传统信用证（L/C）的服务，而且提供更广泛的基于 TSU 的赊销（OA）供应链融资服务平台。

2007 年 SWIFT 正式推出了 TSU。目前参与 TSU 的银行已经达到了 59 家，它们遍布 25 个国家和地区。我国有 7 家银行和 TSU 进行合作。

图 7-22 是 TSU、KITA（Korea International Trade Association，韩国国际贸易协会）与 U-Trade Hub 电子商务平台共同合作的电子信用证流程，它是基于传统信用证（L/C）模式的。

图 7-23 是 TSU、KITA 与 U-Trade Hub 电子商务平台共同合作的电子信用证流程，它是基于赊销（OA）模式的。

2）Bolero 金融供应链管理系统

Bolero 公司[①]以提供安全电子金融服务驰名世界，是由总部设在伦敦的运输业同保险机构 T.T. CLUB 和 SWIFT 合资成立的。

---

① 该公司的网站为：http://www.bolero.net/index.html.

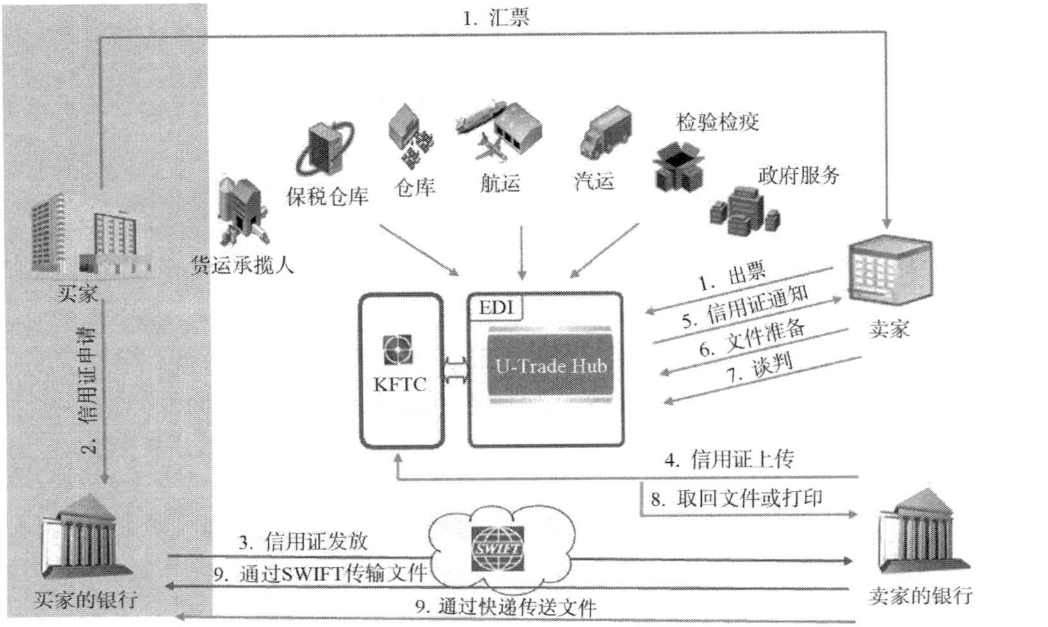

图 7-22　以 L/C 为基础的电子信用证流程

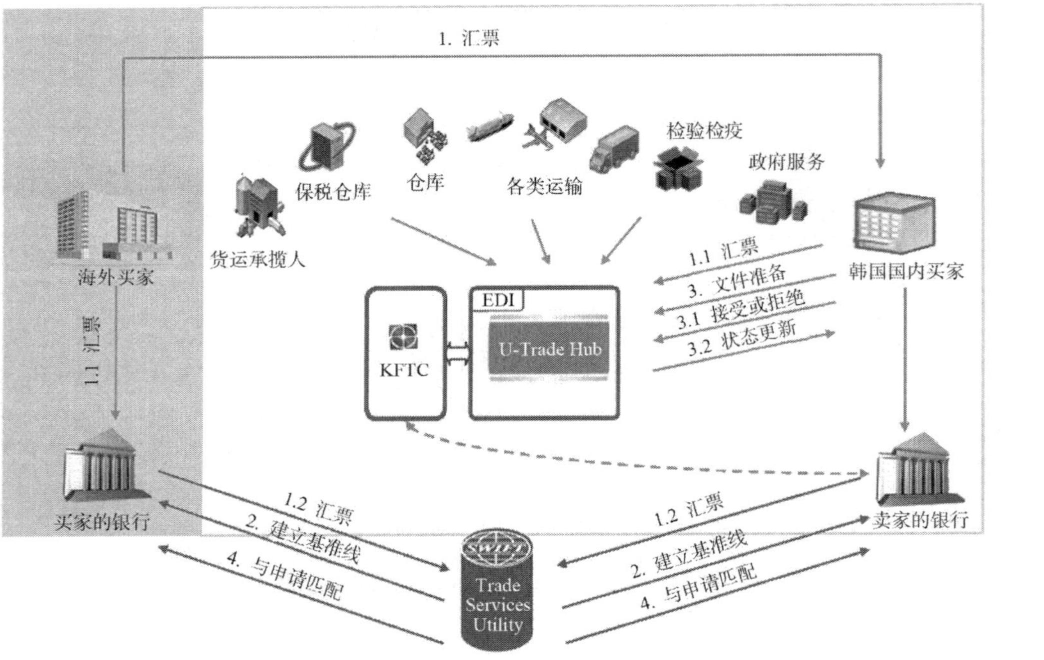

图 7-23　以 OA 为基础的电子信用证流程

Bolero Advise 是 Bolero 公司向出口商和银行提供与出口信用证相关的标准化解决方案，是一个实物供应链和金融供应链相互结合的应用系统，符合 EUCP 与 Swift 标准。该系统以因特网为基础，支持国际贸易流程参与各方包括进出口商、银行、保险公司、运输行、承运人、港务机构、海关、检验机构等传输、交换电子单据与数据。国际结算环节中的各家银行业务人员经授权进入 Bolero 中心注册系统，进行开证、通知信用证、审单，并与银行自身电子结算系统连接完成付款清算等系列信用证操作。

我国的中国国际电子商务网和上海电子口岸数据处理平台都提供 Bolero 电子信用证通知系统（Bolero Advise）服务。

Bolero Advise 系统的信用证申请/信用证通知流程如下：

（1）买方企业通过 Bolero Advise 客户端进行在线信用证信息填写。

（2）买方发送信用证申请信息表单到 Bolero Advise 服务器。

（3）Bolero 公司通过 SWIFT 标准 Category 7 Messages 跟买方企业发证银行通信并处理。

（4）Bolero Advise 服务器将发证银行的返回信息，以规范格式发送给卖方开户银行（信用证通知银行）。

（5）Bolero Advise 服务器接到卖方的通知银行回执后，返回信息给卖方企业。整个信用证申请和信用证通知流程完成。

Bolero Advise 跟单信用证系统与具有电子信用证手段的银行相连接，出口商能够实时收到建议，下载集成信息并以电子方式与受影响的部门进行研究。图 7-24 是 Bolero 跟单信用证的系统管理模型。

图 7-24　Bolero 跟单信用证的系统管理模型①

3）Tradecard 系统

美国纽约的 Tradecard 系统的运作流程包括交易撮合、货物运输、货款支付几个阶段。Tradecard 除提供电子市场撮合契约外，其付款审核单据机制整合 Coface 付款保证机制与 Thomas Cook 汇兑转账机制，进行创新的财务供应链管理，整合谈判、订约、付款及运送的信息管理作业，大幅降低贸易文件使用成本。同时，Tradecard 系统将贸易中使用电子文件作为买卖双方履约运送及付款的查核参考，避免了实体交易上贸易文件的使用及其电子化所面临的可能困扰。

① Bolero 公司，Documentary Credit Advising – BoleroAdvise[EB/OL].（2008-5-10）[2008-09-16]. http://www.bolero.net/solutions/credit_advising.html?id=3.

4）CCEWeb 系统

加拿大电子商务软件公司开发的 CCEWeb 系统将信用证的功能和信用卡相结合，集成了基于因特网的贸易支付、贸易流程和单证管理等多项功能，可进行全球贸易。该系统的核心是“单据清算中心”，其功能类似于银行的融资部，将贸易、运输、保险、融资等各类单据集中处理并进行传递。信用证项下的支付通过单据清算中心进行，运作方式和银行处理信用证交易一样，中心将检查受益人所提交单据的表面一致性，并在支付受益人后结束整个交易过程。CCEWeb 系统提供了一个安全的电子交易平台，但是 CCEWeb 系统没有提供一个权利登记中心来实现买卖双方之间的物权转移。

7.4.3 网上信用证

网上信用证是指以商品交易双方签订的有效合同为基础，买方（申请人）通过网上企业银行向开证行提交开立国内信用证申请，经开证行审核后，开证行系统内联网开立和传送网上信用证，通知行据此通知卖方（受益人），并凭与信用证相符单据对受益人付款的网上支付结算方式。

网上信用证是电子信用证的高级阶段。网上信用证具有以下优点：

（1）电子化物流采购支付手段，体现银行信用、付款承诺。

（2）通过票据质押开证，有效解决企业异地票据管理难题，帮助企业实现商流销售货款的安全迅速回笼。

（3）应用于上下游供应链企业，促进企业业务流程优化，提升企业供应链管理效能。

（4）完善的 B2B 电子商务在线支付工具，以银行信用确保电子商务交易资金按条件、按期限、按金额地结算支付。

（5）提供多种融资便利，对申请人提供非全额保证金、授信项下等开证融资便利及远期付款便利等，对受益人提供信用证打包放款、信用证项下单据议付、商业汇票承兑、转开信用证等。

图 7-25 是招商银行网上信用证业务示意图。

7.5 电子银行

自 1995 年全球第一家电子银行——“安全第一银行”[①] 在美国诞生后，电子银行以极为迅猛的速度在全球普及。进入 21 世纪后，虽然网络经济一度陷入徘徊的状态，但电子银行仍然保持了强劲的发展势头。随着电子银行业务量的快速上升，电子银行业务已经成为商业银行的一项重要业务，在商业银行的发展战略中占有了重要地位，电子银行对社会发展的积极作用日益突出。

① 美国安全第一网络银行（Security First Network Bank，SFNB），其网址为：http://www.sfnb.com.

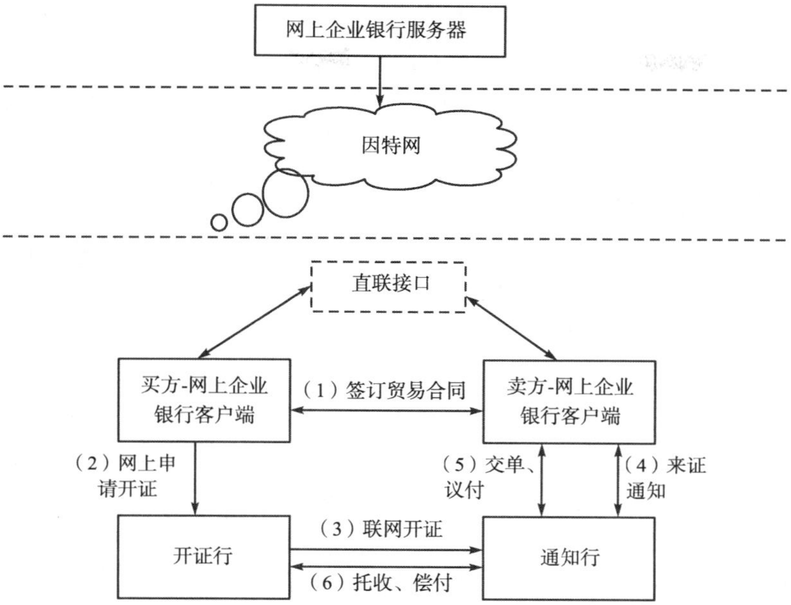

图 7-25 招商银行网上信用证业务示意图①

7.5.1 我国电子银行的建设与发展

中国第一家电子银行是中国银行，时间在 1996 年下半年。当时，中国银行就已经认识到因特网是未来银行进行客户服务的最好的物质基础，电子银行将导致的是一场深刻的银行业革命。上网初期，中国银行网页主要用于发布中国银行的广告信息和业务信息，进行全球范围的通信（E-mail）。在以后的几年里，中国银行逐步开展了家庭银行、信用卡、商业银行等网上业务。

深圳招商银行也是国内较早开展网上业务的银行。1997 年 2 月，深圳招商银行在因特网上推出了自己的主页及网上转账业务，在国内引起了极大反响。在此基础上，招商银行又推出了“一网通”网上业务，包括“企业银行”、“个人银行”和“网上支付”三种服务。该项目的推出，大大促进了招商银行的网站建设，树立了招商银行的网上形象，使招商银行在短短几年内成为国内网上银行的排头兵。

1998 年 3 月，中国银行和世纪互联有限公司首次通过因特网进行了资金转移，开创了中国网上支付的先河。之后，国有商业银行和股份制商业银行开始积极规划各自网上银行的发展，并陆续开始建立网站，开展网上银行业务。2002 年，国有商业银行都在因特网上建立了自己的网站，网上银行业务呈现出快速发展的态势。

① 招商银行，E 证通 [EB/OL]. [2012-09-16]. http://www.bj.cmbchina.com/corporate+business/instruction/x_4.htm.

最近几年，随着各类支付系统的不断建成运行，我国的非现金支付业务量迅速增长。2012年第一季度，全国共办理非现金支付业务90.96亿笔，金额293.35万亿元，同比分别增长22.4%和14.6%。[①]其中，大额实时支付系统业务量保持较快增长，业务金额是2012年第一季度全国GDP总量的35.04倍，日均处理业务164.18万笔，金额7.20万亿元。

7.5.2 电子银行的特点与主要业务

电子银行，又称网络银行、虚拟银行，是指通过因特网或公共计算机通信网络提供金融服务的银行机构。电子银行业务"是指商业银行等银行业金融机构利用面向社会公众开放的通信通道或开放型公众网络，以及银行为特定自助服务设施或客户建立的专用网络，向客户提供的银行服务"。[②]

电子银行具有以下特点：

（1）功能丰富。电子银行可以打破传统银行的部门局限，综合客户的多种需求，提供多种类型的金融服务，如信用卡业务、储蓄业务、融资业务、投资业务、居家服务、理财服务、资讯服务等。

（2）操作简单。客户使用电子银行的服务，只需到银行营业网点登记，填写有关表格，无须申领任何新的专用卡就可获得功能强大的银行服务。在使用中，电子银行以登录卡为主线，可为不同类型的账户申请不同功能，并可在线对各种账户的各项功能进行修改。

（3）跨越时空。电子银行可以提供跨区域和全天候的服务，即可以在任何时候、任何地点以任何方式为客户提供金融服务，超越了传统银行受时间、地点、人员等多方面的限制。

（4）信息共享。电子银行通过因特网可以更广泛地收集和分析最新的金融资讯信息，并以快捷便利的方式传递给网络银行客户。网络资源的全球共享性，使银行与客户之间都能相互全面了解对方的信用及资产状况，从而大大减少信用风险和道德风险，降低传统银行业务的交易成本。

电子银行业务包括四个部分[③]：

（1）利用计算机和因特网开展的银行业务（简称网上银行业务）；

（2）利用电话等声讯设备和电信网络开展的银行业务（简称电话银行业务）；

（3）利用移动电话和无线网络开展的银行业务（简称手机银行业务）；

（4）以及其他利用电子服务设备和网络，由客户通过自助服务方式完成金融交易的银行业务。

---

① 中国人民银行. 2012年第一季度支付体系运行总体情况[EB/OL]. (2012-05-22)[2010-03-01]. http://www.pbc.gov.cn/publish/goutongjiaoliu/524/2012/20120522154538015235876/20120522154538015235876_html.

② 中国银行业监督管理委员会. 电子银行业务管理办法，2006-1-26.

③ 中国银行业监督管理委员会. 电子银行业务管理办法. 2006-1-26.

电子银行的基本流程如图 7-26 所示。

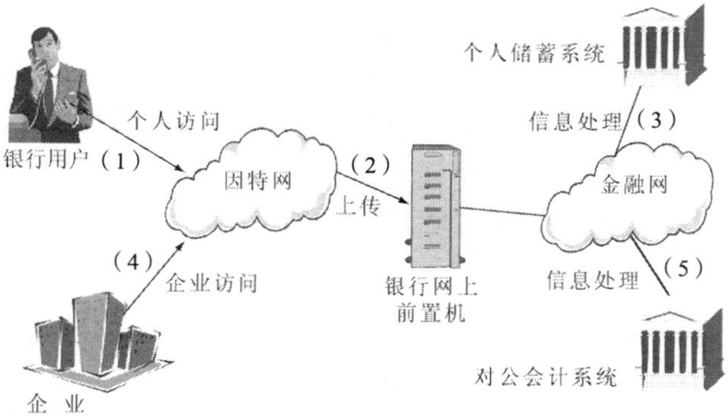

图 7-26　电子银行的基本流程

7.5.3　电子银行产生的原因

1．电子银行产生的原动力

在网上首先运行的是信息流。由于现代经济社会中处处存在着非对称性和物资的短缺，大规模的网上信息流动必然带来新的物流的产生。而物资的交换又必须以支付活动为基础，由此而产生网上资金流。信息流、物流和资金流相互融通构成了新型的“网上经济”。网上有了资金流的需求，也就产生了“电子银行”发展的源动力（见图 7-27）。

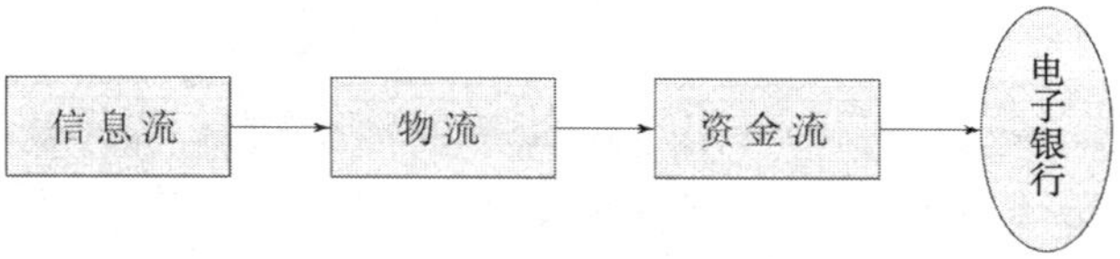

图 7-27　电子银行产生的原动力

2．电子商务催生了电子银行

电子商务的最终目的是通过网络实现网上信息流、物流和资金流的三位一体，从而形成低成本、高效率的商品及服务交易活动。在线电子支付是电子商务的关键环节，也是电子商务得以顺利发展的基础条件。

电子商务的实现必须由两个重要环节组成：一是交易环节；二是支付环节。前者在客户与销售商之间完成，后者需要通过银行网络来完成。显然，没有银行专业网络的支持，没有安全、平稳、高效的网上支付系统运作的支撑，就不可能实现真正意义上的电子商务。随着电子商务的发展，要求银行为之提供相互配套的网上支付系统的同时，也要求银行提供与电子商务活动相适应的金融服务，电子银行由此应运而生。

3．生存环境迫使传统银行发展电子银行

传统的银行业务竞争越来越激烈。传统银行面临着竞争对手的增加、员工工资成本的

提高、客户要求的变化等多重压力。面对严峻的现实，传统银行只有转变经营方式，扩大服务范围，提高服务质量，才能在激烈的竞争中立于不败之地。电子银行技术的广泛应用、虚拟市场的开辟，为传统银行带来新的机遇。

2006年，我国结束加入世贸组织五年过渡期后，外资银行大规模进入中国市场。外资银行注重运用电子化、网络化的手段来发展网络业务，从而以相对较低的成本，吸引高技术企业员工等最具有价值的客户群体。到2011年年底，在中国的181家外资银行总利润从2010年的77.8亿元增至167.3亿元；外资银行资产总额增长24%，达到2.15万亿元。[①]中国银行业必须面对竞争环境变化带来的挑战，抓住机遇，加快发展电子银行，才能赢得未来发展的先机。

4．银行信息化建设为电子银行的发展奠定了基础

电子银行作为一种新型的银行产业组织形式，是传统银行业务在网上的延伸和升华，它仍然没有脱离“银行”的范畴。传统银行的信息化改造，为电子银行的发展奠定了雄厚基础。第一，传统银行已经在过去十几年中投入了巨额资金，计算机网络信息系统建设也初具规模，具有较强的技术和设备基础可供利用；第二，传统银行提供电子银行业务，只是对客户服务渠道的增加，它能够提升银行的竞争实力，但不会影响银行现阶段的业务结构和赢利结构；第三，传统银行经过多年的金融创新，发展了一系列的电子金融产品，为电子银行的发展奠定了基础；第四，传统银行发展电子银行业务，有庞大的客户群体可供利用，它可以逐渐引导客户进入网络交易方式，逐步培育电子银行的客户群体。

7.5.4 支付网关

支付网关是银行金融系统和因特网之间的接口，是由银行操作的将因特网上的传输数据转换为金融机构内部数据的设备，支付网关也可以是指派的第三方支付平台，通过设在第三方支付平台的接口处理商家支付信息和顾客的支付指令，或由指派的第三方处理商家支付信息和顾客的支付指令。支付网关是网上银行的关键设备，离开了支付网关，电子银行的电子支付功能就无从实现。

银行使用支付网关可以实现以下功能：

（1）配置和安装因特网支付能力。

（2）避免对现有主机系统的修改。

（3）采用直观的用户图形接口进行系统管理。

（4）适应诸如扣账卡、电子支票、电子现金以及微电子支付等电子支付手段。

（5）通过采用RSA公共密匙加密和SET协议，确保网络交易的安全性。

---

① 普华永道. 外资银行在中国取得立足点[EB/OL]. (2012-07-22)[2012-08-20]. http://www.pwccn.com/home/chi/pr_170712_chi.html.

（6）提供完整的商户支付处理功能，包括授权、数据捕获和结算、对账等。

（7）通过对网上交易的报告和跟踪，对网上活动进行监视。

（8）使因特网的支付处理过程与当前支付处理商的业务模式相符，确保商户信息管理上的一致性。

1998年5月13日，中银信用卡有限公司与IBM香港有限公司宣布合作设立香港第一个安全支付网关。该支付网关采用SET标准，提供一个安全可靠的环境，使香港的商户可以安心在网上进行电子商务。随着电子银行业务的发展，支付网关已经广泛应用在各个领域。图7-28和图7-29反映了支付网关在网上商城和电子税务中的应用。

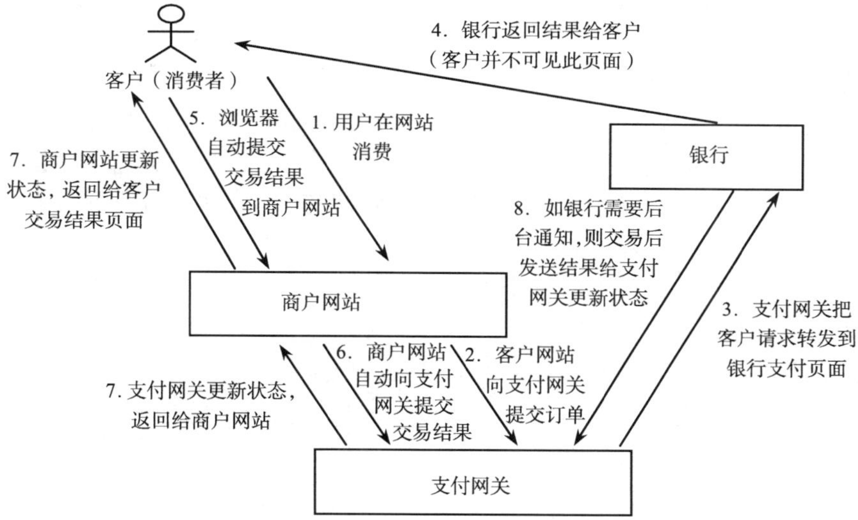

图7-28 支付网关在网上商城中的运用

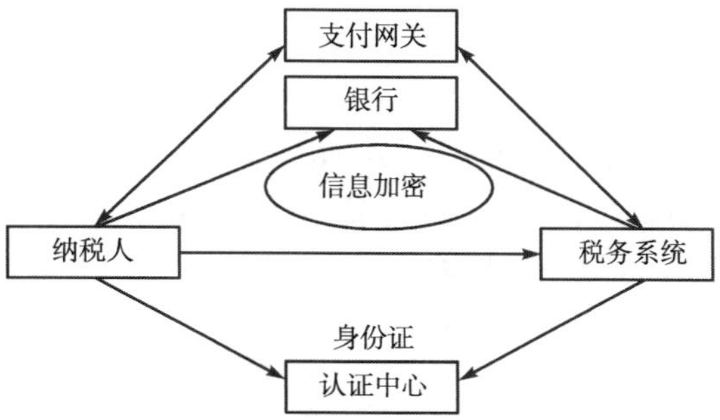

图7-29 支付网关在电子税务中的运用

7.5.5 电子银行的监管

随着电子银行业务品种的不断增加和业务量的快速上升，电子银行业务的经营风险也随之扩大。加强电子银行业务的监管，进一步增强商业银行发展电子银行业务的风险控制能力，就成为银行监管机构的一项重要任务。

由于电子银行业务的运行机制和环境与传统银行业务有很大区别，一些传统的监管规则和制度已经不适应网上银行监管的需要，制度建设就成为网上银行业务监管的首要任务。2006 年 1 月，中国银行业监督管理委员会在总结中国电子银行业务实际发展情况的基础上，本着积极审慎发展原则、前瞻性原则和技术风险管理原则，制定颁布了《电子银行业务管理办法》和《电子银行安全评估指引》，为中国电子银行业务的发展提供了基本的管理依据。

《电子银行业务管理办法》和《电子银行安全评估指引》的适用对象为银行业金融机构；在我国境内设立的金融资产管理公司、信托投资公司、财务公司、金融租赁公司以及经银监会批准设立的其他金融机构。

《电子银行业务管理办法》共九章 99 条，分为总则、申请与变更、风险管理、数据交换与转移管理、业务外包管理、跨境业务活动管理、监督管理、法律责任和附则九部分。①

《电子银行业务管理办法》在第一章中明确界定了电子银行的概念和范围，将电话银行、网上银行、手机银行等统一到电子银行的监管范畴之中，并规定了适用范围及开展电子银行业务的基本原则。

在第二章到第七章中，该办法规定了金融机构申请开办电子银行业务，或者变更电子银行业务品种的条件、要求和审批程序；提出了电子银行战略风险、信誉风险、运营风险、法律风险、信用风险、市场风险等风险管理的基本原则和方法；阐述了电子银行数据转移的条件和管理方式；规定了电子银行业务外包和选择外包方的基本要求、开展跨境业务活动的要求和电子银行业务日常监管的基本要求。

《电子银行安全评估指引》共五章 57 条，分为总则、安全评估机构、安全评估的实施、安全评估活动的管理和附则五部分。②

---

① 该办法主要借鉴了巴塞尔银行监管委员会的《电子银行业务风险管理原则》，美国货币监理署（OCC）的《电子银行最终规则》（Electronic Banking：Final Rule）、《规则 E：电子资金转移法》（Regulation E / Electronic Funds Transfer Act）、《电子通道信息披露统一标准：规则 M、Z、B、E 和 DD》（Uniform Standards for the Electronic Delivery of Disclosures：Regulations M、Z、B、E and DD）、《网络银行检查手册》（Examination Handbook on Internet Banking）等，欧洲银行标准委员会的《电子银行》报告，以及香港金融管理局的《电子银行服务的安全风险管理》等国际金融机构和境外监管机构的有关监管规定和规则。

② 该指引主要借鉴了《信息安全管理实务准则》（ISO17799）、《信息技术安全性评估准则》（GB/T18336.1）、《计算机信息系统安全保护等级划分准则》（GB17859）、《计算机信息系统安全专用产品分类原则》、《交易性电子银行业务安全性独立评估指引》（香港金融管理局）、《电子银行风险管理原则》（巴塞尔银行管理委员会）等相关准则和规定。

《电子银行安全评估指引》界定了电子银行安全评估的含义，以及电子银行安全评估管理的基本原则；说明了可以从事电子银行安全评估的机构种类、条件，以及有关资质认定的规定；规定了电子银行安全评估应遵守的基本流程、评估内容和评估方式；阐述了涉及电子银行安全评估的各类相关机构，在电子银行安全评估过程中应遵守的要求。

7.6 非金融机构支付

7.6.1 非金融机构支付简介

非金融机构支付（俗称第三方支付）服务，是指非金融机构在收付款人之间作为中介机构提供下列部分或全部货币资金转移服务：网络支付、预付卡的发行与受理、银行卡收单和中国人民银行确定的其他支付服务。①

由于第三方支付平台是架构在虚拟支付层上的，本身不涉及银行卡内资金的实际划拨，信息传递流程在自身的系统内运行，因此第三方支付服务商可以有比较大的发展空间。截至2012年6月底，中国人民银行根据《非金融机构支付服务管理办法》的要求，分四批给196家企业发放了第三方支付牌照，其业务已经涉及货币汇兑、互联网支付、移动电话支付、固定电话支付、数字电视支付、预付卡发行与受理和银行卡收单七大业务类型。2011年中国第三方网上支付交易规模突破2万亿元大关，达到21 610亿元，②已连续五年增速接近或超过100%，远远超过同期社会商品零售额的增速。图7-30反映了我国第三方电子支付服务蓬勃发展的状况。③

7.6.2 第三方支付流程

第三方支付是典型的应用支付层架构。提供第三方支付服务的商家往往都会在自己的产品中加入一些具有自身特色的内容。但是总体来看，其支付流程都是由付款人提出付款授权后，平台将付款人账户中的相应金额转移到收款人账户中，并要求其发货。有的支付平台会有“担保”业务，如支付宝。担保业务是将付款人将要支付的金额暂时存放于支付平台的账户中，等到付款人确认已经得到货物（或者服务），或在某段时间内没有提出拒绝付款的要求，支付平台才将款项转到收款人账户中。

---

① 中国人民银行．非金融机构支付服务管理办法[EB/OL]．(2010-06-24)[2012-08-20]．http://www.pwccn.com/home/chi/pr_170712_chi.html.

② 易观智库．行业数据：2011年中国第三方互联网支付市场继续保持高速发展[EB/OL]．(2012-02-18)[2012-08-01]．http://www.enfodesk.com/SMinisite/maininfo/articledetail-id-314334.html.

③ 易观智库．行业数据：2011年中国第三方互联网支付市场继续保持高速发展[EB/OL]．(2012-02-18)[2012-08-01]．http://www.enfodesk.com/SMinisite/maininfo/articledetail-id-314334.html.

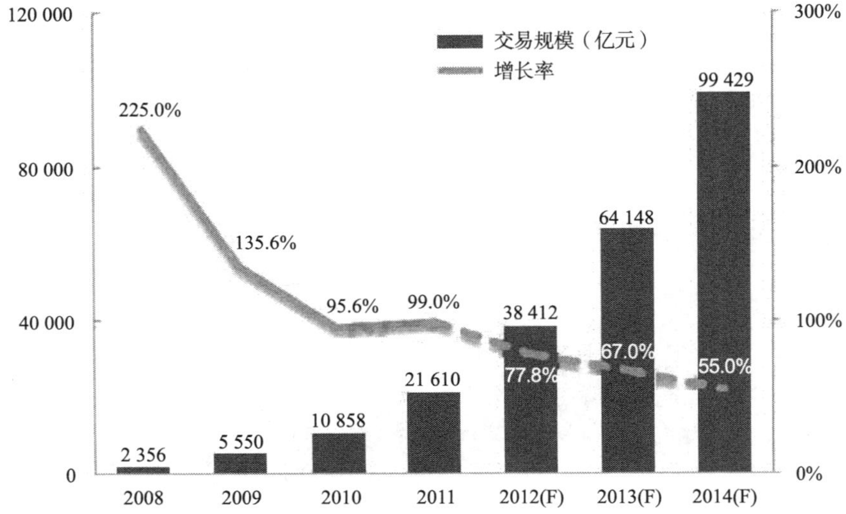

图 7-30　2008—2014 年中国第三方支付市场交易规模

第三方平台结算支付模式的资金划拨是在平台内部进行的，此时划拨的是虚拟的资金。真正的实体资金还需要通过实际支付层来完成（见图 7-31）。

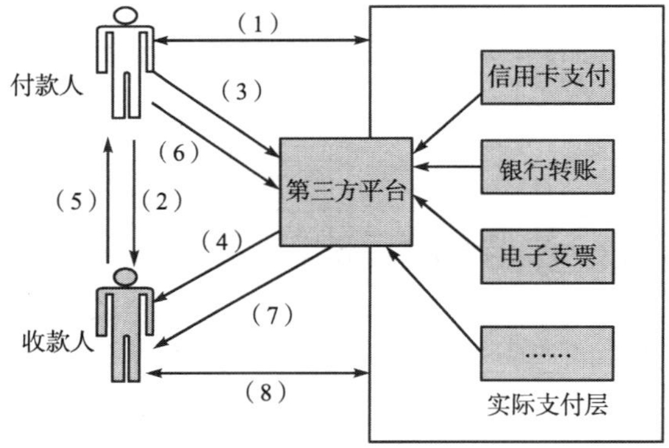

图 7-31　第三方支付平台结算支付流程

图 7-31 中数字序号含义如下：

（1）付款人将实体资金转移到支付平台的支付账户中。

（2）付款人购买商品（或服务）。

（3）付款人发出支付授权，第三方平台将付款人账户中相应的资金转移到自己的账户中保管。

（4）第三方平台告诉收款人已经收到货款，可以发货。

（5）收款人完成发货许诺（或完成服务）。

（6）付款人确认可以付款。

（7）第三方平台将临时保管的资金划拨到收款人账户中。

（8）收款人可以将账户中的款项通过第三方平台和实际支付层的支付平台兑换成实体货币，也可以用于购买商品。

图 7-32 是上海环迅电子商务公司国际卡在线支付系统——I 付通（IPS）工作流程图。

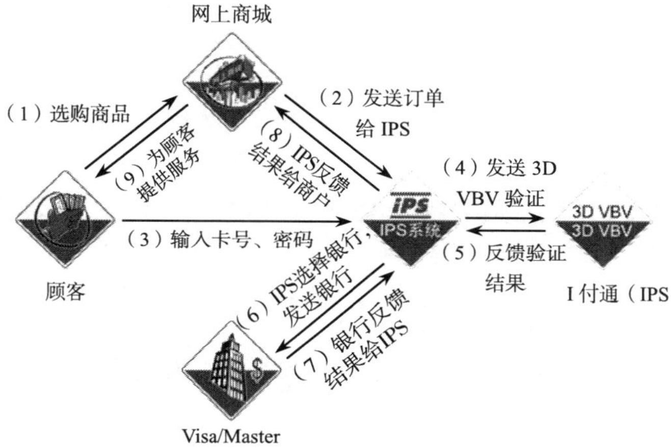

图 7-32　上海环迅电子商务公司国际卡支付流程

图 7-32 中数字序号含义如下：

（1）顾客在网上商城选购商品，并在结算时填写相关信息。

（2）商户将订单信息发送给 IPS 支付系统，并将顾客自动引导至 IPS 支付页面。

（3）IPS 系统接受支付请求并要求顾客在 IPS 支付页面填写信用卡卡号和有效期。

（4）IPS 支付系统将顾客引导至银行加密页面，由顾客自行填写信用卡信息，发送到 3D VBV 验证。

（5）3D VBV① 反馈验证结果。

（6）IPS 系统根据顾客选择的银行将有关信息发送给银行。

（7）银行首先进行交易合法性的验证，然后查询账户信息，最后将顾客对应账户中的资金扣除。

（8）银行同时将支付成功与否的信息反馈给商户。

（9）网上商城为顾客提供服务。

---

① 3D 安全协议（3-Domain Secure）是 1999 年 VISA 组织在电子商务领域引入的一种安全协议模型，后来以 VbV（Verified by VISA）为品牌进行推广。协议基于 3D 模型与 SSL 安全机制，其目标是给发卡行提供一个持卡人身份许可的环节，减少使用信用卡进行欺诈的可能性，使所有参与者从中受益，从而提升交易安全性能。

7.6.3 第三方支付的优缺点

第三方支付模式有如下优点：

（1）比较安全。信用卡信息或账户信息仅需要告知第三方支付机构，而无须告诉每一个收款人，大大减少了信用卡信息和账户信息失密的风险。

（2）支付成本较低。第三方支付机构集中了大量的电子小额交易，形成规模效应，因而支付成本较低。

（3）使用方便。对支付者而言，他所面对的是友好的界面，不必考虑背后复杂的技术操作过程。

（4）第三方支付机构的支付担保业务可以在很大程度上保障付款人的利益。

第三方支付模式存在以下缺点：

（1）这是一种虚拟支付层的支付模式，需要其他的“实际支付方式”完成实际支付层的操作。

（2）付款人的银行卡信息将暴露给第三方支付平台，如果这个第三方支付平台的信用度或者保密手段欠佳，将带给付款人相关风险。

（3）第三方支付机构的法律地位尚缺乏规定，一旦该机构终结破产，消费者所购买的“电子货币”可能成为破产债权，无法追回。

（4）由于有大量资金寄存在支付平台账户内，而第三方支付机构并非金融机构，所以存在资金寄存的风险。

7.7 加强引导，推动我国国际电子支付的快速发展

近年来，我国的电子支付发展非常迅速，新兴电子支付工具不断出现，电子支付交易量不断提高，逐步成为我国零售支付体系的重要组成部分。因此，迫切要求就电子支付活动的业务规则、操作规范、交易认证方式、风险控制、参与各方的权利义务等进行规范，从而防范支付风险，维护电子支付交易参与者的合法权益，确保银行和客户资金的安全。为此，2005 年 10 月 26 日，中国人民银行发布了《电子支付指引（第一号）》对银行从事电子支付活动提出了指导性要求。① 2010 年 6 月和 12 月又先后发布了《非金融机构支付服务管理办法》② 和《非金融机构支付服务管理办法实施细则》③。

① 中国人民银行. 电子支付指引（第一号）[EB/OL]. (2005-10-30)[2008-09-16]. http://www.gov.cn/jrzg/2005-10/30/content_86881.htm.

② 中国人民银行. 非金融机构支付服务管理办法[EB/OL]. (2010-06-21)[2012-08-20]. http://www.pbc.gov.cn/ publish/tiaofasi/274/2010/20100621164122767397231/20100621164122767397231_.html.

③ 中国人民银行. 非金融机构支付服务管理办法实施细则[EB/OL]. (2010-11-01)[2012-08-20]. http:// www.pbc.gov.cn/publish/tiaofasi/584/2010/20101203174523996133451/20101203174523996133451_.html#.

7.7.1　加强银行与客户之间关系的调整

随着电子商务的发展，作为银行向客户提供的新型金融服务产品，大量的电子支付服务面对的是个人消费者和商业企业在经济交往中产生的一般性支付需求。这类电子支付参与主体众多，涉及银行、客户、商家、系统开发商、网络运营服务商、认证服务提供机构等。加强银行与客户之间关系的调整，才能营造电子支付应用的良好环境。

为了维护客户权益，办理电子支付的银行和非金融机构必须充分披露其电子支付业务活动中的基本信息，尤其是对电子支付业务风险的披露：

（1）应当明示特定电子支付交易品种可能存在的全部风险，包括该品种的操作风险、未采取的安全措施、无法采取安全措施的安全漏洞。

（2）应当明示客户使用特定电子支付交易品种可能产生的风险。

（3）应当提醒客户妥善保管、妥善使用、妥善授权他人使用电子支付交易存取工具。

（4）明确告知客户终止支付业务的原因、停止受理客户委托支付业务的时间、拟终止支付业务的后续安排；

（5）明确客户身份信息的接收机构及其移交安排、销毁方式及其监督安排；

（6）明确可供客户选择的、两个以上客户备付金退还方案。

客户申请电子支付业务，必须与银行或非金融机构签订相关协议，并对协议的必要事项进行列举。银行或非金融机构有权要求客户提供其身份证明资料，有义务向客户披露有关电子支付业务的初始信息并妥善保管客户资料。

客户应按照其与发起银行的协议规定，发起电子支付指令；发起银行或非金融机构应当建立必要的安全程序，对客户身份和电子支付指令进行确认，并形成日志文件等记录；银行应当按照协议规定及时发送、接收和执行电子支付指令，并回复确认。

7.7.2　高度重视电子支付的安全管理

安全性是电子支付的重中之重。办理电子支付的银行或非金融机构应当采取下列措施保证电子支付的安全：

（1）采用符合有关规定的信息安全标准、技术标准、业务标准。

（2）建立针对电子支付业务的管理制度，采取适当的内部制约机制。

（3）具备灾难恢复处理能力和应急处理能力，确保电子支付业务处理系统的安全性，确保支付业务处理的及时性、准确性和支付业务的连续性。

（4）提倡银行或非金融机构和客户使用第三方认证，妥善保管密码、密钥等认证数据。

（5）银行或非金融机构对客户的责任不因相关业务的外包关系而转移，并应与开展电子支付业务相关的专业化服务机构签订协议，并确立综合性、持续性的程序，以管理其外包关系。

（6）银行或非金融机构要建立电子支付业务运作重大事项报告制度，按有关法律法规披露电子支付交易信息，及时向有关部门报告电子支付业务经营过程中发生的危及安全的事项。

根据审慎性原则，办理电子支付的银行或非金融机构应针对不同客户，在电子支付类型、单笔支付金额和每日累计支付金额等方面做出合理限制：

（1）通过因特网为个人客户办理电子支付业务，除采用数字证书、电子签名等安全认证方式外，单笔金额不应超过 1 000 元人民币，每日累计金额不应超过 5 000 元人民币。

（2）为客户办理电子支付业务，单位客户从其银行或非金融机构结算账户支付给个人银行结算账户的款项，其单笔金额不得超过 5 万元人民币，但银行或非金融机构与客户通过协议约定，能够事先提供有效付款依据的除外。

（3）银行或非金融机构应在客户的信用卡授信额度内，设定用于网上支付交易的额度供客户选择，但该额度不得超过信用卡的预借现金额度。

7.7.3 加强电子支付信息的管理

电子支付是通过开放的网络来实现的，支付信息很容易受到来自各种途径的攻击和破坏，信息的泄露和受损直接威胁到企业和用户的切身利益，支付机构应当具备必要的技术手段，确保支付指令的完整性、一致性和不可抵赖性。

（1）在物理上保证电子支付业务处理系统的设计和运行能够避免电子支付交易数据在传送、处理、存储、使用和修改过程中被泄露和篡改。

（2）应采取有效的内部控制措施为交易数据保密。

（3）在法律法规许可和客户授权的范围内妥善保管和使用各种信息和交易资料。

（4）必须按照会计档案要求保管电子支付交易数据。

（5）提倡由合法的第三方认证机构提供认证服务，以保证认证的公正性。

（6）及时在境内完成境内发生的人民币电子支付交易信息处理及资金清算。

复 习 题

1．简述电子支付的概念与特征。
2．试述 SSL 和 SET 安全协议。
3．简述电子银行的特点与主要业务。
4．试述第三方支付流程。
5．试论述电子支付的安全管理。

参考文献

[1] 杨坚争．电子商务安全与电子支付[M]．北京：机械工业出版社，2007．

[2] 刘克强．电子交易与支付[M]．北京：人民邮电出版社，2007．
[3] 吕庆领．中国支付清算服务体系面临改革[EB/OL]．（2005-08-09）[2008-09-16]．http://www.ccidcon sulting.com/news/channel/ news_detail.asp? Content_id =2143．
[4] Efraim Turban, Dennis Viehland David King, etc. Electronic Commerce: A Managerial Perspective 2006（4th Edition）.Prentice Hall, 2005．
[5] 舒丹尼．虚拟银行走进现实生活[N]．国际金融报，2003-04-04．
[6] 赵威．国际票据法理论与实务[M]．北京：中国政法大学出版社，1995．
[7] 齐爱民，陈文成．网络金融法[M]．长沙：湖南大学出版社，2000．
[8] 张振德，王国才，谭龙文．SET 协议的一种改进方案[J]．北京：微计算机信息，2010(2-3)：151-153.
[9] 中国人民银行．支付（改错）清算系统知识问答[EB/OL]. (2011-08-16)[2012-08-20]．http://fuzhou.pbc.gov.cn/publish/fuzhou/2665/2011/20110112170614907493389/20110112170614907493389_.html．
[10] 陈原，李忱．电子信用证在国际贸易结算中的应用[J]．商业时代，2006（10）.
[11] 朱丹红．电子信用证：出版物对外贸易结算的新趋势[J]．出版经济，2002（10）.
[12] 张璇，李成功，黄勤龙，等．OpenSSL 在安全电子商务系统中的应用[J]．云南大学学报（自然科学版），2010(2)：140-146。

第 8 章

电子数据交换（EDI）

08

20 世纪中期，由于电子技术的迅速发展，EDI 逐渐开始在国际贸易领域中应用，属于国际电子商务的早期应用。进入 21 世纪，因特网的普及，使国际电子商务领域得到迅速推广和应用。传统的 EDI 技术发展成为与因特网结合的新型无纸贸易模式。本章将对 EDI 的概念、工作环境、工作原理等重要问题做专门介绍。

8.1 EDI 的概念

按照联合国标准化组织的定义，EDI（Electronic Data Interchange，电子数据交换）是将商业或行政事务处理（Transaction）按照一个公认的标准，形成结构化的事务处理或报文（Message）数据格式，从计算机应用系统到计算机应用系统的电子传输方法。

EDI 作为一种数据交换的手段，有三个关键性要素：

（1）EDI 是计算机应用系统之间的数据传输。所谓计算机应用系统，是指与 EDI 的数据通信系统相连接的电子数据处理系统（Electronic Date Processing，EDP）。例如，外贸业务管理系统、MRPII、ERP、SCM、CRM 等管理信息系统都具有数据处理的功能。EDP 的存在使计算机能够对所传输的信息进行自动识别和处理，而无须人工干预，从而既提高工作效率，又减少人工干预可能造成的差错。

（2）EDI 使用统一的标准编制被传输的资料。为了使计算机应用系统之间能够直接对话，即接收方的 EDP 系统能够识别和自动处理通过 EDI 网络接收到的数据（报文），必须使用发送方和接收方的计算机系统都能识别的通用语言。由此，产生了 EDI 报文标准，EDI 报文标准是一套计算机之间进行信息交换所应遵守的共同规则。为此，联合国成立了 EDIFACT（Electronic Date Interchange For Administration, Commerce and Transport，用于行政、商业和运输业的电子数据交换）委员会，并由该委员会支持制定了一套 EDI 报文标准，即 UN/EDIFACT。该标准包括 EDIFACT 语法规则、标准报文格式、段目录、数据元手册和代码等。目前，国际上使用的 EDI 标准，除了 UN/EDIFTACT 外，还有使用更早的美国的 ANSI X.12 标准。

（3）EDI 使用电子方式进行数据的传输。EDI 通常是根据用户的具体情况，选择使用包括公用电话网（PSTN）、数字数据网（DDN）、分组交换网（X125）、特小型天线地面站数据网（VSAT）等在内的电子通信线路来完成有关数据的传输的。

在 EDI 应用推广的近 40 年中，使用 EDI 较多的产业可划分为以下四类：

（1）贸易运输业。利用 EDI，经济使用运输资源，快速通关报检，减少贸易运输路程，节约成本与时间。

（2）制造业。利用 EDI，推广 JIT（Just In Time，即时响应）以减少库存量及生产线待料时间，降低生产成本。

（3）流通业。利用 EDI，减少商场库存量与空架率，以加速商品资金周转，降低成本；建立物资配送体系，完成产、存、运、销一体化的供应链管理。

（4）金融业。利用 EDI 实现 EFT（Electronic Funds Transfers，电子转账支付），减少金融单位与其用户间交通往返的时间与现金流动风险，并缩短资金流动所需的处理时间，提高用户资金调度的弹性。

8.2　EDI 的工作环境

8.2.1　EDI 的通信环境

1．网络结构

EDI 的通信环境（EDIME）由一个 EDI 通信系统（EDIMS）和多个 EDI 用户（EDIMG）组成。EDI 的开发、应用就是通过计算机通信网络实现的。图 8-1 是 EDI 的国际标准接入图，图 8-2 是中国公用电子数据交换业务网（CHINAEDI）的网络接入图。

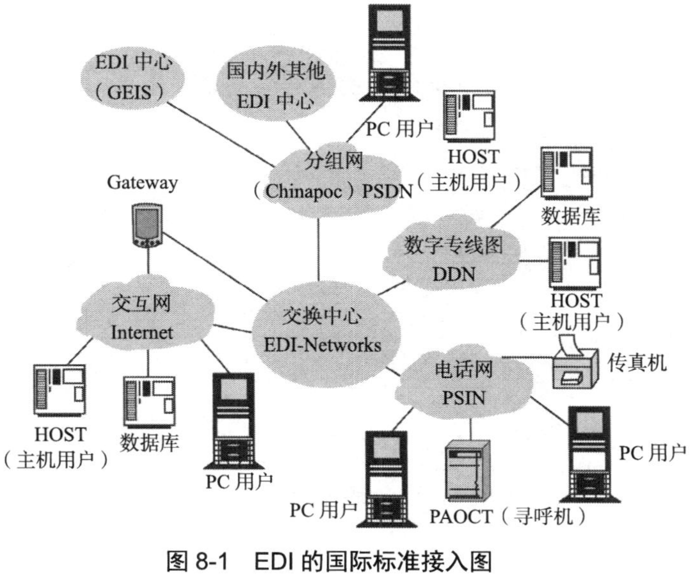

图 8-1　EDI 的国际标准接入图

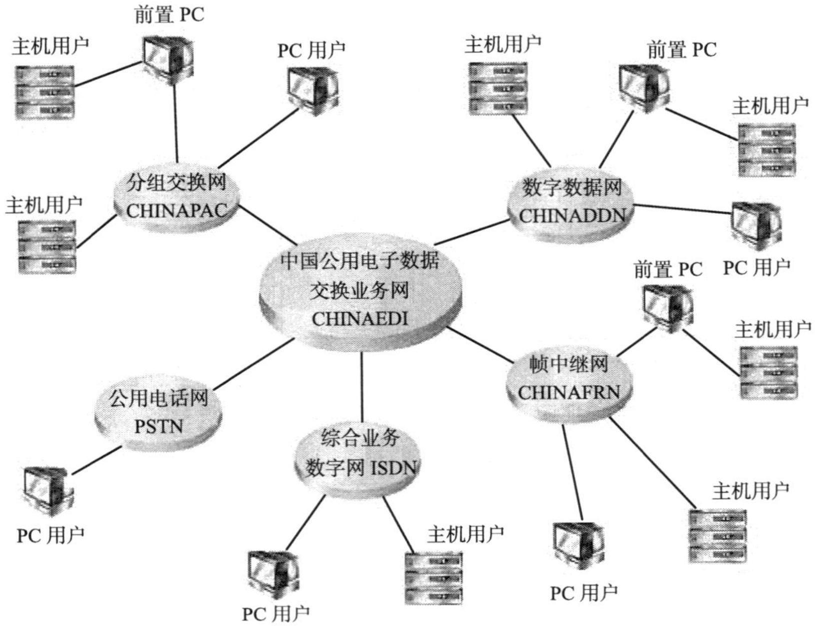

图 8-2　CHINAEDI 网络接入图

CHINAEDI 新建各节点间的中继传输均采用分组交换骨干网电路。CHINAEDI 不仅可向全国的各行各业的 EDI 用户提供 EDI 的接入服务，还可连接一些专用的 EDI 网络，并作为这些专用网络的转接网络，从而实现各专用网络之间通过 CHINAEDI 实现互通和互联。

EDI 系统之间互联的通信标准，均采用 EDISWITCH 中心端软件所提供的 OTP（Onward Transfer Protocol）专用协议，与国际 EDI 网络和国内其他 EDI 网络互联时采用 X.400。新建的 6 套电子信箱系统之间采用 EC*Mail Internal 专用协议，与原有 9 套电子信箱系统之间，以及与国际电子信箱网络和国内其他电子信箱网络互联采用 X.400。

2．网络管理

CHINAEDI 网管系统采用 Tandem 公司的两台 NR401 网管软件，采用 SNMP 协议实现对全网的管理。全国网管中心主要负责网络路由、网络性能、网络安全及与国际网络互联等方面的管理。此外，还包括网络重大故障管理、统计分析及权限控制等。网络的主要功能如下：

（1）网络配置功能。

（2）实现网络的运行监视功能。

（3）统计功能（包括告警统计、业务量统计、网络性能统计等）。

（4）网管系统安全防护功能。

（5）网络故障诊断及排除功能。

3．网络节点

各网络节点由系统硬件平台、系统接入设备、服务器、本地管理终端、系统中心端软件及用户端软件等组成，设备之间通过以太网集线器连接。除此以外，还配有用户端软件，根据用途的不同，可分别为用户提供通信模块软件、翻译/映射模块软件、计算机用户端软件。

CHINAEDI 采用通信控制服务器（MegaPAC）来实现主机之间的互联以及用户的接入。通信控制服务器是一种局域网/广域网的多协议转换及通信处理器，配有以太网端口、同步端口等，用以实现局域网与 FR、Internet、DDN、X.25 等广域网的连接。各节点的本地管理终端主要负责用户进网管理，现有电话网、分组网互联电路管理，设备故障管理和维护，计费、统计管理等。

4．服务中心

EDI 服务中心由配置不同用户端软件的计算机终端组成，建设 EDI 服务中心的目的就是要加强对用户的服务及支持，包括用户的接入、用户应用软件的开发、教育培训以及帮助用户分析和解决使用过程中所出现的问题等。EDI 服务中心设备之间以以太网集线器连接，该集线器网络节点设备所用集线器之间通过以太网电缆连接。

5．网络安全

由于 EDI 系统主要应用于一些商贸活动，而商贸活动涉及大量的经济信息，因此 EDI 系统的安全保密是 EDI 系统中很重要的内容之一。EDI 网络安全主要从以下几个方面加以考虑。

（1）容错机。保证信息不会丢失。

（2）中继电路备份。各节点间均有不少于两条的中继电路，并预留两条中继电路，互为备份，并被安排在不同的通信控制服务器的不同的接口板上。与分组网相连时，分别接至分组交换机的不同的用户板上。

（3）主要设备备份。各节点通信控制服务器互为备份，通信控制服务器之间通过高速端口相连，保证用户可以安全可靠地接入主机系统。

（4）用户的接入是通过通信控制服务器来实现的，不直接与主机设备相连，以防止恶意破坏者对网络进行破坏。

另外，CHINAEDI 系统本身也具备一些安全、保密措施，如确保收到和避免篡改。对交换的内容加保密措施，保护数据不被非法泄露。对数据的收、发、转交、检索提供证明。对用户的身份进行正确识别，确保只有合法用户才能进入 EDI 系统等。

8.2.2 EDI 的通信方式

1．点对点（PTP）方式

点对点方式即 EDI 按照约定的格式，通过通信网络进行信息的传递和终端处理，完成相互的业务交往。早期的 EDI 通信一般都采用此方式，但它有许多缺点，如当 EDI 用户的贸易伙伴不再是几个而是几十个甚至几百个时，这种方式很费时间，需要重复发送。同时这种通信方式是同步的，不适合跨国家、跨行业之间的应用。

近年来，随着技术进步，这种点对点的方式在某些领域中仍旧有用，但会有所改进。新方法采用的是远程非集中化控制的对等结构，利用基于终端开放型网络系统的远程信息业务终端，用特定的应用程序将数据转换成 EDI 报文，实现国际间的 EDI 报文互通。

2．增值网（VAN）方式

增值网（VAN）方式是那些增值数据业务（VADS）公司，利用已有的计算机与通信网络设备，除完成一般的通信任务外，还增加了 EDI 服务功能。VADS 公司提供给 EDI 用户的服务主要是租用信箱及协议转换，后者对用户是透明的。信箱的引入，实现了 EDI 通信的异步性，提高了效率，降低了通信费用。另外，EDI 报文在 VADS 公司自己的系统（VAN）中传递也是异步的，即存储转发的。

VAN 方式尽管有许多优点，但因为各增值网的 EDI 服务功能不尽相同，VAN 系统并不能互通，从而限制了跨地区、跨行业的全球性应用。同时，此方式还有一个致命的缺点，即 VAN 只在计算机网络的下层（相当于 OSI 参考模型的下三层）实现了 EDI 服务功能。而 EDI 通信往往发生在各种计算机的应用进程之间，这就决定了 EDI 应用进程与 VAN 的联系相当松散，效率很低。

3．MHS 方式

信息处理系统（Message Handing Systems，MHS）是 ISO（国际标准化组织）和 ITU-T（国际电信联盟）联合提出的有关国际间电子邮件服务系统的功能模型。它建立在 OSI（开放系统互联参考模型）的网络平台上，适应多样化的信息类型，并通过网络连接，具有快速、准确、安全、可靠等特点。它是以存储转发为基础的、非实时的电子通信系统，非常适合作为 EDI 的传输系统。MHS 为 EDI 创造一个完善的应用软件平台，减少了 EDI 设计开发上的技术难度和工作量。ITU-T X.435/F.435 规定了 EDI 信息处理系统和通信服务，把 EDI 和 MHS 作为 OSI 应用层的正式业务。EDI 与 MHS 互连，可将 EDI 报文直接放入 MHS 的电子信箱中，利用 MHS 的地址功能和文电传输服务功能，实现 EDI 报文的完善传送。

EDI 信息处理系统由信息传送代理（MTA）、EDI 用户代理（EDI-UA）、EDI 信息存储（EDI-MS）和访问单元（AU）组成（见图 8-3）。MTA 完成建立接续、存储/转发，由多个 MTA 组成 MTS（电文传送系统）。EDI 在 MHS 中的传递过程如图 8-4 所示。

EDI-MS 存储器位于 EDI-UA 和 MTA 之间，它如同一个资源共享器或邮箱，帮助 EDI-UA 发送、投递、存储和取出 EDI 信息。同时 EDI-MS 把 EDI-UA 接收到的报文变成 EDI 报文数据库，并提供对该数据库的查询、检索等功能。为有利于检索，EDI-MS 将报文的信封、信首、信体映射到 MS 信息实体的不同特征域，并提供自动转发及自动回送等服务。

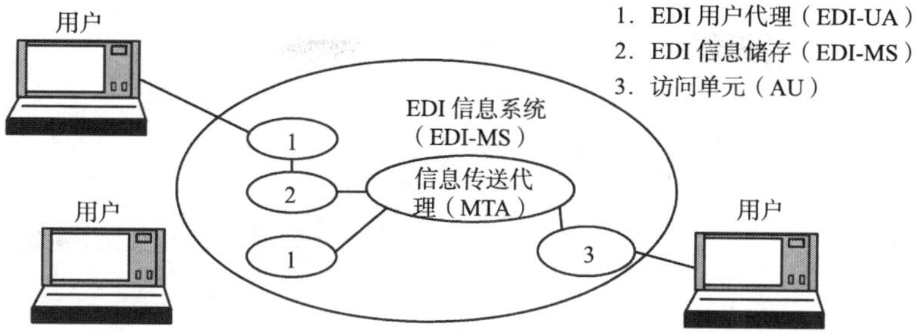

图 8-3　EDI 信息系统

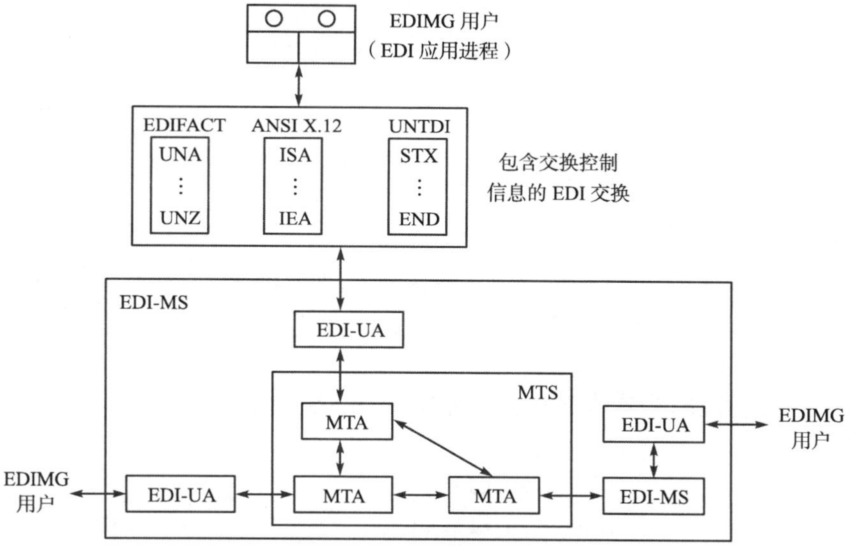

图 8-4　EDI-MS 的功能模型和信息流

EDI-UA 是电子单证系统与传输系统之间的接口。它的任务是利用 MTS 的功能来传输电子单证。EDI-UA 将它处理的信息对象分为两种：一种称为 EDI 报文（EDIM）；另一种称为 EDI 回执（EDIN）。前者是传输电子单证的，后者是报告接收结果的。EDI-UA 和 MTS 共同构成了 EDI 信息系统（EDI-MS），EDI-MS 和 EDI 用户又一起构成了 EDI 通信环境（EDIME）。

EDI 与 MHS 结合，大大促进了国际 EDI 业务的发展。为实现 EDI 的全球通信，EDI 通信系统还使用了 X.500 系列的目录系统（DS）。

DS 可为全球 EDI 通信网的补充、用户的增长等目录提供增、删、改功能，以获得名址网络服务、通信能力列表、号码查询等一系列属性的综合信息。EDI、MHS 和 DS 的结合，使信息通信有了一个新飞跃，为 EDI 的发展提供了广阔的前景。EDI、MHS 和 DS 的综合网络如图 8-5 所示。

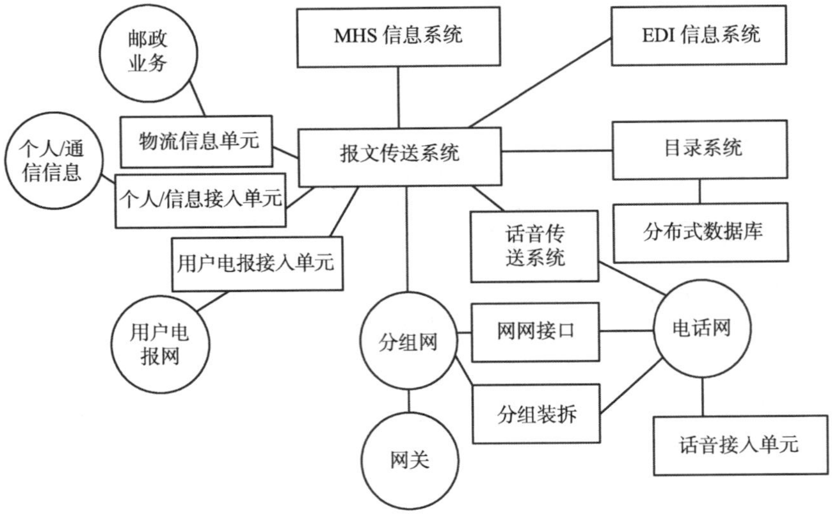

图 8-5　EDI、MHS 和 DS 的网络机构

8.2.3　EDI 与因特网的整合

由于以专用增值网为基础的传统 EDI 服务方式成本很高，在很长一段时间中一直只有大企业使用。基于因特网的开放式 EDI 大大降低了 EDI 的使用成本，吸引了越来越多的中小企业使用 EDI。

目前，基于因特网的开放式 EDI 主要有 Internet Mail、Standard IC、Web-EDI 和 XML-EDI 四种实现方式。

1．Internet Mail

Internet Mail 是一种最早把 EDI 带入因特网的方式，它用 ISP 代替了 VAN，解决了信道的廉价问题。

现有的因特网电子邮件系统多数基于简单邮件传送协议（SMTP）。SMTP 能够提供邮件的传输功能，但仅支持 7 位 ASCII 码传输，不能适应多媒体邮件的要求，SMTP 还对接收方的个数有严格限制，并限制最大的消息长度。

Internet 邮件扩展（MIME）是一种新型的因特网电子邮件格式，是一种模块化、可扩展的消息格式，可以表示多部分/多媒体消息。MIME 的出现，使用户能够在因特网上利用以 Mail 形式实现 EDI 增值业务。在 EDI 消息的传输方面，用户可以将 EDI 对象封装在 MIME 中，通过因特网实现网络邮件传输，支持 EDI 标准作为 MIME 的内容类型，并保证 EDI 对象在传输中保持语法和语义不变。在 EDI 消息的处理方面，用户端从 MIS 数据库中获得的数据，经映射程序、翻译器到 MIME 完成封装，SMTP 完成打包、发送、中继和传递；贸易伙伴端 SMTP 和 MIME 完成接收、拆装，经翻译器、映射程序转换，写入 MIS 数据库中。

使用 Internet Mail 的主要问题是安全性问题。电子邮件在因特网上采用明文传输且容易伪造和否认。现在的办法是在 EDI 信息传递中引入相应的加密认证机制，如采用 PGP 和 PEM 方式。

2．Standard IC

IC（Implementation Conventions）着重于解决 EDI 翻译过程的复杂性问题。由于 EDI 标准对于具体应用来说过于复杂，许多标准化组织或企业根据自己的需要对标准进行简化，去掉它们根本不使用的部分，制定出一些简单的标准，即特定应用的 EDI 实现规范（IC）。

由于 IC 需要对相关应用及相应的 EDI 进行复杂的分析，其开发费用很高；而且，不同 IC 版本之间的消息也不能互相处理，在因特网上只有使用相同版本的 IC 才能正确地实现 EDI 交换。这就要求对 IC 进行标准化，Standard IC 着重于解决 IC 出现的问题，它既不同于以前的行业或国家标准，也不同于以前制定的通用国际标准，而是一种十分简单、没有过多可选项、考虑了以前 IC 的需求、针对特定应用的特殊跨行业国际标准。

Standard IC 的出现，使得因特网应用软件厂商可以在他们的软件产品中实现和内置这些标准，用户使用这些因特网应用软件时，就能够进行相应的 EDI 交换及处理。

3．Web-EDI

Web-EDI 允许中小企业只需通过浏览器和因特网连接就可实现 EDI 交换，是目前因特网 EDI 中最为流行的一种方式。在 Web-EDI 中，Web 是 EDI 消息的接口。其典型情况为：一个参与者是大企业，针对每个 EDI 消息，开发或购买了相应的 Web 表单，并改造成适合自己的 IC，然后把它们放在 Web 站点上。此时，表单就成为 EDI 系统的接口。其他参与者（如中小企业）登录到 Web 站点上，选择他们所感兴趣的表单进行填写。填写结果提交给 Web 服务器后，通过服务器端程序进行合法性检查，把它变成通常的 EDI 消息。此后，消息处理就与传统的 EDI 消息处理一样了。

很明显，这种解决方案对中小企业来说是负担得起的，只需一个浏览器和因特网连接就可完成，EDI 软件和映射翻译的费用则花在服务器端。Web-EDI 方式只需对现有企业的应用系统做很小改动，就可方便快速地扩展成 EDI 应用系统。大企业一方尽管承担了实现 EDI 的所有费用，但也享受到了 EDI 带来的低出错率、低成本和高效率等全部好处。

基于 Web 的 EDI 网络如图 8-6 所示。

4．XML-EDI

XML 具有很多优势和特色，如数据内容与数据的表示分开，具有延伸性，适合不同的应用情况，使用低成本的因特网为传输媒介等。

XML 在传统 EDI 系统中的应用形成所谓的 XML-EDI。它建构在现有的 EDI 系统之上。在 XML-EDL 模式中，企业除了可以利用原有的 UN/EDIFACT 或 X.12 等格式传递商业文件之外，新增了以 XML 信息格式传递的选项。传统 EDI 应用企业既可以继续利用 VAN 与其他使用 EDI 的交易伙伴进行数据交换，也可以通过安装 XML/EDI 翻译器软件，将 EDI

报文转换为 XML 格式文件，依托互联网传输到交易伙伴的信息系统中。

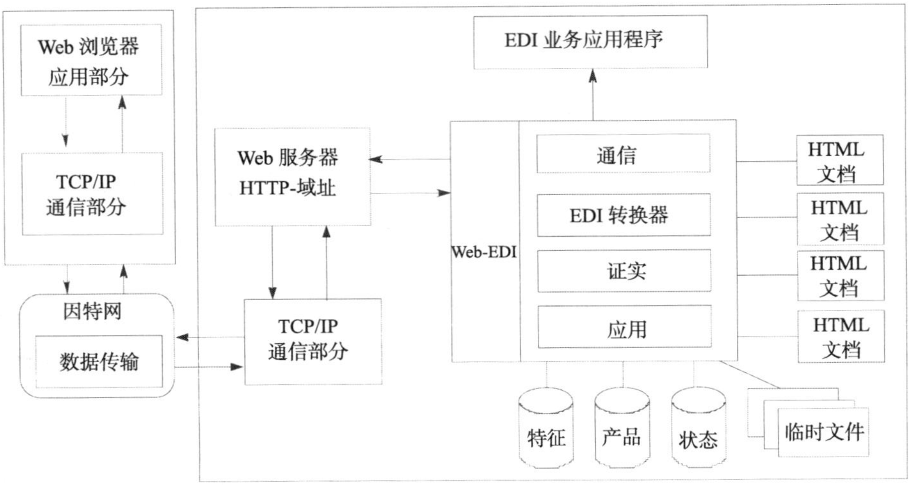

图 8-6　基于 Web 的 EDI 网络

转换的 XML 文件到了接收企业后，由其信息系统中的代理程序接收，代理程序的工作是使用解释器对 XML 文件进行语法验证，并将文件传递到后台系统做进一步的处理。

对于中小企业来说，通过将传统 EDI 报文转变为 XML 格式，甚至只需浏览器便能处理电子文件，在易于实行与低成本的优势下，无论以教育训练的角度，或是程序开发的角度而言，都使 EDI 在中小型企业中更容易应用和推广。

8.2.4　EDI 软件环境

从软件方面看，EDI 所需要的软件主要是将用户数据库系统中的信息，翻译成 EDI 的标准格式以供传输交换。由于不同行业的企业是根据自己的业务特点来规定数据库的信息格式的，因此，当需要发送 EDI 文件时，从企业专有数据库中提取的信息，必须把它翻译成 EDI 的标准格式才能进行传输。所以，对一个要被传递的 EDI 报文来说，EDI 软件必须执行三项基本功能：格式转换功能（Mapping）、翻译功能（Translating）和通信功能（Communicating）（见图 8-7）。

EDI 软件有一些特性是非常重要的，这些特性包括表驱动结构、编辑、开发辅助和审计选择。

（1）表驱动结构。在表驱动软件中，所有的报文、数据段、数据元素都被描述成表，而不是程序代码。用这种方法，无论什么时候标准发生变化，需要改变的只是表，而不是程序代码。

（2）编辑。EDI 软件能够编辑和检查错误，具备检查信息与标准要求是否一致的能力。

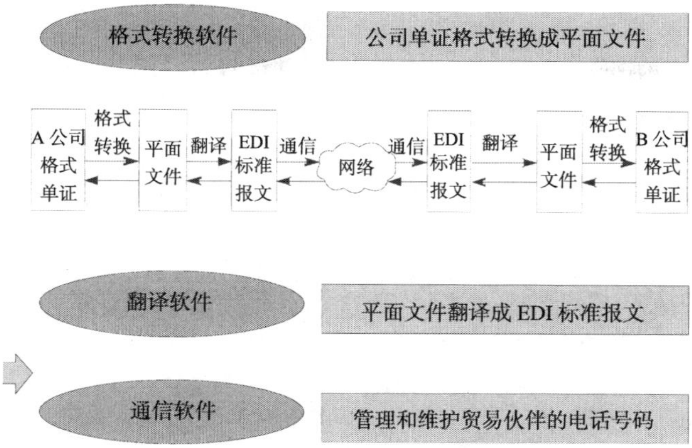

图 8-7　EDI 软件的主要功能

（3）开发辅助。EDI 软件允许用户对选择项进行开发，提供大量的富有弹性的选择项，也允许用户预先设定选择项，并反映预选值直到用户更改为止。

（4）审计选择。EDI 软件应能按时间、日期报告发出和接受单据，具备对送出或收到的信息配置功能性回执的能力，也应包括产生打印传递活动的总结报告的能力。

常用的 EDI 软件包括：

（1）转换软件。转换软件可以帮助用户将原有计算机系统的文件，转换成翻译软件能够理解的平面文件（Flat File），或是将从翻译软件接收来的平面文件，转换成原计算机系统中的文件。

（2）翻译软件。将平面文件翻译成 EDI 标准格式，或将接收到的 EDI 标准格式翻译成平面文件。

（3）通信软件。将 EDI 标准格式的文件外层加上通信信封（Envelope），再送到 EDI 系统交换中心的邮箱（Mailbox），或由 EDI 系统交换中心内，将接收到的文件取回。

8.3　EDI 的工作原理

8.3.1　EDI 系统的组成

EDI 系统由 EDI 客户端系统和 EDI 传输系统组成，其中，客户端系统包括 EDI 应用系统和格式转换系统，传输系统包括计算机通信网络和 EDI 交换平台，如图 8-8 所示。

EDI 应用系统是用于满足应用需求的，并能产生或处理与其他 EDI 应用系统进行相互传递的 EDI 单证的计算机信息系统。EDI 应用系统是用户根据其业务管理的需要来规划和建设的，它是 EDI 应用的基础，如果没有 EDI 应用系统，就无法应用 EDI，或者即使使用了也无法达到 EDI 系统预期应该达到的效果。

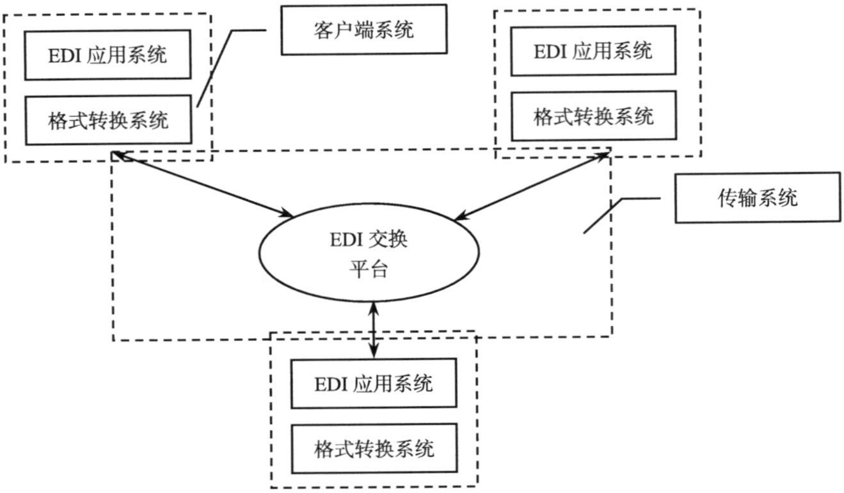

图 8-8　EDI 系统的构成

EDI 应用系统包括以下几个基本模块：

（1）用户接口模块。业务管理人员利用用户接口模块进行输入、查询、统计、中断、打印等，及时地了解市场变化，调整策略。

（2）内部接口模块。内部接口模块是 EDI 系统和本单位内部其他信息系统及数据库的接口，一份来自外部的 EDI 报文，经过 EDI 系统处理之后，大部分相关内容都需要经内部接口模块送往其他信息系统，或查询其他信息系统才能给对方 EDI 报文以确认的答复。

（3）报文生成及处理模块。该模块有两个功能：一是接受来自用户接口模块和内部接口模块的命令和信息，按照 EDI 标准生成订单、发票等各种 EDI 报文和单证，经格式转换模块处理之后，由通信模块经 EDI 网络发给其他 EDI 用户；二是自动处理由其他 EDI 系统发来的报文。在处理过程中要与本单位信息系统相连，获取必要信息并给其他 EDI 系统答复，同时将有关信息送给本单位其他信息系统。如因特殊情况不能满足对方的要求，经双方 EDI 系统多次交涉后不能妥善解决的，则把这一类事件提交用户接口模块，由人工干预决策。

格式转换系统主要负责不同格式报文之间的格式转换，包括用于用户端报文与平面文件之间的格式转换的映射软件和用于平面文件与 EDI 标准报文之间的格式转换的翻译软件。所有的 EDI 单证都必须转换成标准的交换格式，转换过程包括语法上的压缩、嵌套、代码的替换以及必要的 EDI 语法控制字符。在格式转换过程中要进行语法检查，对于语法出错的 EDI 报文应拒收并通知对方重发。

EDI 传输系统包括计算机通信网络和 EDI 交换平台两部分。通信网络是 EDI 系统与 EDI 通信网络的接口，包括执行呼叫、自动重发、合法性和完整性检查、出错报警、自动应答、通信记录、报文拼装和拆卸等功能。EDI 交换平台是 EDI 单据传输的公共平台，所有的 EDI 应用系统都是通过 EDI 传输系统传递 EDI 单证的。

除以上这些基本的子系统和模块外，EDI 系统还必须具备以下基本功能：

（1）命名和寻址功能。EDI 的终端用户在共享的名字当中必须是唯一可标识的。命名和寻址功能包括通信和鉴别两个方面。

（2）安全功能。EDI 的安全功能应包含在上述所有模块中。它包括终端用户以及所有 EDI 参与方之间的相互验证、数据完整性、EDI 参与方之间的电子（数字）签名、否定 EDI 操作活动的可能性、密钥管理。

（3）语义数据管理功能。完整语义单元（CSU）是由多个信息单元（IU）组成的。IU 应该是可标识和可区分的。CSU 应能够存取指明 IU 属性的内容，如语法、结构语义、字符集和编码等；应能够跟踪和对 IU 定位；对终端用户提供方便和始终如一的访问方式。

8.3.2　EDI 的工作流程

1．贸易公司进口业务流程

贸易公司在决定进行某项进口业务之后，应首先向经贸部门申请获得进口许可证，在拿到许可证后，贸易公司就可开展具体的进口业务处理过程。经过洽商签订进口合同，在合同签订后，便进入合同履行程序。贸易公司应按合同规定的支付方式办理对外付款保证手续，主要包括对外开立信用证和办理开立银行保证函手续两个方面，经银行审批并开证后，贸易公司办理租船、订舱、保险等业务手续，其后便进入审单和付款阶段，该阶段贸易公司可根据银行的通知，根据合同所规定的付款方式（信用证、汇款、托收）同银行办理付款手续。在货物到港后，贸易公司应即时向商检机关和海关报验及报关，并会同商检、海关人员对到港货物进行检验无误后，即可完成进口处理，若发现货物有问题，应及时索赔。图 8-9 简要地描述了贸易公司的进口业务流程。

2．贸易公司出口业务流程

贸易公司在决定进行一项出口业务后，首先向经贸管理部门申请出口许可证。在获得出口许可证后，贸易公司即可开始进行洽商活动，通过洽商签订出口合同。在合同签订后，贸易公司即可着手进行备货工作，并向商检机关报验。商检机关对货物检验无误后，发出放行单，并在货物报关单上加盖放行章。银行在收到对方开出的信用证后，会同贸易公司进行审证工作。银行负责信用审定，贸易公司负责具体出口业务内容审定。在审证无误后，贸易公司便可开始进行订船、订舱及投保业务，并进行报关。由海关对出口货物检验无误后加盖海关放行章，这时便进行货物的起运，贸易公司最后到银行进行结汇处理。图 8-10 简要描述了出口业务流程。

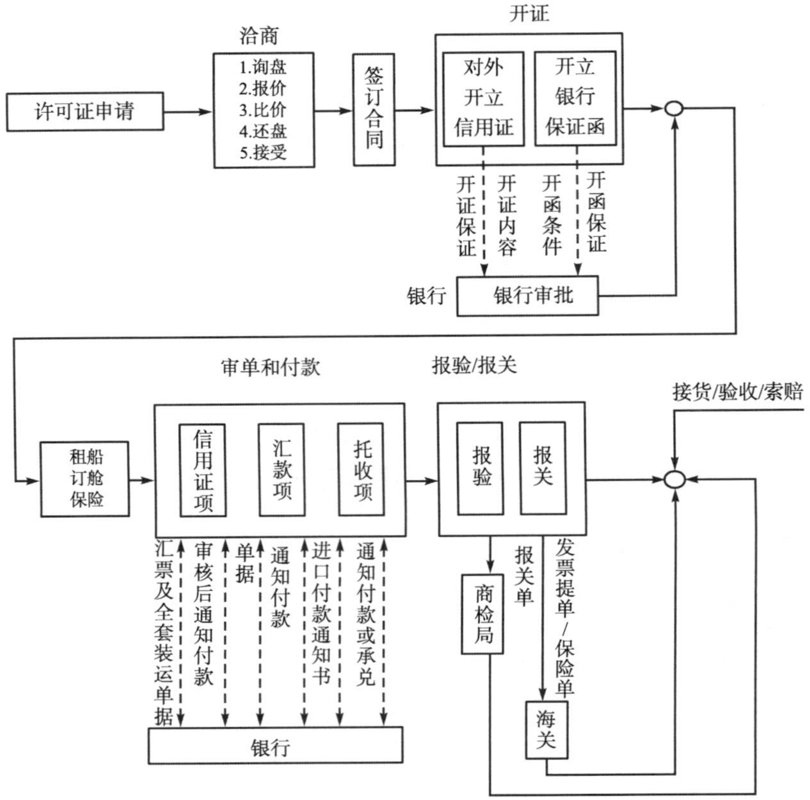

图 8-9　进口业务流程

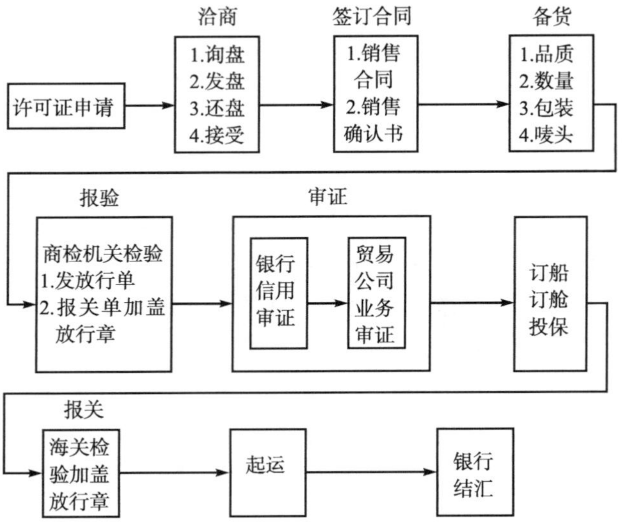

图 8-10　出口业务流程

3．手工条件下与 EDI 条件下贸易单证传递方式的比较

从图 8-11 可以清楚地看出手工条件下与 EDI 条件下贸易单证传递方式的区别。

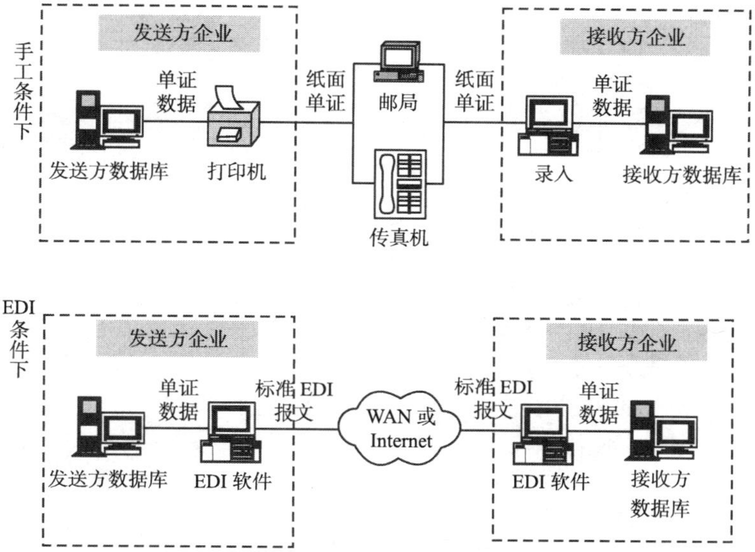

图 8-11　手工条件下与 EDI 条件下贸易单证传递方式的区别

4．EDI 的贸易过程及文件流程

EDI 要实现贸易过程的自动化，主要是对贸易单证和文件进行自动传输和处理。一个典型的 EDI 贸易过程及文件流程如图 8-12 所示。EDI 将所有贸易单证的传送交由 EDI 通信网络实现，买卖双方单证的处理全部（或大部分）由计算机自动完成。

EDI 的工作流程可分为三个部分：

（1）文件的结构化和标准化处理。用户首先将原始的纸质商业或行政文件，经计算机处理，形成符合 EDI 标准的、具有标准格式的 EDI 数据文件。

（2）传输和交换。用户用自己的本地计算机系统将形成的标准数据文件，经过 EDI 数据通信和交换网，传送到登录的 EDI 服务中心，继而转发到对方用户的计算机系统。

（3）文件的接收和自动处理。对方用户计算机系统收到发来的报文之后，立即按照特定的程序自动进行处理，越是自动化程度高的系统，人的干预就越少，如有必要，则输出纸质文件。

从以上讨论中，可以归纳出 EDI 概念的四个要点：

（1）定义的主体是行政、商业、运输等方面的格式化信息。

（2）文件特征是标准化的结构性文件。

（3）文件传输路径是计算机—通信网络—计算机。

（4）EDI 信息的最终用户是计算机应用软件系统，从标准格式转换为工作文件是自动

处理的。

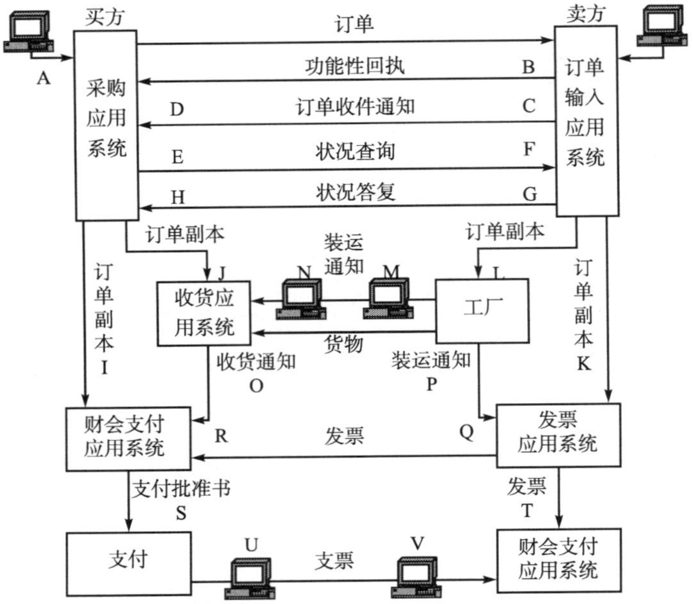

图 8-12 一个典型的 EDI 贸易过程及文件流程

注：图中英文字母显示了业务流程顺序。

对于一个生产企业来说，其 EDI 系统的工作过程可以描述为：企业收到一份 EDI 订单，系统自动处理该订单，检查订单是否符合要求；然后通知企业内部管理系统安排生产；向零配件供应商订购零配件；向交通运输部门预订货运集装箱；向海关、商检等部门报关、报检；通知银行并给订货方开出 EDI 发票；向保险公司申请保险单等。这使整个商贸活动在最短时间内准确完成。

8.3.3 EDI 报文的产生与流转

1. EDI 报文的产生

由于 EDI 网络传输的数据是标准化的 EDI 报文，因此，EDI 的工作流程与在因特网上收发 E-mail 的操作有明显的不同。EDI 报文的发送方在通过 EDI 发送报文前，必须先在其客户端的计算机中将客户端格式的数据转换成 EDI 标准格式的报文，然后才能对外发送（见图 8-13）。

图 8-13 中的 7 个步骤说明如下：

（1）发送方生成原始报文。数据的发送方在自己的应用系统中对来自数据库或通过输入设备输入的数据进行数据的编辑处理，生成原始单据格式的报文。

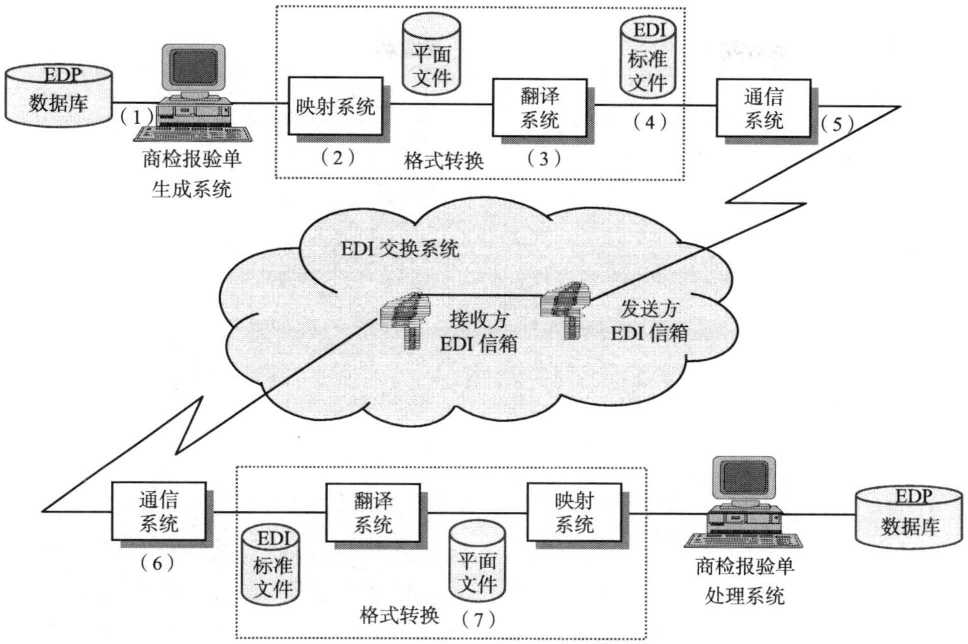

图 8-13　EDI 报文的产生

（2）进行数据映射。发送方使用 EDI 映射软件（Mapping）将原始单据格式转换为中间文件（Flat File）。中间文件是客户端格式文件与 EDI 标准报文之间的接口文件，它的应用使 EDI 中心无须了解客户端数据的格式，客户也无须了解 EDI 报文标准格式便可进行数据的转换。

（3）进行数据翻译。发送方使用翻译软件（Translator）将中间文件转换为 EDI 标准格式报文。

（4）发送方对报文加封。发送方计算机自动在报文外层加上通信交换信封。

（5）发送 EDI 报文。发送方通过通信软件将标准格式报文发送到增值服务网络或直接传给对方客户。

（6）接收方收到 EDI 报文后进行反向处理。接收方在收到 EDI 标准报文后，进行相反的处理，最后生成接收方应用系统能够处理的文件格式。

（7）接收方应用系统进行数据处理。接收方对所收到的报文使用应用系统进行收阅处理。

在实际使用时，操作员完全看不到文件格式的变化过程，文件格式的转化完全是由安装客户端计算机中的映射和翻译软件自动完成的。

2．EDI 报文的流转

海关通关过程中的不同环节产生不同的 EDI 报文，如进口船图/舱单报文、正式订舱、订舱确认、装箱单报文、集装箱报文等。这些报文的流转过程也不尽相同。图 8-14 显示了进口船图/舱单报文流转过程。

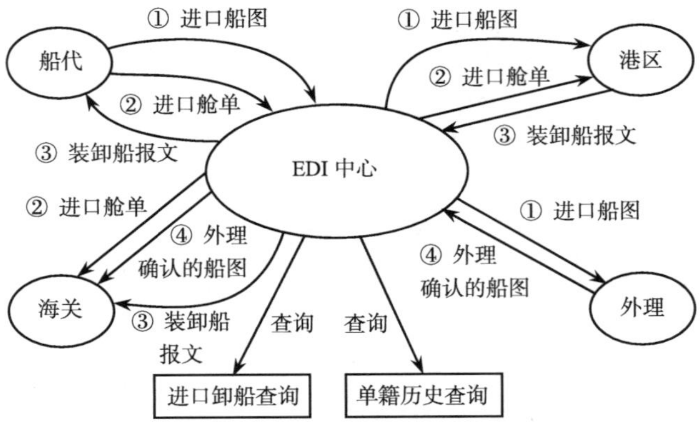

图 8-14　进口船图/舱单报文流转过程[①]

在图 8-14 中，① 船代发送进口船图给港区和外理；② 船代发送进口舱单给港区和海关；③ 港区将形成的卸船报告发送给船代（此时 EDI 用户可以在 EDI 中心主页查到进口箱的卸船信息）；④ 外理发送确认后的船图给海关（EDI 用户随时可以在 EDI 中心主页查讯单箱历史信息）。

8.3.4　EDI 在经济活动中的应用

1．EDI 在通关活动中的应用

我国进出口业务处理已逐渐向国际贸易的处理规范靠近。进出口业务的处理涉及社会的许多领域，其中商务部、贸易公司、银行、海关等都是涉及进出口处理业务的主要职能部门。图 8-15 反映出 EDI 通关的总体技术要求：

（1）供应商（或订货商）必须有一个适用于 EDI 要求的信息处理和管理系统，以检查订货单（发货单），进行各种文件、表格的生成与转换，组织生产（或设备装配）、零部件供货、库存检查、生产线启动等，办理贸易审批、转运、保险、银行和海关手续。

（2）所有业务联络均需通过电子化手段进行，即计算机通信网络。除本地网络外，还需有全球通信的广域网络的支持。

（3）所有业务界面的联络，有统一编码、文件格式等标准的支持，既要考虑国内传统管理的要求，更要满足国际统一标准的需要。不同的行业，还需不同行业标准的支持。

---

① 宁波港口 EDI 中心．进口船图/舱单报文流转图示[EB/OL]．[2012-09-16]．http://www.npedi.com/edi/ediweb/message_flow_chartList.jsp?title=进口船图/舱单报文流转图示&url=../download/bapli_import_cn.jsp.

（4）电子文件的法律支持，以保证 EDI 单证能够作为纠纷裁决的依据。

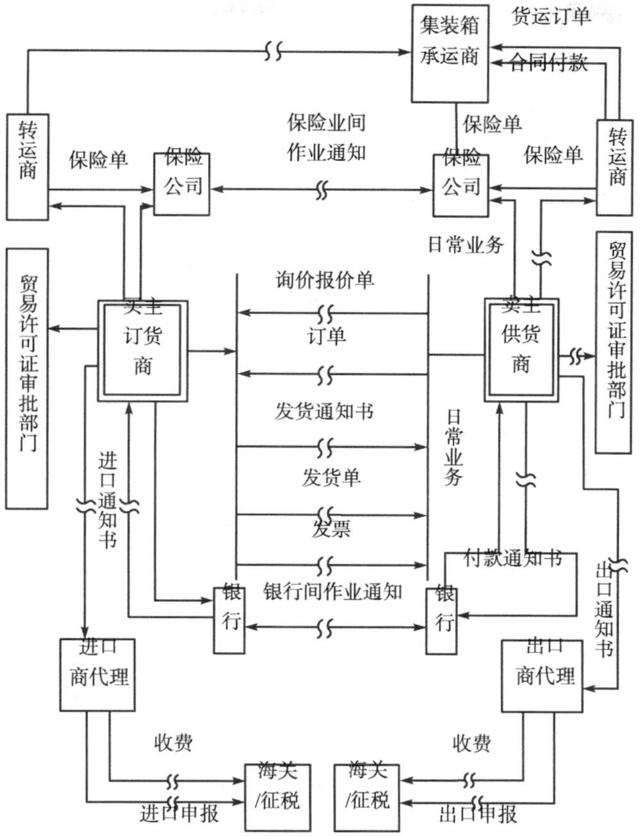

图 8-15　EDI 贸易应用

2. EDI 在物流领域中的应用

针对传统 EDI 的限制和不足，XML 被引入 EDI 系统，提出了基于 XML/EDI 电子商务物流模型（见图 8-16）。在图 8-16 中，XML 服务器将 EDI 服务器中的资料转换成 XML/EDI 数据，传送给 Web 服务器。通过系统提供的接口，企业可以利用已有的应用程序（物流管理软件）、浏览器、PDA 等访问 Web 服务器，送出订单和接收订单。XML/EDI 电子商务物流系统平台不但可以让 EDI 客户下订单，而且卖方会根据 EDI 中的需求，经由数据仓库或者网络搜寻客户提供的资料（包括 Web 上的商品目录及数据库），并使用 XML 服务器，将它们转换成标准的 XML 数据，并送往 Web 服务器。而浏览器端则可利用 Java Script 或 Java Applet 对 XML 数据进行处理和校验。

在物流园区的建设中，综合利用 EDI 和因特网技术，可以建立贯穿整个物流园区内外的底层机构（见图 8-17）。该模式以因特网为依托，以各数据交换单位为交换节点，通过统一的 EDI 平台，满足物流交易活动和相关物流增值服务各单位业务系统之间无缝共享和交换数据的需要。

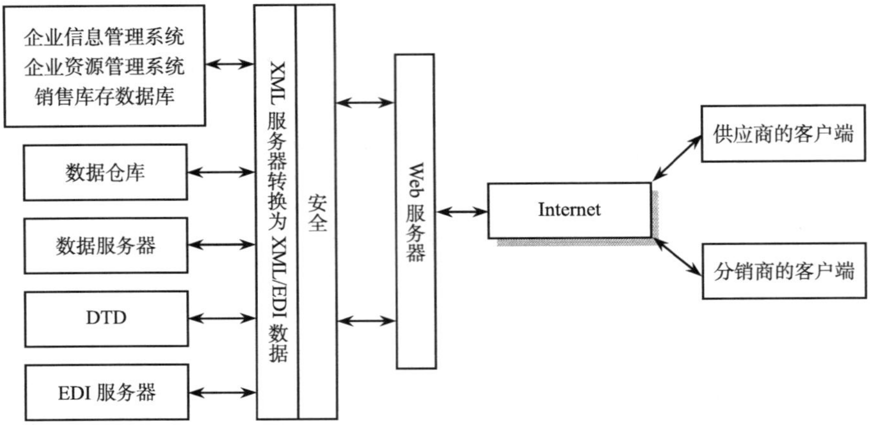

图 8-16　XML/EDI 电子商务物流模型

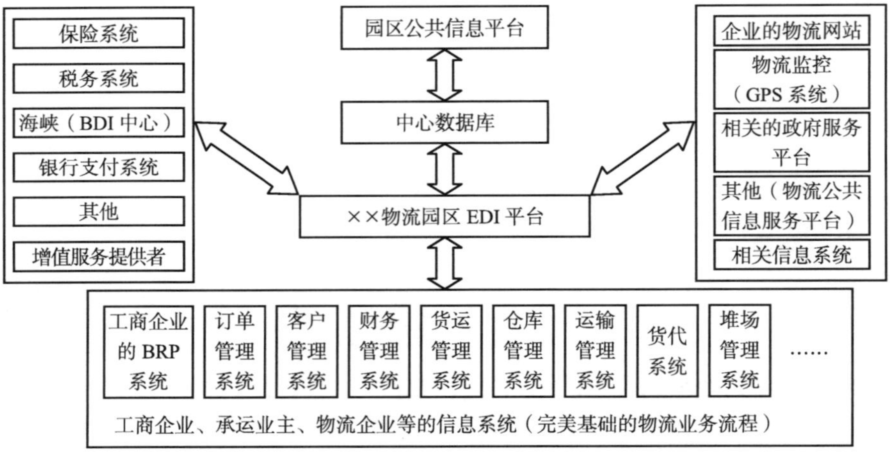

图 8-17　物流园区 EDI 平台的总体架构

3．EDI 在图书管理中的应用

在信息爆炸的时代，图书馆需满足用户增长的不同需求。但是，由于各个图书馆相对分散独立的建设，造成跨馆间借阅、文献传递等服务效率低下。基于 EDI 的馆际互借是一种最新模式的图书馆资源整合，这是一种无中介的馆际互借服务，即图书馆在 EDI 系统的基础上，让读者自己检索、订购和获取文献，而无须借入馆馆员介入，整个借阅过程在图书馆读者和文献提供馆之间进行（见图 8-18）。这种方式消除了读者与文献提供机构之间的馆员“转发”环节，有效地减少了冗余工作流程，并且节省了图书馆的人力资源。

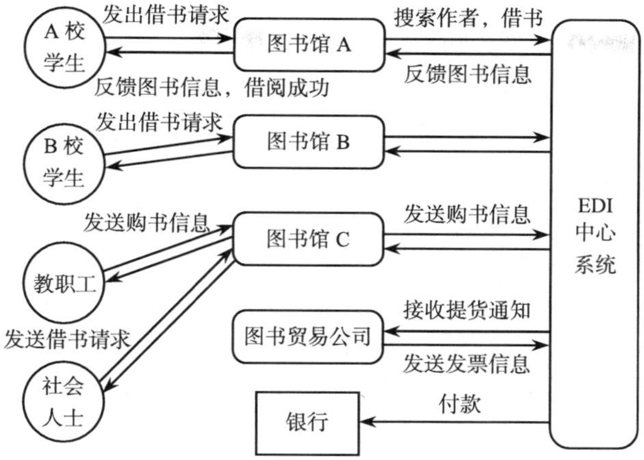

图 8-18　基于 EDI 的图书馆系统的工作流程

8.4　EDI 标准

EDI 标准主要提供语法规则、数据结构定义、编辑规则和协定、已出版的公开文件。目前，国际上流行的 EDI 标准是由联合国欧洲经济委员会（UN / ECE）制定颁布的《行政、商业和运输用电子数据交换规则》（EDIFACT），以及美国国家标准局特命标准化委员会第十二工作组制定的 AITS X.12，从内容上看，这两个标准都包括了 EDI 标准的三要素——数据元、数据段和标准报文格式。

8.4.1　EDIFACT 语法规则（ISO 9735）

EDIFACT 语法规则于 1987 年 3 月制定完成，并于当年 9 月被 ISO 接受成为国际标准。

语法规则包括十个部分和三个附录，它以简略形式表述“用户格式化的数据交换的应用实施”的语法规则。其中，包括标准的适用范围、该标准的相关标准、名词定义、标准报文中用到字符的集合的级别的划分、标准的字符集、标准报文的结构、单证转换过程中对标准报文数据元的压缩、报文时段重复的可能性、报文时段的嵌套、数字型数据元使用的规定等。

8.4.2　报文设计指南

“报文设计指南”是在 1989 年 12 月被 UN / ECE 接受并认可的。该指南分为八个部分，其中前三部分是对指南的说明介绍；第四部分是报文设计的总体规则，并按照报文的使用范围对报文类型进行划分；第五至七部分从数据元选择入手分层次地阐述了报文设计步骤——数据元分析，段结构设计，报文结构设计；第八部分规定了报文格式的修改步骤，以及得到最新国际报文格式的办法。

8.4.3 语法应用指南

这一指南的目的是帮助 EDI 用户使用 EDIFACT 语法规则。指南分为 9 个部分，内容包括交换协议，EDI 专用名词术语，交换字符集的定义，对电子数据交换的元素——数据元、段和报文的要求，基本语法规则，段的构成，段的结构，其他标准与 EDIFACT 标准相互转换的必要程序，标准的支持与维护的手段。

8.4.4 EDIFACT 数据元目录（EDED）

EDIFACT 数据元目录是联合国贸易数据元目录（UNTDED）的一个子集，UN/EDIFACT 00B（2000 年第 2 版）收录了 640 个与设计 EDIFACT 报文相关的数据元，这些数据元通过数据元号与数据元目录（UNTDED）相联系。这一目录对每个数据元的名称、定义、数据类型和长度都予以具体的描述。在 EDI 标准报文中，每个数据元的值用来表示一个具体内容的含义。比如，日期时间数据元（Date/time/period）“2380”的值“20010614”表示日期为 2001 年 6 月 14 日。数据元之间使用“:”或“+”进行分隔。

8.4.5 EDIFACT 代码表（EDCL）

代码表中给出的是相对应的数据元的值。比如，日期时间格式限定符数据元（Date/time/period format qualifier）“2379”的值“102”代表了所使用的日期格式是“CCYYMMDD”型，即“20010614”表示该日期是 2001 年 6 月 14 日。

8.4.6 EDIFACT 复合数据元目录（EDCD）

UN/EDIFACT 00B 目录收录了在设计 EDIFACT 报文时涉及的 293 个复合数据元。目录中对每个复合数据元的用途进行了描述，罗列出组成复合数据元的数据元，并在数据元后面注明其类型。复合数据元通过复合数据元号与段目录相联系，组成复合数据元的数据元通过数据元号与数据元目录、代码表相联系。

在 EDI 标准报文中复合数据元之间使用“+”进行分隔。每个复合数据元用来表示一组相关内容的含义，比如，复合数据元“C507”是由“2005:2380:2379”（其中 2005、2380、2379 是组成复合数据元 C507 的三个简单数据元号）组成的，C507=150:20010614:102 则表示本报文的申报日期是 2001 年 6 月 14 日，其中“150”是日期时间含义限定符（Date/time/period qualifier）“2005”的值，表示该时间是申报的时间。

8.4.7 EDIFACT 段目录（EDSD）

UN/EDIFACT 00B 段目录定义了 232 个 EDIFACT 报文中用到的段。目录中注明了组成段的简单数据元和复合数据元，并在数据元后面标明此数据元是“必写的”或是“条件的”。简单数据元和复合数据元通过数据元号和复合数据元号与 EDIFACT 数据元目录与复合数据元目录相联系。

在 EDI 标准报文中，段与段之间使用双引号（“ ”）进行分隔。每个段可以由多个复合或简单数据元组成，也可以由单个复合或简单数据元组成。比如，在具体报文中表示日期和时间的段“DTM”可以由单个复合数据元“C507”组成（见表 8-1）。

表 8-1　商检报验单 EDI 标准报文中使用的“DTM”段

DTM		DATE/TIME/PERIOD
	C507	DATE/TIME/PERIOD
	2005	Date/time/period qualifier
	2380	Date/time/period
	2379	Date/time/period format qualifier

表 8-1 中，第一行是段标识，第二行构成段的复合数据元素；第三行到第五行是构成这个复合数据元素的成分数据元素。

8.4.8　EDIFACT 标准报文格式（EDMD）

EDIFACT 标准报文格式分为三级：0 级、1 级和 2 级。0 级是草案级，1 级是推荐草案级，2 级是推荐报文标准级。推荐报文标准分为四个部分。前三部分是报文格式的总体描述，规定了报文使用范围和报文中用到的专有名词的定义；第四部分是报文定义部分，规定了报文的结构，报文包含段的功能，段表和分支表。UN/EDIFACT 00B（2000 年第 2 版）共定义了 187 种不同单据的 EDI 报文标准格式。

EDI 标准报文由若干个段组成，整个报文可以分为三个部分：首部、详情部和摘要部。报文以服务串通知（UNA）或交换头（UNB）数据段开始，以报文尾标（UNT）或交换尾（UNZ）数据段结束（见图 8-19）。

首部主要是记载报文的号码、报文的标识符、报文类型版本号、控制机构、日期、公司名称、地址、联系人、电话号码和托收协议号等。

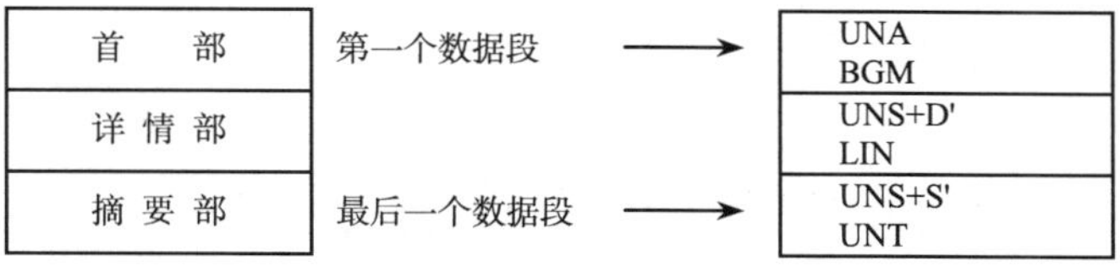

图 8-19　报文的组成

首部以 UNA 开始，详情部以 UNS+D'开始与首部分离，摘要部以 UNS+S'开始与详情部分离。

图 8-20 给出的是一个出口商品报验单的 EDI 标准格式的报文。

UNB+UNOA:0+ectc_sender+ectc_receiver+19971104:0816+374++APINCE'UNH+374+APINCE:0:97A:IB'BGM+855:::APINCE++9'DTM+150:19971104:102'NAD+MS+++上海市对外服务有限公司+金陵西路 28 号'CAT+MS+:章学拯'COM+021-53069042:TE'REF+AEK:'NAD+MR+000001NAD+CZ+++上海市对外服务有限公司'NAD+CN+Shanghai Foreign Service CO.,LTD'DMS+信用证+'RFF+ZZZ:品质证书'FTX+ACB+++GB'FTX+SSR+++请在商检证书上注明 3300/0220 2 编号，已采取了防止残留的同时请注明生产厂名称地址及收货人、数量及箱数'LOC+36+巴基斯坦'LOC+14+慈溪:ZZZ'LOC+9+上海'DTM+11:19971115:102'PCI++N/M'GID++2803: 纸 箱 'MOA+44::USD'MOA+44:4500000:CNY'DTM+179: 19971110:102'PAC+++纸箱'QTY+101:33600:公斤'QTY+100:28030:公斤'UNS+D'LIN+'IMD+++CHN;161:: 冻 烤 鳗 'IMD+++ENG:161::Frozen Roasted Eel'RFF+HS:16041900'RFF+ZZZ:3300/02202'LOC+48'PRI+ INF:::INV'QTY+101:: 公 斤 'QTY+100:2803: 公 斤 'LOC+14+ 慈 溪 DTM+ 94::102'RFF+BT'UNS+S'UNT+ 43+374'UNZ+1+374'

图 8-20 EDI 标准格式的报文

图 8-20 中的 UNB 和 UNA 一样都是表示交换头，但 UNA 和 UNB 是两个不同的字符节。

8.4.9 贸易数据交换格式构成总览（UNCID）

总览介绍了 EDIFACT 国际标准产生的背景、欲达到的目的和对用户的要求。

8.5 出口贸易的无纸化操作

由于传统的外贸操作模式工作量大、操作烦琐、单据飞扬、效率低下，因此，它受到了 EDI 的无情的冲击。在 EDI 的方式下可以把外贸业务中烦琐的操作、繁多的单据传递在计算机通信网络上进行，使单据处理和传递工作变得既轻松又简便、既安全又高效，这正是现代外贸工作方式的发展方向，趋于无纸化，即无纸贸易。所谓无纸贸易，是指将贸易领域中传统的人工传递业务单据的方式用现代电子化的方式加以替代，从而在贸易领域的整个信息流通中，摒弃纸质单据代之以电子单据。

8.5.1 业务流程

出口贸易业务操作流程包括：申领出口许可证和出口货物原产地证书；办理出口商品的报验、报关和运输业务；进行货款结算、收汇核销和出口退税等。以下就涉及海关、外汇管理局、银行和出口企业的出口收汇核销，介绍其业务背景和以无纸贸易方式进行的出口收汇核销操作。

我国政府部门为了避免因未及时跟踪收汇导致外汇流失或利息损失，专门制定了出口收汇核销管理办法。根据该管理办法，经对外经济贸易部及其授权单位批准有对外贸易经营权的企业和外商投资企业，在货物出口后必须接受外汇管理局的监督，并及时主动向外汇管理局办理出口收汇核销手续。

出口收汇核销手续的办理涉及出口企业、出口地海关、外汇管理局和收汇银行等单位，具体手续的办理程序如图 8-21 所示[①]。

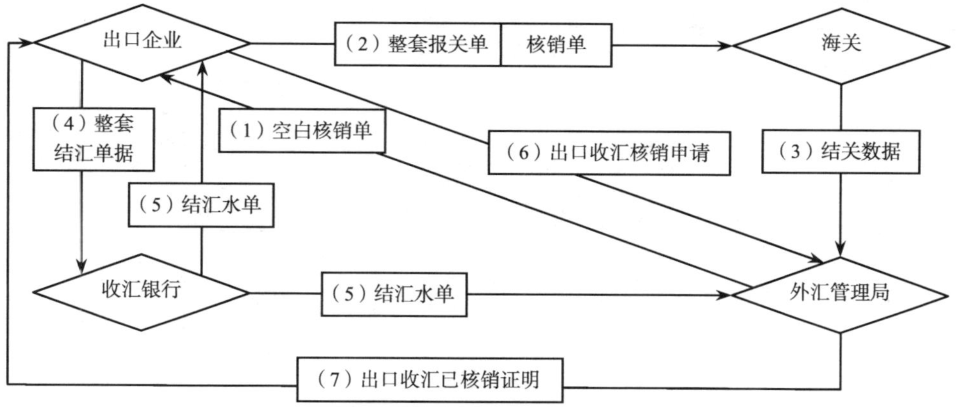

图 8-21　出口收汇核销业务流程

（1）出口企业从外汇管理局领取已编号的空白核销单。

（2）出口企业在货物出口前，将注明报关单编号的核销单连同整套出口报关单交海关，办理出口报关手续。

（3）货物出运以后海关将出口货物的实际情况——结关数据发送给外汇管理局。

（4）出口企业凭整套结汇单据通过收汇银行向进口商或进口地银行收取货款。

（5）收汇银行收到进口商或进口地银行的付款后，向出口企业和外汇管理局发送结汇水单，通知收汇情况。

（6）出口企业在收到货款后，向外汇管理局办理出口收汇核销申请。

（7）外汇管理局根据出口企业的核销申请，凭银行的结汇水单对海关的出口货物进行收汇核销。核对无误后向出口企业发送出口收汇已核销注明。

8.5.2　业务单据

出口收汇核销所涉及的业务单据如表 8-2 所示。

表 8-2　出口收汇核销所涉及的业务单据

单据名称	发送方→接收方
结关单据	海关→出口商，财务处，外管局，国税局
结汇水单	出口地银行→出口商，外管局

① 目前有些信息的传递仍然通过出口企业以人工的方式进行。比如，海关的结关数据是通过出口企业向外汇管理局提供经海关签章的报关单。

续表

单据名称	发送方→接收方
出口收汇核销申请单	出口商→外管局
出口收汇核销单	外管局→出口商，财务处，国税局

以上各份单据的操作流程如图 8-22 所示。

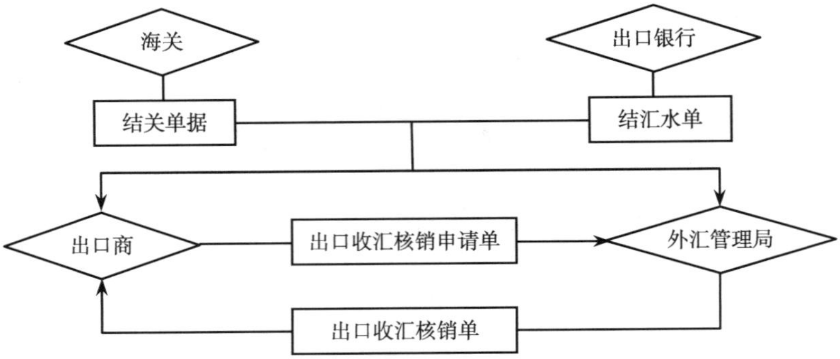

图 8-22　出口收汇核销无纸贸易操作流程

8.6　国内外的 EDI 立法与管理

EDI 的应用在给全球经贸活动注入新的活力，掀起划时代的产业革命的同时，也使传统的适用于“有纸贸易”的国际贸易法律制度受到了冲击，对既存的法律体制提出了挑战。一方面，面对电子贸易新方式，许多传统的法律规则，如书面形式要求、签名、原件、证据、合同成立等方面的立法都亟待调整与修订，以适应贸易电子化发展的时代急需；另一方面，新的关于数据电文传递的法律规则也有待确立。

8.6.1　国际 EDI 立法

为了解决 EDI 所面临的法律问题，许多国际组织，如联合国国际贸易法委员会、联合国贸法会、欧洲共同体委员会、国际海事委员会、国际商会等，已经对 EDI 所遇到的各种法律问题进行了大量的调查研究，提出了许多相应的解决办法和建议，并制定了一些有关应用 EDI 进行贸易活动的“统一规则”和“统一标准”。在这些从事 EDI 国际统一规则制定工作的国际组织中，比较有影响、有成效的当推联合国国际商会、国际海事委员会和联合国贸法会，它们分别制定了目前世界上仅有的三个专门性的 EDI 国际统一规则，即《数据电传交换统一行为守则》、《国际海事委员会电子提单规则》及《电子数据交换（EDI）及有关的传递手段法律事项示范法》。

1．国际商会的 EDI 立法工作

国际商会是较早关注国际贸易中 EDI 的应用所引起的法律问题的国际组织之一，并于

1987 年 9 月在其执行理事会第 51 届会议上通过了一项《数据电传交换统一行为守则》（Uniform Rules of Conduct for the Interchange of Data Teletransmission，UNCID，简称《统一行为守则》）。

《统一行为守则》的目的，是为 EDI 的用户提供一套国际公认的行为准则，供 EDI 的用户以及经营 EDI 系统的经营者使用。它为 EDI 的用户及通信系统的经营者拟定具体的通信协议（Communication Agreement）提供了良好的基础，从性质上看，《统一行为守则》与《电子商务示范法》一样，也属于“软法”的范畴，它是一项非强制性的、由当事人约定采用的行动守则。凡使用 EDI 进行交易的当事人可通过协议采用此项行为守则。

《统一行为守则》共有 11 条，涉及目的、定义、交换标准的使用、各当事方通过电子数据交换进行通信时所应遵守的审慎标准、电文和传递文件的鉴定和认证、确认收到传递文件的办法、对电文内容的确认、贸易数据的保护及数据的存储等方面。

1990 年，国际商会成立了“电子数据交换所涉法律与商业问题联合工作组”，旨在研究其他一些国际组织（如联合国国际贸易法委员会）就 EDI 法律问题所开展的工作，以便加强协作，促进对全球商业实践至关重要的一些问题的解决。为了进一步研究和解决电子商务中存在的问题，国际商会批准了一项“电子商务项目”（Electronic Commerce Project）。其目的是关注数字商务中的一些关键问题，并成立了多个“电子商务工作组”，分别讨论数字商务中的一些特殊的重要问题。“信息安全工作组”便是其中的一个。1997 年，“信息安全工作组”在电子商务项目的赞助下，拟订了一份名为《国际数字认证商务通则》（General Usage for International Digital1y Ensured Commerce）的文件。该文件共分八个部分。第一部分主要阐述了文件本身的目的，即“以不同法律的现存法律和实践为基础，确立数字文件的签字和认证的总框架，并为有关签字和认证的原则提供一份详尽的解释”，“在既存商业习惯下，对交易的当事人的风险和责任做出公平的划分，包括签字者、认证者及第三者的权利和义务”。

2．国际海事委员会的 EDI 立法工作

1990 年 6 月，国际海事委员会在其第 34 届大会上通过了《国际海事委员会电子提单规则》（CMI Rules for Electronic Bills of Lading，简称《规则》）。《规则》主要对电子提单涉及以下几方面的问题予以了详细规定：

（1）（电子）密码。根据《规则》第 2（f）条的定义，密码是指“当事人认同用来保证数据传输的真实性和完整性的任何技术上合适的形式，如数字和 / 或字母之组合”。对于如何运用电子密码，《规则》第 8 条做出了三项规定，即：① 密码对各持有人各不相同。持有人不得转让密码。承运人和持有人应各自保证密码的安全性。② 承运人只负责向最后一个给予他密码的持有人发出确认的电子信息，该持有人亦利用密码保证此项传输内容包括该项电子信息。③ 密码必须独立，并与任何用于鉴别运输合同的方法及任何用于进入计算机网络的保护口令或识别方法相区别。

（2）电子提单的转让。在纸面提单下，转让是通过背书方式来完成的，而这种方式显然是不能适用于电子提单的。那么，电子提单的转让应依何种方法进行呢？《规则》给出的解决方法是，当事人通过对电子提单的密码的转让来代替传统提单的背书转让，以达到同样的目的。其具体过程：承运人在接收到发货人的货物之后，应该照发货人说明的电子地址给予发货人一接收到货物的电讯通知（其中包括同意日后传输的密码），发货人必须向承运人确认该收讯；根据该电子信息，发货人便成为持有人。

（3）纸面单证与电子单证的转换。《规则》中第 10 条规定了纸面提单与电子提单转换的办法："① 在交货前的任何时候，持有人有向承运人索要纸面提单的选择，此份文件须在持有人指定的地点得以提供，除非在该地点承运人没有提供这份文件的便利条件，在这种情况下承运人只负责在离持有人指定地点最近的并有其便利条件的地点提供此份文件，由于持有人采用上述选择而造成延迟交货，承运人不负责任。② 在交货前任何时候，承运人有向持有人签发纸面提单的选择，除非采用上述选择会造成过分延迟交货或扰乱交货。③ 经持有人选择，上述提单或签发为记名提单或为指示提单，但为此持有人的姓名必须记载在该提单上，上述提单需包括：本规则第 4 条收讯中（除密码外）列明的事项；声明纸面提单也已签发，国际海事委员会电子提单项下的电子交换程序也已终止。④ 根据本规则签发的纸面提单销毁密码，并终止本规则上电子数据交换程序。持有人或承运人对该程序的终止并不解除运输合同任何一方根据本规则产生的权利、义务或责任，也不解除合同任何一方根据运输合同产生的权利、义务或责任。⑤ 在任何时候持有人可要求承运人发送一份打印的收讯件，并加盖'不可转让复件'字样，但密码除外。发送该打印并不销毁密码，亦不终止电子数据交换程序。"

（4）电子数据与书面等同。《规则》在处理电子数据与书面的关系时，同时采用了前述"功能等同"（Functiona1 Equivalent）原则。第 11 条明确指出："承运人和发货人以及此后所有采取本程序的当事方均同意载于计算机数据贮藏中，可用人类语言在屏幕上显示或由计算机打印的业经传输和确认的电子数据将满足任何国内法或本地法，以及习惯或实践规定运输合同必须经签署并以书面形式加以证明的要求。经采纳上述规定，所有当事方将被认为业已同意不再提出非书面形式的抗辩。"

（5）数据电文的鉴定。如当事人对已实际发送的数据电文产生争议，《规则》规定："应利用电子监控系统（Electronic Monitoring System）来对其加以证实。"不过，在未发生争议的情况下，数据电文应视为贸易秘密，不得对其加以检查，并不得泄露给与该交易无关的人或充做他用。

3．联合国贸法会的 EDI 立法工作

联合国贸法会 1996 年公布了《电子数据交换（EDI）及有关的传递手段法律事项示范法》。其结构如表 8-3 所示。

表 8-3 联合国贸法会《电子数据交换（EDI）及有关的传递手段法律事项示范法》的基本结构

各章名	各条款
第一章 总则	第 1 条 适用范围
	第 2 条 定义
	第 3 条 解释
第二章 法律要求对数据电文的适用	第 4 条 数据电文的法律确认
	第 5 条 书面
	第 6 条 签字
	第 7 条 原件
	第 8 条 数据电文的可接受性和证据效力
	第 9 条 数据电文的留存
第三章 数据电文的传递	第 10 条 经由协议的改动
	第 11 条 数据电文的归属
	第 12 条 确认收讫
	第 13 条 合同的订立和有效性
	第 14 条 发送和收到数据电文的时间和地点

8.6.2 部分国家电子数据交换的管理办法

1．基本状况

早在 20 世纪 80 年代初，个别国家就在立法中承认了计算机记录作为证据的效力，如南非于 1983 年制定的《计算机证据法》就对数据电文的证据效力予以了肯定。进入 90 年代以后，越来越多的国家的立法部门已涉足这一领域，并相继颁布了为数不少的涉及 EDI 问题的法律、法规。例如，加拿大的魁北克省于 1991 年 12 月颁布的新《民法典》第 2837、2838、2839 条将“电子计算机”列为法律行为证据之一。其中，第 2837 条第一款明确指出：“保存于计算机系统中的涉及法律行为的电子文件，如果能被识读并且其可靠性有足够的保证，那么它可以用来证明该法律行为的内容。”又如，俄罗斯于 1995 年颁布了《俄罗斯联邦信息法》，该法对所有电子信息的生成、储存、处理与访问活动及电子文件的法律效力、电子签名的认证等法律问题都做出了明确的规定。

2．韩国

韩国是世界上最早制定单行 EDI 法规的国家。1991 年 12 月 31 日，韩国国会通过了《商业贸易自动化法令》（Bill on Promotion of Trade Business Automation），为 EDI 在商业领域的应用基本上扫除了法律障碍，它赋予了电子文件与纸面文件同等的法律效力。该法令共分七章 29 条。第四章“电子文件效力的标准”是该法令最重要的部分。它主要解决了 EDI 的应用中所存在的一些最基本的法律问题，如电子文件的效力、电子签名的效力、电子文件发送时间、电子文件内容的效力等。第五章为“电子文件和贸易信息的保护”，内容包括：禁止任何人伪造、篡改、泄露以及非法使用电子文件和贸易信息；网络经营者应采取许可的措施以确保电文及贸易信息的记录与传输可靠和安全，尤其不得将有关内容泄露给第三者。

3．新加坡

新加坡是亚洲乃至世界上最早积极推广 EDI 的国家之一，也是世界上较早开展 EDI 立法的国家之一。早在 20 世纪 90 年代初，新加坡就在其颁布的许多法律中对电子文件的证据效力、EDI 报关及 EDI 征税等事项予以了明确的规定。

1998 年，新加坡正式制定了一部全面系统的《电子交易法》，该法共 12 个部分 64 条。该法不仅对“电子签名”、“安全电子签名”予以了定义，从法律上承认了电子签名、数字签名，以及电子记录的效力，而且规定了认证机构及其限定性责任。为配合该法的实施，新加坡还于 1999 年颁布了《电子交易（认证机构）规则》，该规则任命国家计算机委员会为认证管理署的主管机关，并对认证机构的内部管理结构、评估标准、申请费用、证书的证据准定效力，以及限定性责任等有关问题做出了详细的规定。

4．美国

美国国会迄今尚未出台一部独立的 EDI 立法或电子商务法，美国的 EDI 立法主要见于各州的立法。早在 1995 年，犹他州就制定了《数字签名法》。这部法令可以说是美国乃至全世界范围内第一部解决数字签名法律问题的法律文件。至 1999 年年底，美国先后有近 40 个州颁布了各自的数字签名法或电子商务法。

美国法学会 1998 年对《统一商法典》提出了修改稿草案。该草案中的许多条款都涉及 EDI 方面的法律问题，特别是其中的第 2-210 节至第 2-217 节，对电子合同问题做出了相当详细的规定，内容分别包括对电子记录和签名的法律承认、认证程序、电子记录及电文的归属或电文发送者的认定、发现电文被篡改和电文错误的认证程序及电文的有效使用、消费者的抗辩、确认的举证及电子代理商的操作电文、合同成立时间、电文的有效性及对电文的确认、要约与承诺及电子代理商等。在此基础上，美国统一州法全国委员会于 1999 年 7 月通过了《统一计算机信息交易法》及《统一电子交易法》（Uniform Electronic Transactions Act）两项法律文件，并建议各州立法机构采纳，其目的是在美国各州建立一个统一的电子商务规范体系，以便从操作规程上保证电子商务的发展。

8.6.3 我国电子数据交换管理办法起草的实践

目前，我国尚没有电子数据交换的规范办法。1999 年 1 月 1 日，上海市开始实施《上海市国际经贸电子数据交换管理规定》，该办法经过十余年的实践，对于促进上海市电子数据交换发展起到了很好的推动作用。①

---

① 上海市信息化委员会. 上海市国际经贸电子数据交换管理规定[S/OL].（1999-04-13）[2008-09-17]. http://www.shanghaiit.gov.cn/shxxw/sy/xxgkzy/xxml/zcfg/gfxwj/userobject7ai56.html.

1. 总则

（1）定义。电子数据交换（Electronic Data Interchange，EDI）是指在国际和国内贸易、通关、运输等过程中，当事人按照有关协议或规定，对符合特定结构的标准信息，在计算机系统之间进行的电子交换和传输。

（2）电子数据交换原则。电子数据交换应当遵循提高效率、减少环节、便利用户、促进发展、明确责任、规范行为的原则。

（2）适用范围。凡在国内从事国际和国内贸易、通关、运输等过程中使用电子数据交换的活动及其相应的管理活动，应当遵守本规定。

2. 资质管理

（1）电子数据交换从业机构。电子数据交换从业机构是指从事电子数据交换，实行有偿服务的企业法人。电子数据交换从业机构应当提供电子数据传输、存储等基本服务，也可以根据用户需求提供查询、举证、电子报文格式转换等附加服务。

（2）凡需从事电子数据交换业务活动并符合下列条件的，可以向管理部门提出资质申请：

- 经行业主管部门批准；
- 有电信部门的入网许可；
- 有与其服务范围相适应的资金和设备；
- 有固定的工作场所；
- 有必要的专业人员和完善的管理制度；
- 有为用户提供长期服务的能力；
- 有关法律、法规规定的其他条件。

（3）资质审批。资质审批实行总量控制、逐步推广的原则。

（4）监督管理。管理部门应当对电子数据交换从业机构的业务开展情况、信息系统运行情况、其他有关情况进行监督管理。

3. 电子数据交换的报文

（1）报文格式标准。电子数据交换报文格式应当采用UN/EDIFACT国际标准和国家技术主管部门颁布的国家标准。

（2）报文代码标准。电子数据交换报文的代码数据应当采用UN/EDIFACT代码表规定的国际代码标准和国家标准。无国际标准和国家标准时，可以采用行业标准或者协议标准。

（3）报文与代码的变更。用户需要对报文格式和报文代码作变更，应当向电子数据交换从业机构提出书面申请，经认可后方可变更。

（4）报文的发送与确认。电子报文有下列情形之一的视为发送方所发送：

- 由发送方或者其授权人发送的；
- 由发送方或其授权人控制的应用软件系统发送的；
- 由接收方按协议确定的鉴别程序予以确认的。

电子报文的发送方可以要求接收方在收到报文后，按照发送方的要求，处理该电子报文并给予确认。确认报文的方式可以由发送方和接收方协商决定。接收方认为收到的电子报文在形式上不正确或不完整，或者传送不够有序，应当立即通知发送方。

（5）报文发送和收到的时间和地点。电子报文收到时间以该报文进入接收方电子邮箱的时间为准。除发送方和接收方另有协议外，发送方的营业地点视为电子报文的发出地；接收方的营业地点视为电子报文的接收地。

（6）电子数据交换合同的成立。能够有形地表现所载内容，并可以随时调取查用的数据电文，视为符合法律、法规要求的书面形式。

（7）电子签名。电子数据交换各方要求采取电子签名的，采用电子签名后合同成立。可靠的电子签名与手写签名或者盖章具有同等的法律效力。

4．运行管理

（1）入网条件。用户入网必须是依法注册的企业法人，并有符合电子数据交换标准的计算机软硬件终端设备。

（2）入网协议。用户入网应当与所选择的电子数据交换机构签订协议，其协议一般包括以下主要条款：

- 电子报文的种类和范围；
- 电子报文所采用的报文标准、代码标准、安全保密标准和管理标准；
- 电子报文安全保密要求和准确性、可靠性要求；
- 电子报文交接、确认、变更手续；
- 费用的计算标准和结算方式；
- 变更或者解除协议的方法；
- 违约责任；
- 双方商定的其他条款。

（3）用户权利。加入电子数据交换网络的用户享有以下权利：

- 享有电子报文传输的及时性、完整性和有效性；
- 享有对其传输的电子报文的保密性；
- 享有对其传输的电子报文信息的查询、复制等权利。

（4）用户义务。加入电子数据交换网络的用户应当承担以下义务：

- 按照国家规定和合同约定缴纳服务费用；
- 按照规定遵守电子数据传输的安全要求；
- 对自己所传输的电子信息的真实性负责。

（5）通信方式。发送人和接收人之间的数据交换应当采用电子报文方式。在特殊情况下，经协议可以允许使用其他通信方式。

（6）电子数据交换从业机构的安全。电子数据交换从业机构应当保证系统运行的安全可靠。

（7）电子数据交换从业机构的存储与备份义务。电子数据交换从业机构应当对电子报文进行存储和备份。

（8）电子数据交换从业机构具有保密义务。

（9）电子数据交换从业机构的举证和查询义务。电子数据交换从业机构应当制定电子报文的查询和举证制度，接受用户和有关机构的查询和举证。

（10）资费。电子数据交换的信息传输、交换、转输、处理和存储，以及查询和恢复等资费的收取规则，由价格管理部门另行制定。

8.7　案例分析：上海国际经贸 EDI 网络

8.7.1　2000 年以前上海国际经贸 EDI 网络的发展过程

上海国际经贸 EDI 网络是信息港五大骨干工程之一，于 1995 年开始规划。到 1997 年，上海市先后建立了四个 EDI 中心，它们分别为电信公共 EDI、海关通关 EDI、外经贸委外贸 EDI 和港航集装运输 EDI。

1997 年，上海市完成了四个 EDI 中心的互连和十个贸易单证的互通试验，1998 年完成了《上海市国际经贸 EDI 管理暂行规定》和《上海市国际经贸 EDI 网络收费规则》的制定工作并颁布实施。2000 年之前的上海国际经贸 EDI 网络形成了市中心和行业分中心的两级架构（见图 8-23）。

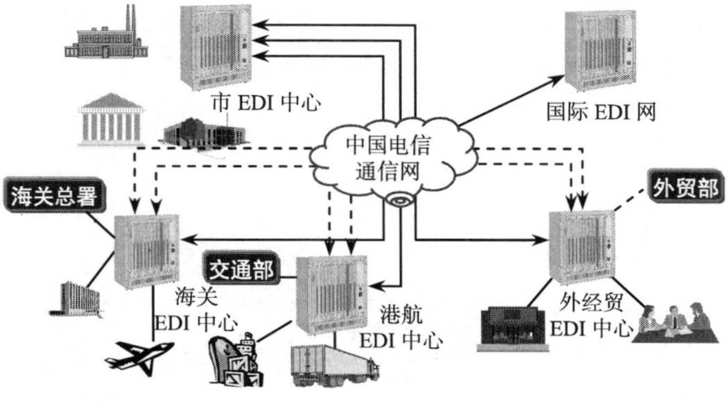

图 8-23　2000 年前上海国际经贸 EDI 网络的结构

8.7.2　上海国际经贸 EDI 网络的整合

2000 年，为适应我国加入 WTO 的需要，加快上海作为国际口岸发展的需要，上海市决定对国际经贸 EDI 网络进行整合。整合主要包括三个方面的工作：业务整合、平台整合、

EDI 网与因特网的整合。

1．业务整合

图 8-24 是 1998 年调研的有关货代企业在外高桥保税区办理业务所涉及的 EDI 单据传递的业务流程，从中可以看到大量的单据都需要进行跨平台传输。通过 EDI 中心之间的业务整合，完成了中心之间的业务互连。

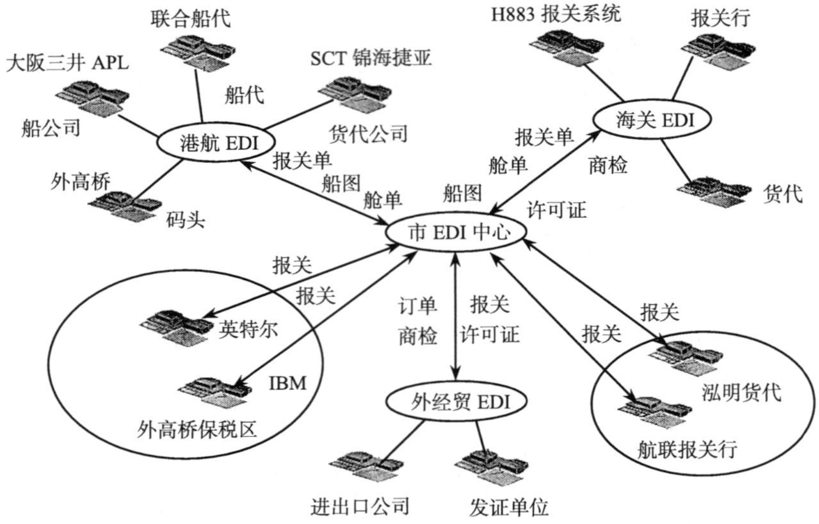

图 8-24　1998 年有关货代企业在外高桥保税区办理业务所涉及的 EDI 单据传递的业务流程

2．平台整合

2001 年 7 月实施的“三网合一”从组织结构上完成了上海国际经贸 EDI 网络的整合。作为三网合一的成果的具体体现成立了上海亿通国际股份有限公司，亿通国际由原上海经贸网络有限公司、上海市 EDI 中心和上海港航 EDI 中心合并而成，成立亿通国际的目的是启动大口岸物流信息和电子商务统一平台的建设（见图 8-25）。

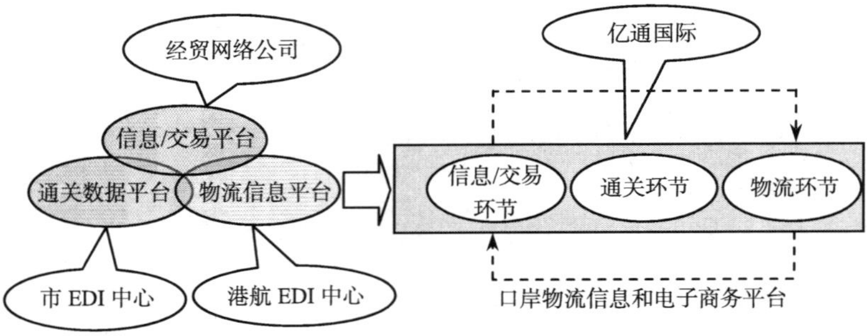

图 8-25　上海国际经贸 EDI 网络组织结构上的整合

3．EDI 网与因特网的整合

从全国范围来看，由国务院 12 个部委联合开发的“中国电子口岸系统”也已经推出了利用因特网进行外贸管理的具体解决方案。因此，EDI 系统与因特网系统的整合不仅是 20 世纪末 EDI 中心需要考虑的问题，而且是今后一段时间里 EDI 中心必须面对和在技术上加以完善的问题。图 8-26 是当时外经贸 EDI 中心关于开放 EDI 的解决方案。

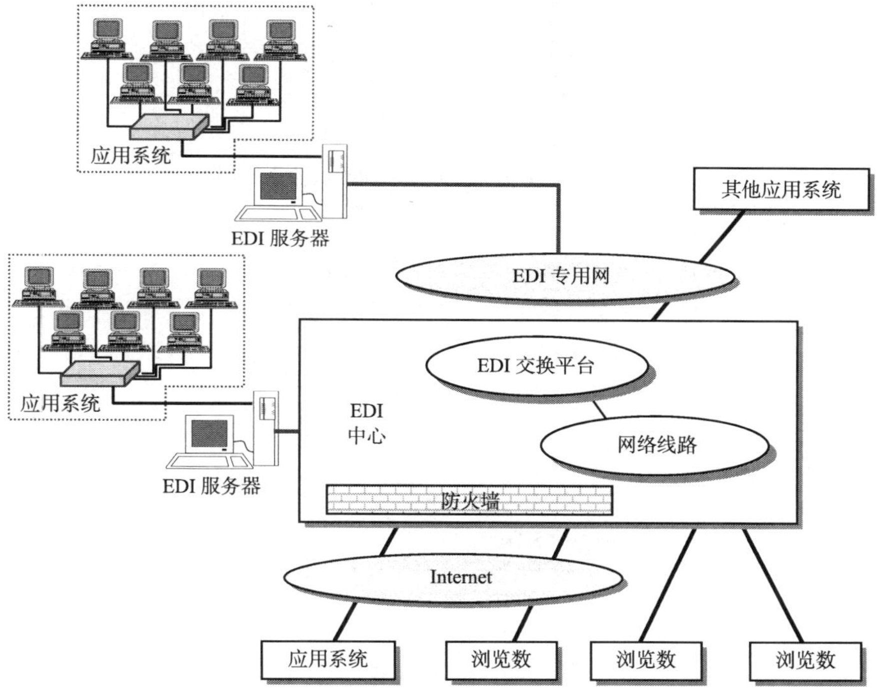

图 8-26　原外经贸 EDI 中心关于开放 EDI 的解决方案

8.7.3　上海国际经贸 EDI 网络的运作

1．上海口岸管理 EDI 网

在上海国际经贸 EDI 网络完成三网合一的操作后，上海国际经贸 EDI 网络实现了在一个平台上运作的管理模式，作为该平台的建设者和运营商，上海亿通国际股份有限公司担负着整个上海口岸的电子管理系统。亿通国际的电子平台协调运行机制如图 8-27 所示。

2．大通关平台主要用户

大通关平台主要用户目前分为三类：口岸监管部门、通关类用户和物流类用户。

（1）口岸监管部门主要包括海关、检验检疫、海事、港务等。

（2）通关类用户主要包括货代、报关行、船代等。

（3）物流类用户主要包括船公司、码头、堆场、运输公司等。

大通关平台为保证运作的合法性和权威性，对所有申请入网的用户都有严格的资质审核，必须具备以下条件：

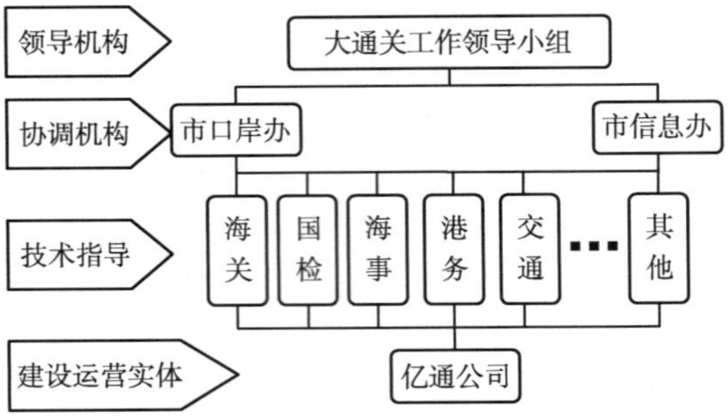

图 8-27 亿通国际的电子平台协调运行机制

（1）依法注册的企业法人。

（2）符合 EDI 有关标准的计算机软硬件终端设备。

（3）具备政府主管部门要求资质的企业。

参与大通关的通关用户和物流用户与各主管部门的关系如图 8-28 所示。

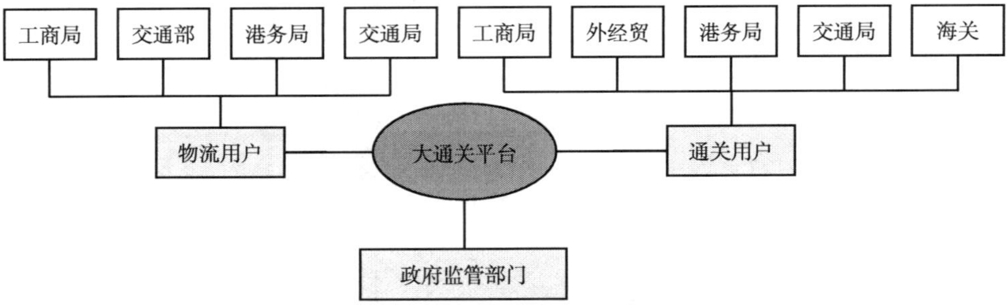

图 8-28 参与大通关的通关用户和物流用户与各主管部门的关系

3. 亿通国际电子数据交换基本业务

（1）报文的生成。发送方从自身数据库抽取或通过客户端软件手工输入相关数据，生成 EDI 标准格式的报文，通过 EDI 专用软件进行格式校验后，以拨号上网或专线连接的方式，向亿通平台发送。亿通平台收到发送方的报文后，立即向发送方发送第一个通信回执（Receive），表示亿通平台已经收到该报文，并实时将报文从发送方的账户转发至接收方的账户。

（2）报文的接收。接收方以拨号上网或专线连接的方式连接到亿通平台，定时或不定时从亿通平台的账户中收取电子报文，一旦接收方收走报文，亿通平台将实时生成第二个通信回执（Sent）给该报文的发送方，表示接收方已经取走该报文。接收方通过 EDI 专用软件将报文收下之后，可以直接将相关数据导入自身数据库，供系统使用。

（3）标准的管理和维护。EDI 标准分为报文标准和代码标准。亿通国际主要负责所有标准的维护、制定和推广。上海口岸进出口 58 张单证中，有 36 张单证已经具备标准格式，共涉及 48 个报文。这些报文标准部分为国际标准，主要来源于联合国的 UN/EDIFACT；部分为国家标准，主要来源于海关总署、国检总局和交通部等；另外为地方标准，主要来源于上海海关和亿通国际。

上海口岸主要进出口单证总计 58 张，其中，通关类单证 25 张，物流类单证 24 张，监管类单证 5 张，贸易类单证 4 张。

在 58 张单证中，实行电子化的单证有 37 张，占 63.8%，其中，实行电子单证和纸质单证双轨运作的共 23 张，占所有单证的 39.7%，完全实现电子化单轨制的单证共 14 张，占所有单证的 24.1%；而未实现电子化的单证共 21 张，占所有单证的 36.2%。

代码标准共有 12 套（见表 8-4），主要来源是联合国和交通部，根据代码使用原则，有国际标准的必须使用国际标准，没有国际标准的，必须使用国家标准，属于地方的业务代码，必须使用由亿通国际制定的地方标准。

表 8-4　上海 EDI 中心采用的代码表

代码名称	发布时间	代码名称	发布时间
箱经营人代码	2012-08-13	箱型尺寸代码	2012-08-13
集装箱流向代码	2011-12-28	联合国目的地代码	2011-12-28
国内港口代码表	2011-12-28	一发多代码	2011-07-04
用户代码	2011-01-11	包装类型代码	2009-03-10
运输条款代码	2009-03-10	海关 HS 编码表	2009-03-10
海关卸货地代码	2009-03-10	集装箱残损代码	2009-03-10

（4）报文的存储、查询和举证。亿通国际目前将所有通过平台传输的报文存储分为在机存储和脱机存储，用户有查询或举证的需求时，向亿通国际提出申请，并提供相关的查询条件，便可以得到原始报文的所有数据。

（5）亿通国际电子数据交换业务流程。亿通国际电子数据交换业务流程如图 8-29 所示。从图 8-29 可以看出，通过整合，上海市国际经贸 EDI 业务流程已经大大简化。参与 EDI 业务的可以归纳为三个：发送方、大通关平台、接收方；文件传输可以分为两个阶段：发送方将文件传送给大通关平台；大通关平台转送给接收方。“管理办法”应考虑 EDI 通关的上述流程。

4．亿通国际电子数据交换增值业务

（1）报文格式和代码的转换。根据用户的要求，亿通国际可以为用户提供报文格式或代码的转换，确保每个用户接收到的报文可以立即导入自身数据库使用。

（2）客户端软件的开发和维护。针对规模较小的用户，其自身没有完善的计算机应用系统，无法自动生成相应标准报文，亿通国际专门为这些用户开发了专用的 EDI 软件，同时提供相应的维护服务。用户可以借助亿通国际提供的软件生成、发送并接收标准格式的

EDI 报文。

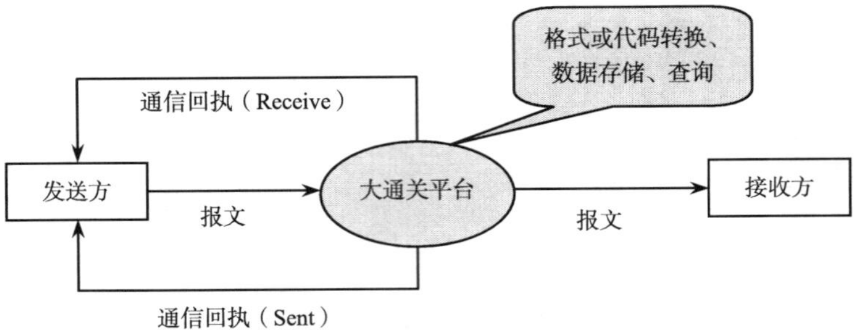

图 8-29　亿通国际电子数据交换基本业务

复习题

1. 简述 EDI 的概念和三个关键性要素。
2. 简述 EDI 的通信方式。
3. 简述 EDI 系统的组成。
4. 试论述 EDI 的工作流程。
5. 试述出口贸易的无纸化操作的业务流程。

参考文献

[1] 李江平．中国公用电子数据交换业务网 CHINAEDI[J]．电信技术，1997(04):27-29．

[2] 陈银凤．基于 XML/EDI 的电子商务物流浅析[J]．物流科技，2010(11):78-80．

[3] 袁惠莉．物流园区的 EDI 平台建设初探[J]．物流技术，2011(09):71-73．

[4] 胡芳，刘露．基于 EDI 的高校图书馆异构系统资源整合的研究[J]．图书馆学研究，2010(09):50-53．

[5] 联合国国际贸易法委员会．贸易法委员会电子数据交换（EDI）及有关的传递手段法律事项示范法颁布指南草案[S/OL]．(1996-05-28)[2008-09-16]．http://daccessdds.un.org/doc/UNDOC/GEN/V96/828/49/IMG/V9682849.pdf?OpenElement．

[6] 胡涵景，任冠华．基于 XML 的电子商务标准解析[J]．世界标准信息，2005(11):124-128．

[7] 李煌．基于 Internet 的 EDI 实现技术[J]．河南大学学报，2003(03)．

[8] 史东平，龚蓬．从 EDI 到 Web Service——看电子商务中数据交换技术的发展[J]．信息技术与信息化，2005(04):14-16,42．

[9] 张莹．XML 实现电子商务数据交换[J]．物流技术，2005(08):94-96,99．

[10] 李增智，高琳球．电子数据交换（EDI）系统工作原理及标准[M]．西安：西安电子科技大学出版社，1997．

第9章 电子通关

09

口岸是国家对外开放的门户，是进出境人员和交通工具、外贸货物进出的通道；口岸通关环境的优劣和通关效率的高低直接影响到国家的形象和经济发展。认真分析研究我国口岸电子通关建设的现状和存在问题，进一步探讨推进电子通关建设应采取的对策措施，使我国口岸电子通关建设迈上新台阶，对促进我国外向型经济的持续、快速发展，更好地实现信息化与国际化的融合具有重要的现实意义。

9.1 电子通关的基本程序

进出口通关一般需要经过8个基本步骤（见图9-1）。

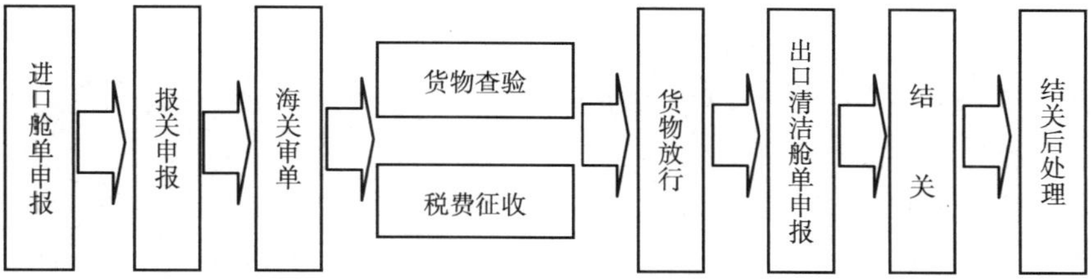

图9-1 进出口通关的基本步骤

9.1.1 进口舱单申报

进口舱单由船公司录入申报。舱单（Manifest）是船公司或其船代按照货港逐票罗列全船载运货物的汇总清单。它是在货物装船完毕之后，由船公司根据收货单或提单编制的。其主要内容包括装卸港、提单号、船名、托运人和收货人姓名、标记号码等货物详细情况，此单作为船舶运载所列货物的证明。船方发送舱单电子数据给海关，说明进境货物配载情况。舱单数据的不准确将影响企业的正常通关。

9.1.2 报关申报

1. 报关申报流程图

报关申报是指进口货物的收货人、出口货物的发货人或他们的代理人以书面或电子数据交换（电子口岸）方式向海关报告其进出口货物情况，申请海关审查、放行，并对所报内容的真实准确性承担法律责任的行为。报关申报流程如图 9-2 所示。

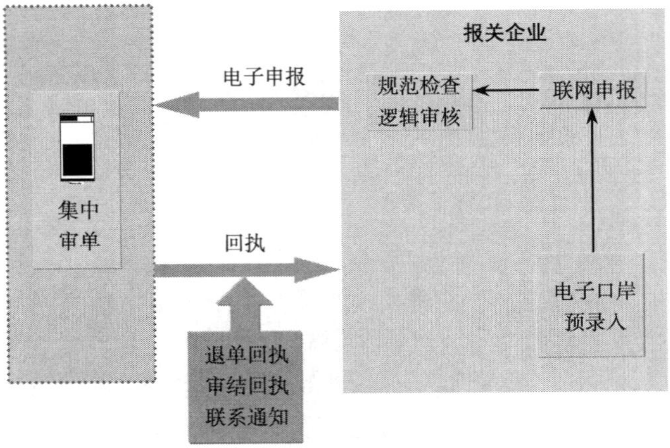

图 9-2　报关申报流程

2．进口货物报关时需要提供的单证

（1）由报关员自行填写或由自动化报关预录入人员录入后打印的报关单。进口货物的纸质报关单一式五联：海关作业联、海关留存联、企业留存联、海关核销联、证明联（进口付汇用）。

（2）进口合同。

（3）进口货物的发票、装箱单（装箱清单）。

（4）进口舱单。

（5）进口货物的提货单（或运单）。

（6）代理报关授权委托协议。

（7）进口货物属于国家限制或控制进口的，应交验对外经济管理部门签发的进口货物许可证或其他批准文件。

（8）对应实施商品检验、文物鉴定、动植物检疫、食品卫生检验或其他受管制的进口货物还应交验有关主管部门签发的证明。

（9）海关要求的加工贸易手册（纸质或电子数据的）以及减税、免税或免验的证明文件。

（10）海关认为必要时，可以调阅贸易合同、原产地证明和其他有关单证、账册等。

（11）其他有关文件。

3．出口货物报关时需要提供的单证

（1）由报关员自行填写或由自动化报关预录入人员录入打印的报关单，出口货物的纸质报关单一式六联：海关作业联、海关留存联、企业留存联、海关核销联、证明联（出口收汇用）、证明联（出口退税用）。

（2）出口合同。

（3）货物的发票、装箱清单。

（4）出口载货清单。

（5）装运单。

（6）代理报关授权委托协议。

（7）出口货物属于国家限制出口或配额出口的应提供许可证件或其他证明文件。

（8）商检证明等。

（9）出口收汇核销单。

（10）其他有关文件。

4．报关期限

进口货物的报关期限为自运输工具申报进境之日起 14 日内。最后一天为法定节假日或休息日的，顺延至节假日或休息日后的第一个工作日。进口货物的收发货人或其代理人超过 14 天规定期限未向海关申报的，由海关征收滞报金。滞报金应当按日计征，以自运输工具申报进境之日起第十五日为起征日，以海关接受申报之日为截止日，起征日和截止日均计入滞报期间，另有规定的除外。逾期每日征收进口货物到岸价格的万分之五的滞报金。

按照海关现行法规要求，出口货物的发货人及其代理人，除海关特准外，应当在货物运抵海关监管区后、装货的 24 小时以前向海关申报。但目前许多特殊商品，如某些鲜活商品、冷冻商品、某些电子产品，从签订合同，到完成生产，到发货出运，时间很短（有的甚至整个过程不到 24 小时）。因此，经海关特准，这些商品可以实行提前报关，货到放行。

5．申报人

（1）自理报关企业。自理报关企业是仅为本单位办理进出口货物报关纳税等事宜的企业。主要包括有进出口经营权的内资企业、外商投资企业等。这类单位均拥有进出口经营权或有权从事进出口。

（2）代理报关企业。代理报关企业是指经营国际货物运输代理、国际运输工具代理等业务，兼营进出口货物的报关纳税等事宜的企业。如存在时间较长的对外贸易运输公司和外轮代理公司等。

（3）专门报关企业。专门报关企业是专门接受委托，代为办理进出口货物和进出境运输工具报关纳税等事宜的企业。

9.1.3　海关审单

海关审单是指当企业将报送数据传送至海关后，海关进行规范检查、逻辑审核，并做出不受理审报、现场海关验放指令的过程。海关审单包括四个步骤：

（1）接受申报，审核单据是否齐全、有效。

（2）逐项审核报关单，确定申报是否属实，与商业单证是否相符。

（3）审核归类，申报价格。

（4）通过审核，发现走私、违规行为。

海关审单的基本流程如图 9-3 所示。

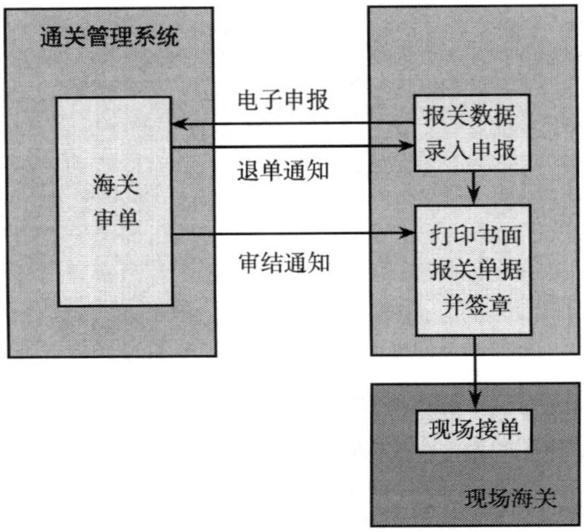

图 9-3　海关审单的基本流程

9.1.4　货物查验

1．电子报检流程图

海关货物查验是海关代表国家行使货物监管权的有效体验，是海关依法为确定进出境货物的性质、原产地、货物状况、数量、价值等是否与货物的申报单上已填报的详细内容相符，对货物进行实际检查的行政执法行为。海关查验分彻底查验、抽查、外形查验三种方式。

为方便企业，提高检验检疫报检工作效率，我国近年来大力推行电子报检制度。电子报检是指报检人使用电子报检软件通过检验检疫电子业务服务平台将报检数据以电子方式传输给检验检疫机构，经 CIQ 2000 业务管理系统和检务人员处理后，将受理报检信息反馈报检人，实现远程办理出入境检验。

电子报检流程如图 9-4 所示。

2．电子报检的申请

申请电子报检的报检人应具备下列条件：

（1）遵守报检的有关管理规定。

（2）已在检验检疫机构办理报检人登记备案或注册登记手续。

（3）具有经检验检疫机构培训考核合格的报检员。

（4）具备开展电子报检的软硬件条件。

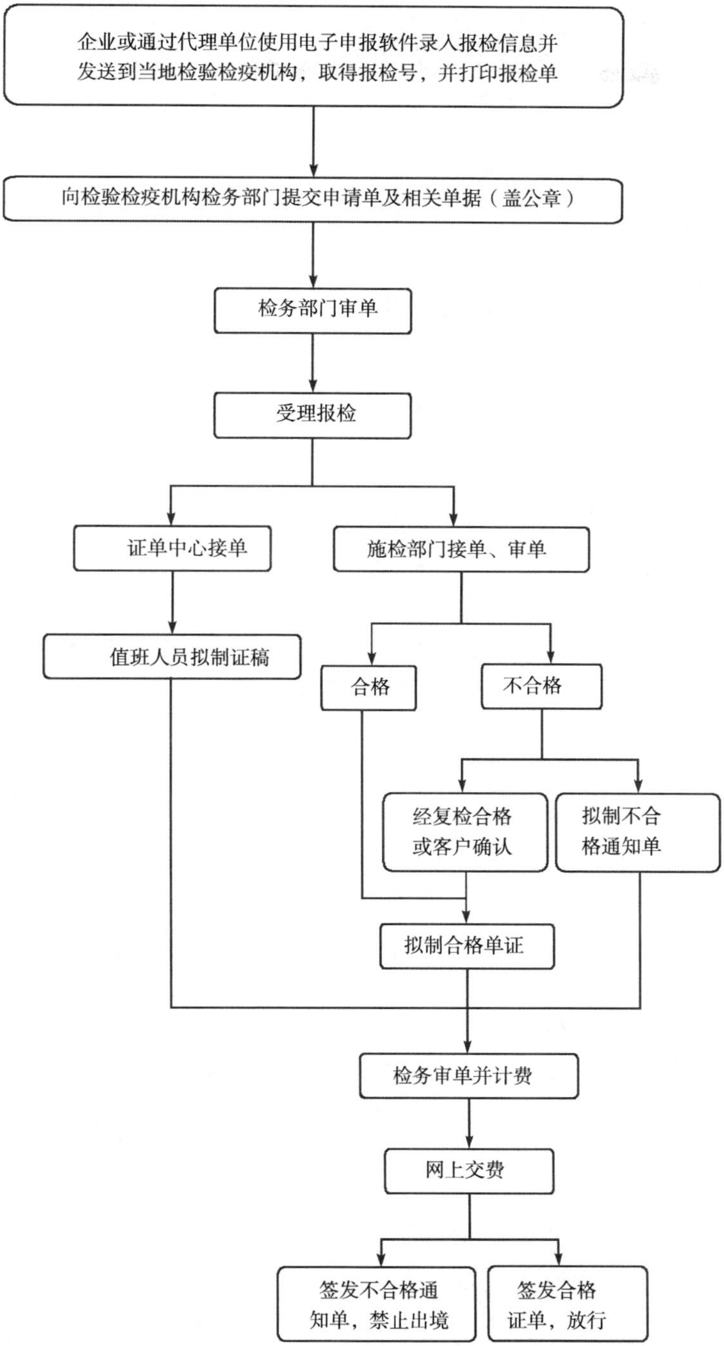
企业或通过代理单位使用电子申报软件录入报检信息并发送到当地检验检疫机构，取得报检号，并打印报检单
向检验检疫机构检务部门提交申请单及相关单据（盖公章）
检务部门审单
受理报检
证单中心接单
施检部门接单、审单
值班人员拟制证稿
合格
不合格
经复检合格或客户确认
拟制不合格通知单
拟制合格单证
检务审单并计费
网上交费
签发不合格通知单，禁止出境
签发合格证单，放行

图 9-4　电子报检流程

（5）在国家质检总局指定的机构办理电子业务开户手续。

报检人在申请开展电子报检时，应提供以下资料：

（1）在检验检疫机构取得的报检人登记备案或注册登记证明复印件。

（2）《电子报检登记申请表》。

（3）《电子业务开户登记表》。

检验检疫机构应及时对申请开展电子报检业务的报检人进行审查。经审查合格的报检人可以开展电子报检业务。实行电子报检的报检人的名称、法定代表人、经营范围、经营地址等变更时，应及时向当地检验检疫机构办理变更登记手续。

3．电子报检的相关规定

（1）电子报检人应使用经国家质检总局评测合格并认可的电子报检软件进行电子报检，不得使用未经国家质检总局测试认可的软件进行电子报检。

（2）电子报检人应确保电子报检信息真实、准确，不得发送无效报检信息。报检人发送的电子报检信息应与提供的报检单及随附单据有关内容保持一致，因电子报检信息与报检单等书面单据不一致而造成不受理报检等后果的，由报检人自负其责。

（3）电子报检人须在规定的报检时限内将相关出入境货物的报检数据发送至报检地检验检疫机构。对于合同或信用证中涉及检验检疫特殊条款和特殊要求的，电子报检人须在电子报检申请中同时提出。

（4）检验检疫机构应及时接收电子报检数据并进行审核。对报检数据的审核采取“先机审，后人审”的程序进行。对经审核不符合报检要求的，检验检疫机构应将不受理报检信息和不受理报检的原因及修改要求等信息同时反馈给电子报检人。

（5）电子报检人可按照检验检疫机构的有关要求对报检数据修改后，再次报检。

4．电子报检的监督管理

（1）自理报检人以及负责报检、验货、取单等主要环节的代理报检人可按规定采用电子报检方式。

（2）只负责向检验检疫机构送交报检单及随附单据的代理报检人暂时采取准电子报检方式，条件成熟后转为电子报检方式。准电子报检方式是指报检人将报检电子数据发送至检验检疫机构后，还需提交报检单及随附单据，由检务人员审核报检单及随附单据与有关电子数据是否一致，审核通过后，方可完成报检手续的方式。

（3）对于连续五次发生报检信息不准确，造成报检信息错误的，自动降为准电子报检方式报检，需提交报检单及随附单据，经检务人员审核通过后，方可完成报检手续。若连续十次保持数据准确，顺利通过检务人员审核，则自动转为电子报检方式。检验检疫机构对电子报检人实施年度核查制度。电子报检人应于每年 3 月 31 日前向检验检疫机构提交上一年度的“年度审核报告书”，报告其上一年度的电子报检情况。

（4）有下列情况之一的，检验检疫机构可暂停或取消报检人电子报检资格：

- 逾期未参加年度审核的；
- 有违反检验检疫有关规定行为的；
- 被撤销、解散的。

9.1.5 税费征收

按照《中华人民共和国海关法》等有关法律法规的规定，海关对准许进出口的货物、物品征收关税，代征进口环节税（包括增值税和消费税），另外，海关还对部分进口减税、免税和保税货物征收海关监管手续费。

（1）关税是专以进出境的货物、物品为征收对象的一种国家税收。目前我国的关税征收对象分为进口关税、出口关税。

（2）进口环节税是指，进口货物在办理报关纳税手续后，允许在国内流通，应与国内产品同等对待（缴纳国内税），为简化手续，进口货物的国内税一般在进口环节由海关征收，简称进口环节税。

（3）监管手续费是指海关按照有关规定，对减税、免税和保税货物实施监督、管理所提供服务征收的手续费。

海关税费的电子支付是从网上支付税费业务开始的。2005 年，网上支付税费业务成为国家“十五”科技攻关项目“金关工程”的重要组成部分。经过几年的实践，我国海关基本形成了网上税费支付模式。自 2010 年 9 月起，海关总署在长三角、珠三角和环渤海地区 16 个直属海关试点推广海关税费电子支付系统。在此基础上，自 2012 年 2 月 29 日起在全国推广税费电子支付系统。该系统是由海关业务系统、中国电子口岸系统、商业银行业务系统和第三方支付系统等四部分组成的进出口环节税费缴纳的信息化系统。进出口企业通过电子支付系统可以缴纳进出口关税、反倾销税、反补贴税、进口环节代征税、缓税利息、滞纳金、保证金和滞报金。图 9-5 是中国海关税费电子支付流程。

为规范海关税费电子支付业务，保证海关税费电子支付系统的顺利运行，海关总署公布了《海关税费电子支付业务操作规范》。①该规范要求：

（1）参与电子支付业务的商业银行和进出口企业应向直属海关进行备案。

（2）参与电子支付业务的各方应保守进出口企业的商业秘密。

（3）对违反相关法律法规的商业银行和进出口企业，海关有权终止其开展电子支付业务。

该规范还对电子支付的税（费）预扣、税（费）单打印、数据丢失、电子支付参与情况的监控做了具体规定。

① 海关总署. 海关税费电子支付业务操作规范[EB/OL]. (2011-03-11)[2012-08-20]. http://www.customs.gov.cn/publish/portal0/tab399/info300880.htm.

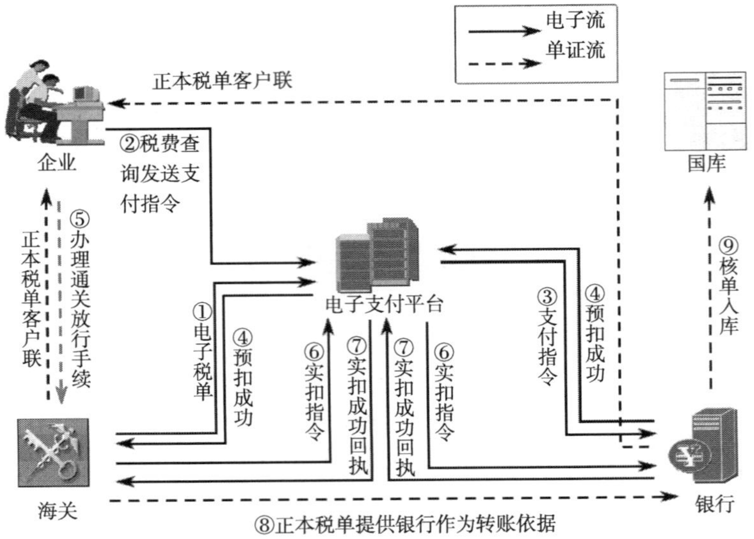

图 9-5　中国海关税费电子支付流程

9.1.6　货物放行

海关在接受进出口货物的申报，经过审核报关单据、查验货物、依法征收税费后，对进出口货物做出结束海关现场监管决定的行为。

9.1.7　出口清洁舱单申报

出口清洁舱单由船公司向海关申报。舱单数据申报的准确与否，直接影响着企业报关单的正常结关。

9.1.8　结关

经口岸放行后仍需实施后续管理的货物，海关在规定的期限内进行核查，对需补证、补税货物做出处理直至完全结束海关监管的行为。报关单数据与清洁舱单数据需完成对拼。结关操作流程如图 9-6 所示。

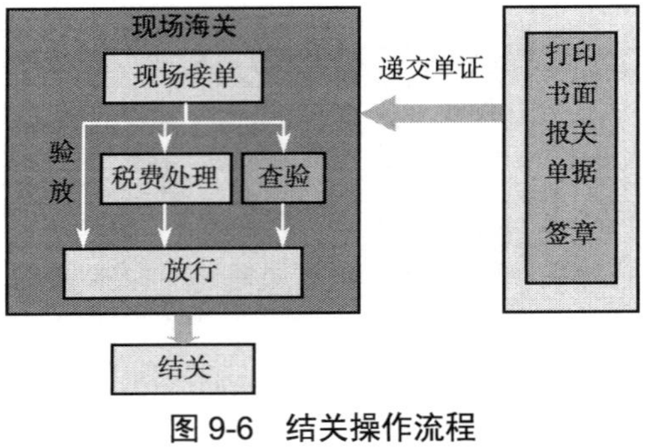

图 9-6　结关操作流程

9.1.9　结关后处理

结关后的处理工作包括打印证明联（核销单、退税单、付汇单），使用电子口岸传送有关数据（核销单、报关单交单），结关数据上报，前往外汇、国税等部门办理相关手续等。

9.2　中国海关的电子通关改革

近年来，中国海关大力推进信息化建设，已经逐步建立起以“电子海关”和“电子口岸”为主要标志的中国海关信息管理系统，海关信息化水平不断提高，海关的执法水平和管理水平也随之不断提高。

9.2.1　实施电子通关改革的必要性和可行性

实施电子通关改革是海关主动适应形势发展需要，不断推进通关业务改革，实现机制和手段创新的一项重要措施，电子通关改革不仅仅是通关监管作业手段的简单改变，而是对海关通关监管管理理念、作业模式、流程管理的一次重大变革，通过突破传统监管理念，将监管的时空“前推后移”，充分体现守法便利导向，以风险管理为核心，简化纸质单证审核的工作环节，减少纸质单证处理的工作量，打通通关“瓶颈”。

从海关内部来看，随着 H2000 通关管理系统在全国海关的全面切换，全国海关通关作业系统集中式管理的条件已经具备；从海关外部来看，中国电子口岸建设不断完善，与海关、商务、质检、外汇、税务、银行等相关部门的电子数据联网交换取得了显著成效，为电子通关改革的实施提供了可行的技术基础。

9.2.2　电子口岸改革的总体目标

2012 年 7 月国务院发布《电子口岸发展“十二五”规划》。[①] 该规划提出，到 2015 年，电子口岸平台基础设施进一步完善，电子口岸平台通关、物流、商务功能进一步丰富，企业通关更加高效、有序、便捷，口岸综合执法和服务能力显著提升，符合国际“单一窗口”建设管理规则和通行标准、适应经济社会发展需要的中国特色“单一窗口”工程初步建成。

（1）基本实现网络化协同口岸监管模式。口岸管理部门信息共享的深度和广度取得重大进展，联网核查和辅助决策内容不断丰富，电子口岸平台与各部门政务外网建设协调发展，口岸管理部门联合监管执法和服务能力显著增强。

（2）基本实现大通关“一站式”服务体系。口岸大通关业务流程进一步优化，数据共享和信息资源利用水平进一步提高，与大通关相关的物流商务服务健康发展，物流协同、商务服务、配套支付等综合服务能力明显增强。

① 国务院．电子口岸发展“十二五”规划[EB/OL]. (2012-07-27)[2012-08-20]．http://www.gov.cn/zwgk/2012-08/06/content_2198897.htm.

（3）基本形成与电子口岸发展相适应的技术支撑体系。电子口岸平台基础设施进一步完善，网络覆盖范围进一步扩大，平台运行维护及安全保障能力显著提高，整体运行可用率达到 99.9%，有效满足电子口岸可持续发展需要。

9.2.3 电子通关改革的实施步骤

1．扎实推进中央层面电子口岸建设

（1）建设跨部门综合信息共享数据库。依托电子口岸共建共管共享的合作机制，建立健全权责清晰、管理规范的信息发布、更新与利用共享机制。配合国家诚信体系建设总体要求，充分利用口岸管理部门信息资源，建设进出口企业综合资信库和口岸管理政策法规资讯库及配套的应用服务系统。

（2）推进跨部门联网项目建设。根据国家经济发展、外贸形势和相关产业政策的需要，以实现国务院各有关部门间与大通关流程相关的数据共享和联网核查为重点，依托金关工程、金质工程、金税工程等电子口岸平台，加大互联互通和信息资源共享力度，不断扩展部门间业务协同领域，促进无纸化业务改革，全面提升口岸管理部门联合执法、业务协同和综合服务能力。

2．积极推动地方电子口岸建设

（1）建立通关及物流状态综合信息库。以海关、质检、海事、港口等部门通关物流状态信息为基础，整合运输工具动态信息、集装箱信息、货物进出港和装卸等作业信息，形成完整的通关物流状态综合信息库，为企业提供全程状态查询服务，方便企业及时掌握通关申报各环节状态，合理安排物流作业。

（2）推进综合服务项目建设。以服务企业为核心，以实现大通关“一站式”服务为目标，在电子口岸委成员单位的支持和指导下，按照相关管理规范，重点开发地方跨部门综合性大通关服务应用项目，避免重复建设各部门已有的外网服务项目。

（3）促进互联互通，实现平衡发展。配合落实国家区域经济一体化发展要求，积极推进和深化业务关联度高的沿海地区之间、沿海港口地区与内陆地区之间的合作，重点推进各地区平台间的业务合作与互联互通，便利企业办理跨区域通关业务。

3．稳步构建与电子口岸发展相配套的基础设施

（1）扩大网络覆盖范围。充分利用国家电子政务外网，建立电子口岸中央和地方两级平台“上下贯通、左右互联”的网络服务体系，探索实现电子口岸平台与口岸监管服务相关物联网平台，以及与台港澳地区和其他国家口岸物流信息网络的互联互通和数据交换。

（2）加强平台支撑体系建设。优化整合平台服务器、存储设备、数据库等资源，全面提升平台可扩展、可管理和可用性。构建完善企业服务总线、数据交换、统一安全认证、统一通信服务、即时通信等基础支撑平台，优化平台应用架构，有效提升平台服务支撑能力。

（3）强化信息安全保障。加强对系统、网络和数据的安全防护和应急管理，建立健全安全管理制度、协调机制和应急处理机制。建立完善符合国家电子认证体系要求的认证系统及安全应用支撑平台。

（4）探索建立电子口岸云服务机制。整合电子口岸系统、网络、安全、项目与服务资源，探索应用云计算、云存储等新技术手段，业务规模小、建设资金不足的地方电子口岸不再自建基础设施，可采用协商使用服务或购买服务等方式获取基础支撑服务。

（5）推进电子口岸一体化客户服务体系建设。构建覆盖全国电子口岸客户的服务网络，建立统一的话务和工单接转流程，采用统一的知识库和问题回复标准，实现全国电子口岸客服部门统一的服务接入号码、管理和服务标准，进一步提升客户服务水平。

9.2.4　中国电子通关的最新发展

截至“十一五”末，中国电子口岸专网已覆盖全国所有省会城市和计划单列市，骨干网络可用率达到 99.94%，同城及异地容灾设施建设取得阶段性成果，中国电子口岸安全认证体系获得国家电子政务电子认证服务资质，信息安全防护、管理、客服、运维体系进一步完善，核心系统可用率达到 99.93%。中国电子口岸平台已实现与 13 个国家主要口岸管理部门、15 家商业银行，以及中国香港工贸署、中国澳门经济局和欧盟委员会税收与关税联盟总司联网，开发联网应用项目 23 个，累计入网企业约 66.4 万余家，日均处理单证 130 多万笔，基本实现了大通关关键环节的联网核查和网上办事。

截至“十一五”末，各地区结合实际，已建设 35 个地方电子口岸平台，开发应用了舱单申报、船勤申报、海铁多式联运、网上订舱、堆场联网、物流综合信息查询等 600 余个具有地方特点的综合服务项目，初步形成了沿海、沿边地区以实体平台建设为主、内陆地区以虚拟平台为主的建设格局，地方电子口岸已成为地方唯一的大通关统一信息平台。

电子口岸建设在快速发展的同时也存在一些问题：统筹规划、建设指导和协调能力有待提升，业务协同和数据共享仍需深化，综合应用效能有待进一步发掘，建设运行维护资金缺乏长效保障机制。电子口岸整体建设水平和服务能力与企业对贸易便利化的需求、与口岸管理部门提高监管和转变职能的要求还存在一定差距。

9.3　日本电子通关系统的机构设置和运行机制

日本是世界贸易大国，进出口贸易在其国民经济中占有重要地位，早在 20 世纪 70 年代日本即着手建立电子通关系统，其体系构成与运作方式都具有鲜明特点。

9.3.1　日本实施电子通关的历史沿革

日本的通关电子化首先是从航空货物进口业务开始实施的。根据 1977 年 5 月通过的《关于航空运输货物通关手续特例等的法律》及其相关政令，同年 7 月日本政府和民间企业分别出资设立了航空货物通关信息处理中心，1978 年 8 月该中心启动航空货物通关信息处理系统（Air Nippon Automated Cargo Clearance System，Air-NACCS），通过电算化方式处理航空货物通关手续及相关民间业务，1985 年该系统开始受理出口航空货物相关业务。

海运货物的电子通关与航空货物相比实施较晚，1991 年 3 月日本国会修改了《关于航空运输货物通关手续特例等的法律》，该法改称《通过电子信息处理组织实施通关手续的特例等相关事务的法律》，扩大了海关指定机构实施电子通关的业务范围。根据该法，同年 7 月航空货物通关信息处理中心改称通关信息处理中心（简称 NACCS），10 月该中心启动海运货物通关信息处理系统（Sea-NACCS）。

9.3.2 日本通关信息处理中心（NACCS）

该中心成立时属特殊法人，2003 年 10 月改组为独立行政法人，性质类似于我国的事业单位，受日本财务省（日本海关机构上隶属于财务省）监督管辖。在日本各地设立事务所。该中心及通关系统有如下特点。

1．业务上官民一体、电子政务与电子商务合而为一

与一般国家不同的是，NACCS 的有关业务既包括海关通关手续等电子政务的部分，又包括通关过程中货物物流信息管理等电子商务的部分。包括货物进出口报关、审查、装卸、保税运输、缴纳关税以及海关进出口许可通知等所有通关手续都可通过 NACCS 进行处理，现在日本所有进出口货物中，已有约 95%的航空货物和约 96%的海运货物通过该系统通关。为方便进出口商使用该系统，NACCS 同时整合了部分货物进出口物流信息管理业务，如货物的装卸、存放、通关进程等实时情况的信息监控、复式联运货物管理、运费管理等都可以通过该系统实现。

这种电子政务与电子商务合而为一的方式，具有以下优点：大大提高了通关效率，缩短实际通关时间；加强了信息服务，使用者可以实时掌握货物信息；通过通关手续等政务电子化推动电子商务的发展。

2．专网连接，加强安全设置

NACCS 设有主机两台，其中一台用于在线服务，另一台用于应急及数据储存。在网络架构上，日本海关通过构建通关事务综合数据通信系统（海关 WAN），使 NACCS 与海关内部的通关信息综合判定系统（CIS）、各主要进出口商的货物管理系统、银行、国际旅客携带品通关系统（ACTIS）以及办理 NACCS 以外海关手续的 CuPES 系统连接。

NACCS 与主要的进出口企业之间架设专线，系统主机与用户计算机专线直接连接。这样首先确保了信息传输速度，保证每天与用户通过专线及时互换大量的通关数据。如 Air-NACCS 的传输处理速度已达到极高的水平，从客户输入数据到系统处理完毕并传回客户的时间最长不超过 3 秒，大部分都在 1 秒以内，保证了航空运输对时间的苛刻要求。其次，专线系统实现了与因特网的隔离，并通过加强安全设置，保证系统信息安全。对货物处理量较小的中小企业，系统还保留了通过因特网使用电子邮件方式（net NACCS）进行通关手续的方式，虽然通关时间上长于专线，但成本费用较低。这样就满足了不同使用者的要求。

日本海关内部另有通关信息综合判定系统（CIS），主要用于储存历年的进出口申报信息、进出口货物的审查检查信息，实施进出口货物风险判定。如对屡次违反规定的进出口商，CIS 将向 NACCS 发出停止受理的指令。

3．定期升级，使用范围逐步扩大

NACCS 每八年进行一次系统升级，每次升级时召开系统开发推进协议会或信息处理运营协议会，公开征集各方意见，增加系统功能，扩大使用范围。Air-NACCS 启动时仅在东京成田国际机场及原木地区使用，Sea-NACCS 仅在东京、横滨、川崎三港口使用，此后逐渐扩大至日本主要机场和全部港口。

2003 年 NACCS、港口 EDI 系统与有关移民入境方面的船员上岸许可支持系统（Crew Landing Permit Support System）间建立了连接。连接后，用于可以通过 NACCS 或港口 EDI 系统中的任意一个提交文件。因此，日本认为其真正意义的单一窗口建设始于 2003 年。2008 年 10 月，国土交通省（Ministry of Land，Infrastructure，Transport and Tourism，MLIT）的“港口 EDI 系统”并入 NACCS，新的 NACCS 系统开始运行。2010 年 2 月，空运 NACCS 与海运 NACCS 两个子系统整合成为一个单一的 NACCS 系统，同时经贸产业省（Ministry of Economy，Trade and In-dustry，METI）的 JETRAS 系统也并入 NACCS 系统。

当前，日本通关的“单一窗口”已经整合了近 10 个公、私部门的 8 个与进出口及港口管理程序高级系统，不仅整合了诸多跨部门的进出境程序系统，还具有外汇调整、税收计算、资金的电子转账等功能，成为世界“单一系统”构建模式的成功典范。

图 9-7 显示了目前日本通关“单一窗口”结构。

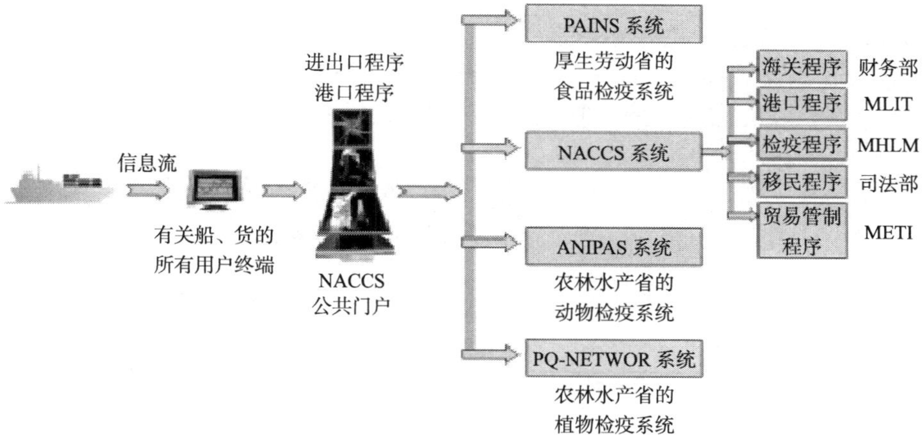

图 9-7 日本通关“单一窗口”结构

9.4 电子通关模式探索

9.4.1 中国电子口岸模式

1. 中国电子口岸的优势

中国电子口岸是利用现代信息技术，将各部门分别管理的进出口业务信息流、资金流、货物流电子底账数据，集中存放在公共数据库中，为政府管理机关提供跨部门、跨行业的联网数据底账核查或数据交换服务，并为企业提供门户网站，联网办理各种进出口业务的信息系统。图 9-8 是中国电子商务口岸的网站首页。

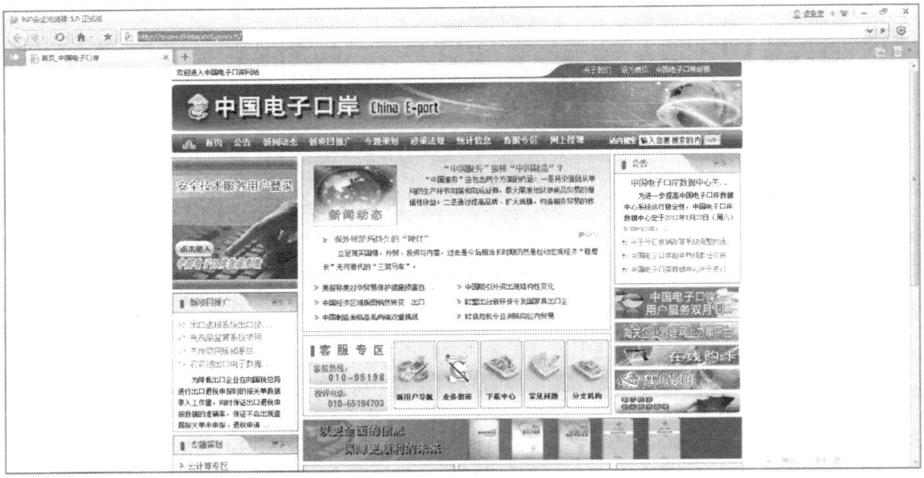

图 9-8 中国电子商务口岸网站首页（http://www.chinaport.gov.cn）

2. 中国电子口岸建设的基本构想

中国电子口岸是海关联合其他涉外部委进行的一次电子通关改革。其建设的基本构想是按照“电子底账+联网核查+网上服务”的新型管理模式，建立集中式的公共数据中心，即：

（1）一个数据库——集中存放电子底账，信息共享。

（2）一个交换中心——优化数据采集、汇总、分发途径。

（3）一个服务窗口——提供企业电子商务门户网站。

3. 中国电子口岸的主要应用项目

（1）电子底账联网，包括外汇核销单联网、外汇底账联网、退税底账联网、监管证件联网。

（2）办理有关手续，包括运输工具舱单申报、报关申报、网上支付、担保、加工贸易备案核销。

（3）资料法规查询，包括制度规定、分析统计资料、代码、参数、手续办理状态。

4．中国电子口岸的管理方式与联网模式

中国电子口岸的管理方式如图 9-9 所示。

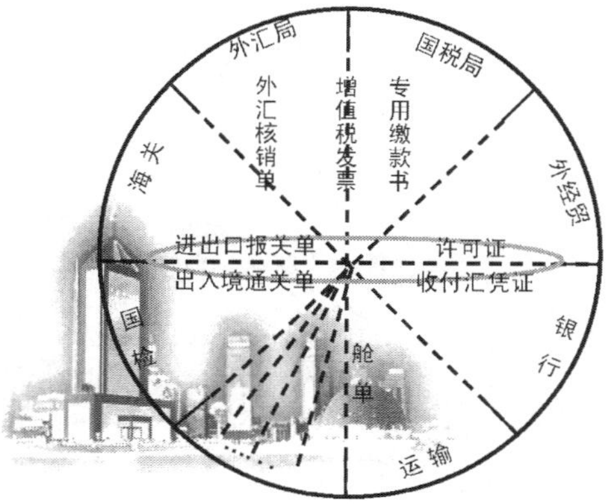

图 9-9　中国电子口岸的管理方式

中国电子口岸的联网模式如图 9-10 所示。

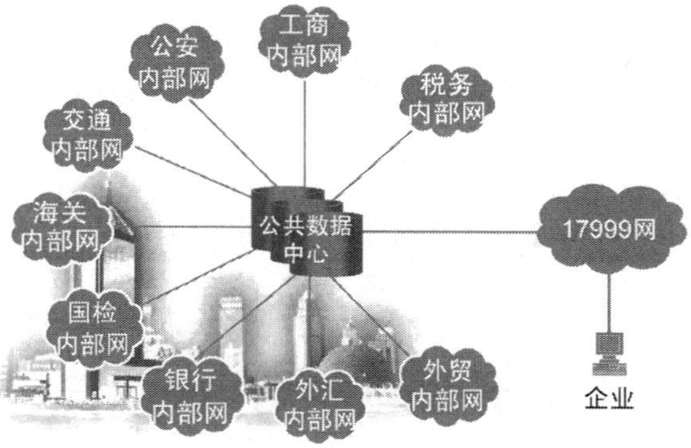

图 9-10　中国电子口岸的联网模式

9.4.2　无纸通关

无纸通关是利用中国电子口岸及现代海关业务信息化管理系统功能，改变海关凭进出口企业递交书面报关单及随附单证办理通关手续的做法，直接对企业联网申报的进出口货物报关电子数据进行无纸审核、验放处理的通关方式。

1．无纸通关的优势

（1）通关效率大大提高。出口无纸通关可随时登录电子口岸申报出口货物，通关过程中只需在货物验放环节到海关办理查验、放行手续，整个通关过程以信息化处理手段为主，

大大提高了处理速度，使企业通关更加快捷、便利。

（2）简化通关作业手续，降低通关成本。简化了出口通关作业流程，取消了海关现场接单审核环节；改变了海关凭出口单证审核、验放的作业模式，而采取电子数据审核、电子放行信息验放货物的作业模式，除海关查验外，出口通关过程中企业无须到海关办理书面单证的交验手续。

（3）扩展了企业通关的空间。在时间上，24小时报关，不受时间限制；在地域上，采用因特网远程申报，不受地域限制。

（4）带动了口岸大通关机制的建立。实施无纸通关，将有力推动已实现电子发证的口岸管理部门实施数据联网传输管理，同时也带动了场站、港区及船代公司的同步改革，使口岸整体大通关机制得以建立，大通关效率得到有效的提高。

2007年年底，上海海关正式启动了全国海关首个“通关无纸化”试点。试点引入“风险管理”的监管理念；在管理机制上从管理通关物品转为管理通关企业。

2012年7月31日，海关总署2012年第38号文件《关于在全国海关试点开展通关作业无纸化改革工作》发布。[①] 根据文件要求，从2012年8月1日起，无纸化通关试点在北京、天津、上海、黄埔、宁波、杭州、福州、青岛、深圳、拱北、南京等12个城市全面铺开。此次通关无纸化改革的重点是：在分类通关的基础上，除报关单实现电子化外，与该票报关单相关的随附单证也全部实现电子化，实现全程无纸化通关和海关作业的差别化管理。试点企业为部分A A类及A类企业。参加试点的企业不需要再打印纸质报关单和随附的单证，只需要以电子数据的形式向海关直接申报。货物在海关处一旦放行，企业收到电子放行回执后，可直接到货物现场提货。

2012年8月1日0时01分44秒，华为技术有限公司委托深圳市华商联物流报关有限公司向海关发送电子报关单数据，0时02分11秒深圳海关隶属皇岗海关审结放行。27秒！全国海关首票通关作业无纸化报关单审结放行，这标着深圳海关通关作业无纸化改革试点成功启动。[②]

此次通关改革与以往的改革有着明显的区别。在以往的改革中，电子报关的方式虽然实现了报关单的电子化，但随附单证还需要以纸质形式向海关提交；分类通关虽然实现了通关过程中的无纸化，但纸质单证需要事后提交或由企业自行保存。而本次通关作业无纸化改革试点，就是在电子报关、分类通关改革的基础上进一步做到报关随附单证电子化，从而实现通关全程无纸化。

---

① 海关总署．关于在全国海关试点开展通关作业无纸化改革工作[EB/OL]．(2012-07-31)[2012-08-20]．http://www.customs.gov.cn/publish/portal0/tab399/module1147/info382886.htm.

② 聂莉雅，徐达崴．27秒：全国海关首票通关作业无纸化报关单审结放行[EB/OL]．(2012-08-02)[2012-08-20]．http://shenzhen.customs.gov.cn/publish/portal109/tab37316/info382593.htm.

目前，平均每一票货物涉及的随附纸质单证 12 张左右，对于某些机电产品、汽车及其零配件、飞机零件等商品，在极端情况下，最多的随附纸质单证可达到 1 000 张左右。以 2011 年全国报关单 5 903 万份计算，全国海关一年需要保存的纸质单证共计 70 836 万张。实现无纸化通关后，对企业而言，企业报关更加方便，节省了来往于海关接单现场和货物存放场所之间的人力与时间成本；对海关而言，原有的纸质存档转变为电子数据存档，检索、调阅、存档成本将大幅度下降，通过共享电子数据，各岗位共同开展风险分析，监管重点也将更加突出。

海关的通关无纸化改革适应了信息社会的发展趋势，适应了进出口企业国际贸易、商业交接电子化的实际需要，企业不需要到海关现场提供纸质单证，通过因特网就可以完成所有申报、通关，大大提高了企业的通关效率，为企业提供了切切实实的便利。

2．无纸通关的实现步骤

（1）与海关签订无纸通关协议书。

（2）借助“中国电子口岸”的联网报关实现企业无纸申报。

（3）利用现行海关系统实现无纸审单。

（4）海关与港区、场站联网，关员驻站监管，实现凭海关电子放行信息查验放行货物。

（5）实行事后交验报关单证并签证，保留纸面单证以备核查。

3．无纸通关的作业流程与联网申报系统

无纸通关的作业流程如图 9-11 所示。无纸通关的联网申报系统如图 9-12 所示。

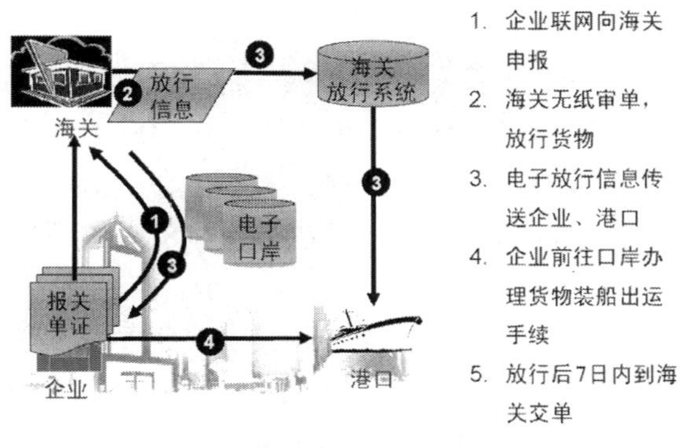

图 9-11　无纸通关的作业流程

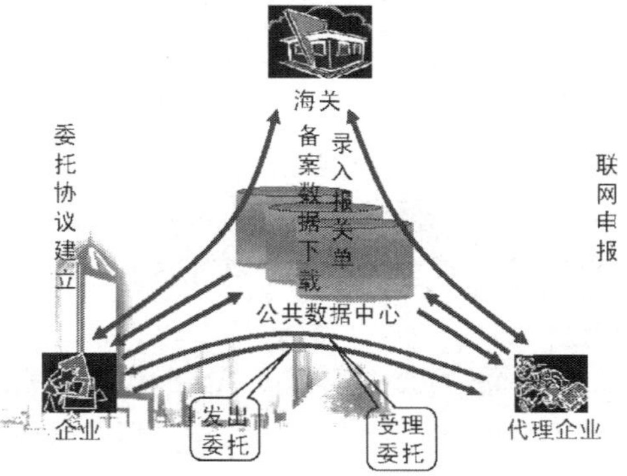

图 9-12　无纸通关的联网申报系统

9.4.3 “多点报关，口岸验放”模式

1．“多点报关，口岸验放”的优势

“多点报关，口岸验放”通关模式是指企业对其在口岸海关进出口的货物可以自主选择关区内任一海关（简称“申报地海关”）报关，由申报地海关办理接单审核、征收税费等通关手续，口岸海关对货物进行实货验放的一种通关方式。

“多点报关，口岸验放”的优势主要表现在以下几个方面：

（1）内陆海关负责单证审核、单证放行，口岸海关负责实货监管、实货放行。

（2）大大缩短通关时间。

（3）降低通关费用。

（4）运输方式放开。

（5）企业直接在当地海关申领退税、结汇等结关单证。

2. “多点报关，口岸验放”的业务流程

图 9-13 反映了青岛海关“多点报关，口岸验放”的业务流程。

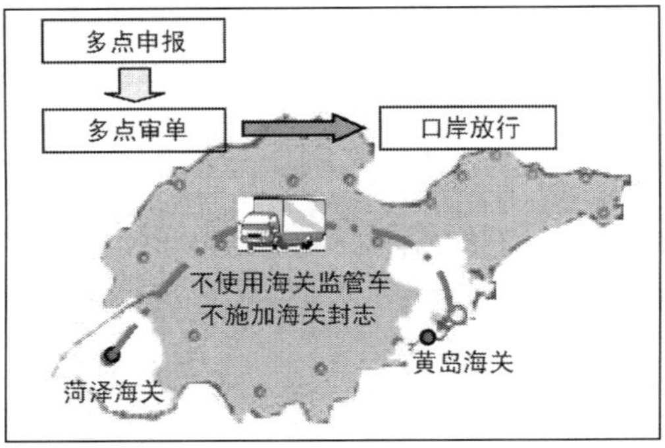

图 9-13 青岛海关“多点报关，口岸验放”的业务流程

9.4.4 “属地报关，口岸验放”模式

1. “属地报关，口岸验放”的特点

“属地报关，口岸验放”是针对守法水平较高的企业实行跨关区的一种通关模式。守法程度高的企业在办理进出口货物通关手续时，可选择向属地海关申报，在口岸海关办理货物验放手续。属地海关负责确定守法企业名单，维护适用企业参数数据库，并承担对这些企业的完全管理责任。对有特殊规定的商品，仍应按国家的有关规定必须在口岸办理进出口手续。

宁波海关数据显示，2011 年宁波关区“属地申报，口岸验放”通关模式业务量大幅增长，共办理“属地申报，口岸验放”报关单 5.47 万份，其中进口 0.6 万份，出口 4.87 万份，同比分别增长 56.29%、43.81%、59.12%。监管货运量 1 909.93 万吨，货值 92.76 亿美元，同比分别增长 34.62%、49.13%。①

2. “属地报关，口岸验放”的业务流程

“属地报关，口岸验放”的业务流程如图 9-14 所示。

① 海关总署．2011 年宁波关区“属地申报、口岸验放”业务量大幅增长[EB/OL]．（2012-02-15）[2012-08-20]．http://www.nbport.gov.cn/kadsb/info.jsp?aid=38401.

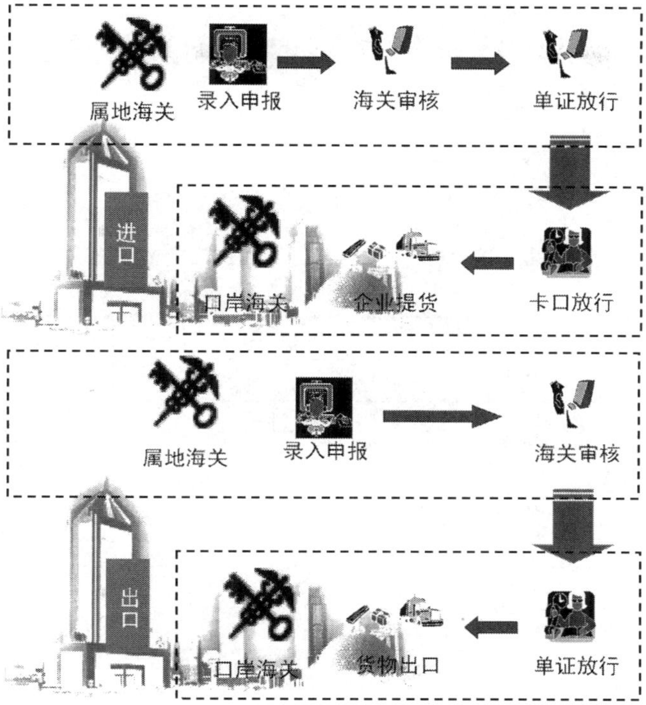

图 9-14　“属地报关，口岸验放”的业务流程

9.5　海关电子报关单及数据填制

9.5.1　进出口货物报关单的定义与分类

进出口货物报关单是指进出口货物收发货人或其代理人，按照海关规定的格式对进出口货物的实际情况做出书面申明，以此要求海关对其货物按适用的海关制度办理通关手续的法律文书。它在对外经济贸易活动中具有十分重要的法律地位。它既是海关监管、征税、统计以及开展稽查和调查的重要依据，又是加工贸易进出口货物核销，以及出口退税和外汇管理的重要凭证，也是海关处理走私、违规案件，及税务、外汇管理部门查处骗税和套汇犯罪活动的重要证书。

按货物的流转状态、贸易性质和海关监管方式的不同，进出口货物报关单可以分为以下几种类型。

（1）按进出口状态分类，可以分为进口货物报关单、出口货物报关单。

（2）按表现形式分类，可以分为纸质报关单、电子数据报关单。

（3）按使用性质分类，可以分为进料加工进出口货物报关单、来料加工及补偿贸易进出口货物报关单、外商投资企业进出口货物报关单、一般贸易及其他贸易进出口货物报关单、需国内退税的出口贸易报关单。

（4）按用途分类，可以分为报关单录入凭单、预录入报关单、电子数据报关单、报关单证明联。

9.5.2 进出口货物报关单的一般样式

我国进口货物报关单样式和出口货物报关单样式，如表 9-1 和表 9-2 所示。

表 9-1 中华人民共和国海关进口货物报关单

预录入编号：　　　　海关编号：

<table>
<tr><td colspan="2">进口口岸</td><td colspan="2">备案号</td><td colspan="2">进口日期</td><td colspan="3">申报日期</td></tr>
<tr><td colspan="2">经营单位</td><td colspan="2">运输方式</td><td colspan="2">运输工具名称</td><td colspan="3">提运单号</td></tr>
<tr><td colspan="2">收货单位</td><td colspan="2">贸易方式</td><td colspan="2">征免性质</td><td colspan="3">征税比例</td></tr>
<tr><td colspan="2">许可证号</td><td colspan="2">起运国（地区）</td><td colspan="2">装货港</td><td colspan="3">境内目的地</td></tr>
<tr><td colspan="2">批准文号</td><td colspan="2">成交方式</td><td colspan="2">运费</td><td colspan="2">保费</td><td>杂费</td></tr>
<tr><td colspan="2">合同协议号</td><td colspan="2">件数</td><td colspan="2">包装种类</td><td colspan="2">毛重（公斤）</td><td>净重（公斤）</td></tr>
<tr><td colspan="2">集装箱号</td><td colspan="6">随附单据</td><td>用途</td></tr>
<tr><td colspan="9">标记唛码及备注</td></tr>
<tr><td>项号</td><td>商品编号</td><td>商品名称、规格型号</td><td>数量及单位</td><td>原产国（地区）</td><td>单价</td><td>总价</td><td>币制</td><td>征免</td></tr>
<tr><td colspan="9">税费征收情况</td></tr>
<tr><td colspan="2">录入员</td><td colspan="2">录入单位</td><td colspan="2">填制日期</td><td colspan="2">申报单位</td><td>海关审单批注栏</td></tr>
</table>

表 9-2 中华人民共和国出口货物报关单

预录入编号：　　　　海关编号：

<table>
<tr><td colspan="2">出口口岸</td><td colspan="2">备案号</td><td colspan="2">出口日期</td><td colspan="3">申报日期</td></tr>
<tr><td colspan="2">经营单位</td><td colspan="2">运输方式</td><td colspan="2">运输工具名称</td><td colspan="3">提运单号</td></tr>
<tr><td colspan="2">发货单位</td><td colspan="2">贸易方式</td><td colspan="2">征免性质</td><td colspan="3">结汇方式</td></tr>
<tr><td colspan="2">许可证号</td><td colspan="2">运抵国（地区）</td><td colspan="2">指运港</td><td colspan="3">境内货源地</td></tr>
<tr><td colspan="2">批准文号</td><td colspan="2">成交方式</td><td colspan="2">运费</td><td colspan="2">保费</td><td>杂费</td></tr>
<tr><td colspan="2">合同协议号</td><td colspan="2">件数</td><td colspan="2">包装种类</td><td colspan="2">毛重（公斤）</td><td>净重（公斤）</td></tr>
<tr><td colspan="2">集装箱号</td><td colspan="6">随附单据</td><td></td></tr>
<tr><td colspan="9">标记唛码及备注</td></tr>
<tr><td>项号</td><td>商品编号</td><td>商品名称、规格型号</td><td>最终目的国（地区）</td><td>数量及单位</td><td>单价</td><td>总价</td><td>币制</td><td>征免</td></tr>
<tr><td colspan="9">税费征收情况</td></tr>
<tr><td colspan="2">录入员</td><td colspan="2">录入单位</td><td colspan="2">填制日期</td><td colspan="2">申报日期</td><td>海关审单批注栏</td></tr>
</table>

9.5.3 海关电子报关数据填制规范

目前，电子报关实行集中审单模式，报关企业向海关传送的电子报关数据的正确与否，直接影响着通关效率。

为统一进出口货物报关单填报要求，保证报关单数据质量，根据《中华人民共和国海关法》及有关法规，中国海关编写了进出口货物报关单填制规范。

1．预录入编号

预录入编号指申报单位或预录入单位对该单位填制录入的报关单的编号，用于该单位与海关之间引用其申报后尚未批准放行的报关单。报关单录入凭单的编号规则由申报单位自行决定。预录入报关单及EDI报关单的预录入编号由接受申报的海关决定编号规则，计算机自动打印。

2．海关编号

海关编号指海关接受申报时给予报关单的编号。海关编号由各海关在接受申报环节确定，应标识在报关单的每一联上。报关单海关编号为9位数码，其中前两位为分关（办事处）编号，第三位由各关自定义，后六位为顺序编号。各直属海关对进口报关单和出口报关单应分别编号。各直属海关的理单岗位可以对归档的报关单另行编制理单归档编号。理单归档编号不得在部门以外用于报关单标识。

3．进口口岸/出口口岸

进口口岸/出口口岸指货物实际进（出）我国关境口岸海关的名称。本栏目应根据货物实际进（出）口的口岸海关选择填报《关区代码表》中相应的口岸海关名称及代码。进口转关运输货物应填报货物进境地海关名称及代码，出口转关运输货物应填报货物出境地海关名称及代码。按转关运输方式监管的跨关区深加工结转货物，出口报关单填报转出地海关名称及代码，进口报关单填报转入地海关名称及代码。其他未实际进出境的货物，填报接受申报的海关名称及代码。

4．备案号

备案号指进出口企业在海关办理加工贸易合同备案或征、减、免税审批备案等手续时，海关给予《登记手册》(《登记手册》有多种版本，包括《进料加工登记手册》、《来料加工及中小型补偿贸易登记手册》、《外商投资企业履行产品出口合同进口料件及加工出口成品登记手册》等）和《进出口货物征免税证明》(以下简称《征免税证明》) 或其他有关备案审批文件的编号。一份报关单只允许填报一个备案号。

5．进口日期/出口日期

进口日期指运载所申报货物的运输工具申报进境的日期。本栏目填报的日期必须与相应的运输工具进境日期一致。

出口日期指运载所申报货物的运输工具办理出境手续的日期。本栏目供海关打印报关单证明联用，预录入报关单及 EDI 报关单均免于填报。

无实际进出境的报关单填报办理申报手续的日期。

6．申报日期

申报日期指海关接受进（出）口货物的收、发货人或其代理人申请办理货物进（出）口手续的日期。

预录入及 EDI 报关单填报向海关申报的日期，与实际情况不符时，由审单关员按实际日期修改批注。

7．经营单位

经营单位指对外签订并执行进出口贸易合同的中国境内企业或单位。

本栏目应填报经营单位名称及经营单位编码。

8．运输方式

运输方式指载运货物进出关境所使用的运输工具的分类。

本栏目应根据实际运输方式按海关规定的《运输方式代码表》选择填报相应的运输方式。

9．运输工具名称

运输工具名称指载运货物进出境的运输工具的名称或运输工具编号。本栏目填制内容应与运输部门向海关申报的载货清单所列相应内容一致。

10．航次号

航次号指载运货物进出境的运输工具的航次编号。本栏目仅限 H2000 通关系统填报，使用 H883/EDI 通关系统的，本栏目内容与运输工具名称合并填报。

11．提运单号

提运单号指进出口货物提单或运单的编号。本栏目填报的内容应与运输部门向海关申报的载货清单所列相应内容一致。

12．收货单位/发货单位

收货单位指已知的进口货物在境内的最终消费、使用单位，包括：

（1）自行从境外进口货物的单位。

（2）委托有外贸进出口经营权的企业进口货物的单位。

发货单位指出口货物在境内的生产或销售单位，包括：

（1）自行出口货物的单位。

（2）委托有外贸进出口经营权的企业出口货物的单位。

13．贸易方式（监管方式）

本栏目应根据实际情况，并按海关规定的《贸易方式代码表》选择填报相应的贸易方式简称或代码。

一份报关单只允许填报一种贸易方式。

14. 征免性质

征免性质指海关对进出口货物实施征、减、免税管理的性质类别。

本栏目应按照海关核发的《征免税证明》中批注的征免性质填报，或根据实际情况按海关规定的《征免性质代码表》选择填报相应的征免性质简称或代码。

一份报关单只允许填报一种征免性质。

15. 征税比例/结汇方式

征税比例仅用于“非对口合同进料加工”贸易方式下（代码“0715”）进口料、件的进口报关单，填报海关规定的实际应征税比率，例如5%填报5，15%填报15。

出口报关单应填报结汇方式，即出口货物的发货人或其代理人收结外汇的方式。本栏目应按海关规定的《结汇方式代码表》选择填报相应的结汇方式名称或代码。

16. 许可证号

应申领进（出）口许可证的货物，必须在此栏目填报外经贸部及其授权发证机关签发的进（出）口货物许可证的编号，不得为空。

一份报关单只允许填报一个许可证号。

17. 起运国（地区）/运抵国（地区）

起运国（地区）指进口货物起始发出的国家（地区）。

运抵国（地区）指出口货物直接运抵的国家（地区）。

对发生运输中转的货物，如中转地未发生任何商业性交易，则起、抵地不变，如中转地发生商业性交易，则以中转地作为起运/运抵国（地区）填报。

18. 装货港/指运港

装货港指进口货物在运抵我国关境前的最后一个境外装运港。

指运港指出口货物运往境外的最终目的港；最终目的港不可预知的，可按尽可能预知的目的港填报。

本栏目应根据实际情况按海关规定的《港口航线代码表》选择填报相应的港口中文名称或代码。

无实际进出境的，本栏目填报“中国境内”（代码“0142”）。

19. 境内目的地/境内货源地

境内目的地指已知的进口货物在国内的消费、使用地或最终运抵地。

境内货源地指出口货物在国内的产地或原始发货地。

本栏目应根据进口货物的收货单位、出口货物生产厂家或发货单位所属国内地区，并按海关规定的《国内地区代码表》选择填报相应的国内地区名称或代码。

20. 批准文号

进口报关单本栏目用于填报《进口付汇核销单》编号。

出口报关单本栏目用于填报《出口收汇核销单》编号。

21．成交方式

本栏目应根据实际成交价格条款按海关规定的《成交方式代码表》选择填报相应的成交方式代码。

无实际进出境的，进口填报 CIF 价，出口填报 FOB 价。

22．运费

本栏目用于成交价格中不包含运费的进口货物或成交价格中含有运费的出口货物，应填报该份报关单所含全部货物的国际运输费用。可按运费单价、总价或运费率三种方式之一填报，同时注明运费标记，并按海关规定的《货币代码表》选择填报相应的币种代码。

运保费合并计算的，运保费填报在本栏目。

运费标记“1”表示运费率，“2”表示每吨货物的运费单价，“3”表示运费总价。

23．保费

本栏目用于成交价格中不包含保险费的进口货物或成交价格中含有保险费的出口货物，应填报该份报关单所含全部货物国际运输的保险费用。可按保险费总价或保险费率两种方式之一填报，同时注明保险费标记，并按海关规定的《货币代码表》选择填报相应的币种代码。

运保费合并计算的，运保费填报在运费栏目中。

保险费标记“1”表示保险费率，“3”表示保险费总价。

24．杂费

杂费指成交价格以外的、应计入完税价格或应从完税价格中扣除的费用，如手续费、佣金、回扣等，可按杂费总价或杂费率两种方式之一填报，同时注明杂费标记，并按海关规定的《货币代码表》选择填报相应的币种代码。

应计入完税价格的杂费填报为正值或正率，应从完税价格中扣除的杂费填报为负值或负率。

杂费标记“1”表示杂费率，“2”回扣率，“3”表示杂费总价。

25．合同协议号

本栏目应填报进（出）口货物合同（协议）的全部字头和号码。

26．件数

本栏目应填报有外包装的进（出）口货物的实际件数。特殊情况下填报要求如下：

（1）舱单件数为集装箱（TEU）的，填报集装箱个数。

（2）舱单件数为托盘的，填报托盘数。

本栏目不得填报为零，裸装货物填报为 1。

27．包装种类

本栏目应根据进（出）口货物的实际外包装种类，按海关规定的《包装种类代码表》选择填报相应的包装种类代码。

28．毛重（公斤）

毛重指货物及其包装材料的重量之和。

本栏目填报进（出）口货物实际毛重，计量单位为公斤，不足 1 公斤的填报为 1。

29．净重（公斤）

净重指货物的毛重减去外包装材料后的重量，即商品本身的实际重量。

本栏目填报进（出）口货物的实际净重，计量单位为公斤，不足 1 公斤的填报为 1。

30．集装箱号

集装箱号是在每个集装箱箱体两侧标示的全球唯一的编号。

本栏目用于填报和打印集装箱编号及数量。集装箱数量四舍五入填报整数，非集装箱货物填报为 0。

31．随附单据

随附单据指随进（出）口货物报关单一并向海关递交的单证或文件。合同、发票、装箱单、许可证等必备的随附单证不在本栏目填报。

本栏目应按海关规定的《监管证件名称代码表》选择填报相应证件的代码。

32．用途/生产厂家

进口货物填报用途，应根据进口货物的实际用途按海关规定的《用途代码表》选择填报相应的用途代码，如“以产顶进”填报“13”。

生产厂家指出口货物的境内生产企业。本栏目供必要时手工填写。

33．标记唛码及备注

本栏目上部用于打印以下内容：

（1）标记唛码中除图形以外的文字、数字。

（2）受外商投资企业委托代理其进口投资设备、物品的外贸企业名称。

（3）加工贸易结转货物及凭《征免税证明》转内销货物，其对应的备案号应填报在本栏目，即“转至（自）××××××××××××手册”。

（4）其他申报时必须说明的事项。

本栏目下部供填报随附单据栏中监管证件的编号，具体填报要求为：监管证件代码+“:”+监管证件号码。一份报关单多个监管证件的，连续填写。

34．项号

本栏目分两行填报及打印。第一行打印报关单中的商品排列序号。第二行专用于加工贸易等已备案的货物，填报和打印该项货物在《登记手册》中的项号。

加工贸易合同项下进出口货物，必须填报与《登记手册》一致的商品项号，所填报项号用于核销对应项号下的料件或成品数量。

35．商品编号

指按海关规定的商品分类编码规则确定的进（出）口货物的商品编号。

加工贸易《登记手册》中商品编号与实际商品编号不符的，应按实际商品编号填报。

36．商品名称、规格型号

本栏目分两行填报及打印。第一行打印进（出）口货物规范的中文商品名称，第二行打印规格型号，必要时可加注原文。

37．数量及单位

指进（出）口商品的实际数量及计量单位。

38．原产国（地区）/最终目的国（地区）

原产国（地区）指进口货物的生产、开采或加工制造国家（地区）。最终目的国（地区）指已知的出口货物的最终实际消费、使用或进一步加工制造国家（地区）。

本栏目应按海关规定的《国别（地区）代码表》选择填报相应的国家（地区）名称或代码。

39．单价

本栏目应填报同一项号下进（出）口货物实际成交的商品单位价格。

无实际成交价格的，本栏目填报货值。

40．总价

本栏目应填报同一项号下进（出）口货物实际成交的商品总价。

无实际成交价格的，本栏目填报货值。

41．币制

指进（出）口货物实际成交价格的币种。

本栏目应根据实际成交情况按海关规定的《货币代码表》选择填报相应的货币名称或代码，如《货币代码表》中无实际成交币种，需转换后填报。

42．征免

指海关对进（出）口货物进行征税、减税、免税或特案处理的实际操作方式。

本栏目应按照海关核发的《征免税证明》或有关政策规定，对报关单所列每项商品选择填报海关规定的《征减免税方式代码表》中相应的征减免税方式。

加工贸易报关单应根据《登记手册》中备案的征免规定填报。

43．税费征收情况

本栏目供海关批注进（出）口货物税费征收及减免情况。

44．录入员

本栏目用于预录入和EDI报关单，打印录入人员的姓名。

45．录入单位

本栏目用于预录入和EDI报关单，打印录入单位名称。

46．填制日期

填制日期指报关单的填制日期。预录入和EDI报关单由计算机自动打印。

47．申报单位

申报单位指对申报内容的真实性直接向海关负责的企业或单位。自理报关的，应填报进（出）口货物的经营单位名称及编码；委托代理报关的，应填报经海关批准的报关企业名称及编码。

48．海关审单批注栏

本栏目指供海关内部作业时签注的总栏目，由海关关员手工填写在预录入报关单上。其中“放行”栏填写海关对接受申报的进出口货物做出放行决定的日期。

49．主管海关

本栏为网上申报特设栏目，主要是作为分发电子数据的依据，本栏填写报关单审单海关。

复习题

1．简述电子通关的基本流程。
2．试述电子口岸改革的总体目标。
3．试述外贸电子商务网站的发展。
4．试论述电子通关模式。
5．试述进出口货物报关单的定义与分类。

参考文献

[1] 青岛市商务局．海关通关业务简介[EB/OL].（2012-08-28）[2012-09-17]．http://www.boftec. gov.cn/uploads/20080717110153344.ppt．

[2] 商务部驻日本使馆经商处．日本电子通关系统的机构设置和运行机制[EB/OL]. (2006-01-08)[2012-09-08]．http://www.mofcom.gov.cn/aarticle/i/jyjl/j/200602/20060201466413.html．

[3] 朱秋沅．日本单一窗口的构建及其制度性启示[J]．外国问题研究，2011（3）：80-86．

[4] 黄熠．实施无纸审核中国海关的电子通关改革[EB/OL].（2005-09-21）[2012-09-17]．http://miit.ccidnet.com/art/18423/20050921/337953_1.html．

[5] 海关总署．关于修订《中华人民共和国海关进出口货物报关单填制规范》[S/OL]. (2005-08-31)[2012-09-17]．http://www.customs.gov.cn/publish/portal0/tab399/info7734.htm．

第 10 章 国际电子商务物流

物流产业被认为国民经济发展的动脉和基础产业，其发展程度成为衡量一国现代化程度和综合国力的主要标志之一。近年来，物流占国民经济的比重逐渐扩大，成为国民经济一个新的增长点。2012 年上半年，我国社会物流总额达到 83.6 万亿元，同比增长 10%。物流服务已经从原来的“货物配送”发展到集物流、信息流、资金流为一体的全方位服务，成为现代经济的重要组成部分和工业化进程中经济合理的服务模式。本章在介绍物流基本知识的基础上，对电子商务物流的概念、模式和技术进行了专门的研究。

10.1 国际电子商务物流系统

10.1.1 国际物流

1. 物流的概念

物流的概念最早是在美国形成的，起源于 20 世纪 30 年代，原意为“实物分配”或“货物配送”（Physical Distribution，PD）。1963 年被引入日本，日文译为“物的流通”。20 世纪 70 年代以后，日本的“物流”一词逐渐取代了“物的流通”。当时的物流被理解为“在连接生产和消费间对物资履行保管、运输、装卸、包装、加工等功能，以及作为控制这类功能后援的信息功能，它在物资销售中起了桥梁作用”。

我国是在 20 世纪 80 年代才接触“物流”这个概念的，此时的物流已被称为 Logistics，已经不是过去的 PD 概念了。Logistics 的原意为“后勤”，这是第二次世界大战期间军队在运输武器、弹药和粮食等给养时使用的一个名词，它是为维持战争需要的一种后勤保障系统。后来把 Logistics 一词转用于物资的流通中，这时，物流就不单纯是考虑从生产者到消费者的货物配送问题，而且还要考虑从供应商到生产者对原材料的采购，以及生产者本身在产品制造过程中的运输、保管和信息等各个方面，全面地、综合性地提高经济效益和效率等问题。

1999 年，联合国物流委员会对物流做了新的界定：“物流”是为了满足消费者需要而进行的从起点到终点的原材料、中间过程库存、最终产品和相关信息有效流动和存储计划、实现和控制管理的过程。现代物流是指“物”在一定的时间内的空间移动以及在物的移动过程中动态及静态的管理。这个定义强调了从起点到终点的过程，提高了物流的标准和要求，确定了未来物流的发展，较传统的物流概念更为明确。

2. 国际物流的概念

国际物流是物流活动的国际化，也就是物流业务跨越国界，在全球范围内的运作。其实质就是为国际贸易和跨国经营服务，根据国际分工协作的原则，依照国际惯例，利用国际化的物流网络、物流设施和物流技术，选择最佳的方式与路径，以最低的费用和最小的风险，实现货物在国际间的流动与交换。

各国间的贸易最终要通过国际物流来实现，因此国际物流是国际贸易的一个必然组成部分。国际贸易物流可以看做狭义的国际物流。例如，贸易公司为实现进出口商品交易、跨国公司为组织全球范围内的产品生产而必需的货物集运、分拨、包装、运输、仓储、装卸、加工、报关、保险和单证处理等活动。更具体地说，狭义的国际物流是指当生产和消费分别在两个或两个以上的国家（或地区）独立进行时，为克服生产和消费之间的空间距离和时间间隔，完成国际商品交易的最终目的，对物品进行物理性移动的一项国际贸易或国际交流活动。

20 世纪 90 年代后，国际物流的概念和重要性已普遍为各国政府重视。经济全球化的不断深入带动了包括物流设施、物流技术、物流服务等物流行业全面的国际化。国际物流在理论和实践方面都进行了大胆探索，人们已经形成“物流无国界”的共识，加强国际物流合作已成为促进世界经济繁荣的重要手段。

在经济全球化和电子商务的双重推动下，物流业正从传统物流向现代物流迅速转型。为了促进我国现代物流产业的迅速发展，物流业的快速发展，得益于国家对物流业的高度重视。2004 年 8 月，国家发改委等九部委联合发布《关于促进我国现代物流业发展的意见》[①]；2009 年 3 月，国务院发布《关于印发物流业调整和振兴规划的通知》[②]；2011 年 8 月，国务院又发布《关于促进物流业健康发展政策措施的意见》，从切实减轻物流企业税收负担、加大对物流业的土地政策支持力度、促进物流车辆便利通行、加快物流管理体制改革、鼓励整合物流设施资源、加大对物流业的投入、优先发展农产品物流业、加强组织协调等九个方面提出改革措施；[③] 2012 年 6 月，商务部发布《关于推进现代物流技术应用和

---

① 国家发改委，等．关于促进我国现代物流业发展的意见的通知[EB/OL]. (2004-08-05)[2012-08-20]. http://www.mofcom.gov.cn/aarticle/b/d/200408/20040800267622.html.

② 国务院．关于印发物流业调整和振兴规划的通知[EB/OL]. (2009-03-13)[2012-08-20]. http://www.gov.cn/zwgk/2009-03/13/content_1259194.htm.

③ 国务院办公厅. 关于促进物流业健康发展政策措施的意见[EB/OL]. (2011-08-19)[2012-08-20]. http://www.gov.cn/zwgk/2011-08/19/content_1928314.htm.

共同配送工作的指导意见》，[①] 要求通过开展现代物流技术应用和共同配送工作，促进大中城市合理规划和布局城市物流节点、优化物流配送组织方式，形成布局合理、运行高效、通行有序、绿色环保的城市配送网络体系。

3．国际物流的分类

“物流”概念中的“物”，是指所有的物质资料，实际指一定积累的社会劳动产品，也包括用于社会生产和社会消费的各种自然资源；既包括用于生产性消费的劳动资料、劳动对象，也包括用于人们最终消费的生活资料（消费资料）。

国际物流有两个重要功能：第一，管理不同货物、物资的流通质量；第二，开发信息和通信系统，通过因特网建立商务联系，直接从客户处获得订单。现代物流的运作，力求最大限度地减少环节（或者说要素）间的重复劳动，实现最大限度地“缩短”原材料供应者、产品生产者、商品消费者之间的物流距离和物流时间。

根据不同的标准，国际物流业务可以分成不同的类型。

（1）进出口国际物流。按照货物在国际间的流向，国际物流可分为进口物流和出口物流。进口业务中进行的国际物流活动可称为“进口物流”，出口业务中的国际物流活动可称为“出口物流”。进出口物流业务间既存在交叉的业务环节，也存在不同的业务环节。由于各国经济政策、管理制度、海关监管方式和外贸体制等的不同，货物流向的不同往往导致物流业务活动的极大差别，需要物流管理人员区别对待。

（2）国家间物流与经济区域间物流。如果按照货物流经的关税区域分类，国际物流可分为国家间物流与经济区域间物流。这两种类型的物流在形式和具体环节上都存在着较大差异。如欧盟国家间属于同一关税区，且商品和生产要素在其成员国之间可以自由流动，其物流的运作与欧盟成员国与其他国家或者经济区域之间的物流运作在方式和环节上就存在着较大的差异。

（3）根据跨国运送的货物特性分类。国际物流还可分为贸易型国际物流和非贸易型国际物流。贸易型国际物流指由国际贸易和国际分工活动引起的商品在国际间的移动，除此之外的国际物流活动属于非贸易型国际物流，如国际展品物流、国际邮政物流和国际军火物流等。

10.1.2 国际物流系统

1．物流系统的概念

物流系统是指在一定的时间和空间里，由所需输送的物料和包括有关设备、输送工具、仓储设备、人员以及通信联系等若干相互制约的动态要素构成的具有特定功能的有机整体。

---

① 商务部．关于推进现代物流技术应用和共同配送工作的指导意见[EB/OL]．(2012-07-25)[2012-08-20]．http://www.mofcom.gov.cn/aarticle/b/d/201207/20120708251902.html.

随着计算机科学和自动化技术的发展，物流管理系统也从简单的方式迅速向自动化管理演变，其主要标志是自动物流设备，如自动存储、提取系统，以及物流计算机管理与控制系统的出现。

2. 物流系统的分类

1）按照运营主体分类

（1）以制造商为主体的物流系统。这种物流系统里的商品都是制造商自己生产制造的，用以及时地将预先配齐的成组元器件运送到规定的加工和装配工位。这种物流系统设计比较容易，从商品制造到生产出来后条形码和包装的配合等多方面都较易控制，但不具备社会化的要求。

（2）以批发商为主体的物流系统。批发一般是按部门或商品类别的不同，把每个制造商的商品集中起来，然后以单一品种或搭配向消费地的零售商进行配送。这种物流系统的商品来自各个制造商，它所进行的一项重要的活动是对商品进行汇总和再销售，而它的全部进货和出货都是社会配送的，社会化程度较高。

（3）以零售商为主体的物流系统。零售商发展到一定规模后，就可以考虑建立自己的物流系统，为专业商品零售店、超级市场、百货商店、建材商场、粮油食品商店、宾馆饭店等服务，其社会化程度介于以制造商为主体的和以批发商为主体的物流系统之间。

（4）以仓储运输业者为主体的物流系统。这种物流系统最强的是运输配送能力，它的地理位置优越，如港湾、铁路和公路枢纽，可迅速将到达的货物配送给用户。它提供仓储储位给制造商或供应商，而物流系统的货物仍属于制造商或供应商所有，物流系统只提供仓储管理和运输配送服务。

2）按照运送货物的系统分类

（1）集货型物流系统。这种系统主要针对上游企业的采购物流过程进行创新而形成。其上游企业关联性较强，下游企业则互相独立。上游企业对物流系统的依存度明显大于下游企业。同时，这类物流系统也强调其加工功能。此类物流模式适于成品或半成品物资的推销，如汽车的物流配送。

（2）散货型物流系统。这种系统主要是对下游企业的供货物流进行优化而形成。上游企业对物流系统的依存度小于下游企业，而且物流系统的下游企业相对集中或有利益共享（如连锁业）。采用此类物流模式的流通企业，其上游企业竞争激烈，下游企业的需求以多品种、小批量为主要特征，适用于原材料或半成品物资的配送，如机电产品的物流配送。

（3）混合型物流系统。这种系统综合了上述两种物流模式的优点，并对商品的流通全过程进行有效控制，有效地克服了传统物流的弊端。采用这种物流模式的流通企业规模较大，具有相当大的设备投资，如区域性物流系统。在实际流通中，多采取多样化经营，降低了经营风险。这种运作模式比较符合新型物流配送的要求，特别是电子商务下的物流配送。

3．国际物流系统的运作内容

跨国运行的物流系统是由一系列相互影响、相互制约的环节构成的一个有机整体。图 10-1 简单描述了一个包括在起运地的发货和报关、国际间运输、到达目的地的报关和送货等环节的国际物流运作系统。显然，国际货物运输、仓储、通关和国际货运代理等是国际物流的主要环节。这些环节在国际市场上信息的引导下，按照国际惯例和国际上通行的运作规程运作，从而使整个物流系统协调、高效地运行。

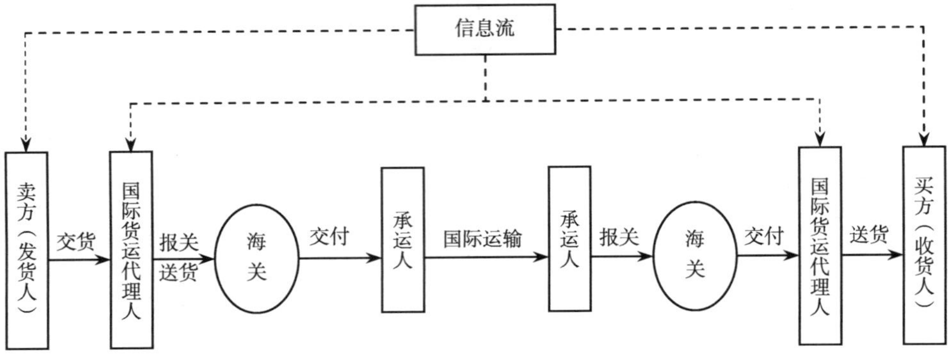

图 10-1　国际物流系统的运作内容

10.1.3　电子商务物流系统

1．电子商务物流的概念

如同传统的商务活动一样，电子商务中的任何一笔交易，都包含着信息流、商流、资金流和物流。信息流既包括商品信息的提供、促销行销、技术支持、售后服务等内容，也包括诸如询价单、报价单、付款通知单、转账通知单等商业贸易单证，还包括交易方的支付能力、支付信誉等。商流是指商品在供应商、制造商、批发商、代理商、零售商和物流公司等之间进行交易和商品所有权转移的运动过程，具体是指商品交易的一系列活动。资金流主要是指资金的转移过程，包括信用证、汇票、现金通过银行在各层次的买方与卖方及其代理人之间的流动，与此有关的还有银行和外汇管理部门。在电子商务条件下，信息流、商流和资金流处理都可以通过计算机和网络通信设备实现。

物流作为“四流”中最为特殊的一种，涵盖了商品或服务的流动过程，包括运输、储存、配送、装卸、保管等各种活动。对于少数商品和服务来说，可以直接通计算机网络传输的方式进行商品配送，如各种电子出版物、信息咨询服务、计算机软件等。而对于大多数实体商品和服务来说，其配送仍要经过物理方式传输，但由于一系列机械化、自动化工具的应用，准确、及时的物流信息对物流过程的监控，将使物流的流动速度加快、准确率提高，能有效地减少库存，缩短生产周期。因此可以说，电子商务物流是指基于信息流、商流、资金流网络化的物资或服务的配送活动，包括软体商品（或服务）的网络传送和实体商品（或服务）的物理传送。

2．电子商务物流系统的构成

电子商务物流系统由物流作业系统和物流信息系统两个部分构成。

（1）物流作业系统。在采购、运输、仓储、装卸搬运、配送等作业环节中使用各种先进技能和技术，并使生产据点、物流据点、输配送路线、运输手段等网络化，以提高物流活动的效率。

（2）物流信息系统。在保证订货、进货、库存、出货、配送等信息通畅的基础上，使通信据点、通信线路、通信手段网络化，提高物流作业系统的效率。

电子商务物流系统的目的在于以 Speed（速度）、Safety（安全）、Surely（可靠）和 Low（低费用）的 3S1L 原则，即以最少的费用提供最好的物流服务：按交货期将所订货物适时而准确地交给用户，尽可能地减少用户所需的订货断档；适当配置物流据点，提高配送效率，维持适当的库存量，提高运输、保管、搬运、包装、流通加工等作业效率，保证订货、出货、配送信息畅通无阻，使物流成本降到最低。

电子商务物流系统是典型的物流设备与计算机网络结合的产物。在这一系统中，半自动化、自动化以至具有一定智能的物流设备受到计算机网络系统的控制，不同阶段的物流信息也由计算机加以管理控制。电子商务物流系统的构成如图 10-2 所示。

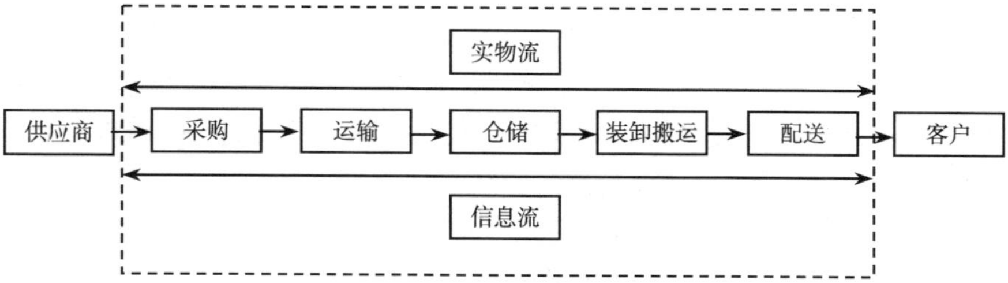

图 10-2　电子商务物流系统的构成

3．电子商务物流的特点

电子商务时代的来临，给全球物流带来了新的发展，使现代物流具备了一系列新特点。

1）信息化

物流信息化是电子商务的必然要求。物流信息化表现为物流信息的商品化、物流信息收集的数据库化和代码化、物流信息处理的电子化和计算机化、物流信息传递的标准化和实时化、物流信息存储的数字化等。因此，条形码技术（BarCode）、数据库技术（Database）、电子订货系统（Electronic Ordering System，EOS）、电子数据交换（Electronic Data Interchange，EDI）、快速反应（Quick Response，QR）及有效的客户反应（Effective Customer Response，ECR）、企业资源计划（Enterprise Resource Planning，ERP）等技术与观念在电子商务物流中得到普遍的应用。

2）网络化

物流信息化的高层次应用表现为网络化。这里指的网络化有以下两层含义。

（1）物流系统的计算机通信网络化。一方面，物流配送中心与供应商或制造商的联系要通过计算机网络；另一方面，上下游客户之间的联系也要通过计算机网络。比如物流配送中心向供应商提出订单的过程，就可以使用计算机通信方式，借助于增值网（Value Added Network，VAN）上的电子订货系统（EOS）和电子数据交换技术（EDI）来自动实现。物流配送中心收集下游客户的订货的过程也可以通过计算机网络自动完成。

（2）物流组织的网络化，即企业内部网（Intranet）的形成。比如，台湾的计算机业在 20 世纪 90 年代创造出了“全球运筹式产销模式”，这种模式的基本点是按照客户订单组织生产。生产采取分散形式，即采取外包的形式将计算机芯片、元器件等外包给世界各地的制造商去生产，然后通过全球的物流网络将这些零部件发往同一个物流配送中心进行组装，由该物流配送中心将组装的计算机迅速发送给订户。这一过程需要有高效的物流网络支持，其基础是物流系统的网络化。

3）智能化

物流信息化的高层次应用表现为智能化。物流作业过程大量的运筹和决策，如库存水平的确定、运输（搬运）路径的选择、自动导向车的运行轨迹和作业控制、自动分拣机的运行、物流配送中心经营管理的决策支持等问题都需要借助于大量的知识和经验才能解决。在物流自动化的进程中，物流智能化是不可回避的技术难题。好在专家系统、机器人等相关技术在国际上已经有比较成熟的研究成果。为了提高物流现代化的水平，物流的智能化已成为电子商务下物流发展的一个新趋势。

随着电子商务的普及，企业对储运系统与生产系统的集成的要求越来越高，由于两个系统的集成主要取决于软件系统的完善与发展，因此目前物流系统的软件开发与研究有以下几个趋势：

（1）集成化物流系统软件向深度和广度发展。

（2）物流仿真系统软件已经成为虚拟制造系统的重要组成部分。

（3）制造执行系统软件与物流系统软件合而为一，并与 ERP 系统集成。

4）柔性化

随着市场变化的加快，产品寿命周期正在逐步缩短，小批量多品种的生产已经成为企业生存的关键。目前，国外许多适用于大批量制造的刚性生产线正在逐步改造为小批量多品种的柔性生产线。

柔性化的内容包括：

（1）工装夹具设计的柔性化。

（2）托盘与包装箱设计的统一化和标准化。

（3）生产线节拍的无级变化，输送系统调度的灵活性。

（4）柔性拼盘管理。

5）虚拟物流

随着全球卫星定位系统（GPS）的应用，社会大物流系统的动态调度、动态储存和动态运输将逐渐代替企业的静态固定仓库。由于物流系统的优化目的是减少库存直到零库存，这种动态仓储运输体系借助于全球卫星定位系统，充分体现了未来宏观物流系统的发展趋势。随着虚拟企业、虚拟制造技术不断深入，虚拟物流系统已经成为企业内部虚拟制造系统一个重要的组成部分。

6）绿色物流

随着环境资源恶化程度的加深，人类生存和发展的威胁越大，因此人们对资源的利用和环境的保护越来越重视，在物流系统中的托盘、包装箱、货架等资源消耗大的环节出现了以下几个方面的发展趋势：

（1）采用可降解材料制造包装材料，减少永久性固体废料的产生。

（2）在托盘、包装箱、货架中推广标准化，提高重复利用率。

（3）缩短供应链，降低包装材料的使用量。

10.1.4　国际电子商务与国际物流的协同发展

国际电子商务是利用最新的商务技术网络，实现全球国际商务运营，国际物流则是合理组织货物以低成本、高效率、适时、适量在国际间流动，因此两者间需要以信息化为基础，实现配送效率、网络运营、综合服务、物流业态的变革，才能取得双赢互利和共同发展。

为顺应国际电子商务的发展，需要提供一个低成本、高效率、适时、适量的国际物流系统。目前，集铁路、公路、海运的多式联运成为国际物流的主要形式，但其与国内物流交接复杂，路途遥远，其效率对国际电子商务发展的制约日益突出。而当代国际物流和国际电子商务的协同发展，将会改变国际物资流转和商品交易的管理方式，进而推动国际电子商务的发展。

1. 国际电子商务对国际物流的依存关系

由于国际电子商务使跨国交易变得高效而便捷，但在货物送达阶段，尽管网络构建了虚拟的信息交易平台，最终还要通过商品实体的转移来实现。因此，国际物流系统的效率高低是国际电子商务成功与否的关键。当今，国际电子商务的发展对国际物流提出了更高的要求。

（1）国际物流是实现国际电子商务交易的需要。在国际竞争日益激烈的情况下，国际贸易中的需求方越来越多地选择多批次、少批量的进货来回避库存风险。国际电子商务能够准确、快速反应市场需求，使企业根据所获得的市场信息进行生产调节或控制采购量。

这就需要建立一套集成化、规模化的国际物流配送体系，进行网络化递送，才能使国际电子商务所具有的新优势得到有效发挥。

（2）国际物流是国际电子商务实现高利润的保证。与传统商务交易相比，国际电子商务具有三个利润增长点，分别处于信息化的生产、流通和销售三个阶段。在生产阶段，随着国际电子技术的应用，企业可以降低物耗，提高劳动生产率；在流通阶段，通过高效的国际物流体系，使货物运输方式更加科学化，才能全程降低成本，实现高利润；在销售阶段，国际电子商务使企业拥有更广泛的消费人群。

（3）国际物流是国际电子商务取得良好信誉的关键。高效的国际物流是国际电子商务实现“以顾客为中心”理念的最终表现。国际电子商务在最大程度上方便了各国的最终消费者，使他们节省了大量金钱和精力。缺少了现代化的国际物流体系，国际电子商务给消费者最终带来的购物便利等于零。所以物流配送效率也就成为客户评价国际电子商务满意程度的重要标志之一。

2．国际电子商务使国际物流业发生了质的变革

（1）运作方式的变革。首先，国际电子商务使国际物流实现了网络的实时控制。传统的国际物流活动在其运作过程中，不管是以生产为中心，还是以成本或利润为中心，都是从属于商流活动，伴随着商流来运动的。而在国际电子商务下，国际物流的运作是以信息为中心的，信息不仅决定着物流的运动方向，而且也决定着国际物流的运作方式。在实际运作过程中，通过网络上的信息传递，可以有效地实现对国际物流的实施控制，实现国际物流的合理化。其次，网络对物流的实时控制是以整体物流来进行的。在传统的国际物流活动中，虽然也有依靠计算机对国际物流进行实时控制的，但这种控制都是以单个的运作方式来进行的。而在国际电子商务时代，网络全球化的特点，可使国际物流在全球范围内实施整体的实时控制。

（2）物流设施的变革。国际电子商务将促进国际物流基础设施的改善。国际电子商务高效率和全球性的特点，要求国际物流也必须达到这一目标。而国际物流要达到这一目标，良好的交通运输网络、通信网络等基础设施则是最基本的保证。

（3）物流技术的变革。国际物流技术主要包括硬技术和软技术。国际物流硬技术是指在组织国际物流过程中所需的各种材料、机械和设施等；国际物流软技术是指组织高效率的物流所需的计划、管理、评价等方面的技术和管理方法。从国际物流环节来考察，国际物流技术包括运输技术、保管技术、装卸技术、包装技术等。国际电子商务的发展要求建立一个适应国际电子商务运作的高效率的国际物流系统，要求国际物流尽可能采用最先进的现代物流技术，如条形码技术、EDI（电子数据交换）技术、GIS（地理信息系统）技术、GPS（全球定位系统）技术等。

（4）物流管理的变革。国际电子商务网络在组织现有物流资源的规模、速度、效率方面要比传统物流配送方式优越得多。国际配送企业可以通过统一的国际虚拟电子平台，将分散在世界各地仓库和多种运输工具通过网络系统连接起来，进行最科学的管理和调配，做到尽量缩短运输距离，减少货物在途时间，使商品在运动中达到费用最省、距离最短、时间最少。只有提高国际物流的管理水平，建立科学合理的管理制度，将科学的管理手段和方法应用于国际物流管理当中，才能确保国际物流适应国际电子商务发展的要求。

3．发展我国国际电子商务物流的迫切性

目前，我国国际电子商务物流发展中存在以下几个问题。

（1）国际电子商务物流信息管理系统或 EDI 信息中心还不能满足我国外贸快速发展的需要。国际电子商务物流中心是连接世界各地市场的枢纽，也是保持物流通道畅通的必要条件。中心内所有单据（数据流）的传输、交换以及中心和客户间的信息交换、客户分拨均应实现自动化。需要建立现代化信息系统，以加速连锁企业国际国内航运交通网络的信息传递。

（2）货物运输企业的信息化、网络化水平不能满足国际电子商务物流运输业发展的需求。信息手段现代化将为提高运输效率提供有利条件，因而要建立高效的信息传递系统和全球性物流信息网络。我国企业应在实现全国范围物流信息联网运行的基础上，逐步向国外发展，实现物流信息在世界范围内的迅速传递，为参与国际竞争，实现物流国际化创造一个良好的环境。

（3）国际电子商务物流业是一个兼有知识密集和技术密集、资本密集和劳动密集特点的外向型和增值型的服务行业。在物流实际运作过程中，商流、信息流、资金流贯穿于各个环节之中，各个环节和运作流程工作需要各种层次的具备相应知识和能力的从业人员。目前我国在这方面的教育和培养还比较落后，还没有形成以物流科技创新和知识型物流人才为核心的物流教育目标体系。针对我国国际物流人才不足的现状，应加强开放性国际电子商务物流人才的培养。一方面，培养从事物流理论研究与实务、懂电子商务理论与实务以及通晓报关、报检、运输、保险和国际贸易结算等方面的综合性专业人才。另一方面，要加强对物流企业在职职工的职业教育和培训。

2011 年 8 月，国务院发布《关于促进物流业健康发展政策措施的意见》，从九个方面提出了物流的改革措施。[①] 这些意见对于发展国际电子商务物流也具有重要的指导意义。

（1）切实减轻物流企业税收负担。根据物流业的产业特点和物流企业一体化、社会化、网络化、规模化的发展要求，统筹完善有关税收支持政策。结合增值税改革试点，尽快研究解决仓储、配送和货运代理等环节与运输环节营业税税率不统一的问题。

（2）加大对物流业的土地政策支持力度。在加强和改善管理、切实节约土地的基础上，加大土地政策支持力度。科学制定全国物流园区发展专项规划，提高土地集约利用水平，对纳入规划的物流园区用地给予重点保障。

① 国务院办公厅．关于促进物流业健康发展政策措施的意见[EB/OL] (2011-08-19)[2012-08-20]．http://www.gov.cn/zwgk/2011-08/19/content_1928314.htm.

（3）促进物流车辆便利通行。进一步降低过路过桥收费，按照规定逐步有序取消政府还贷二级公路收费，减少普通公路收费站点数量，控制收费公路规模，优化收费公路结构。

（4）加快物流管理体制改革。打破物流管理的条块分割，加强依法行政，完善政府监管，强化行业自律。认真清理针对物流企业的资质审批项目，逐步减少行政审批。要破除地区封锁和体制、机制障碍，积极为物流企业设立法人、非法人分支机构提供便利，鼓励物流企业开展跨区域网络化经营。

（5）鼓励整合物流设施资源。支持大型优势物流企业通过兼并重组等方式，对分散的物流设施资源进行整合；鼓励中小物流企业加强联盟合作，创新合作方式和服务模式，优化资源配置，提高服务水平，积极推进物流业发展方式转变。

（6）推进物流技术创新和应用。加强物流新技术的自主研发，重点支持货物跟踪定位、无线射频识别、物流信息平台、智能交通、物流管理软件、移动物流信息服务等关键技术攻关。适时启动物联网在物流领域的应用示范。加快先进物流设备的研制，提高物流装备的现代化水平。加强物流标准的制定和推广，促进物流标准的贯彻实施。

（7）加大对物流业的投入。对符合条件的重点物流企业的运输、仓储、配送、信息设施和物流园区的基础设施建设给予必要的资金扶持。积极引导银行业金融机构加大对物流企业的信贷支持力度，完善融资机制，进一步拓宽融资渠道，积极支持符合条件的物流企业上市和发行企业债券。

（8）优先发展农产品物流业。把农产品物流业发展放在优先位置，加大政策扶持力度，加快建立畅通高效、安全便利的农产品物流体系，着力解决农产品物流经营规模小、环节多、成本高、损耗大的问题。

（9）加强组织协调。加强对物流业发展的协调指导，抓紧细化政策措施，认真组织贯彻实施，切实规范物流服务，提升物流业经营水平。

10.2 国际电子商务物流模式

10.2.1 电子商务物流的一般模式

电子商务物流的一般模式包括自营物流、物流联盟、第三方物流和第四方物流。

1．自营物流

自营物流是指电子商务企业借助于自身物质条件（包括物流设施、设备和管理机构等）自行组织的物流活动。对于电子商务企业来说，自营物流启动容易，配送速度快，但配送能力较弱，配送费用不易控制。如果电子商务企业有很高的顾客服务需求标准，其物流成本占总成本的比重较大，而自己的物流管理能力又比较强，一般不会选择外购物流服务，而采用自营物流的方式。

在自营物流方式中，电子商务企业也会向运输公司购买运输服务或向仓储企业购买仓储服务，但这些服务一般只限于一次或一系列分散物流功能，而且是临时的、纯市场交易的服务。物流公司并不按照电子商务企业独特业务程序提供独特服务，即物流服务与电子商务企业的价值链是松散的。

2．物流联盟

物流联盟是指电子商务网站、电子商务企业、物流企业等各方面通过契约形成优势互长、要素双向或多向流动、互相信任、共担风险、共享收益的物流伙伴关系。组建物流伙伴可以降低成本、减少投资、获得管理技术、提高为顾客服务的水平、取得竞争优势、降低风险和不确定性。

组建物流联盟可以吸收不同企业的优势和长处，在物流设施、运输能力、专业管理技巧上互补，取得较好的经济效益。

3．第三方物流

第三方物流（Third Party Logistics，TPL）是近年来广泛流行的新概念，是指物流渠道中的专业化物流中间公司以签订合同的方式，在一定期间内，为其他公司提供的所有或某些方面的物流业务服务。如果物流在电子商务企业中所占比重不大，且该企业自身物流管理能力也比较欠缺，采用某个“第三方物流”模式是最佳选择，它能够大幅度降低物流成本，提高为顾客服务的水平。

从广义的角度以及物流运行的角度看，第三方物流包括一切物流活动，以及发货人可以从专业物流代理商处得到的其他一些增值服务。提供这一服务是以发货人和物流代理商之间的正式合同为条件的。这一合同明确规定了服务费用、期限及相互责任等事项。

狭义的第三方物流专指本身没有固定资产但仍承接物流业务，借助外界力量，负责代替发货人完成整个物流过程的一种物流管理方式。

图 10-3 是在有传统便利店参与下的第三方物流流程示意图。

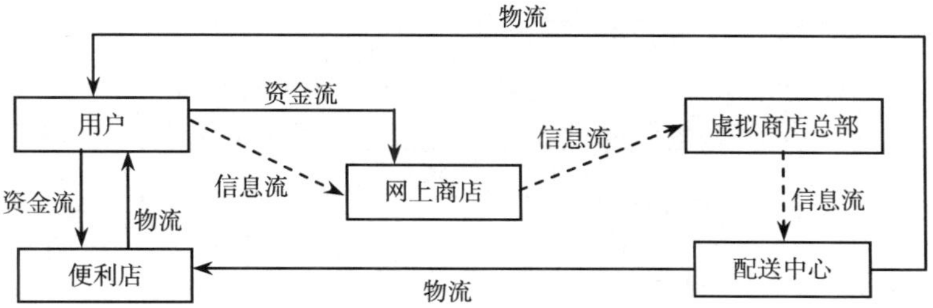

图 10-3　在有传统便利店参与下的第三方物流流程示意图

上述模式的流程包括：

（1）用户通过因特网在网上商店浏览物品、订货、网上支付或到网上商店所标出的小区便利店中付款，同时可根据自己的情况要求送货到家或到相应便利店中付款取货。

（2）网上商店通过虚拟商店总部向配送中心发送送货通知。

（3）配送中心对用户或用户指定的小区便利店进行货物配送。

（4）用户收到配送中心的送货或自己到小区便利店取货。

（5）遇到有关问题后，可通过网络协商，或到小区便利店解决。

4．第四方物流

所谓第四方物流，根据其首创者美国埃森哲（原安德森）咨询公司的定义，是指一个供应链集成商调配和管理组织自己的以及具有互补性的服务提供商的资源、能力和技术，以提供一个综合的供应链解决方案。通俗地讲，第四方物流是指集成商们利用分包商来控制与管理客户公司的点到点式供应链运作。

第四方物流的优势突出表现在以下四个方面：

（1）具有对整个供应链及物流系统进行整合规划的优势。第三方物流的优势在于运输、储存、包装、装卸、配送、流通加工等实际的物流业务操作能力，在综合技能、集成技术、战略规划、区域及全球拓展能力等方面存在明显的局限性，特别是缺乏对整个供应链及物流系统进行整合规划的能力。而第四方物流的核心竞争力就在于对整个供应链及物流系统进行整合规划的能力，这也是降低客户企业物流成本的根本所在。

（2）具有对供应链服务商进行资源整合的优势。第四方物流作为有领导力量的物流服务提供商，可以通过其影响整个供应链的能力，整合最优秀的第三方物流服务商、管理咨询服务商、信息技术服务商和电子商务服务商等，为客户企业提供个性化、多样化的供应链解决方案，为其创造超额价值。

（3）具有信息及服务网络优势。第四方物流公司的运作主要依靠信息与网络，其强大的信息技术支持能力和广泛的服务网络覆盖支持能力是客户企业开拓国内外市场、降低物流成本极为看重的，也是取得客户的信赖、获得大额长期订单的优势所在。

（4）具有成本优势和服务质量优势。由于第四方物流不是物流的“利益方”，不是客户企业的竞争对手，而是构成了利益共享的合作伙伴。因而，第四方物流可以利用其专业化的供应链物流管理运作能力和高素质的物流人才制定出以顾客为导向、快捷、高质量、低成本的物流服务方案，从而大幅度降低企业物流成本，改善物流服务质量。

10.2.2 国际电子商务物流的运输方式

1．传统的国际物流运输方式

根据使用的运输工具不同，国际物流可以分为如下几种运输方式：水上运输、陆上运输、航空运输、管道运输以及由各种基本运输模式组合而成的国际多式联运等。

（1）国际水上货物运输，又可分为国际间内河运输和国际间海洋运输（包括近海、近洋和远洋航运三类）。它的特点是适合国际间大宗货物运输，运输费用便宜，但速度较慢且有一定风险。其中，海洋运输是国际货物运输中最主要的运输方式。目前，国际贸易总量中的 2/3 以上及我国进出口货运总量的约 90%都是利用海洋运输的。

（2）国际陆上货物运输，又可分为国际间陆上公路货物运输和国际间陆上铁路货物运输。陆上货物运输既可以作为国际货运的主要手段，也可以作为国际货运系统中国内部分的辅助运输手段。它的特点是适用范围广，受气候影响小，并具有“门到门”的运输优势。但运量普遍小于水运，运输成本较水运高，它往往和水运方式相结合形成国际货运中的多式联运。

（3）国际航空货物运输，是由国际航空承运人办理跨国间航空货物的全程运输，并承担运输责任的一种现代化运输模式。作为新兴的国际货运方式，航空运输发展的历史并不长，但它却是所有国际货运方式中发展最快的。据不完全统计，全世界范围内国际航空货运量每年都以 10%以上的速度递增。目前我国国际航空货运量的增速超过了国际平均水平。国际航空货物运输具有运送速度快、安全系数高、货损货差小等优势，适用于运送附加值高，时效性强，客户急需的货物和文件、样品等。它的缺点是单位运价过高。

（4）国际管道货物运输，是国际间利用铺设管道运送物资的一种特殊的运输模式。管道运输是一种带有较强局限性的运输模式，主要运送对象是石油、天然气等物资。管道运输的特点是一次投资长期受用，安全系数高，受气候、环境等外来因素影响小。该种方式在中东、中亚等地区使用比较普遍，我国同俄罗斯之间也有运输管道相连接，常年开展这项业务。

（5）国际多式联运，是由多式联运经营人按照多式联运合同，以至少两种不同的运输模式，将货物从一国境内接管货物的地点运至另一国境内指定地点交货的运输模式。这里所指的至少两种以上的运输模式可以是海陆、陆空、海空。这与一般海海、陆陆、空空的联运存在着本质的区别。后者虽是联运，但仍是同种运输工具间的运输模式，不属完整的国际多式联运。目前比较有代表性的国际多式联运是“大陆桥运输”。大陆桥是利用横贯大陆上的铁路和公路系统，把大陆两端连接起来的中间桥梁。如西伯利亚大陆桥、亚欧大陆桥、北美大陆桥等。

2．国际电子商务物流对运输方式的选择

在国际电子商务物流实际业务中，应审慎地选用运输方式，尽量做到运输合理化，以最短的路径、最少的环节、最快的速度和最低的成本来组织国际电子商务的运输活动。

国际电子商务物流对运输方式的选择，主要从货物的运输成本、货物的特点和性质、运行速度、货运量以及物流基础设施条件等方面考虑：

（1）运输成本。这是国际电子商务物流对运输方式选择上的首要考虑的问题。据统计，在外贸的价格中，物流费有时可占出口货价的 30%～70%。

（2）货物的特点和性质。货物特点和性质有时也对运输方式选择起决定性作用。经常是由于国际物流运输方式的限制，某些货物无法进入国际物流中，从而失去了市场时机。

（3）运行速度。国际电子商务物流的速度也很重要。这有两个原因：一是运距长，需时日较多，资金占用时间长，加快速度有利于解放占用的资金；另一原因是市场价位，由于速度慢错过了好的价位，使经济效益下降。因此，加快一点就会有显著缩短物流时间的效果，从而带来一系列好处。

（4）货运量。由于国际电子商务物流距离长，大数量货物运输受到了限制。国际电子商务物流距离往往超出了汽车等运输工具的经济里程，大数量货物也不可能选择航空运输。

（5）物流基础设施条件。由于国家之间发展的不平衡，因此一个国家中可以选择的物流方式，到另一个国家便不能采用，原因是另一个国家缺乏采用这种方式的必要基础设施。

国际电子商务的广泛运用，可以使物流中的“五要素”（运输时间、运输距离、运输环节、运输工具、运输费用）通过物流信息平台得到最好的匹配。

国际电子商务物流发展的一个重要标志就是利用因特网形成国际多式联运的运作和发展。在当前的形势下，国际电子商务的货物运输要求速度快、损失少、费用低，国际多式联运适应了这些要求，而国际电子商务又为国际多式联运提供了最有力的信息沟通支持。因此，在国际上越来越多的企业，包括电子商务企业、贸易企业和制造业企业，都乐意采用国际多式联运。

10.2.3 国际电子商务物流的典型模式

1．戴尔公司的国际电子商务物流采购与配送模式

在 20 年的时间内，戴尔计算机公司的创始人迈克尔·戴尔白手起家把公司发展到 250 亿美元的规模。即使面对美国经济的低迷，在惠普公司等超大型竞争对手纷纷裁员减产的情况下，戴尔公司仍以两位数的发展速度飞快前进。“戴尔”现象，令世人为之迷惑。

该公司分管物流配送的副总裁迪克·亨特一语道破天机：“我们只保存 5 天生产的存货，而我们的竞争对手则保存 30 天、45 天甚至 90 天的存货。这就是区别。”

在采购方面，戴尔公司和 50 家材料配件供应商保持着密切、忠实的联系，所需材料配件的 95%都由这 50 家供应商提供。戴尔公司与这些供应商每天都要通过网络进行协调沟通。戴尔公司的营销部分时刻监控顾客订货情况的变化，并把新的需求随时发布在网络上，供所有供应商参考，以提高透明度和信息流通效率，并刺激供应商之间的相互竞争。供应商则随时向戴尔公司通报自己产品生产、价格变化、存量等方面信息。目前，戴尔公司已经在我国香港、上海、深圳和台湾建立了国际采购网点，以加强与供应商在中国的伙伴关系，提高戴尔在全球的采购效率，2002 年采购量约为 40 亿美元。

在销售方面，戴尔公司一直坚持直接与顾客接触，注重通过高质量的物流配送来达到这一目标。为实现这一目标，一方面，戴尔公司通过免费电话与潜在顾客取得联系；另一方面，则通过因特网与顾客进行一对一的交流。在顾客确认订单之后，销售部门通过公司在全世界建立的庞大的配送网络，将客户所需要的产品及时送交顾客。

戴尔公司规定，公司应在交付期内将产品交付给处于交付地点的指定人士。指定人士、交付地点和交付期均由销售合同说明并经公司同意。公司向买方交付迟于交付期，则除非双方另有约定，对超出交付期的每一天，公司可被收取费用，该费用按迟交付部分合同价格的 0.3%计算。同时，戴尔公司将按当时生效的服务和技术支持政策向买方提供一般的服务和技术支持。提供服务和支持可因不同产品而异。

在亚洲，戴尔公司通过其“全球客户计划”，向拥有全球业务的亚洲用户提供定制的成套服务和支持。亚太地区的客户可以向戴尔直接订购产品，并可在 7 ~ 10 天内收到订货。客户还可以获得终生免费的技术支持，并得到工作日现场服务。

2．南宁区域性国际物流基地的运营模式

1）运营方式

南宁区域性国际物流基地由广西北部湾国际港务集团与深圳盐田港集团实施战略合作，双方合作组建合资公司，合作建设南宁区域性国际物流基地，共同打造连接物流中心与北部湾港口集装箱物流链，加快北部湾港口建设步伐，促进现代化亿吨级区域性国际枢纽港建设，同时打造现代物流服务平台。

2）主要业务与流程

把基地建设成为综合性多功能型保税物流区，重点发展国际中转、国际配送、国际采购和国际转口贸易四大功能，将开展各类出口加工和国际贸易类业务。

（1）进区分拨。先从国际市场批量进货，经海关备案后运入保税物流中心，在物流中心保税仓储，根据市场行情分批报关进口国内市场（见图 10-4）。

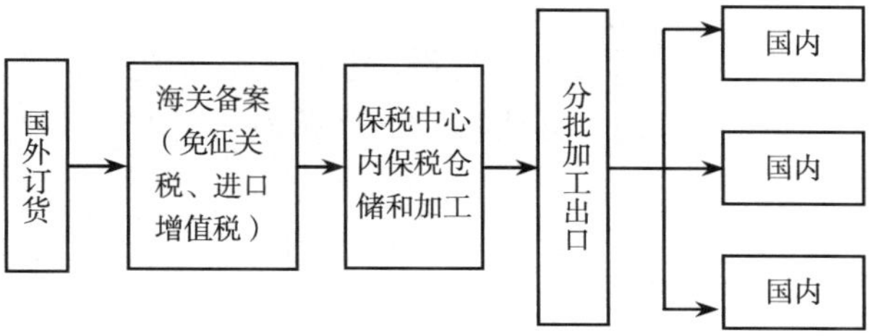

图 10-4　进区分拨流程

（2）出口聚集分运。先将中国国内货物报关出口至保税物流中心，并聚集仓储，然后根据国外客户订单情况及时分运出境（见图 10-5）。

（3）转口贸易。在国际市场价格较低时买进货物，经海关备案后运入保税中心内进行仓储，或利用保税中心劳动力成本较低的优势进行适当加工，待国际市场行情看好或产品升值后再销往国际市场（见图 10-6）。

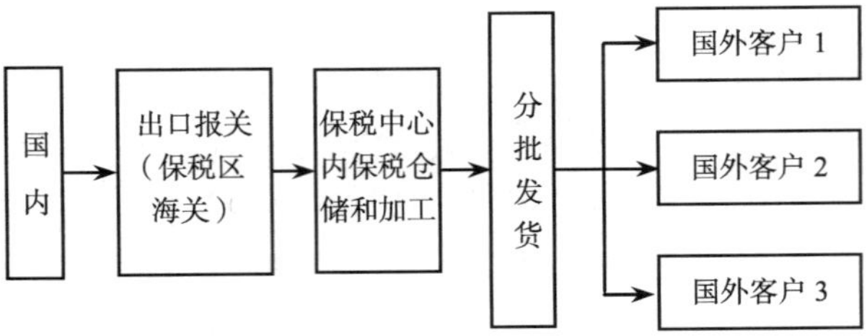

图 10-5　出口聚集分运流程

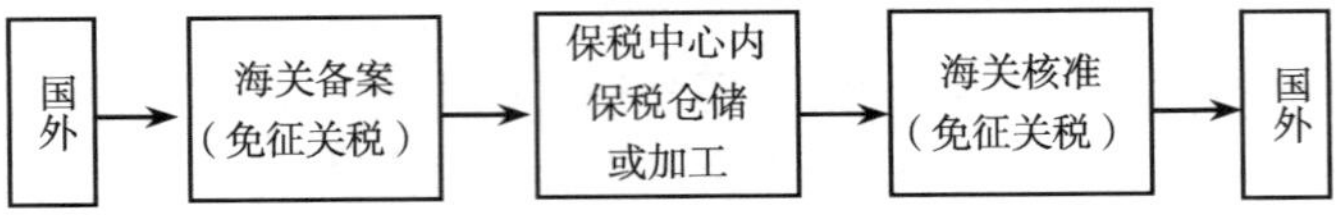

图 10-6　转口贸易流程

（4）收购出口。在中国国内厂家或批发商处收购货物，向保税物流中心海关报关后运入保税中心进行仓储，然后根据国外客户订单要求分运出口。在已经拿到国外订单情况下也可不经保税中心仓储过程直接出口（见图 10-7）。

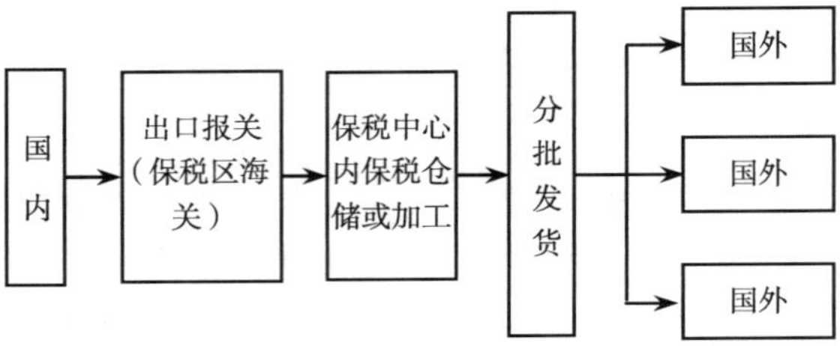

图 10-7　收购出口流程

3．金泽国际物流园的“工业沃尔玛”物流模式

金泽国际物流园是广东省惠州市重点建设项目。金泽国际物流园规划为物流中心、工业超市、信息公共平台和监管保税仓四大模块。四大块相互依存，资源共享，奠定了现代物流园区商贸、物流合一的坚实基础。

“工业沃尔玛”是金泽国际物流园对该工业超市的别称。工业超市是一个集工业品采购、展示、零售、批发、物流配送和信息交流于一体的综合交易平台，它的建成将全面帮助企业解决采购、销售、物流、售后服务等全面需求，并将对惠州市制造业发展及加快建设新型工业产生强大的推动作用。

与工业超市相匹配的是一个功能齐全的公共信息平台。这个公共信息平台的建立，能够实现生产企业的产品网上展示（包括图片、视频短片）与交易；生产企业的原材料网上采购竞价与交易；生产企业、经销商、客户的网上自动商友配对，成立网上商人社区；及时发布各行业最新的市场行情、新闻、国家政策、行业发展前景等信息；为中小企业的采购及销售提供诚信担保和代收货款等网上交易薄弱环节的服务；提供贴身的物流供应链管理服务，如原材料供应链管理、国际一站式采购服务、货物运输、仓库库存质押融资、产品销售、物流过程质量控制等。

监管保税仓是出口监管仓和保税仓的简称。出口监管仓是储存已对外卖断结汇并向海关办完全部出口手续货物的专门仓库。利用出口仓出口货物，可以提高流通效率，降低各种成本，增强出口货物在国际市场的竞争能力。保税仓库是指经海关核准的专门存放保税货物的专用仓库。货物存放在保税仓可以节省大笔租金费用，尤其是时间较长时，这项优势更加明显。

金泽国际物流园在吸收国外先进营销方式的基础上，结合中国国情，整合、创新了“工业品超市+直销+供应链管理”的模式，也就是金泽“工业沃尔玛”模式。从模式的特征来看，其集聚和辐射作用，充分展现了为企业配套服务，降低采购成本、物流成本、营销成本、物资消耗，增强企业发展后劲，促进可持续发展的重要价值。

首先，金泽通过“工业沃尔玛”模式的产业集聚效应，能有效地解决企业的产前配套，实现企业“一站式”购买，形成强大的供应链。在我国，普遍存在产业结构不合理、采购资源分散、企业生产成本过高的现象。据统计，我国内陆地区企业的生产成本高达 40%，而国外企业的生产成本只有 21%。通过超市的产业集聚，形成强大集群效应，引导布局分散的中小企业，相互合作、协调发展、错位竞争、加强配套，发挥成本优势，拉长产业链条，实现企业的自我提升，促进低成本型产业集群向创新型产业集群升级，加快生产要素的集聚和优化配置。

其次，金泽通过这种模式的连锁辐射效应，能有效地推动现代物流业发展，提升经济总体水平。超市的连锁辐射，必然推动现代物流的发展，而现代物流的高速发展，完全可以成为企业在降低物资消耗、提高企业生产力以外的重要利润源泉。物流越发展，物流成本越低，物流总成本占 GDP 比例就越低。物流业水平的高低成了一个国家综合国力的重要标志。从物流成本看，我国物流成本占国民经济总成本的 20%，而发达国家的物流成本仅为 10%左右。因此，推动物流业发展，把彼此分割的环节整合起来，优化企业物资供应链，是促进生产力发展、提升国民经济总体水平的迫切需要。

再次，金泽通过“工业沃尔玛”模式的网络效应，能推动企业向专业化方向发展。通过超市的物流网络、PTP 营销网络、互联网络，将企业的采购、库存、销售、服务等环节衔接起来，通过规模化、网络化，实现企业“无仓库、无车队”运作，更多的商品实现“不停留、不留地”卸运。企业把采购、物流、库存、营销交给超市和网络，可以腾出大量的时间和精力来抓研发，管生产，上品牌，推动企业逐步向专业化发展，通过差异化竞争实现企业的快速扩张。

4．沃尔玛国际电子商务物流模式

作为世界最大的零售企业之一，沃尔玛于 1996 年进入中国，在深圳开设了第一家沃尔

玛购物广场和山姆会员商店。目前，沃尔玛在中国经营多种业态和品牌，包括购物广场、山姆会员商店、社区店等，截至 2012 年 3 月 1 日，已经在全国 21 个省、4 个直辖市的 140 个城市开设了 370 家商场，在全国创造了超过 106 500 个就业机会。

1）现代信息技术的运用

20 世纪 70 年代沃尔玛就建立了物流的信息系统 MIS（Management Information System）。这个系统负责处理系统报表，加快了运作速度。80 年代该公司与休斯公司合作发射物流通信卫星，1983 年全面采用了销售点数据系统（POS 机，Point of Sale）。1985 年建立了 EDI 系统，实现了无纸化作业。1986 年它又建立了快速反应机制（Quick Response，QR），对市场快速拉动需求。90 年代初，沃尔玛购买了一颗专用卫星，用来传送世界各地公司的数据及其信息。这种以卫星技术为基础的数据交换系统的配送中心，将自己与供应商及各个店面实现了有效连接，沃尔玛总部及配送中心任何时间都可以知道：每一个商店现在有多少存货，有多少货物正在运输过程当中，有多少货物存放在配送中心等，同时可以了解某种货品过去的销售情况。沃尔玛的供应商也可以利用这个系统直接了解自己的销售情况，并根据这些信息来安排组织生产，保证产品的市场供应，同时使库存降低到最低限度。由于信息技术的采用，沃尔玛配送成本只占其销售额的 3%，仅此一项，沃尔玛每年就可以比竞争对手节省下近 8 亿美元的商品配送成本。20 世纪 80 年代后期，沃尔玛从下订单到货物到达各个店面需要 30 天，而现在，这个时间只需要 2 ~ 3 天，大大提高了物流的速度和效益。

沃尔玛还第一个在全球建立了物流数据处理中心，实现了集团内部 24 小时计算机物流网络化监控，使采购、订货、配送和销售一体化。例如，顾客到沃尔玛店里购物，然后通过 POS 机打印发票，与此同时负责生产计划、采购计划的人以及供应商的计算机上就会同时显示信息，各个环节就会通过信息及时完成本职工作，从而减少了很多不必要的时间浪费，加快了物流的循环。

2）配送中心的建立

沃尔玛在物流配送中心的建设上有许多可以借鉴的经验。

（1）配送中心设立在 100 多家零售店的中央位置，也就是配送中心设立在销售主市场。这使得一个配送中心可以满足 100 多个附近周边城市的销售网点的需求。另外运输的半径基本上比较短，比较均匀。

（2）以 320 公里为一个商圈建立一个配送中心。沃尔玛在美国拥有 62 个以上的配送中心，服务着 4 000 多家商场。这些中心按照各地的贸易区域精心部署，通常情况下，从任何一个中心出发，汽车可在一天内到达它所服务的商店。

（3）沃尔玛公司共有六种形式的配送中心：一是“干货”配送中心；二是食品配送中心，包括不易变质的饮料等食品以及易变质的生鲜食品等，需要有专门的冷藏仓储和运输设施，直接送货到店；三是山姆会员店配送中心，它批零结合，有 1/3 的会员是小零售商；

四是服装配送中心，不直接送货到店，而是分送到其他配送中心；五是进口商店配送中心，为整个公司服务，主要作用是大量进口以降低进价，再根据要货情况送往其他配送中心；六是退货配送中心，接收店铺因各种原因退回的商品，其中一部分退给供应商，一部分送往折扣商店，一部分就地处理，其收益主要来自出售包装箱的收入和供应商支付的手续费。

10.3 国际电子商务物流技术

10.3.1 电子商务物流的基本流程

一次完整的电子商务过程包括由生产厂家将产品生产出来，通过运输、仓储、加工、配送到用户、消费者的物流全过程。其中分为以下几个方面：生产厂家将生产的单个产品进行包装，并将多个产品集中在大的包装箱内；然后，经过运输、批发等环节（在这一环节中通常需要更大的包装）；最后，产品通过零售环节流通到消费者手中，产品通常在这一环节中再还原为单个产品。人们将上述过程的管理称之为供应链物流管理。

贸易过程中的商品从厂家到最终用户的物流过程是客观存在的，长期以来人们从未主动地、系统地、整体地去考虑，因而未能发挥其系统的总体优势。供应链物流的地域和时间跨度大，对信息依赖程度高。供应链物流系统连接多个生产企业、运输业、配送业及用户，随需求、供应的变化而变化，因此要求系统管理必须具有足够的灵活性与可变性。

供应链物流系统从生产、分配、销售到用户不是孤立的行为，是一环扣一环的，相互制约、相辅相成的，因此，必须协调一致，才能发挥其最大经济效益和社会效益。

1．物流系统的设计与布局规划

要实现电子商务物流的高效运转，必须对物流设备和物流工艺进行更加有效的设计与布局规划。通过对不同的物流系统的比较，对不同生产能力的考察，对各种物流方案的评价，设计出符合本地区、本部门电子商务物流特点的运作方案。

目前，物流系统的设计与规划的一个重要工具是仿真软件。仿真软件对设计一个复杂的工艺流程特别有效。在屏幕上，操作者可以观察到不同的场景，通过不同的生产能力数据对各种物流方案进行评价，并可以假设一些条件，比如一个子系统暂时停止工作后，观察可能发生的情况。最新的软件通过四维（X、Y、Z、时间）设计，使得系统更加接近现实世界。更加复杂的软件不但在设计时是一个很好的帮助工具，在实际应用中也成为一个很好的操作控制工具。

2．接货

接货要达到的目标是使接收物料更快、更安全、更高效和更准确。码头充当接货和发货双重任务，所以码头的物流布局又分为结合型、分离型和直接转发型。供应商和客户的及时的信息交流是码头物流畅通的关键，包括：

（1）到货时这些货物的发货目的地就已经知道。

（2）需要这些到货的客户已经做好了接收准备。

（3）到货物品被预先贴好标签或打好条形码。

（4）仓库或配送中心的容量已接近饱和。

（5）到货物料的价格是预先确定好的。

3. 存储

接货的下一步是存储。现代制造业的一些新的概念，如JIT、连续物流和跨码头直接发运（Crossdocking）使得库存量和库存时间都大大减少。存储越来越被认为是一个物流的过程而不只是一种静态的存储技术。通过应用缓冲站、积累区以及一些相关操作，仓储已不只是一个短暂的物料停留过程。

全面的库存控制是高效的仓库管理的关键，新的仓库管理软件（Warehouse Management Software，WMS），提供了一个基于小型机、PC机、服务器的对仓储、分配和制造等操作提供实时库存管理的系统，并将它们集成在一个软件包内。美国的集成化物流系统IMHS软件是当前物流行业中最完整的一体化解决方案，目前国内长江摩托车集团和红塔集团已经引进了该系统。

4. 处理和拣选

在处理和拣选这一领域，存在极大的效益潜力。全盘计划、改进物料搬运和信息处理系统是提高生产率的关键。很多运输设备包括叉车、自动导引车（AGV）以及传送带都起到了重要作用。

5. 订单拣选

在所有的仓库操作中，订单拣选是一项劳动密集型工作。既提高拣选的效率又不牺牲准确度的策略包括以下几个方面。

（1）库存分析。对库存物品进行分析是正确选择存储设备和存储区域的关键。例如，物品的体积、拣选的数量（分离容器数量、整容器和单元托盘等）都将缩小存储设备的选择范围。通过分析产品的重量、物品种类的多少、每一订单平均涉及的种类数、产品的易碎程度等，可以帮助选择更合适的仓储设备。通过库存分析可以对物品进行分区存放，提高拣选效率。

（2）拣选策略。三种流行的拣选策略为：严格拣选、批量拣选和区域拣选。严格拣选是一次完成一个订单的拣选，当每一订单涉及的产品项目不多时，这种策略是理想的。好处是它保持了订单的完整性，并不需要再有其他分类工作。批量拣选是指操作者同时拣选多个订单，主要好处是操作者在仓库中走一趟就可完成多个订单的拣选。如果订单物品小，操作者可以将不同的订单放在不同的箱中，或者增加后续分离订单的操作。区域拣选类似批量拣选，只是每个操作者固定负责一定区域，好处是大大减少了行走距离。除此之外，拣选次序也会影响拣选的效率。

（3）仓库管理系统。大多数公司都安装了仓库管理系统实时管理仓库。仓库管理系统跟踪和控制库存的变化和订单的流动，自动将订单组合或分离、优先处理紧急的订单、提醒及时的库存补充，并发出提前发运通知（ASN）等。

6．包装和发运

包装是制造过程的一个延伸，所以关键是将包装设备集成于制造和订单完成过程，使得从订单到货物发运码头形成自然的流动。简单地说，就是要将正确的产品在正确的时间发送给正确的客户，要求包装完好、产品识别清晰、缩短送货周期、避免发运错误等。纸箱树立机、标签打印机、电子秤、自动分配机和码垛机等一些包装设备的集成应用，使包装物流更加流畅。

既能用于发运又能用于生产线的可回收集装箱，不但提高了生产和发运链的结合度，也降低了包装成本。如福特公司的加拿大发动机厂应用可回收集装箱以来，每天减少 3 万只一次性包装，并降低了产品的损坏率，提高了零件输送密度和零件的识别度。

EDI 在发运环节也得到了广泛的应用，制造者可以通过应用 EDI，即通过计算机网络来完成标准的商务交易，使得在同一天能够向其所有零售地发送货物。产品经过生产后自动被码垛、解包并暂放在输送机巷道上，其中的信息完全由 EDI 提供并控制。

10.3.2　物流信息技术

物流信息技术是指运用于物流各环节中的信息技术。根据物流的功能与特点，物流信息技术主要包括信息条形码技术、电子数据交换技术、无线射频识别技术、产品电子代码技术、便携式数据终端等。

1．条形码技术

条形码（BarCode）是一个机器可以识别的符号。条形码技术为我们提供了一种对物流中的物品进行标识和描述的方法。当今物流行业兴起的 ECR（有效的客户反应）、QR（快速反应）、AR（自动补货系统）等供应链管理策略，都离不开条形码技术的应用。条形码是实现 POS、EDI、电子商务、供应链管理的技术基础，是提高企业物流管理水平的重要技术手段。

目前物流作业中主要使用的条形码有一维条形码和二维条形码。

一维条形码（1D Barcode，见图 10-8）只在一个方向（一般是水平方向）上表达信息，而在另一方向（一般是垂直方向）则不表达任何信息，其一定的高度通常是为了便于阅读器的对准。一维条形码的应用可以提高信息录入的速度，减少差错率。但是一维条形码数据容量较小（30 个字符左右），只能包含字母和数字，条形码尺寸相对较大（空间利用率较低），条形码遭到损坏后便不能阅读。

工作人员利用条形码扫描仪可以在收到货物的同时获取相关的物流信息，并传入信息系统，从而获得货物处理指示，按照要求完成货物移动各个环节的工作，减少仓库存储空间占用和出货调配用的单据数量，消除人工处理产生的延时和人为错误问题，动态控制物品运行全过程情况。

二维条形码（2D Barcode，见图 10-9）是在水平和垂直方向的二维空间存储信息的条形码。它可存放 1 kB 字符，储存数据是一维条形码的几十倍到几百倍；它可通过英文、中文、数字、符号和图形描述货物的详细信息；并采用原来的标签打印机打印；同时还可根据需要进行加密，防止数据的非法篡改。

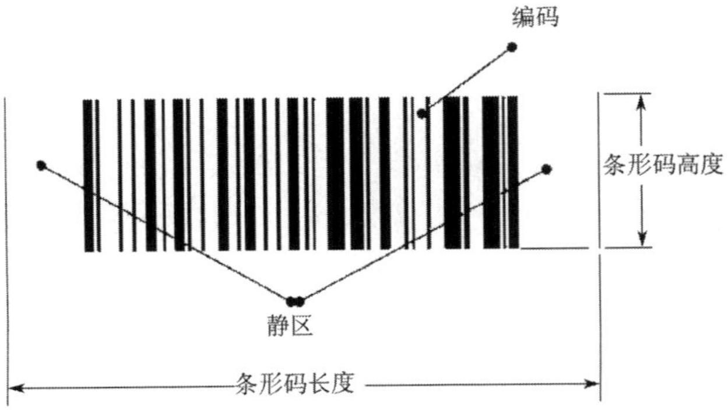

图 10-8　一维条形码

图 10-9　二维条形码

二维条形码是 20 世纪 90 年代初产生的。目前，我国已批准使用四种二维条形码标准，其中 PDF417 条形码标准使用最为普遍。① 由于 PDF417 二维条形码具有很强的自动纠错能力，因而在实际的货物运输中，即使条形码标签受到一定的污损，PDF417 二维条形码依然可以正确地被识读。二维条形码实现了货物运输的全过程跟踪，消除了数据的重复录入，加快了货物运输的数据处理速度，降低了对计算机网络的依赖程度，从而实现了物流管理和信息流管理的完美结合。我国上海大众汽车公司在销售过程中的物流管理或汽车的单件管理中采用了二维条形码，铁道部在火车票销售过程中也采用了二维条形码。

2．电子数据交换技术

电子数据交换（EDI）是指按照统一规定的一套通用标准格式，将标准的经济信息，

① PDF 是取英文 Portable Data File 三个单词的首字母缩写，意为“便携数据文件”。因为组成条形码的每一符号字符都是由 4 个条和 4 个空构成的，如果将组成条形码的最窄条统称为一个模块，则上述的 4 个条和 4 个空的总模块数一定为 17，所以称 417 码或 PDF417 码。1997 年 12 月，中国物品编码中心正式颁布了以国际自动识别制造商协会（AIMI）发布的《PDF417 规范》为基础的国家标准 GB/T 17172—1997《四一七条形码》；2000 年 12 月又颁布了基于日本 QR Code 的国标 GB/T 18284—2000《快速响应矩阵码》。这两个标准主要是以国外标准为基础的。2006 年 5 月 25 日，经原信息产业部批准，武汉矽感科技有限公司研发的《二维条形码网格矩阵码》SJ/T 11349—2006（简称 GM 码）和《二维条形码紧密矩阵码》SJ/T 11350—2006（简称 CM 码）正式成为国家电子行业标准，并于 2006 年 5 月 30 日起实施，成为我国具有自主知识产权的二维条形码标准。

通过通信网络传输，在贸易伙伴的电子计算机系统之间进行数据交换和自动处理，俗称“无纸贸易”。以往世界每年花在制作文件的费用达 3 000 亿美元，EDI 的实施大大减少了这方面的费用。所以，“无纸化贸易”被誉为一场“结构性的商业革命”。

构成 EDI 系统的三个要素是 EDI 软件、硬件、通信网络以及数据标准化。一个部门或企业若要实现 EDI，首先必须有一套计算机数据处理系统；其次，为使本企业内部数据比较容易地转换为 EDI 标准格式，须采用 EDI 标准；另外，通信环境的优劣也是关系到 EDI 成败的重要因素之一。

EDI 标准是整个 EDI 最关键的部分，由于 EDI 是以事先商定的报文格式进行数据传输和信息交换。因此，制定统一的 EDI 标准至关重要。世界各国开发 EDI 得出一条重要经验，就是必须把 EDI 标准放在首要位置。EDI 标准主要分为基础标准、代码标准、报文标准、单证标准、管理标准、应用标准、通信标准和安全保密标准。

3．无线射频识别技术

无线射频识别技术（Radio Frequency Identification，RFID，又称电子标签）是一种非接触式的自动识别技术，通过射频信号自动识别目标对象并获取相关数据。RFID 由以下三个部分组成。

（1）标签（Tag）：由耦合元件及芯片组成，每个标签具有唯一的电子编码，附着在物体上标识目标对象。

（2）阅读器（Reader）：读取（有时还可以写入）标签信息的设备，可设计为手持式或固定式。

（3）天线（Antenna）：在标签和读取器间传递射频信号。

当标签进入磁场后，接收解读器发出的射频信号，凭借感应电流所获得的能量发送出存储在芯片中的产品信息（Passive Tag，无源标签或被动标签），或者主动发送某一频率的信号（Active Tag，有源标签或主动标签）；解读器读取信息并解码后，送至中央信息系统进行有关数据处理。

RFID 适用于物料跟踪、运载工具和货架识别等要求非接触数据采集和交换的场合，由于 RFID 标签具有可读写能力，对于需要频繁改变数据内容的场合尤为适用。

我国在 2005 年 12 月成立了 RFID 国家标准工作组，并于 2006 年 6 月发表了《中国 RFID 技术政策白皮书》，明确了中国 RFID 的发展路线。2006 年 12 月，关于 RFID 动物应用的推荐性国家标准《动物射频识别代码结构》正式实施。由于受标准和成本的制约，RFID 在物流领域仍处于启动阶段。随着技术的成熟、成本的下降，特别是创新性应用模式的出现，RFID 技术在我国物流领域将会有长足发展。

4．产品电子代码技术

产品电子代码（Electronic Product Code，EPC）是在全球广泛使用的 EAN · UCC 全球统一标识系统的重要组成部分，是条形码的拓展和延续。全球已有 90 多个国家和地区的上百万家企业和公司加入了 EAN · UCC 系统，上千万种商品应用了这种标识。

EPC 的载体是 RFID 电子标签，并借助互联网来实现信息的传递。EPC 旨在为每一件单品建立全球的、开放的标识标准，实现全球范围内对单件产品的跟踪与追溯，从而有效提高供应链管理水平、降低物流成本。EPC 是一个完整的、复杂的、综合的系统。

作为一项物流信息新技术，EPC 系统的提出源于射频识别技术的发展和计算机网络技术的发展。EPC 标签是这一代码的载体，当 EPC 标签贴在物品上或内嵌在物品中的时候，即将该物品与 EPC 标签中的唯一代码（“产品电子代码”或“EPC 代码”）建立起了一对一的对应关系。EPC 系统充分利用了射频识别技术和网络技术的优点，很好地解决了对全球每一件产品的唯一标识问题以及同时识别多个商品和“非可视”识别问题。

5．便携式数据终端

近年来，便携式数据终端（Portable Data Terminal，PDT）的应用多了起来，PDT 可把那些采集到的有用数据存储起来或传送至一个管理信息系统。便携式数据终端一般包括一个扫描器、一个体积小但功能很强并带有存储器的计算机、一个显示器和供人工输入的键盘。在只读存储器中装有常驻内存的操作系统，用于控制数据的采集和传送。

PDT 存储器中的数据可随时通过射频通信技术传送到主计算机。操作时先扫描位置标签，货架号码、产品数量就都输入到 PDT，再通过 RF 技术把这些数据传送到计算机管理系统，可以得到客户产品清单、发票、发运标签、该地所存产品代码和数量等。

利用蓝牙、无线局域网络等小范围无线通信系统也可以使物流通过大众化的通信设备实现低成本的无线沟通，也拓展了分拣操作站各设备之间的数据通信潜能，对于保证地面操作中的无线数据交流的灵活性和可靠性非常有益。

10.3.3 国际电子商务物流中的货物跟踪

在国际电子商务物流系统中“货物跟踪”是指将计算机软硬件、信息采集处理、无线数据传输、网络数据通信、自动控制、自动识别技术、GPS 等技术综合应用起来，通过对物流配送重要集装箱货物进行非接触式信息采集处理，满足客户对物流配送重要集装箱货物进行跟踪和货物状态分析的要求，可对各个阶段货物的位置和状态进行有效的定位和全程跟踪。

1．货物跟踪的作用

通过“货物跟踪”系统，国际电子商务物流公司可以将所发运的货物状态信息实时、透明地反馈给货主，以满足货主对货物状态的动态性监控的需要。同时，可以完成运输任务接收、调度配载、货物追踪、回单管理、费用结算等运输全过程监控，是物流公司提升核心竞争力、帮助投标客户的重要工具。

2．货物跟踪实现的方法

传统上是基于图像识别技术以及手工录入数据的方式实现。利用摄像头将集装箱的相关信息传送到处理节点，完成识别与管理；而货物的跟踪和调度则是由人工进行非实时的数据录入，其跟踪、管理和调度通过查询数据库的方式来实现。

现在不断采用新技术采集货物的信息，并对集装箱运输过程中所需采集的基础数据进行了分析和分类。

（1）GIS 技术。GIS（Geographical Information System，地理信息系统）是多种学科交叉的产物，它以地理空间数据为基础，采用地理模型分析方法，适时地提供多种空间的和动态的地理信息，是一种为地理研究和地理决策服务的计算机技术系统。其基本功能是将表格型数据（无论它来自数据库、电子表格文件还是直接在程序中输入）转换为地理图形显示，然后对显示结果浏览、操作和分析。其显示范围可以从洲际地图到非常详细的街区地图，显示对象包括人口、销售情况、运输线路以及其他内容。

（2）GPS 技术。全球定位系统（Global Positioning System，GPS）具有在海、陆、空进行全方位实时三维导航与定位能力。近 10 年来，我国测绘等部门使用 GPS 的经验表明，GPS 具有全天候、高精度、自动化、高效益等特点，可以成功地应用于大地测量、工程测量、航空摄影测量、运载工具导航和管制、地壳运动监测、工程变形监测、资源勘察、地球动力学等多种学科，从而给测绘领域带来一场深刻的技术革命。GPS 在物流领域可以应用于汽车自定位、跟踪调度，也可用于铁路运输管理和军事物流。

（3）互联网络跟踪技术。四通八达的互联网络可以为货主提供货物每个阶段的递送状态信息。今天的很多货运网站已经实现了网络技术和 GPS 技术的无缝链接。物流公司通过 GPS 24 小时不断输入货物信息，客户可以通过各种终端查询自己货物。目前，客户通过网站进行的货物运输状态查询已经占到每天总递送量的 2/3。货运网站的服务使客户能够更容易地进行货物发送和接收，使物流公司更好地控制自己的业务进度，更好地与客户或合作伙伴进行沟通。

10.3.4　物联网技术

1.　物联网的概念与特点

物联网（the Internet of Things）是指通过无线射频识别、红外感应器、全球定位系统、激光扫描器等信息传感设备，按约定的协议，把任何物品与因特网相连接，进行信息交换和通信，以实现智能化识别、定位、跟踪、监控和管理的一种网络。或者说，物联网概念是在因特网概念的基础上，将其用户端延伸和扩展到任何物品与任何物品之间进行信息交换和通信的一种网络概念。

从技术层面理解，物联网是指物体通过智能感应装置，经过传输网络，到达指定的信息处理中心，最终实现物与物、人与物之间的自动化信息交互与处理的智能网络；从应用层面理解，物联网是指把世界上所有的物体都连接到一个网络中，形成“物联网”，然后“物联网”又与现有的因特网结合，实现人类社会与物理系统的整合，达到更加精细和动态的方式管理生产和生活。

物联网的三个重要特征：

（1）全面感知：利用 RFID、传感器、二维码等随地获取物体的信息。

（2）可靠传递：通过各种电信网络与因特网的融合，将物体的信息实时准确地传递出去。

（3）智能处理：利用云计算、模糊识别等各种智能计算技术，对海量的数据和信息进行分析和处理，对物体实施智能化的控制。

物联网概念的问世，打破了“实”与“虚”两个世界之间不可交流的传统思维。过去的思路一直是将实体世界存在的物品与虚拟网络产生的虚拟财产截然分开，实体的物品（如厂房、公路、机场）与虚拟的物品（如网络平台、网络游戏装备、网络账号）是无法沟通的。而在物联网时代，信息传感设备将实体物品与虚拟物品联系起来，实现了人对人、人对物以及物对物的互联互通，实体世界与虚拟世界也由此融合为一个统一的大世界，从而为人类在新的空间发展带来了新的机遇。

2．物联网是未来世界竞争的新焦点

物联网概念是 1999 年由美国麻省理工学院自动标识中心（MIT Auto-ID Center）提出的。2005 年国际电信联盟（ITU）发布的年度技术报告指出：“物联网”通信时代即将来临，信息与通信技术的目标已经从任何时间、任何地点连接任何人，发展到连接任何物品的阶段，而万物的连接就形成了物联网。2009 年，欧洲物联网研究项目工作组（CERP-IoT）在欧盟委员会资助下制定了《物联网战略研究路线图》、《RFID 与物联网模型》等意见书。

2008 年 11 月，美国 IBM 公司总裁彭明盛正式提出“智慧地球（Smarter Planet）”的设想，建议政府投资新一代的智慧型基础设施。奥巴马政府对此给予了积极的回应，认为“智慧地球”有助于美国实施“巧实力”（Smart Power）战略，是继因特网之后国家发展的核心领域。“物联网/传感网”是“智慧地球”的核心技术之一。

2009 年以来，物联网的发展也逐渐成为我国各界关注的焦点，突出表现在四个方面：

（1）物联网产业的发展受到了国家高层领导的重视和推动。2009 年 8 月，温家宝总理考察中国科学院无锡高新微纳传感网工程技术研发中心时明确指出，“在传感网发展中，要早一点谋划未来，早一点攻破核心技术”，“在国家重大科技专项中，加快推进传感网发展”。2009 年 11 月 3 日，温家宝总理在首都科技界讲话中又将“物联网/传感网”列入五大必争产业制高点之一，强调着力突破传感网、物联网关键技术的研发，使信息网络产业成为推动产业升级、迈向信息社会的“发动机”。

（2）2010 年 6 月，在工业和信息化部的指导下，中国物联网标准联合工作组成立。2012 年 2 月，工信部又发布了《物联网“十二五”发展规划》，要求到 2015 年，在感知、传输、处理、应用等技术领域取得 500 项以上重要研究成果；研究制定 200 项以上国家和行业标准；培育和发展 10 个产业聚集区，100 家以上骨干企业，在 9 个重点领域完成一批应用示范工程，力争实现规模化应用。

（3）2010 年 10 月，《国务院关于加快培育和发展战略性新兴产业的决定》发布。新一代信息技术产业被列为七个战略性新兴产业之一，促进物联网、云计算的研发和示范应用成为新一代信息技术产业的重要内容。国家各相关部委陆续推出各类政策措施来支持物联网产业的快速发展。

（4）产业界对物联网的发展高度重视，开发热情高涨。资本市场对物联网产业的投资给予积极响应，虽然受到了金融危机的影响，但物联网概念股仍然保持了逆势上扬的势头。

3．物联网涉及的关键技术

物联网涉及信息获取、传输、存储、处理、应用的全过程，涉及材料、器件、软件、系统、网络等多学科。物联网的具体实现需要信息采集技术、近程通信技术、信息远程传输技术、海量信息智能分析与控制技术的相互配合与完善。

（1）信息采集技术。信息采集是物联网的基础，目前的信息采集主要采用传感器和电子标签等方式完成，传感器用来感知采集点的环境参数，如温度、震动等，电子标签用于对采集点的信息进行“标准化”标识。目前，市面上已经有大量门类齐全且技术成熟的传感器。

（2）近程通信技术。近程通信是新兴的短距离连接技术，从很多无接触式的认证和互联技术演化而来，RFID 和蓝牙技术是其中的重要代表。

（3）信息远程传输技术。在物联网的机器到机器、人到机器和机器到人的信息远程传输中，有多种技术可供选择，目前主要有有线（如 DSL、PON 等）、无线（如 CDMA、GPRS、IEEE 802.11a/b/g WLAN 等）技术。

（4）海量信息智能分析与控制技术。依托先进的软件技术，对各种物联网信息进行海量存储与快速处理，并将处理结果实时反馈给物联网的各种“控制”部件。目前，兴起的云计算就是满足物联网海量信息处理需求的计算模型。

4．物联网的应用

物联网的应用已具备一定的技术基础。突出表现在：传感器产业具有一定规模；通信产业积极发展 M2M 业务；嵌入式系统的产业化不断推进；RFID 产业、智能卡产业拓展迅猛。2011 年，产业规模超过 2 600 亿元，五个层级的支撑层、感知层、传输层、平台层及应用层分别占物联网产业规模的 2.7%、22.0%、33.1%、37.5%和 4.7%；应用领域涉及智能交通、安全保卫、生产管理、数字家庭、医疗卫生等方面。

（1）智能交通。物联网在智能交通领域应用比较广泛。在车载和船载定位系统、高速公路电子不停车收费、交通基础设施运行监控等方面已经积累了一定的实践经验。截至 2011 年年底，全国已经开通 ETC（电子不停车收费）的省份达 20 个，建成 ETC 专用车道 3 200 条，ETC 用户突破 200 万户。长三角航道网及京杭运河水系智能航运信息服务国家物联网应用示范工程 2012 年 2 月全面启动。其智能感知平台包含视频图像检测识别系统、船舶身份识别系统、2.45G 有源 RFID 电子标签管理系统、RFID 岸基设备远程监管系统、船联网通信网络等物联网技术。

（2）安全保卫。上海浦东国际机场防入侵系统铺设了 3 万多个传感节点，覆盖了地面、栅栏和低空探测，多种传感手段组成一个漫长的协同系统后，可以防止人员的翻越、偷渡、恐怖袭击等攻击性入侵。很多城市安全部门在大街小巷部署了全球眼监控探头，可进行图像敏感性智能分析，实现了探头与探头之间、探头与人、探头与报警系统之间的联动，并与 110、119、112 等交互，从而构建了和谐安全的城市生活环境。

（3）生产管理。智能电网与物联网互通在电力系统已经得到了广泛应用，如变电站的巡检、高压气象状态检测、高压电器设备检测以及智能用电和智能家居等。江西省电网对分布在全省范围内的 2 万台配电变压器安装传感装置，对运行状态进行实时监测，实现了用电检查、电能质量监测、负荷管理、线损管理等高效一体化管理，仅一年就降低电损 1.2 亿千瓦时。黑龙江三江胜利农场的“农业物联网应用基地”项目，探索基于传感网络和 3G 网络融合的新应用。农场管理者可以随时随地通过中国电信天翼 3G 手机或计算机，进行远程监控、远程控制浇灌和开关卷帘等操作，并可实时查看农业大棚内的温度、湿度等信息。

（4）数字家庭。数字家庭是以计算机技术和网络技术为基础，包括各类消费电子产品、通信产品、信息家电及智能家居等，通过不同的互连方式进行通信及数据交换，实现家庭网络中各类电子产品之间的“互联互通”的一种服务。数字家庭提供信息、通信、娱乐和生活等功能。

（5）医疗卫生。在公共卫生方面，通过 RFID 技术建立医疗卫生的监督和追溯体系，可以实现检疫检验过程中病源追踪的功能，并能对病菌携带者进行管理，为患者提供更加安全的医疗卫生服务。在社区医疗方面，通过物联网形成完整的网络平台，做到整个区域的资源共享，让医疗资源的利用率最大化。通过标签为药品贴上识别码，让病人无论到什么地方买药都能得到安全和有效的保障。此外，还可以通过 RFID 技术实现对医疗器械的安全管理和追踪管理。

以信息感知为特征的物联网是世界信息产业第三次浪潮，是信息领域新一轮发展与竞争的制高点。我们需要进一步探索，尽快打造一条包含感知、传输、加工、控制等环节的物联网产业链条，从而带动各行业、各领域物联网技术的实际应用。

10.4 国际电子商务物流供应链

10.4.1 供应链管理

供应链管理（Supply Chain Management，SCM）是对产品从生产企业到零售企业全过程的跟踪管理，包括采购、原材料处理、生产计划和控制、物流和仓储、存货控制以及分销和送货。供应链管理的主角既可以是生产企业，也可以是零售企业。对于大型生产企业来说，它会根据自己的出货渠道建立与零售企业的供应链，以保证其产品的正常销售和运输渠道；而对于大型零售企业来说，它又有与各个生产企业相对应的供应链。

一般来讲，一个企业供应链的通畅程度决定了这个企业的经营效益。从订货到销售，供应链管理通过选择订货数量、库存控制、运输和配送方式，实现最低采购成本、最优库存数量、最佳运输管理。

10.4.2 新型电子商务供应链的目标和特点

传统的供应链体系是“推动式”的。制造商生产什么，批发商就推销什么，商店也就卖什么，顾客没有选择的机会和余地。这种供应链缺乏灵活性，运转周期长，经营成本高。

新型电子商务供应链的目标是实现供销一体化。通过电子商务供应链技术，使得商品的生产商和零售商通过因特网联系在一起，建立起最大范围的供应链；通过这个供应链，生产企业可以了解产品销售信息，并按照这个信息组织对产品的生产和对零售商的供货。零售商通过供应链管理，既可以降低库存占有的费用，也可以因此而降低商品销售成本，从而达到增加利润的目的。

新型电子商务供应链“以顾客需求为中心”，采用“拉动式”的经营方式，以消费需求刺激、促进和拉动商品供给。它主要表现出以下特点：

（1）周转环节少，供应链条短。由于供、产、销直接见面，商品流转的中间环节大大减少，提高了商品的流转速度。

（2）灵活性强。这里要强调 POS 机的重要作用，它不仅是收银器，而且通过它可以得到很多的资料及分配情况，使供应链更灵活。

（3）交易成本低。由于提高了商品信息的流通速度，减少了商品流通的中间环节，整个交易的成本大大降低，无论对于卖方还是对于买方都是非常有利的。

10.4.3 供应链管理的内容

国际供应链协会（SCC）2001 年发布的供应链运作参考模型（Supply Chain Operations Reference-model V5.0，SCOR），将供应链的运作分为五个基本环节：计划（Plan）、采购（Source）、生产（Make）、发运（Deliver）和退货（Return）。其供应链运作模型如图 10-10 所示。

根据供应链的运作的五个基本环节，我们可以确定供应链管理的基本内容：

（1）计划管理。计划是供应链管理的首要环节。在企业生产活动中，生产计划负责产品供应和产品需求的协调。企业首先根据市场预测和实际订单判断总的需求，再结合库存情况安排生产，制定物料需求计划、采购计划、生产计划、发运计划和退货计划。

（2）采购管理。采购是为企业获得原材料、商品和服务的过程。由于所采购的原材料、商品和服务质量直接影响着企业的生产效率和产品质量，而且采购成本是企业最主要的日常支出，因此，采购管理成为供应链管理的重要内容。采购管理要求企业根据采购计划，对原材料及其他材料的用量做出合理的测算，统筹安排采购资金、采购时间和采购批量，挑选合适的供应商，并与供应商建立一种稳定的业务联系，保证供应链系统的有序高效运作。

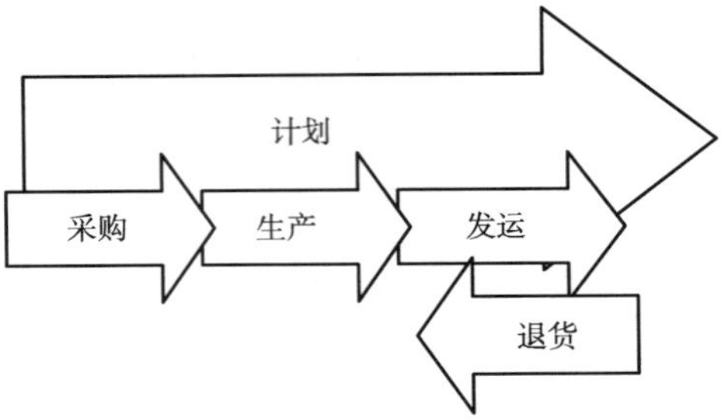

图 10-10　国际供应链协会（SCC）的供应链运作模型

（3）生产管理。供应链管理要求生产部门实现标准化的产品生产工序或处理过程，精确地确定产品的提前期；推行全面质量管理，严格控制产品质量；保证设备运行状况良好，具备快速修理能力，实现最终产品的准时交付。

（4）运输管理。运输的主要功能是在供应链中移动各种物料与产品，从原料供应点到生产工厂，从制造厂商到零售商再到顾客。运输管理是控制货物移动的一项具体工作，包括选择运输方式和运输路径、安排装载量、确定交付时间表，跟踪并监督运输过程。

（5）退货管理。物料入厂，需要对所购物料进行验收，需要根据购买订单和供应商发货单详细检验实际货物，确定所收货物和所订购的货物完全一致。如有问题，应立即通知采购部门、物料的使用部门以及财务部门。若发现货物损坏或与订单不符，应根据验货制度予以退回。

供应链管理是一个复杂的系统工程。它需要建立起供应链各相关实体及实体间关系的基本框架，然后对供应链系统资源进行整合。在供应链管理中，输入系统管理、输出系统管理、供应商关系管理、客户关系管理等对提高企业经济效益都具有极为重要的作用。

10.4.4　供应链管理中电子商务手段的应用

在供应链管理，电子商务技术和手段已被广泛应用。其应用领域主要包括：

（1）通过 EDI、基于因特网的 EDI 或外联网自动处理订单。在 B2B 中，当存货低于一定水平时订单可以自动生成并发送给供应商，这样订单处理可以被快速、廉价和更精确（不需要重新输入数据）地完成。在 B2C 中，基于 Web 的电子表格加快了流通速度，使之更加精确（智能代理能够检查输入数据并提供即时反馈），从而降低了供应商的处理成本。

（2）利用电子支付缩短订单履行周期以及支付与送货的间隔。支付处理成本可以显著降低，欺诈也可以被更好地控制。

（3）通过引入按订单制造（拉动式）生产流程和向供应商提供更快和更准确的信息，存货水平可以被显著降低。通过允许业务伙伴以电子化方式跟踪和监视订单和生产活动，企业可以改进存货管理，并使存货水平和存货管理费用最小化。

（4）直接开展数字化产品销售。如果产品可以被数字化（如软件），订单就能立即履行。在其他情况下，电子商务订单接收界面与公司的后台系统相结合，这种结合能缩短周期并消除错误。

（5）利用商务网站广泛开展供应链成员间的商务合作，强化供应商关系管理和客户关系管理。

复习题

1．名词解释：国际物流、国际物流系统、电子商务物流系统、物联网。
2．试论述国际电子商务物流模式。
3．试述国际电子商务物流技术。
4．试述新型电子商务物流供应链的目标和特点。

参考文献

[1] 周长青．电子商务物流[M]．北京：北京大学出版社，2006．
[2] 中国物流与采购联合会．中国物流发展报告（2006—2007）[M]．北京：中国物资出版社，2007．
[3] 高四维，吴刚．现代物流管理导论[M]．北京：科学出版社，2008．
[4] 樊思远，徐梅．国际物流发展现状及策略分析[J]．市场周刊（理论研究），2006(08): 124-125．
[5] 张倩．国际电子商务与国际物流业的互利发展[J]．铁道运输与经济，2005(08):30-33．
[6] 中国电子报编辑部．电子商务下的物流配送[N]．中国电子报，2000-07-25(8)．
[7] Efraim Turban, Jae Lee, David King, etc．Electronic Commerce：A Managerial Perspective [M]. Pearson Education, 2002．
[8] 张应福．物联网技术与应用[J]．通信与信息技术 2010(1)：50-53．
[9] 张煜．二维条形码标准：探寻应用之路[N]．中国电子报，2007-06-28．
[10] 王子轩．“工业沃尔玛”创新物流模式——金泽国际物流园工业超市探源[J]．中外物流，2007（7）：82-84．
[11] 陶琳．南宁区域性国际物流基地市场定位和运营模式研究[J]．大众科技，2008(01): 185-186,184．

第11章 国际电子商务的法律规范

11

为了推动国际电子商务的发展，1990年国际海事委员会通过了《电子提单规则》。1996年，联合国国际贸易法委员会通过了《贸易法委员会电子商业示范法及立法指南》(简称《电子商业示范法》)[①]，为国际电子商务立法提供了一个框架。1999年，国际商业银行委员会于1999年起草了《电子贸易和支付统一规则》；2002年国际商会正式发布了《UCP电子交单增补》；2004年国际商会制定了《国际商会2004年电子商务术语》；2002年联合国通过了《联合国国际贸易法委员会电子签字示范法》(简称《电子签字示范法》)[②]；2005年联合国又发布了《联合国国际合同使用电子通信公约》(简称《通信公约》)[③]；2005年4月1日我国正式实施了《中华人民共和国电子签名法》(简称《电子签名法》)[④]。2011年起，联合国国际贸易法委员会开始起草“跨境电子商务交易网上争议解决：程序规则(ODR)”。这些文件对于在国际贸易中应用电子商务发挥了巨大作用。本章将对上述文件的主要内容做简要介绍。

---

① United Nations Commission on International Trade Law (UNCITRAL).UNCITRAL Model Law on Electronic Commerce with Guide to Enactment 1996, 51/162 Model Law on Electronic Commerce adopted by the United Nations Commission on International Trade Law, 85 th plenary meeting, 1996-12-16.

② United Nations General Assembly Fifty-sixth session. Model Law on Electronic Signatures of the United Nations Commission on International Trade Law. A/56/588, 24 January 2002.

③ United Nations，United Nations Convention on the Use of Electronic Communications in International Contracts(A/RES/60/21)，Atical 4，9 December 2005。我国已经于2006年7月6日在美国纽约召开的联合国国际贸易法委员会第39届年会上，签署了《联合国国际合同使用电子通信公约》。

④ 2005年4月1日我国实施的《中华人民共和国电子签名法》中使用了“电子签名”的概念。联合国在《联合国国际贸易法委员会电子签字示范法》中使用了“电子签字”的概念。为了叙述方便，本书除在联合国文件阐述中仍然使用“电子签字”的提法外，其他地方使用“电子签名”的提法。在英文中，上述两种提法均翻译为“electronic signature”。

11.1　数据电文

11.1.1　数据电文的定义

我国《电子签名法》给出的数据电文定义与联合国《电子商业示范法》中的定义基本相同：数据电文是指经由电子手段、光学手段或类似手段生成、发送、接收或储存的信息，这些手段包括但不限于电子数据交换、电子邮件、电报、用户电报或传真。所不同的是，我国《电子签名法》没有列举“数据电文”的具体形式，其出发点主要是从技术发展的不确定性考虑的。因为数据电文技术一直在快速发展，其表现形式是不能穷举的。《电子签名法》不仅打算适用于现有的通信技术，而且打算适用于未来可预料的技术发展。“数据电文”定义的目的是要包含基本上以无纸形式生成、传递或储存的电文。

在电子技术引进之前，法律很少碰到文本在什么中介载体上呈现的问题。在电报、电传和传真产生之后，也没有出现不可克服的困难，尽管电报、电传和传真都包含电子脉冲的应用，但接收方从接收机中得到的一张通信记录纸就足以形成书面的证据了。电子商务所利用的电子邮件和电子数据交换与电报、电传、传真非常相似，都是通过一系列电子脉冲来传递信息的。但它们通常不是以原始纸张作为记录的凭证的，而是将信息或数据记录在计算机中，或记录在磁盘和软盘等中介载体中。因此，这种方法具有以下特点：

（1）数据电文的易消失性。数据电文以计算机储存为条件，是无形物。一旦操作不当，可能抹掉所有数据。

（2）数据电文作为证据的局限性。传统的书面文件只受到当事人保护程度和自然侵蚀的限制，而数据电文不仅可能受到物理灾难的威胁，还有可能受到计算机病毒等计算机特有的无形灾难的攻击。

（3）数据电文的易改动性。传统的书面文件是纸质的，如有改动，容易留下痕迹。而数据电文是以键盘输入的，用磁性介质保存的，改动、伪造后可以不留痕迹。

上述问题的存在，确实阻碍了数据电文合法性的进程。发展中的计算机技术研究出许多解决的办法。例如，防火墙技术、通信记录、数字签名技术等。但从另一方面讲，书面文件同样存在伪造和涂改的情况，人们并没有因为书面文件的缺陷而放弃使用书面文件。所以，有必要扩大传统“书面形式”的概念。

11.1.2　传统书面材料的功能

在使用纸张文件的环境下，传统书面材料所具有的功能很多，基本上包括以下 11 种：

（1）确保有可以看得见的证据，证明各当事方确有订立契约的意向以及此种意向的性质。

（2）帮助各当事方意识到订立一项契约的后果。

（3）确保一份文件可被所有人识读。

（4）确保文件恒久保持不变，进而提供对于一项交易的永久性记录。

（5）使一份文件可以复制为若干份，以便每个当事方持有一份同样的数据。

（6）使之可通过签字方式进行数据的核证。

（7）确保一份文件做成公共机构和法院均可接受的形式。

（8）最后体现出书面文件作者的意向并成为该意向的一份记录。

（9）便于以有形的形式储存数据。

（10）便于稽查及日后的审计、税收或管理。

（11）在书面作为生效要件的情况下使之产生法律权利和义务。

需要注意的是，传统的书面形式的要求常常是在书面形式要求之上再加上其他不同于“书面形式”的概念，如签字和原件。而且，还有多种层次的形式要求，各个层次要求不同程度的可靠性、可查核性和不可更改性。在某些国家，既未注明日期也无签名的书面文件，也视为“书面”。另外，按照目前在书面环境中对于数据完整性以及对于防止作弊等问题的处理方式，一份弄虚作假的文件也会被当做“书面”看待。总之，“证据”和“当事方约束自身的意图”这类概念应与数据可靠性和核证等较重大问题相联系，而不应作为“书面形式”的定义。

11.1.3　书面文件、原件和保存件

1．书面文件

我国《电子签名法》第 4 条规定，能够有形地表现所载内容，并可以随时调取查用的数据电文，视为符合法律、法规要求的书面形式。这一条是与联合国《电子商业示范法》第 6 条相吻合的[①]。

实际上，第 4 条表达的这一概念提供了一种客观标准，即一项数据电文内所含的信息必须是可以通过屏幕或其他媒介显现出来的，是可读和可解释的；使用“可以随时调取”字样意指计算机数据形式的信息应当能够保存以便随时调用，它指的是“耐久性”或“不可更改性”；而数据电文与书面形式正是通过这些技术手段有机地联系在一起的。

需要注意的是，《电子签名法》第 4 条与第 5 条、第 6 条有着相同的结构，存在着密切联系，应当将这三项条文结合在一起阅读。

就数据电文本身来看，不能将其等同于书面文件，因为数据电文具有不同的性质，不一定能起到书面文件所能起到的全部作用。这就是为什么《电子签名法》采用了一种灵活

① 联合国《电子商业示范法》第 6 条规定，如法律要求信息须采用书面形式，则假若一项数据电文所含信息可以调取以备日后查用，即满足了该项要求。参见：UNCITRAL Model Law on Electronic Commerce with Guide to Enactment 1996：Article 6. 51/162 Model Law on Electronic Commerce adopted by the United Nations Commission on International Trade Law. 85 th plenary meeting，16 December 1996.

的标准，即要求数据电文提供不同程度的可靠性、可查核性和不可更改性。例如，关于应以书面形式提出数据的要求（构成“最低要求”）不应混同于较严格的一些要求，如“经签署的文书”、“经签署的原件”或“经认证之法律文件”。

《电子签名法》并不打算确定一种相当于任何一种书面文件的计算机技术等同物，相反，《电子签名法》只是挑出书面形式要求中的基本作用，以其作为标准，一旦数据电文达到这些标准，即可与起着相同作用的相应书面文件一样，享受同等程度的法律认可。

2. 原件

我国《电子签名法》第 5 条又规定，符合下列条件的数据电文，视为满足法律、法规规定的原件形式要求：

（1）能够有效地表现所载内容并可供随时调取查用。

（2）能够可靠地保证自最终形成时起，内容保持完整、未被更改。但是，在数据电文上增加背书以及数据交换、储存和显示过程中发生的形式变化不影响数据电文的完整性。

本条是数据电文符合原件要求的规定。对照第 4 条提出的对书面形式的要求，可以发现，符合原件形式的数据电文不仅必须满足“能够有效地表现所载内容并可供随时调取查用”，而且“能够可靠地保证自最终形成时起，内容保持完整、未被更改”。这里涉及原件的概念和完整性的概念。

如果把“原件”界定为首次固定于某种物理介质上的媒介物，是独一无二的文件，则根本不可能谈及虚拟社会中任何数据电文的“原件”概念。因为，数据电文收件人收到的电文总是该“原件”的副本。然而，实际生活中发生的许多争端都涉及文件是不是原件的问题，在电子商务活动中也不例外。由于没有纸质文件，数据电文的“原件”概念对于网络交易中发生争端的各方当事人的取证就变得极为重要。《电子签名法》设定对于原件的要求反映了该法力图消除电子商务发展障碍的目的。

原件还与物权凭证和流通票据有关。《电子签名法》出台的目的不是仅仅使数据电文适用于物权凭证和流通票据，也不是仅仅着眼于特别要求“书面”文件必须经过登记或公证的那种法律领域。《电子签名法》的着眼点在于“民事活动中的合同或者其他文件、单证等文书”对“原件”的要求。[①] 在商事活动中，涉及“原件”要求的贸易文件（如重量证书、质量证书、数量证书、检查报告、保险证书等）虽然不能流通，也不能用来转让权益和所有权，但它们必须是原样未被改动的，以“原件”形式传递的，否则，贸易其他当事方就可能对交易产生怀疑。人们之所以接受纸质文书作为“原件”，恰恰是因为通过纸质形成的文书具有较少的可改动性。复印件有时也用来作为证据，这是因为复印件能够在一定程度上反映原件的特征。同样原理，当我们利用“功能等同法”使数据电文具备了“原件”的基本功能，我们也就能够将其视为满足法律、法规规定的原件形式。

---

① 这里的民事包括了商事活动，是广义的民事概念。

计算机信息系统的数据安全要求确保数据的完整性、保密性和不可更改性。这里的“完整性”是指存储在计算机系统中的数据没有被破坏、遗失或删除，保留其原有的状态；保密性是指存储在计算机系统中的数据没有被故意或偶然泄露；不可更改性是指存储在计算机系统中的数据没有被非法更改或破坏。

但是，计算机信息系统中的数据“完整性”与《电子签名法》中的数据电文的“完整性”仍然有一定区别。前者强调的是数据电文自身的完整，而后者则强调数据电文内容的完整。所以，第 6 条规定，在数据电文上增加背书以及数据交换、储存和显示过程中发生的形式变化不影响数据电文的完整性。

3．保存件

我国《电子签名法》第 6 条规定，符合下列条件的数据电文，视为满足法律、法规规定的文件保存要求：

（1）能够有效地表现所载内容并可供随时调取查用。

（2）数据电文的格式与其生成、发送或者接收时的格式相同，或者格式不相同但是能够准确表现原来生成、发送或者接收的内容。

（3）能够识别数据电文的发件人、收件人以及发送、接收的时间。

第 6 条针对数据电文的存储要求设立了一套替代规则，这些规则是建立在第 4 条和第 5 条基础上的。其中，第 1 款仅仅重复了第 4 条所规定的一项数据电文“书面形式”的条件；而第 2 款与第 5 条的第 2 款又非常接近。

第 2 款强调的不是数据电文一成不变地留存，而只是强调所存储的信息精确地反映初始阶段数据电文中的内容即可。也就是说，要保存数据电文，应尽量按照数据电文原有的格式加以保存。如果要求不做任何变动的留存，在虚拟环境下常常是很困难的。因为通常首先将数据电文解码、压缩或转换，才能存储。而且，由于计算机软件的更新周期很短，采用新的软件读取的数据电文可能在电文的格式上发生变化。所以，第 2 款给出了一个比较灵活的条件，即只要内容没有发生变化，也符合文件保存的要求。

第 3 款的意图在于涵盖可能要存储的全部信息。除了数据电文本身的内容外，还包括能够识别数据电文的发件人、收件人以及发送、接收的时间，即用以确定数据电文相关情况的传送信息。这一规定比传统的纸质文书要严格。

11.1.4 数据电文的法律效力

证据是用以证明某一事物存在与否或某一主张成立与否的有关事实材料。在诉讼法中，证据是指证明案件真实情况的一切事实。

电子证据可定义为：以电子形式存在的、能够证明案件真实情况的一切材料及其派生物。所谓电子形式，依照印度《1999 年信息技术法》第 2 条第 1 款第 18 项的规定，可将其概括为“由介质、磁性物、光学设备、计算机内存或类似设备生成、发送、接收、存储的任一信息的存在形式”。

相对于传统证据，电子证据具有以下特点：

（1）数字性。与传统证据相比，电子证据的证明机制并没有发生本质的变化，只不过其载体形式发生了变化。作为电子数据的信息多以电讯号代码（由 0 和 1 组成的二进制代码）形式储存于计算机的存储介质之中（如硬盘、磁盘、光盘等），必须采用特定的输出形式。

（2）安全性与脆弱性。电子证据由于其具有数字化的特点，其生成储存传输的信息容易被篡改，从表面上看难以区分其复印件和原件、真实件和伪造件。因此，电子证据具有脆弱性。最新的计算机研究结果表明，电子证据任何被删除、复制、修改都能够通过技术手段分析认定。从此意义角度上讲，电子证据又比传统证据具有安全性和稳定性。

（3）共享性。电子证据由于以电讯号代码形式存储于计算机的存储介质中，比较容易被查看、复制和输出，其电子数据资源可以被广泛的共享。由于保存的附件比较多，其保存的安全性大大提高，但保密性则相对降低。

鉴于数据电文使用的是在实体社会中人们难以直接观察到的电子、光学、磁或者类似手段，人们常常怀疑通过这些手段形成的数据电文作为证据的可靠性。这种怀疑成为推动数据电文应用的巨大障碍。

我国《电子签名法》第 7 条对数据电文作为证据做出了规定：数据电文不得仅因为其是以电子、光学、磁或者类似手段生成、发送、接收或者储存的而被拒绝作为证据使用。《电子签名法》第 7 条的阐述，确立了数据电文作为证据的法律地位，使得社会广泛使用数据电文有了可靠的法律依据。同时，第 7 条确认了电子、光学、磁或者类似手段适用于证据的可接受性。这种确认是建立在对现代信息技术手段安全性和稳定性的基础之上的。这种确认也消除了在某些法律领域对电子证据采信的手段引起的复杂争议。

联合国《电子商业示范法》第 9 条规定：“在任何法律诉讼中，证据规则的适用在任何方面均不得以下述任何理由否定一项数据电文作为证据的可接受性：仅仅以它是一项数据电文为由；或如果它是举证人按合理预期所能得到的最佳证据，以它并不是原样为由。对于以数据电文为形式的信息，应给予应有的证据力。在评估一项数据电文的证据力时，应考虑到生成、储存或传递该数据电文的办法的可靠性，保持信息完整性的办法的可靠性，用以鉴别发端人[①] 的办法，以及任何其他相关因素。”[②]

联合国《电子商业示范法》第 11 条规定：“就合同的订立而言，除非当事各方另有协

① 一项数据电文的“收件人”是指发端人意欲由其接收该数据电文的人，但不包括作为中间人来处理该数据电文的人。

② United Nations. UNCITRAL Model Law on Electronic Commerce with Guide to Enactment 1996: Article 11. 51/162 Model Law on Electronic Commerce adopted by the United Nations Commission on International Trade Law. 85 th plenary meeting，16 December 1996.

议，一项要约以及对要约的承诺均可通过数据电文的手段表示。如使用了一项数据电文来订立合同，则不得仅仅以使用了数据电文为理由而否定该合同的有效性或可执行性。”第 12 条同时规定：“就一项数据电文的发端人和收件人之间而言，不得仅仅以意旨的声明或其他陈述采用数据电文形式为理由而否定其法律效力、有效性或可执行性。”

我国《合同法》第 11 条明确规定将数据电文列为可以有形地表现所载内容的合同形式之一，在法律上确认了数据电文与合同书、信件等有同等的法律效力。

11.1.5 数据电文的发送与接收

为了避免在电子商务交易中产生贸易纠纷，我国《电子签名法》详细规定了数据电文发送和收到的时间，同时规定了数据电文发送和接收的地点。

1. 数据电文发送和收到的时间

数据电文进入发件人控制之外的某个信息系统的时间，视为该数据电文的发送时间。

收件人指定特定系统接收数据电文的，数据电文进入该特定系统的时间，视为该数据电文的接收时间；未指定特定系统的，数据电文进入收件人的任何系统的首次时间，视为该数据电文的接收时间。

法律、行政法规规定或者当事人约定数据电文需要确认收讫的，应当在限定时间内确认收讫。发件人收到收件人的收讫确认时，数据电文视为已经收到。

根据这样的规定，我们假定：上海的 A 公司与北京的 B 公司通过电子邮件进行网络交易，A 公司的邮箱设置在上海热线上，B 公司的邮箱设置在 163 网站上，双方没有约定收到与发出的其他事项。A 向 B 发出一份要约，B 回复了一份电子邮件予以承诺。我们来考察邮件的发出与收到。信息发出的时间应当确定在要约离开 A 公司的计算机或者主机进入上海热线的邮件服务器的时间；收到的时间可能有以下几种情况：

（1）B 公司指定了 163.com 作为它的邮件接受信箱，则要约进入 163 的邮件服务器时间作为到达时间；如果 A 公司将要约发到 B 的其他邮箱上，则以 B 实际收到的时间作为到达时间。

（2）如果 B 公司没有指定邮件信箱，则要约进入 B 公司的任何一个邮件服务器的时间，认为是到达时间。

我国《合同法》第 16 条也规定：采用数据电文形式订立合同，收件人指定特定系统接收数据电文的，该数据电文进入该特定系统的时间，视为到达时间；未指定特定系统的，该数据电文进入收件人的任何系统的首次时间，视为到达时间。

2. 数据电文发送和接收的地点

数据电文发送和接收的地点对于确定合同成立的地点和法院管辖、法律适用具有重要意义。在一般情况下，除非发件人与收件人另有协议，数据电文应以发件人的主营业地为数据电文的发送地点，收件人的主营业地为数据电文的接收地点。没有主营业地的，其经常居住地为发送或者接收地点。

在商务活动中，合同成立的地点和时间常常是密切联系在一起的。我国《合同法》规定，当事人采用纸面形式订立合同的，“双方当事人签字或者盖章的地点为合同成立的地点”，即承诺生效的地点就是合同成立的地点。而“采用数据电文形式订立合同的，收件人的主营业地为合同成立的地点；没有主营业地的，其经常居住地为合同成立的地点。当事人另有约定的，按照其约定”。

11.2　电子合同

11.2.1　电子合同的概念

1．电子合同与传统合同的区别

合同，也称契约。《中华人民共和国合同法》（简称《合同法》）第 2 条规定：“合同是平等主体的公民、法人、其他组织之间设立、变更、终止民事权利义务关系的协议。”合同反映了双方或多方意思表示一致的法律行为。现阶段，合同已经成为保障市场经济正常运行的重要手段。

传统的合同形式主要有两种：口头形式和书面形式。口头形式是指当事人采用语言等直接表达的方式达成的协议。而书面形式是指当事人采用合同书、信件和数据电文（包括电报、电传、传真、电子数据交换和电子邮件）等可以有形地表现所载内容的形式。

电子合同与传统合同的区别表现在以下几个方面：

（1）在电子商务中，合同的意义和作用没有发生质的改变，但其形式发生了极大的变化。

（2）合同订立的环境不同。传统合同发生在现实世界里，交易双方可以面对面地协商，而电子合同发生在虚拟空间中，交易双方一般互不见面，在电子自动交易中，甚至不能确定交易相对人。他们的身份依靠密码的辨认或认证机构的认证。

（3）合同订立的各环节发生了变化。要约与承诺的发出和接收较传统合同复杂，合同成立和生效的构成条件也有所不同。

（4）合同的形式发生了变化。电子合同所载信息是数据电文，不存在原件与复印件的区分，无法用传统的方式进行签名和盖章。

（5）合同当事人的权利和义务有所不同。在电子合同中，既存在由合同内容所决定的实体权利义务关系，又存在由特殊合同形式产生的形式上的权利义务关系，如数字签名法律关系。在实体权利义务法律关系中，某些在传统合同中不很重视的权利义务在电子合同里显得十分重要，如信息披露义务、保护隐私权义务等。

（6）电子合同的履行和价款支付较传统合同复杂。

（7）电子合同形式上的变化对与合同密切相关的法律产生了重大影响。如知识产权法、证据法。

电子合同形式的变化，给世界各国都带来了一系列法律新问题。电子商务作为一种新的贸易形式，与现存的合同法发生矛盾是非常容易理解的事情。但对于法律法规来说，就有一个怎样修改并发展现存合同法，以适应电子商务这种新的贸易形式的问题。

2. 电子合同

1）对电子合同定义的探讨

合同最早起源于古代罗马法，古罗马法称为契约（契约的内涵略广于合同），并将之作为调整民事法律关系的协议，因而在最初，合同是民法的特有概念。随着社会的进步和法律制度的发展，法律体系变得更加细化，合同这一概念逐步应用到其他法律部门。

1996年6月14日，联合国发布了《电子商业示范法》。《电子商业示范法》第2条第1款规定："'数据电文'系指经由电子手段、光学手段或类似手段生成、储存或传递的信息，数据电文包括但不限于电子数据交换（EDI）、电子邮件、电报或传真所传递的信息。"第6条第1款规定："如果法律要求信息须采用书面形式，则假若一项数据电文所含信息能够调取以备日后查用，即满足了该项要求。"该法虽未对电子合同有明确的定义，但从这两条规定来看，《电子商业示范法》允许贸易双方通过电子手段传递信息、签订买卖合同和进行货物所有权的转让。这样，以往不具法律效力的数据电文将和书面文件一样得到法律的承认。该法的通过为实现国际贸易的"无纸操作"提供了法律保障。

1999年3月我国通过的《中华人民共和国合同法》（简称《合同法》）也引入了数据电文形式，第11条规定，书面形式是指合同书、信件和数据电文（包括电报、电传、传真、电子数据交换和电子邮件）等可以有形地表现所载内容的形式，从而在法律上确认了合同可以采用电子手段缔结。

1999年7月美国统一州法委员会制定的《统一电子交易法》（UETC）分别对合同和电子方式定义为："合同"是指当事人根据本法案和其他适用法订立的协议所产生的全部法律义务。"电子方式"是指采用电学、数字、磁、无线、光学、电磁或相关手段的技术。美国2000年8月修正的《统一计算机信息交易法》（UCITA）第2条第1款（17）项和（26）项采用了与《统一电子交易法》相同的定义。这两部法案与联合国《电子商业示范法》的定义方式是类似的，即不明文规定电子合同的定义，而是强调了"电子"的内涵，凡符合以"电子"形式订立的合同即属电子合同。

2005年11月联合国通过的《联合国国际合同使用电子通信公约》[①]第2条排除了不能通过电子通信传递的合同，包括：

（1）为个人、家人或家庭目的订立的合同。

---

① United Nations. United Nations Convention on the Use of Electronic Communications in International Contracts (A/RES/60/21). Article 2. 9 December 2005.

（2）受管制交易所的交易；外汇交易；银行间支付系统、银行间支付协议或者与证券或其他金融资产或票据有关的清算和结算系统；对中间人持有的证券或其他金融资产或票据的担保权的转让、出售、出借或持有或回购协议。

上述文件都从不同角度反映了电子合同的特征，但又没有全面表述电子合同的概念。在电子合同逐渐推广的今天，给出电子合同的科学概念已经十分必要。

2）电子合同的定义

电子合同定义的给出需要应用联合国提出来的一种“功能等同法”[①]。

传统的商务合同成立有以下四个基本要素。

（1）合同内容：没有合同的内容，不能反映交易各方的意思表达。

（2）合同载体：通常使用纸张作为合同载体。

---

① 联合国《电子商业示范法》的起草是以这样的认识为依据的，即针对传统的书面文件的法律规定是发展现代通信手段的主要障碍。在拟订《电子商业示范法》时，曾考虑能否通过扩大“书面形式”、“签字”和”原件”等概念的范围，把以计算机为基础的技术也包括进去来解决国内法中的这种规定给使用电子商业造成的障碍。一些现有法律文书就采用了这种办法，例如《贸易法委员会国际商业仲裁示范法》第 7 条和《联合国国际货物销售合同公约》第 13 条。

《电子商业示范法》允许各国将其国内立法加以修改以适应关于贸易法的通信技术的发展，而不必全盘取消书面形式的要求或打乱这些要求所依据的法律概念和做法。同时认为，通过电子手段满足书面形式要求在某些情况下可能需要制定新的规则，这是因为电子数据交换电文与书面单证之间的区别之一是后者可用肉眼阅读，而前者除非使其变为书面文字或显示在屏幕上，否则是不可识读的。

因此，《电子商业示范法》依赖一种称为“功能等同法”的新方法，这种办法立足于分析传统的书面要求的目的和作用，以确定如何通过电子商业技术来达到这些目的或作用。例如，书面文件可起到下述作用：提供的文件大家均可识读；提供的文件在长时间内可保持不变；可复制一文件以便每一当事方均掌握一份同一数据副本；可通过签字核证数据；提供的文件采用公共当局和法院可接受的形式。应当注意到，关于所有上述书面文件的作用，电子记录亦可提供如同书面文件同样程度的安全性，在大多数情况下，特别是就查明数据的来源和内容而言，其可靠程度和速度要高得多，但需符合若干技术和法律要求。然而，采取功能等同法不应造成电子商务使用者须达到较书面环境更加严格的安全标准（和相关费用）。

就数据电文本身来看，不能将其视为等同于书面文件，因为数据电文具有不同的性质，不一定能起到书面文件所能起到的全部作用。这就是为什么《电子商业示范法》采用了一种灵活的标准，考虑到采用书面文件的环境中现行要求的不同层面：采用功能等同办法时，注意到形式要求的现有等级，即要求书面文件提供不同程度的可靠性、可查核性和不可更改性。例如，关于应以书面形式提出数据的要求（构成”最低要求”）不应混同于较严格的一些要求，如“经签署的文书”、“经签署的原件”或”经认证之法律文件”。

《电子商业示范法》并不打算确定一种相当于任何一种书面文件的计算机技术等同物，相反，《电子商业示范法》只是挑出书面形式要求中的基本作用，以其作为标准，一旦数据电文达到这些标准，即可与起着相同作用的相应书面文件一样，享受同等程度的法律认可。

（3）合同签名或盖章：签名或盖章表示合同签署者对合同条款达成合意。

（4）合同文本的交换方法：经常使用当面传递或邮寄的方法交换合同文本。

上述四个基本要素是相互密切关联的，且缺一不可。例如，没有盖章的合同不具有法律效力；仅有盖章而没有内容的合同没有意义；没有交换的合同文本不能得到双方的承认。根据功能等同法，若要在交易活动中使用电子合同，也必须同时具备传统合同的四个要素，电子合同才能够具有法律效力。只是在网络环境下，传统合同的四个要素的形式都发生了变化。

（1）合同内容：在合同内容上，电子合同与传统合同没有区别，但电子合同应注意合同内容的完整性和不可更改性。

（2）合同载体：电子合同使用数据电文作为合同的载体。

（3）合同签名或盖章：电子合同的签名或盖章可以使用电子签名或电子盖章。

（4）合同文本的交换方法：电子合同使用电子通信交换合同文本。

由此，我们可以给出电子合同的定义：电子合同是平等主体的自然人、法人、其他组织之间以数据电文为载体，使用电子签名，并利用电子通信设立、变更、终止民事权利义务关系的协议。

根据电子合同的定义，我们对电子合同的研究将侧重于三个方面：一是作为载体的数据电文；二是用于验证的电子签名；三是作为交换手段的电子通信。电子签名已经在第 4 章做了专门的研究。本章将侧重于数据电文和电子通信的研究。

目前，因特网已深入到社会生活的方方面面。政府、企业、个人都可以在网上从事各种活动，包括缔结合同。这些合同既有民商事法律合同，又有行政法上的合同。然而，电子商务法的民商法性质决定了本章所研究的电子合同应是民商事合同。这一点，应与我国《合同法》上的合同的性质相同。尽管为使电子合同得到法律的认可，各国对合同的电子形式作了较多的强制性规定，但这一点没有改变它的性质。电子合同的内容仍然是平等的当事人发生或变更的财产关系，只不过是通过网络技术签订而已。因此，电子合同是民商事合同，是特殊形式的民商事合同。

11.2.2 电子合同的要约与承诺

1. 要约与要约邀请

订立合同一般要经过要约和承诺两个步骤，因此要约的确定具有重要法律意义。要约是希望和他人订立合同的意思表示，该意思表示应当符合两个条件：一是要内容具体明确；二是要表明经受要约人承诺，要约人即受该意思表示约束。[①] 所谓内容具体明确，是要求要约的内容应当具备合同成立所必需的条款，即只要受要约人做出承诺，合同就成立了。在合同成立所应具备的条款方面，《合同法》第 12 条规定有 8 项一般条款，当事人在订立

① 《中华人民共和国合同法》第 14 条。

合同时可以在此基础上增减。从要约内容可以达到合同成立的角度来考察，要约至少应当包括标的、数量、要约人的姓名或名称三项，并根据交易的具体情况而增加。它传达给受要约人的信息应是明白的，不能有歧义。所谓经受要约人承诺，要约人即受该意思表示约束，是指要约人订立合同的意思是确定的。要约人可以在要约中写明自己受约束的具体内容，也可以不写明，只要能表达出确定的缔约意图即可。

要约邀请不同于要约，它是希望他人向自己发出要约的意思表示，如寄送的价目表、拍卖公告、招标公告、招标说明书、商品广告等。区分要约和要约邀请可以根据以下标准：

（1）根据法律规定。法律明确规定为要约邀请的应当是要约邀请。

（2）根据内容来确定。内容具体明确，已达到合同成立所具备的条件的，是要约。

（3）根据发送人的意图来确定。发送人有约束自己条款的，是要约；表明不受约束的，是要约邀请。

（4）根据交易惯例来确定。例如，售票处的列车价目表在我国为要约邀请。

要约和要约邀请虽然在理论上可以较容易区分，但在实践中对某些情况还会有争议，要具体问题具体分析。

2．在线交易中的要约与要约邀请

联合国《通信公约》第 11 条规定，通过一项或多项电子通信提出的订立合同提议，凡不是向一个或多个特定当事人提出，而是可供使用信息系统的当事人一般查询的，包括使用互动式应用程序通过这类信息系统发出订单的提议，应当视为要约邀请，但明确指明提议的当事人打算在提议获承诺时受其约束的除外。

关于要约邀请，目前没有这方面的标准商业惯例。现在的规定受《联合国国际货物销售合同公约》第 14 条第 1 款的启发，确认了这样一条原则：订立合同的提议，凡发给不限数目的人的，即使涉及使用互动式应用程序，也非有约束力的要约，但明确指明提议的当事人打算在提议获承诺时受其约束的除外。

根据电子交易的形式和国内外的法律规定，可以分为四种类型来讨论要约、要约邀请和承诺。

1）通过访问页面进行交易

此类多为 B2C（Business to Consumer）交易，消费者进入商家页面，浏览商品，将选中的商品放入购物车，然后进入结账页面，消费者可以看到购买物品的清单，在点击“确定”后，商家提供若干种付款方式供消费者选择：第一种是在线支付，在线交货（下载）；第二种是在线支付，离线交货；第三种是离线交货，货到付款。

前面两种方式分别适用于数字信息产品和传统实物产品，后一种是在支付安全系数低、信用制度不完善的状况下而采用的折衷方式。

页面的商品信息是不是要约？我们认为，如果该商品信息有明确的价格、规格等内容并且可以在线下载，应认定为要约。这是因为消费者购买的是信息产品的使用权，商品本身不会发生售罄的问题。对于卖方而言，是许可大众使用，只要消费者将之放入购物篮，点击“确定”就构成承诺。

页面上陈列的商品是不是要约？在现实社会，商店中标明价格正在出售的商品构成要约。但在页面上，只能视为要约邀请，这是因为它们在虚拟社会的表现形式是图形，从可能性上来说，当同时有多数人同时点击同一商品时，该图形所表示的商品可能会立刻售罄。如果认定为要约，就意味着商家必须保证该商品有无限多或者即刻删去该图形，这对于商家是过于苛刻的，也是不可能的。据此，我们认为页面上的商品如果属于有体物，则其信息均应是要约邀请。消费者点击购买商品的“确认”按钮是要约。随后出现的支付页面应是卖方的承诺，表明卖方接收了消费者的要约，请求消费者线上支付。

B2C 是目前我国电子商务交易中使用较多的一种方式，而具体做法各网站商家又有差异。例如，有的网站在收到消费者的要约后，会打电话向消费者确认，经核实无误后，再送货上门；有的网站在收到要约后，便直接送货上门；有的网站在收到消费者的汇款后再发货；有的网站则通知消费者到指定的地点付款提货。不论卖方采用何种方式，它们在法律上都具有相同性。与消费者点击购买商品的“确认”进行要约相比，只是支付方式和履行方式不同。消费者点击购买的“确认”按钮是要约，承诺则要看卖方的具体情况而定。如果卖方向消费者发出通知，表明收到要约并接受，则是承诺；如果卖方未在页面上做出承诺的表示或发出承诺，而做出送货或发货的行为，则该行为是承诺。

2）通过网络交易中心交易

此类交易主要是 B2B（Business to Business）选择支付方式，买方可以选择在线支付，卖方利用货物配送系统来履行。这种交易方式类似于口头协商，与传统交易中的要约承诺别无二致。

3）在线订立合同或发布广告

根据联合国《通信公约》第 11 条，通过一项或多项电子通信提出的订立合同提议，凡不是向一个或多个特定当事人提出，而是可供使用信息系统的当事人一般查询的，包括使用交互式应用程序通过这类信息系统发出订单的提议，应当视做要约邀请，但明确指明提议的当事人打算在提议获承诺时受其约束的除外。

4）在线广告发布

在纸面环境中，报纸、广播电视、商品目录、产品手册、价目表或其他媒体上的广告，如果是普遍面向公众的，而不是针对某一个或多个特定的人，一般都视为要约邀请（在某些法律工作者看来，甚至还包括广告针对某一特定顾客群体的情形），因为在这些情形下，可以认为不存在受约束的意图。同样，如果只是在商店橱窗中和自选货架上陈列货物，一般也视为要约邀请。这种理解与《联合国国际货物销售合同公约》第 14 条第 2 款是一致的，该款规定，一项提议并非针对一个或多个特定人的，只应视为要约邀请，除非提出该提议的人明确做出相反表示。

本着不偏重任何媒介的原则，对网上交易采用的办法不应有别于对纸面环境中同等情形所采用的办法。因此，作为一般规则，一家公司在因特网上或通过其他开放的网络为其货物或服务做广告，仅应视为邀请那些访问其网站的人提出要约，并不能推定构成有约束力的要约。

3. 在线交易中要约的撤回和撤销

要约的撤回，是指要约人在发出要约后，到达受要约人之前，取消其要约的行为。我国《合同法》第 17 条规定："要约可以撤回，但撤回要约的通知应当在要约到达受要约人之前或者同时到达受要约人。"但是，要约人采用快速通信的方法发送信息，就很难撤回了。例如，要约人向受要约人发传真，在发出的同时，受要约人也就收到了，此时，不存在撤回的余地。可见，要约一旦到达受要约人后，就产生效力，要约人便不能撤回要约。在线交易中，由于信息传输的高速性，要约一旦发出，受要约人即刻就可收到，几乎不存在撤回的可能。虽然在某些情况下，由于传输障碍或带宽的限制导致信息不能立刻到达，但这不影响要约不能撤回的规则。这是因为，在通常的情形下，信息是能够即刻到达的，即使发生延误的情况，但是要约人无法知道。根据现有的法律规定，在线交易要约可以撤回，而实际中在多数情形下，在线交易中撤回的通知晚于要约到达，不可能在要约到达受要约人之前或同时到达受要约人，另一方面，如果发出撤回通知，该撤回非但不能达到要约人的目的，反易误导要约人。因此，电子合同使用方式和手段的特性，要约的撤回几乎不可能。

要约的撤销是指在要约生效后使要约失效的行为。我国《合同法》第 18 条规定："要约可以撤销，但撤销要约的通知应当在受要约人发出承诺通知之前到达受要约人。"在线交易中，要约能否撤销取决于交易的具体方式。从《合同法》的规定来分析，受要约人在收到要约后有一个考虑期，此期限的长短要约人可以在其要约中决定或由交易习惯确定。在受要约人未承诺前，要约人可以撤销要约。因此，受要约人的回应速度是要约人能否撤销的关键。如果当事人采用电子自动交易系统从事电子商务，承诺的做出是即刻的，要约人没有机会撤销要约；如果当事人在网上协商，可能形成新要约，这与传统的要约和承诺无异，要约人在受要约人做出承诺前是可以撤销的。

4. 要约和承诺生效的时间

关于生效时间的立法例有两种：一是大陆法系，采用到达主义，即以信件到达接受人处为生效；二是英美法系，采用发送主义，只要发出人将信件投邮即生效。到达主义侧重于维护交易安全，发送主义则侧重于维护交易迅捷。从科技迅速发展来看，发送与到达的时间差越来越小，到达主义与发送主义的差别所产生的利弊也大大淡化，二者的实际效果越来越接近。[①]从国际公约的立法例来看，较多采用到达主义。[②]美国《统一计算机信息交

① 孔祥俊．合同法教程[M]．北京：中国人民公安大学出版社，1999.

②《联合国国际货物销售公约》第 18 条。

易法》对于电子信息的生效时间也采用了到达主义，而放弃了普通法的“邮箱规则”[①]。美国统一州法委员会对此的正式评论是：“之所以放弃‘邮箱规则’是为避免收到与否的不确定性，采用到达主义是考虑到电子信息传输的迅捷性，而把没有收到的风险置于发送人。”应当说，电子交易本身具有以往任何时代无法比拟的快捷性，因而，安全成了每个国家立法者考虑的第一要素。到达主义正好符合了这一要求，而发送人的风险可以通过“确认收讫”加以避免。

11.2.3 收讫与承诺的关系

1．确认收讫的作用

在传统的贸易磋商过程中，由于受到通信手段的限制，有许多不确定的因素。例如，发出的要约对方是否收到，这在要约发出后一段时间里是无法知道的，在电子商务环境中，各方可以更快、更精确地了解业务进展状况。电子商务一个突出的功能性特征是它提供了立即判定的能力。接收方在收到发送方的信息后，通过发回的信息来证实在传递中有无错误和缺漏发生。用这种方法，在通信过程中误解的语句和内容都能被及时发现。除此之外，对与过去的安排或已经成立的合同的限制不一致的信息，也能被电子化地发现。

在采用到达主义的立法例下，一项信息只有在到达接收人时才生效，接收人只需注意邮箱里是否有新的邮件并做出反应即可，因而法律风险较小。而就发送人而言，在受要约的约束的同时，却无法确知接收人收到与否。而确认收讫有利于减少发送人的风险，这在商业上和法律上都具有重大的价值。

2．确认收讫的含义和有关法律规定

确认收讫是指在接收人收到发送的信息时，由其本人或指定的代理人通过自动交易系统向发送人发出表明其已收到的通知。联合国《电子商业示范法》颁布指南指出：确认收讫有时用来包括各种各样的程序，从简单的确认收到一项电文到具体表明同意某一特定数据电文的内容。《电子商业示范法》对确认收讫的应用规定了以下五项主要原则[②]：

（1）确认收讫可以用任何方式或行为进行。

（2）发送人要求以确认收讫为条件的，在收到确认之前，视信息未发送。

（3）发送人未要求以确认收讫为条件，并在合理期限内未收到确认的，可通知接收人并指定期限，在上述期限内仍未收到的，视信息未发送。

（4）发送人收到确认的，表明信息已由收件人收到，但不表明收到的内容与发出的内容一致。

（5）确认收讫的法律后果由当事人或各国自己决定。

---

①《Uniform Computer Information Transactions Act》Section 215(a).

② 联合国国际贸易法委员会《电子商业示范法》第 14 条。

新加坡《1998 电子商务法》受《电子商务示范法》的影响做了与其完全一致的规定。韩国《电子商务基本法》规定稍有不同，该法第 12 条第 3 款规定："如果发件人要求收件人确认收讫但未声明以确认收讫为条件，那么发件人可以撤销发出的电子信息，除非在合理时间内，或在发件人规定的时间内，或在发件人和收件人协商一致的时间内发件人收到了确认通知。"

3．确认收讫的法律效力

确认收讫的法律效力可以通过当事人的约定或法律的规定来实现。确认收到是否表明接收人同意原发信息的具体内容？当事人可以根据交易习惯约定收到确认具有承诺的法律地位，但在一般情况下，这样做会使接收人处在较被动的地位，在接收人采用自动确认程序时尤其如此。在当事人没有约定的情况下，应当适用法律规定。

确认收讫仅仅表明接收人收到电子信息，而非承诺。承诺是对要约内容的同意。判断确认收讫是不是承诺可以从两个方面来考察。一是在内容上确认收讫有没有表明同意要约。确认收讫实际上是一个功能性回执，是由接收方的接收计算机在收到邀约人的信息时自动发出的。这一点它与挂号信的回执有同等作用，其目的是减少商业风险，像挂号信的回执不代表收信人同意信件内容一样，确认收讫也不用来确认相关电子信息的实质内容。二是交易习惯应是立法的基础。法律规则应从一般惯例中抽象出来，对于少数特例应允许当事人自行约定。

确认收讫不是合同订立的必经程序。在合同订立过程中是否需要设立确认收讫这一环节应由当事人自己决定，确认收讫一方面能减少风险，但同时也增加了商业成本，法律应赋予市场主体自由选择的权利。在未明确确认收讫的法律效力之前更应如此。

确认收讫的其他法律后果可以参照《电子商务示范法》的有关规定来确定。联合国《电子商务示范法》设置了两种情况：发件人未声明以确认收讫为条件和必须以确认收讫为条件。对比联合国《电子商业示范法》，韩国《电子商务基本法》还规定了一种情况，即如果发件人要求有确认收讫但未以之为条件，发件人可以撤销电子信息。

根据联合国《通信公约》第 12 条、第 13 条"合同条款的备查"，本公约中的规定概不影响适用任何可能要求一通过交换电子通信谈判部分或全部合同条款的当事人以某种特定方式向另一订约方提供载有合同条款的电子通信的法律规则，也不免除一当事人未能这样做的法律后果。

本条实际上给电子订约的当事人规定了比使用纸张订约的当事人规定了更严格的要求。公约之所以做此规定，主要原因在于这一"安全港"条文可用做提醒注意适用的国内和国际规则，又可避免确立超出公约范围的任何实体规则。

11.3 电子签名

11.3.1 问题的提出

在电子商务中，交易双方（或多方）可能远隔万里而互不相识，甚至在整个交易过程中自始至终不见面，传统的签字方式很难应用于这种交易。因此，人们试探采用一种电子签字机制来相互证明各自的身份，这就是电子签名。1996 年 6 月 14 日联合国国际贸易法委员会第 29 届年会通过了《联合国国际贸易法委员会电子商业示范法》（简称《电子商业示范法》）。《电子商业示范法》确认在使用纸张的环境中签字所起的功能时，考虑到签字的下述功能：确定一个人的身份；肯定是该人自己的签字；使该人与文件内容发生关系。除此之外，视所签文件的性质而定，签字还有多种其他功能。例如，签字可以证明一个当事方愿意受所签合同的约束，证明某人认可其为某一案文的作者；证明某人同意一份经由他人写出的文件的内容；证明一个人某时身在某地的事实。

1997 年和 1998 年，在联合国国际贸易法委员会电子商务工作组第 30 次、第 31 次会议上，委员会根据《电子商业示范法》不偏重任何技术的原则，确定在数据电文的签字中，任何一种签字方法不应妨碍其他认证技术的使用，并提出应当就数字签字和其他电子签字日益普遍使用而引起的新的法律问题达成一致。从这一立场出发，委员会决定起草《电子签字示范法》，从而开始了对电子签字的深入研究。

11.3.2 电子签名的概念与功能

1. 电子签名的概念

2002 年 1 月 24 日，联合国第 56 届大会正式通过《联合国国际贸易法委员会电子签字示范法》（简称《电子签字示范法》）①，从而使电子签字的概念确定下来。该法给出了电子签字及其相关概念：

（1）“电子签字”（Electronic Signature）是指在数据电文中，以电子形式所含、所附或在逻辑上与数据电文有联系的数据，它可用于鉴别与数据电文相关的签字人和表明签字人认可数据电文所含信息。

（2）“证书”是指签字人与签字制作数据之间关系的某一数据电文或其他记录。

（3）“签字人”是指持有签名制作数据的人，代表本人或所代表的人行事。

（4）“认证服务提供人”是指签发证书或可能提供与电子签名有关的其他服务的人。

（5）“依赖方”是指可以根据某一证书或电子签名行事的人。

联合国电子签字概念的起草主要考虑了三个问题：

---

① United Nations General Assembly Fifty-sixth session. Model Law on Electronic Signatures of the United Nations Commission on International Trade Law. A/56/588, 24 January 2002.

第一，概念的广泛性。起草工作组在提出电子签字的概念时，考虑到该概念使用范围较广，应有较大的涵盖面和较为灵活的解释，故将电子商务活动中的数据签名（Digital Signature）、电子签名、电子签章等具有相同内容的不同表述统一起来，使这一概念可以被世界各国所接受。

第二，不偏重任何技术的原则。起草工作组综合考虑公钥加密技术的替代问题，考虑其他电子签名方式的发展问题，如使用生物测定法或其他一些此类技术，因此，没有片面地强调某一技术，如强化电子签字技术。

第三，电子签字的实质。起草工作组认为，应区别“签字”的法律概念和“电子签字”的技术概念之间的区别，应将电子签字看做一种与数据电文相关联的电子数据，而这一数据是在制作电子签字的过程中形成的，并产生了对签名人和相关信息的核证作用，从本质上揭示了电子签字的内涵，而没有简单地将其看做一种方法和一种结果。

需要注意的是，《中华人民共和国电子签名法》（简称《电子签名法》）中对电子签名的表述与联合国《电子签字示范法（中译本）》提出的电子签字概念基本相同：电子签名“是指数据电文中以电子形式所含、所附用于识别签名人身份并表明签名人认可其中内容的数据”。但我国《电子签名法》和联合国《电子签字示范法（中译本）》都存在一个共同的问题，两者都认为电子签名是包含在“数据电文中”的。而从技术角度看，电子签名是以电子形式附在数据电文上的数据，或是在逻辑上与数据电文有联系的数据，并不是存在于数据电文内的。

实际上，联合国《电子签字示范法（中译本）》的翻译是有错误的。联合国《电子签字示范法（英文版）对电子签字的表述为：

“Electronic signature” means data in electronic form in, affixed to or logically associated with, a data message, which may be used to identify the signatory in relation to the data message and to indicate the signatory’s approval of the information contained in the data message.

所以，正确的翻译应为：

“电子签字”是指一种电子形式的数据，这种数据或含在数据电文中，或附加在数据电文上，或在逻辑上与数据电文有联系，它可用于鉴别与数据电文相关的签字人和表明签字人认可的包含在数据电文中的信息。

2．电子签名的功能

以纸张为基础的传统签名主要为了履行下述功能：

（1）确定一个人的身份。

（2）肯定是该人自己的签名。

（3）使该人与文件内容发生关系。

除此之外，视所签文件的性质而定，签名还有多种其他功能。例如，签名可以证明签名人愿意受所签合同的约束；证明签名人认可其为某一案文的作者；证明签名人同意一份经由他人写出的文件的内容；证明签名人曾在某个地点的事实和时间。

应当注意的是，除了传统的手书签名之外，还有各种各样的程序（如盖章、打孔）——有时都称之为“签名”——可提供不同程度的确定性。例如，在某些国家，有一条总的规定，货物销售合同如果超过一定的金额，必须经过“签名”才能生效执行。但是，在那种情况下所采用的签名概念是，盖图章、打孔甚至签名印章或者信笺头的印字都可视为满足了签名要求。另一种极端是，规定在传统的手书签名之外，还须加上额外的安全程序，如再由证人对签名做出确认。

为了保证电子商务活动的正常进行，需要具有书面签名功能的电子签名。调查各种正在被使用或仍在研制开发中的签名技术，可以发现，所有这些技术的共同目的都是寻求手写签名和在纸质环境中的其他认证方式（如封缄或盖章）提供功能相同的替换物。但在电子商务环境中这些技术还可能实现别的功能，这些功能是从签名功能中产生的，但在纸质环境中却不能找到严格类似的替代物。

为了确保须经过核证的电文不会仅仅由于未按照纸张文件特有的方式加以核证而否认其法律价值，联合国《电子商业示范法》确定了在何种情况下数据电文可视为经过了具有足够可信度的核证，而且可以生效执行，使之达到了签名要求。《电子商业示范法》第 7 条规定：

“(1) 如法律要求要有一个人签名，则对于一项数据电文而言，倘若情况如下，即满足了该项要求：

第一，使用了一种方法，鉴定了该人的身份，并且表明该人认可了数据电文内含的信息；

第二，从所有各种情况来看，包括根据任何相关协议，所用方法是可靠的，对生成或传递数据电文的目的来说也是适当的。

(2) 无论本条第 1 款所述要求是否采取一项义务的形式，也无论法律是不是仅仅规定了无签名时的后果，该款均将适用。”①

《电子商业示范法》第 7 条侧重于签名的两种基本功能：一是确定一份文件的作者；二是证实该作者同意了该文件的内容。第 1 款第 1 项确立的原则是，在电子环境中，只要使用一种方法来鉴别数据电文的发端人并证实该发端人认可了该数据电文的内容，即可达到签名的基本法律功能。在保证安全可靠的基础上，第 1 款第 2 项提出了灵活性原则，数据电文的发端人与收件人之间的任何协议只要可靠，就适宜于生成或传递该数据电文所要达到的目的。

---

① United Nations. UNCITRAL Model Law on Electronic Commerce with Guide to Enactment 1996. Article 7, 51/162 Model Law on Electronic Commerce adopted by the United Nations Commission on International Trade Law. 85 th plenary meeting, 16 December 1996.

11.3.3　电子签名的法律效力

1．可靠电子签名

我国《电子签名法》第 13 条规定，电子签名同时符合下列条件的，视为可靠的电子签名：

（1）电子签名制作数据用于电子签名时，属于电子签名人专有。

（2）签署时电子签名制作数据仅由电子签名人控制。

（3）签署后对电子签名的任何改动能够被发现。

（4）签署后对数据电文内容和形式的任何改动能够被发现。

第 13 条提出了认定可靠电子签名的四个基本条件，且四个条件需要同时满足。

第 1 款和第 2 款是归属推定。如果可以证明在电子签名过程中使用的，将电子签名与电子签名人可靠地联系起来的字符、编码等数据是由使用它的人或代表使用它的人专有或控制的，即可满足可靠的电子签名的归属条件。

第 3 款和第 4 款是完整性推定。如果可以证明在电子签名签署后发现电子签名的任何改动或发现数据电文内容和形式的任何改动，即可满足可靠的电子签名的完整性条件。

鉴于电子签名技术的迅速发展，《电子签名法》没有限定可靠的电子签名的具体技术，为各种电子签名技术的发展铺平了道路。此外，当事人也可以根据自己的判断，选择使用自己认为符合其约定的可靠条件的电子签名。这样的签名同样具有法律效力。

2．可靠电子签名的法律效力

我国《电子签名法》第 14 条进一步规定，可靠的电子签名与手写签名或者盖章具有同等的法律效力。这是《电子签名法》的核心，确立了可靠的电子签名的法律效力。当一个电子签名被认定是可靠的电子签名时，该电子签名就与手写签名或者盖章具有了同等的法律效力。电子签名获得法律效力，意味着因特网上用户的身份确定成为可能。使用电子签名业务的用户将不再对与其交流信息的对方一无所知，在这个基础上，网络才有可能真正跳出媒体之外，充分运用到商务、政务、科学研究、日常生活等诸多方面，从而使“虚拟空间”真正全面地与现实世界接轨。

3．电子签名归属的推定

当法律要求某一文件需要签名时，除非有足够和充分的证据证明该电子签名不是其本人签署或经他人授权的代理人签署的，在文件上签名的人即其本人或其代理人。

同样，经电子签名签署的文件即表明该文件从发出到收到未发生变化，这是因为，被签署文件的完整性是电子签名所采用的技术的必然要求。

4．未经授权使用电子签名的法律责任

未经授权使用可以分为两种情况：一是绝对无权使用，即使用人未经任何授权非法使用且签名所有人没有过错；二是相对无权使用，即使用人虽无权使用但签名所有人有过错，如本人疏于管理致他人非法使用，超越本人的授权而使用等。

在绝对无权使用时，由于电子签名的所有人没有过错，该数据信息不能归属于本人，本人也不应承担法律责任。如黑客攻击获得密钥而使用，或者认证机构的内部人员非法使用用户的密钥等，由此造成对相对人的损害，签名所有人是不知情也无法控制的，主观上不存在过错，因而无须对此负责。相对人所受损害应由行为人承担。

在相对无权使用中，由于签名所有人存在疏忽或过错，因此应承担一定的责任。如果电子签名的所有人没有合理地注意保管自己的密钥，致使他人未经授权的使用，该信息及其法律后果仍应归属于签名所有人。收件人因合理信赖该签名而遭到损失时，签名所有人应予赔偿。但是，收件人如果知道该签名未经授权，如签名的所有权人已告知，或者收件人只要履行合理的注意就可以知道该签名未经授权，却仍然按该信息从事，由此产生的损害，签名的所有权人不承担责任。在收件人收到信息后，签名所有人告知其该信息未经授权，并且收件人有合理的时间处理却不处理导致损失扩大的，签名所有人对扩大的部分不承担责任。

11.3.4 电子签名的适用前提与范围

1．适用前提

鉴于电子签名的推广需要有一个过程，我国《电子签名法》没有规定在民事活动中的合同或者其他文件、单证等文书中必须使用电子签名，而规定当事人可以约定使用或者不使用电子签名、数据电文。但明确规定当约定使用电子签名、数据电文的文书后，当事人不得仅因为其采用电子签名、数据电文的形式而否定其法律效力。

电子签名法设定的适用范围有一定的前瞻性和包容性，即主要适用于商务活动，但又不限于商务活动，原则上涵盖使用电子签名的所有实际场合。

2．适用范围

我国《电子签名法》使用排除法确定了电子签名的使用范围。考虑到交易安全和社会公共利益，借鉴一些国家的做法，《电子签名法》规定在一些特定范围内的法律文书不适用关于电子签名、数据电文的法律效力的规定。这些法律文书包括四个方面：

（1）涉及婚姻、收养、继承等人身关系的。

（2）涉及土地、房屋等不动产权益转让的。

（3）涉及停止供水、供热、供气、供电等公用事业服务的。

（4）法律、行政法规规定的不适用电子文书的其他情形。

在我国，婚姻、收养、继承在人们生活中发生频率就较低，土地、房屋等不动产在人民整体收入中所占比例较大，而停水、停热、停气、停电等公用事业服务需要更明确的通知，所以《电子签名法》对此做出了限制。

11.3.5 电子签名使用人的基本行为规范

电子签名使用人包括电子签名人和电子签名依赖方。

1. 电子签名人及其行为规范

电子签名人，是指持有电子签名制作数据并以本人身份或者以其所代表的人的名义实施电子签名的人。①这里的“人”应理解为包括各种类型的人或实体，无论是自然人、法人团体还是其他法人均包括在内。

电子签名人应对其电子签名制作数据采取合理的谨慎措施。签名人还应采取合理的防范措施，避免他人擅自使用该签名制作数据。电子签名本身并不保证实际操作签名的人是签名人。电子签名只是保证该签名归属于签名。在签名人知悉或理应知悉该签名制作数据已经失密的情况下，签名人应毫无任何不应有的延迟，向根据合理预计可能依赖电子签名或提供电子签名服务的任何人发出通知。

在使用证书支持电子签名时，签名人还应采取合理的谨慎措施，确保签名人就证书而做出的所有重大表述均精确无误和完整无缺。

电子签名人应当妥善保管电子签名制作数据。电子签名人知悉电子签名制作数据已经失密或者可能已经失密时，应当及时告知有关各方，并终止使用该电子签名制作数据。电子签名人向电子认证服务提供者申请电子签名认证证书，应当提供真实、完整和准确的信息。

《电子签名法》第 32 条规定，伪造、冒用、盗用他人的电子签名，构成犯罪的，依法追究刑事责任；给他人造成损失的，依法承担民事责任。本条所述行为的主体为一般主体，主观上是故意，侵犯的客体是他人的电子签名，客观上表现为未经准许。根据情节不同，所述行为的后果可以分为两种情况。一种是利用伪造、冒用、盗用他人的电子签名，造成严重后果，构成犯罪，应依法追究刑事责任；另一种情况虽然没有造成严重后果，不构成犯罪，但造成一定的其他损失，此时，应依法承担民事责任。

2. 电子签名依赖方及其行为规范

电子签名依赖方，是指基于对电子签名认证证书或者电子签名的信赖从事有关活动的人。②电子签名依赖方为了自身的利益，应了解电子签名以及电子签名人认证证书内容的有效性、完整性和准确性；应采取合理的步骤核查电子签名的可靠性。

电子签名依赖方应遵守对电子证书的任何限制。

11.4 电子通信

2005 年 11 月联合国通过了《联合国国际合同使用电子通信公约》(简称《通信公约》)。

---

① 全国人大常委会．中华人民共和国电子签名法．第 13 条，2005 年 4 月 1 日．

② 全国人大常委会．中华人民共和国电子签名法．第 34 条．2005 年 4 月 1 日。

《通信公约》的宗旨是在对国际合同使用电子通信的情形中增强法律确定性和商业可预见性：包括如何确定一方当事人在电子环境中的所在地，电子通信的收发时间和地点，使用自动信息系统订立合同，确立电子通信和纸面文件（包括“原始”纸面文件）以及电子认证方法和手写签名功能上等同所使用的标准等。

11.4.1 电子通信的定义

根据联合国《通信公约》第 4 条的解释[①]，“通信”是指当事人在一项合同的订立或履行中被要求做出或选择做出的包括要约和对要约的承诺在内的任何陈述、声明、要求、通知或请求；“电子通信”是指当事人以数据电文方式发出的任何通信。

在合同的订立或履行中，“电子通信”是指当事人以数据电文方式发出的任何通信，属于意思表示或行为的范畴。“数据电文”属于“信息”的范畴，“电子通信”的内容或标的是以电子手段、电磁手段、光学手段或类似手段生成、发送、接收或储存的信息。

电子通信的“发件人”是指亲自或委托他人发送或生成了可能随后备存的电子通信的当事人，但不包括作为中间人处理该电子通信的当事人；电子通信的“收件人”是指发件人意图中的接收该电子通信的当事人，但不包括作为中间人处理该电子通信的当事人。

加入《通信公约》的国家同意承认电子通信的法律效力，即对于一项通信或一项合同，不得仅以其为电子通信形式为由而否定其效力或可执行性。

11.4.2 电子通信的形式要求

形式要求是《通信公约》对电子通信提出的一般标准：

（1）概不要求一项通信或一项合同以任何特定形式做出、订立或证明。

（2）凡法律要求一项通信或一项合同应当采用书面形式的，或规定了不采用书面形式的后果的，如果一项电子通信所含信息可以调取以备日后查用，即满足了该项要求。

（3）凡法律要求一项通信或一项合同应当由当事人签名的，或法律规定了没有签名的后果的，对于一项电子通信而言，在下列情况下，即满足了该项要求：

① 使用了一种方法来鉴别该当事人的身份和表明该当事人对电子通信所含信息的意图；

② 所使用的这种方法：从各种情况来看，包括根据任何相关的约定，对于生成或传递电子通信所要达到的目的既是适当的，也是可靠的；或者其本身或结合进一步证据事实上被证明已履行以上第①项中所说明的功能。

（4）凡法律要求一项通信或一项合同应当以原件形式提供或保留的，或规定了缺少原件的后果的，对于一项电子通信而言，在下列情况下，即满足了该项要求：

---

① United Nations. United Nations Convention on the Use of Electronic Communications in International Contracts(A/RES/60/21). Atical 4，9 December 2005.

① 该电子通信所含信息的完整性自其初次以最终形式——电子通信或其他形式——生成之时起即有可靠保障；

② 要求提供电子通信所含信息的，该信息能够被显示给要求提供该信息的人。

（5）在第 4 款第①项中：

① 评价完整性的标准应当是，除附加任何签注以及正常通信、存储和显示过程中出现的任何改动之外，信息是否仍然完整而且未被更改；

② 所要求的可靠性标准应当根据生成信息的目的和所有相关情况加以评估。

11.4.3　自动电文系统在合同订立中的使用

根据联合国《通信公约》第 12 条：通过自动电文系统与自然人之间的交互动作或者通过若干自动电文系统之间的交互动作订立的合同，不得仅仅因为无自然人复查这些系统进行的每一动作或者由此产生的合同而被否认有效性或可执行性。

本条肯定了自动电文系统在合同订立中使用的法律效力。“自动电文系统”是指一种计算机程序或者一种电子或其他自动手段，用以引发一个行动或者全部或部分地对数据电文或执行生成答复，而无须每次在该系统引发行动或生成答复时由人进行复查或干预。自动电文系统的高效率是显而易见的，但因其无自然人复查这些系统进行的每一动作或者由此产生的合同，也由此引发了合同的法律效力问题。本条实际上肯定了通过自动电文系统订立的合同的有效性或可执行性。

联合国《通信公约》第 13 条“合同条款的备查”中又规定，电子合同概不影响适用任何可能要求以某种特定方式向另一方当事人提供含有合同条款的电子通信的法律规则，也不免除一方当事人未能这样做的法律后果。

本条实际上给电子订约的当事人规定了比使用纸张订约的当事人更严格的要求。公约之所以做此规定，主要原因在于这一“安全港”条文可用做提醒注意适用的国内和国际规则，同时又可避免确立超出公约范围的任何实体规则。

11.4.4　电子错误的法律调整

所谓“电子错误”，是指在线交易过程中，交易双方使用信息处理系统时产生的错误。从广义上说，电子错误就是通信失误[①]，包括传统合同错误的电子化表现形式，往往表现为当事人由于疏忽在电子记录中传达了和其意思表示不一致的信息，如当事人对网上商家发生误解而向其发出要约。狭义的电子错误仅指计算机信息处理系统产生的错误，如消费者在网上订购 1 台计算机，但自动交易系统却将其识别为 10 台计算机，并做出承诺；或者商家规定的买卖有效期已过，但消费者发出购买要约，自动交易系统仍然与之缔约等。我们

① 根据国际商会的解释，通信失误是指电子数据的传送失误与错误，如输入有误，或使用有误的资料，或传送错误。

所说的电子错误主要指后面一种情况，因为当事人失误的情况完全可以由传统法律进行调整。具体而言，狭义的电子错误应符合以下构成要件：第一，电子信息须经当事人使用或指定的计算机信息处理系统进行信息传递或信息处理；第二，该计算机信息处理系统的程序设置正当，即当事人不得故意设置某一程序以改变原始信息的内容。[①]

1．撤回电子通信的先决条件

根据联合国《通信公约》，对于电子错误，由于其非当事人真实的意思表示，所以原则上应允许当事人撤回。但这种撤回是有前提条件的：

（1）如果一自然人在与另一方当事人的自动电文系统往来的电子通信中发生输入错误，而该自动电文系统未给该人提供更正错误的机会。

（2）该自然人或其所代表的当事人在发现错误后已经尽可能快地将该错误通知另一方当事人，并指出其在电子通信中发生了错误。

（3）该自然人或其所代表的当事人既没有使用可能从另一方当事人收到的任何货物或服务所产生的任何重大利益或价值，也没有从中受益。

（4）该人或其所代表的当事人有权撤回的仅仅是电子通信中发生输入错误的部分。

上述先决条件在自动电文系统在合同订立后就立即开始交付有形或虚拟货物或服务而不可能中止这一过程的情况下，提供了有用的救济。

2．错误通知和撤回电子通信的时限

在许多法律制度中，时限系公共政策问题，双方当事人均不得无限撤回。联合国《通信公约》第 14 条限制了撤回电子通信的时间，撤回错误通知原则上必须“尽快”进行，但无论如何不得迟于一方当事人使用或接受从对方当事人收到的货物或服务所产生的任何重大利益或价值的时间。

3．撤回电子通信权利的丧失

撤回电子通信的先决条件赋予发生错误的当事人可根据有关条件行使撤回权，从而避免了自然人或其所代表的当事人获得不当暴利。但当事人如果已经从失效的通信中获得了重大利益或价值，其撤回权随之丧失。

电子商务中的许多交易均可即时缔结，并对购买相关物品或服务的当事人立即产生价值或利益。在许多情况下，可能无法恢复交易前的原状。例如，如果收到的对价为信息，则可能无法使已赋予的利益归于无效。尽管信息本身可以归还，但获取信息的机会或重新分配信息的能力即构成一种无法返还的利益。还有可能发生的情况是，弄错的当事人收到的对价的价值从收到对价至第一次有机会返还期间有所改变。在此种情况下，无法适当地将其恢复原状。在所有此种情况下，允许一方当事人通过撤回电子通信中发生错误的部分而使整个交易无效同时却有效地保留从交易中所获利益有失公平。考虑到涉及中间人的许

---

① 高富平．电子商务法律指南[M]．北京：法律出版社，2003: 276.

多电子交易可能会因无法退出交易而受损的事实，这一限制就更为重要了。

4．与有关错误的一般法律之间的关系

电子商务法应当为特殊情况下发生的输入错误提供具体的救济，同时避免同国内现有法律有关错误的一般性理论相抵触。如果未满足撤回电子通信的先决条件（即，如果错误并非是自然人的“输入”错误，或如果自动电文系统事实上向该人提供了更正错误的机会），则错误所造成的后果将以其他法律的规定为准，包括关于错误的法律和当事人之间的任何约定。

5．电子错误撤回在电子商务中的具体操作

在 B2C 交易中，消费者可以撤销在与卖方的电子代理人交易过程中源自其本人的错误的电子通信。其前提条件是，电子代理人未能提供机会避免或纠正错误，或者该个人在知道电子信息出现错误时采取如下行为：

（1）及时通知另一方当事人电子信息出现错误，并且告知本人无意受错误电子信息的约束。

（2）采取合理措施，如遵照另一方的合理指示将所有的信息拷贝返还给另一方，或根据另一方指示取消收到的信息拷贝以及根据错误情形采取其他措施。

（3）未使用或从该信息中获利或使该信息由他人获得。

（4）电子错误或变动未被当事人双方发现或检测到，直至合同履行或履行完毕。原则上合同应有效，除非该错误构成有影响力的错误，动摇了合同成立的基础。

（5）基于电子错误或变动致合同或某一条款无效或撤销的，当事人应当返还因错误或变动所带来的利益，不能返还的应给予补偿，因电子错误或变动致当事人一方受到损失的，若错误或变动可归责于一方的，由该方赔偿损失；不可归责于任一方的，该损失自己承担。

在 B2B 交易中，交易双方当事人可以遵循如下规则：

（1）在当事人双方有约定的情形下。若当事人各方约定使用某种安全程序检测变动或错误，一方当事人遵此执行，而另一方当事人未遵守约定，在未遵守方如遵守约定就可以检测到该变动或错误的情形下，遵守方可以撤销变动或错误的电子信息所产生的效力，不论合同是否已订立或履行。

（2）在当事人双方没有约定的情形下。第一，若一方采用某种程序检测到自己所发出信息有变动或错误，应及时通知另一方，相对方应在合理的时间内予以确认，经相对方确认后，发出方可以撤销变动或错误产生的效力；相对方未在合理时间内确认的，也可以撤销变动或错误所产生的效力；相对方在合理时间内予以否定的，应由发出信息方证明变动或错误的存在，能证明的可以撤销变动或错误的效力，不能证明的，不能撤销所发出信息的效力。第二，若一方采用某种程序检测到对方所发出信息有变动或错误，应即时通知相对方，相对方在合理时间内予以确认的，任一方均可撤销该变动或错误的效力；相对方未在合理时间内予以确认的，接受方可以撤销该变动或错误的效力。

11.5 网络环境下的国际贸易术语

贸易术语（Trade Terms）又称价格术语或交货条件，它用一个简短的概念或者用英文字母的缩写来表明货物价格的构成、买卖双方有关费用的负担、手续的办理以及风险责任的划分。1936 年，国际商会制定了《国际贸易术语解释通则》（International Rules for the Interpretation of Trade Terms，INCOTERMS），1953 年、1967 年、1976 年、1980 年、1990 年分别发布了修订本。1999 年 9 月，国际商会公布了最新的修订本《2000 年国际贸易术语解释通则》（INCOTERMS 2000）。《INCOTERMS 2000》从 2000 年 1 月 1 日起生效。

11.5.1 《INCOTERMS》的法律特征

（1）《INCOTERMS》是被国际上认可的惯例性文件。INCOTERMS 1936 和 INCOTERMS 1990 经联合国国际贸易法委员会第 2 届和第 25 届会议核准，作为一项惯例性文件，肯定它在国际贸易领域中的重要性，建议在国际货物买卖中使用。此外，个别国家以国内立法的形式公布《INCOTERMS》为国内法，如澳大利亚。

（2）《INCOTERMS》是被普遍认可的一种国际贸易惯例。如若合同当事人在合同中既不排除，也不明确规定采用何种贸易术语，一旦争讼，仲裁庭或法院就可援引某一公认的、被人们经常遵守的贸易术语规则做出处理。

（3）在一个具体合同中采用某国际贸易术语时，对其可修改和补充。国际贸易术语经过统一解释后各有自己的特点，因此，在修改和补充中不要改变贸易术语的特征和性质，从而给双方在执行合同中带来不便，或者给解决双方争议的法庭、仲裁庭带来困难。

（4）每一个贸易术语涉及一些共同的问题并在此表现出某些差异。《INCOTERMS》的各个贸易术语无外乎在交货（Delivery）、风险（Risk）、成本（Cost）、运输（Carriage）、保险（Insurance）、单证（Documentation）、批文（Approval）、保证货物与合同标的一致（Conformity）、协助（Assistance）办理有关手续方面表现出一些差异。

11.5.2 《INCOTERMS 2000》的适用范围

（1）仅限于销售合同当事人的权利、义务中与已售“有形的”货物的交货有关的事项，不包括计算机软件等“无形的”货物。

（2）只涉及与交货有关的事项，如货物的进口和出口清关、货物的包装、买方受领货物的义务以及提供履行各项义务的凭证等。

（3）既适用于跨越国境的货物销售，也适用于国内的货物销售。对于国内货物销售而言，A2、B2（许可证、其他许可和手续）义务项及其他有关进出口规定无作用。

11.5.3 《INCOTERMS 2000》的术语分类

就分类来说，《INCOTERMS 2000》像《INCOTERMS 1990》一样，把 13 个贸易术语

按卖方风险由小到大排列分四组（E、F、C、D），如表 11-1 所示。

表 11-1 《INCOTERMS 2000》中的贸易术语分类

分　类	英文全称	中文释义
E 组（启用）	EXW　Ex Works	工厂交货（……指定地）
F 组（主运费未付）	FCA　Free Carrier	货交承运人（……指定地）
	FAS　Free Along Side Ship	船边交货（……指定装运港）
	FOB　Free On Board	船上交货（……指定装运港）
C 组（主运费已付）	CFR　Cost and Freight	成本加运费（……指定目的港）
	CIF　Cost,Insurance and Freight	成本、保险费加运费（……指定目的港）
	CPT　Carriage Paid To	运费付至（……指定目的地）
	CIP　Carriage and Insurance Paid To	运费、保险费付至（……指定目的地）
D 组（到达）	DAF　Delivered At Frontier	边境交货（……指定地）
	DES　Delivered Ex Ship	目的港船上交货（……指定目的港）
	DEQ　Delivered Ex Quay	目的港码头交货（……指定目的港）
	DDU　Delivered Duty Unpaid	未完税交货（……指定目的地）
	DDP　Delivered Duty Paid	完税后交货（……指定目的地）

《INCOTERMS 2000》规定了卖方的 10 项义务：提供符合合同规定的货物；许可证、批准文件及海关手续；运输合同与保险合同；交货；风险转移；费用划分；通知买方；交货凭证、运输单证或相等的电子单证；核查、包装及标记；其他义务。相对应地，买方也有 10 项义务。一般来说，卖方的义务就是买方的权利，买方的义务就是卖方的权利。

《INCOTERMS 2000》基本上维持了《INCOTERMS 1990》在贸易术语的分类、结构以及允许提交电子单证等方面的规定。但《INCOTERMS 2000》在各类术语中都强调了电子单证的作用和法律地位。

例如，A1 规定：卖方必须提供符合销售合同规定的货物和商业发票或有同等作用的电子信息，以及合同可能要求的、证明货物符合合同规定的其他任何凭证。

A8 规定：如买卖双方约定使用电子方式通信，则前项所述单据可以使用有同等作用的电子数据交换（EDI）信息所代替。B8 规定：买方必须向卖方提供已受领货物的适当凭证（交货凭证、运输单据或有同等作用的电子讯息）。

A10 规定：应买方要求并由其承当风险和费用，卖方必须给予买方一切协助，以帮助其取得由交货地国和/或原产地国所签发或传送的为买方出口和/或进口货物可能要求的和必要时从他国过境所需要的任何单据或有同等作用的电子信息。B10 规定：买方必须支付因取得 A10 所述单据或有同等作用的电子信息而发生的一切费用，并偿付卖方给予协助时所发生的费用。

11.5.4 《INCOTERMS 2000》中的重要贸易术语解说

1.《INCOTERMS 2000》中 E、F、C、D 四组 13 个术语的结构和编排顺序

1）E 组（启运术语）

仅 1 个术语：EXW，Ex Works 工厂交货（……指定地）

EXW 是指卖方在其所在地或其他指定地点（如工场、工厂或仓库等）将货物交给买方处置时，即完成交货，卖方不办理出口清关手续或将货物装上任何运输工具。买方必须承担在卖方所在地受领货物的全部费用和风险。

2）F 组（主运费未付术语）

共 3 个术语：

（1）FCA，Free Carrier 货交承运人（……指定地）

（2）FAS，Free Along Side Ship 船边交货（……指定装运港）

（3）FOB，Free on Board 船上交货（……指定装运港）

卖方的交货义务是将货物运到指定地点的承运人或指定装运港口的船边和船上，但卖方均是在货物的装运地、启运地或出口地就能完成其在销售合同（装运合同）中的交货义务。

3）C 组（主运费已付术语）

共 4 个术语：

（1）CFR，Cost and Freight 成本加运费（……指定目的港）

（2）CIF，Cost,Insurance and Freight 成本、保险费加运费（……指定目的港）

（3）CPT，Carriage Paid To 运费付至（……指定目的港）

（4）CIP，Carriage and Insurance Paid to 运费、保险费付至（……指定目的地）

卖方的交货义务已扩大到除了要支付货物的成本、运费甚至保险费（CIF，CIP）外还要将货物运至指定目的港或目的地，卖方要负责签订承运合同，但是对发生于装船和发运后货物的灭失或损坏的风险或其他费用不负责任。

注意：F 组和 C 组术语均属于装运合同性质，其特点是卖方要支付将货物按照惯常航线和习惯方式运至约定地点所需的通常运输费用，但对货物发生灭失或损坏的风险以及货物以适当方式交付运输之后发生意外而产生的额外费用，均应由买方负责。

4）D 组（到达术语）

共 5 个术语：

（1）DAF，Delivered At Frontier 边境交货（……指定地点）

（2）DES，Delivered Ex Ship 目的港船上交货（……指定目的港）

（3）DEQ，Delivered Ex Quay 目的港码头交货（……指定目的港）

（4）DDU，Delivered Duty Unpaid 未完税交货（……指定目的地）

（5）DDP，Delivered Duty Paid 完税后交货（……指定目的地）

D 组术语卖方要承担的交货义务最大，属于到货合同。卖方不仅要在买方指定的货物目的地的边境、港口甚至进口国内地履行交货义务，并要承担把货物运至目的地所需要的费用和风险，包括交货前与货物运输有关的全部费用和货物灭失的风险。

2．FOB、CIF、CFR 合同中买卖双方的权利和义务

在《INCOTERMS 2000》的 13 个术语中使用频率最高的是 FOB、CIF、CFR 三个术语，尤其当国际货物买卖合同采用海上货物运输方式时。适合海洋运输和内河运输方式的也只有 FOB、CIF、CFR、FAS、DES、DEQ 六个术语。FCA 则适用于其他多种运输方式。

1）FOB

卖方必须：

（1）提供符合合同规定的货物和单证或相等的电子单证。

（2）自负费用和风险办理出口许可证及其他货物出口手续，缴纳出口捐、税、费。

（3）按照约定的时间、地点，依照港口惯例将货物装上买方指定的船舶并给买方以充分的通知。

（4）承担在装运港货物越过船舷以前的风险和费用。

买方必须：

（1）支付货款并接受卖方提供的交货凭证或相等的电子单证。

（2）自负费用及风险取得进口许可证，办理进口手续，缴纳进口的各种捐、税、费。

（3）自费租船并将船名、装货地点、时间给予卖方以充分的通知。

（4）承担在装运港货物越过船舷后的风险和费用。

2）CIF

卖方必须：

（1）提供符合合同规定的货物和单证或相等的电子单证。

（2）自负费用和风险办理出口许可证及其他货物进口手续，并缴纳出口捐、税、费。

（3）自费订立运输合同并将货物按惯常航线在指定日期装运至指定目的港，并支付运费。

（4）自费投保缴纳保险费，如无明示的相反协议，按伦敦《协会货物保险条款》投保海上运输的最低险别。

（5）承担在装运港货物越过船舷以前的风险及除运费和保险费以外的费用。

买方必须：

（1）支付货款并接受卖方提供的交货凭证或相等的电子单证。

（2）自负费用和风险取得进口许可证，办理进口手续，缴纳进口的各种捐、税、费。

（3）承担在装运港货物越过船舷以后的风险和除运费、保险费以外的费用。

注意：CIF 卖方必须替买方投保并支付保费；缩略语后的港口名称是目的港口名称，指明运输费和保险费的计算是从装运港至目的港全程的运输费和保险费。

3）CFR

CFR与CIF之区别在于价格构成中不包括保险费,即买方要自行投保并支付保险费用。其余则同。

4）FOB、CIF、CFR的共同点

（1）交货地点都是在装运港。

（2）适合海上运输和内河航运。

（3）风险划分都以装运港的船舷作为界线。

（4）交货性质均为象征性交货。卖方只要提交了代表货物所有权的凭证就等于履行了交货义务，就可以要求买方或其委托的银行付款。

复习题

1．名词解释：数据电文、书面文件、原件、电子合同、电子签名、电子通信。

2．试述数据电文的法律效力。

3．试述电子签名的适用前提与范围。

4．试述电子合同的要约与承诺。

5．试述电子通信的形式要求。

参考文献

[1] 杨坚争．电子商务法[M]．北京：高等教育出版社，2007．

[2] 孙占利．国际合同使用电子通信公约：解读与评价[J]．时代法学，2007(05):108-115．

[3] 阿拉木斯．网络交易法律实务（上/下）（中国电子商务法律与实践）[M]．北京：法律出版社，2006．

[4] 郭懿美，蔡庆辉．电子商务法[M]．厦门：厦门大学出版社，2004．

[5] 高富平．电子合同与电子签名法研究报告[M]．北京：北京大学出版社，2005．

[6] 杨琴．信息交易法律制度：电子商务法研究[M]．成都．西南交大出版社，2006．

[7] 张楚．电子商务法[M]．北京：中国人民大学出版社，2004．

[8] 李双元，王海浪．电子商务法[M]．北京：北京大学出版社，2004．

[9] 苏丽琴．电子商务法[M]．北京：电子工业出版社，2006．

[10] 万以娴．论电子商务之法律问题[M]．北京：法律出版社，2001．

[11] 杨路明．电子商务法[M]．北京：机械工业出版社，2007．

[12] 张圣翠．国际商法（第四版）[M]．上海：上海财经大学出版社，2006．

[13] 刘胜题．国际商法：贸易与投融资[M]．北京：对外经济贸易大学出版社，2006．

附录 A 缩略语中英文对照表

缩略语	英文	中文
ADSL	Asymmetric Digital Subscriber Line	非对称数字用户线路
AR	Automatic Replenishment	自动补货系统
ATM	Automated Teller Machine	自动取款机
B2B	Business to Business	企业与企业之间的电子商务
B2C	Business to Consumer	企业与消费者之间的电子设备
B2G	Business to Government	企业与政府之间的电子商务
BOM	Bill of Material	物料清单
BPM	Business Process Management	业务流程管理
BSP	Billing and Settlement Plan	开账与结算计划
C2C	Consumer to Consumer	消费者与消费者之间的电子商务
CA	Certification Authority	认证机构
CAD	Computer Aided Design	计算机辅助设计
CAM	Computer Aided Manage	计算机辅助管理
CFCA	China Financial Certification Authority	中国金融认证中心
CIF	Cost Insurance and Freight	到岸价格（包括成本、保险费和运费）
CRM	Customer Relationship Management	客户关系管理
CR	Continuous Replenishment	连续补货系统
D/C	Documentary Credit	跟单信用证
DIDMS	Defense Integrated Disposal Management System	证书验证系统
DRP	Distribution Resource Planning	分销资源计划
DSA	Digital Signature Algorithm	DSA 加密算法
ECR	Efficient Consumer Response	有效的客户反应
ERP	Enterprise Resource Planning	企业资源计划
EPC	European Policy Centre	欧洲政策中心
EPC	Electronic Product Code	电子产品代码
ET	Electronic Ticket	电子客票

续表

缩略语	英文	中文
eUCP	UCP Supplement for Electronic Presentation	电子交单增补
FOB	Free On Board	离岸价格（只计成本，不包括运费和保险费）
FTP	File Transfer Protocal	文件传输协议
GDP	Gross Domestic Product	国内生产总值
GPRS	General Packet Radio Service	通用分组无线业务
GPS	Global Position System	全球定位系统
GIS	Geographical Information System	地理信息系统
IMF	International Monetary Fund	国际货币基金组织
INCOTERMS	International Rules for the Interpretation of Trade Terms	国际贸易术语解释通则
IP	Internet Protocol	网间协议
IPO	Initial Public Offerings	首次公开发行股票
ISO	International Organization for Standardization	国际标准化组织
IPv4	Internet Protocol Version 4	因特网协议第 4 版
IPv6	Internet Protocol Version 6	因特网协议第 6 版
ITA	International Trade Administration	国际贸易协会
KITA	Korea International Trade Association	韩国国际贸易协会
L/C	Letter of Credit	信用证
LRP	Logistics Resource Planning	物流资源计划
Mbps	Millions bits per second	兆比特每秒
MES	Manufacturing Execution System	制造执行系统
MIS	Management Information System	管理信息系统
MMORPG	Massive Multiplayer Online Role Playing Game	角色扮演类网络游戏
MRP	Manufacturing Resource Planning	制造资源计划
NFS	Network File System	网络文件系统
NSF	National Science Foundation	美国国家科学基金会
OA	Open Account	赊销
OA	Office Automation	办公自动化
PC	Personal Computer	个人计算机
PDF	Portable Data File	便携数据文件
PDT	Portable Data Terminal	便携式数据终端
PLM	Product Lifecycle Management	产品生命周期管理
POS	Point of Sale	销售点数据系统

续表

缩略语	英文	中文
PKI	Public Key Infrastructure	公钥基础设施
PV	Page View	网页浏览
RFID	Radio Frequency Identification	无线射频识别
RSS	Really Simple Syndication	聚合内容
QR	Quick Response	快速反应
SCM	Supply Chain Management	供应链管理
SCOR	Supply Chain Operations Reference-model	供应链运作参考模型
SIM	Subscriber Identity Model	客户识别模块
SWIFT	Society for Worldwide Interbank Financial Telecommunication	环球同业银行金融电讯协会
TCP	Transmission Control Protocol	传输控制协议
TSU	Trade Service Utility	贸易服务设施平台
UHF	Ultrahigh Frequency	超高频(300 ~ 3000mc)
WPKI	Wireless Public Key Infrastrcture	无线公开密钥体系
Wiki	Wikipedia	维基百科

反侵权盗版声明